本书为国家自然科学基金项目
"三螺旋创新视角下创业型大学运行机制及对策研究"
（项目编号：71173040）成果之一

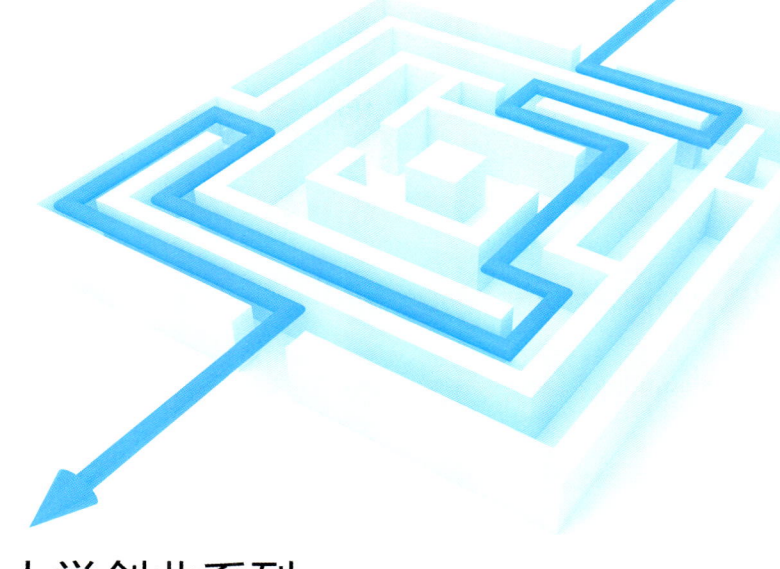

大学创业系列

总主编　陈笃彬

三螺旋创新视角下
大学的发展与创新创业教育研究

李坤皇　何文婷　邓 雪　邱俊珲　著

图书在版编目(CIP)数据

三螺旋创新视角下大学的发展与创新创业教育研究/李坤皇等著. —厦门：厦门大学出版社，2018.12
(大学创业系列)
ISBN 978-7-5615-7165-1

Ⅰ.①三⋯　Ⅱ.①李⋯　Ⅲ.①高等学校－创造教育－研究－中国　Ⅳ.①G640

中国版本图书馆 CIP 数据核字(2018)第 248261 号

出 版 人	郑文礼
责任编辑	韩轲轲
封面设计	李嘉彬
技术编辑	许克华

出版发行　厦门大学出版社
社　　址　厦门市软件园二期望海路 39 号
邮政编码　361008
总 编 办　0592-2182177　0592-2181406(传真)
营销中心　0592-2184458　0592-2181365
网　　址　http://www.xmupress.com
邮　　箱　xmup@xmupress.com
印　　刷　厦门集大印刷厂

开本　720mm×1000mm　1/16
印张　22
字数　386 千字
插页　2
版次　2018 年 12 月第 1 版
印次　2018 年 12 月第 1 次印刷
定价　78.00 元

本书如有印装质量问题请直接寄承印厂调换

厦门大学出版社
微信二维码

厦门大学出版社
微博二维码

总　序

随着经济全球化程度的深入和知识经济时代的到来,区域创新体系建设成为决定该区域获取竞争优势的重要因素。高等学校已经从社会边缘走向了社会中心,成为区域创新的主体,承载着人才培养、科学研究、社会服务、文化传承创新和国际交流合作的重要使命。

当今,大学正面临着诸多挑战,探索一种新的大学发展范式是应对这些挑战的重要途径。美国著名高等教育学家克拉克·科尔(Clark Kerr)在20世纪90年代初谈到高等教育改革时指出:"如果高校要想在国际化轨道上生存,就必须发挥自身优势进行转型,而不能仅仅依靠政府,高校必须发展创业领导力,建立创业型大学,以获得更大的自治。"创业型大学以发展高科技、开拓新产业为己任,利用自己的知识创新成果,引资创办高技术公司,加快原创性科技成果的转化,孵化、催生、兴办新的产业,承担了发展国家和区域经济、创造新的工作机会、提升国家竞争力的"创业"的历史责任。

我国高等教育在改革开放之后获得迅猛发展,但也遇到诸多问题:政府有限的拨款、学校发展的可支配资源不足、供需矛盾依然尖锐;社会对学校的价值期待日益苛刻;高水平的学科带头人、科技标志性成果偏少,科技纵横向课题经费比例失衡,科技成果转化率和社会贡献率低;学生的实践能力和创新能力提升不显著,创业意识和能力有待提高;学校内部存在许多矛盾,变革的力量和雄心不足,观念滞后和制度建设滞后等等。这些问题的存在必须在大学发展的进程中给予解决。创业型大学通过创造资源、实现知识资本化,破解学校发展资金瓶颈问题,走出办学资金困境;通过形成"大学—企业—政府"三螺旋结构关系,肩负起更大的社会责任,从社会的边缘走进社会经济组织的中心,实现学校内在诸多的质变和跨越发展;通过对教师的评级和晋升,体现对教师中的发明者、企业家以及与工业合作的鼓励,逐渐形成"企业家精神"和"创业文化";通过全面推进创业教育,培养21世纪需要的创业型人才。因此,创建创业型大学不仅有利于全面提升我国大学的综合实力,增强我国核心竞争力和可持续发展后劲,而且可以满足广大师生员工和各类社会利益主体的价值期待,有利于培育"创业精神",丰富大学文化,促进和谐校园建设。

创业型大学作为高等教育发展的未来趋势之一,已经引起了国外学术界的高度重视,为了使我国高等教育发展能够满足未来社会发展以及产业发展的实际需要,我国的学术界也开始关注创业型大学的研究。但对于我国创业型大学如何构建、创业型大学怎么运行等问题,不管是在实业界还是在理论界都尚未给出一个比较明确的答案,尤其是在我国高等教育发展环境和国外发达国家高等教育发展环境存在巨大差别的前提下。本套丛书依托国家自然科学基金项目"三重螺旋创新模型视角下创业型大学的演化规律及其运行机制研究"项目(项目号:71173040),拟就上面的问题进行一些理论上的探讨,从而为创建有中国特色的创业型大学提供理论依据。

"大学创业研究丛书"包括:

李坤皇、何文婷、邓雪、邱俊珲等硕士的《三螺旋创新视角下大学的发展与创新创业教育研究》。该著作从三螺旋创新视角出发审视我国大学的发展、创新、创业教育和创业文化,并在创业型大学建设模式构建、区域创新体系建设和大学创业文化建设方面进行国际比较研究,吸收国外高校的发展经验,对我国建设创业型大学提出对策建议。

郑旭辉博士的《三螺旋创新视角下创业型大学形成机理与转型策略研究》。该著作以三螺旋创新理论为基础,借鉴克拉克等其他学者的研究结果,揭示创业型大学的实质与内涵,阐述创业型大学的教学、科研与服务社会的功能,并探讨三螺旋创新理论视角下创业型大学的模式与类型;通过分析创业型大学形成的主要影响因素,构建创业型大学形成机理的理论模型,并以此为分析框架,对比我国重点研究型大学与国外典型创业型大学的差距,探讨我国的大学向创业型大学转型存在的问题与障碍;进而从宏观——政府行为与职能变迁层面、中观——大学经营管理转型层面、微观——教师参与意愿提升层面为切入点,探讨我国大学向创业型大学转型的策略。

张海滨博士的《大学治理对大学创业影响研究》。该著作根据组织控制理论的分析框架,从内部治理和外部治理两个层面,构建大学治理影响大学创业的机理模型。定量实证分析大学内部治理对大学创业的影响,探索开发了大学内部治理结构的测量模型,通过调查问卷,运用结构方程模型在对不同办学层次和办学规模的大学内部治理结构进行差异性分析的基础上,定量分析了大学内部治理结构对大学创业的影响;运用多元线性回归分析,研究大学领导班子结构特征对大学创业的影响。通过对斯坦福大学和沃里克大学的双案例研究,从组织整合、资源承诺和决策控制的维度,实证检验了大学外部治理对大学创业的影响作用。基于大学治理优化的大学创业提升的对策研究,以大学治理现代化来促进大学创业。

刘有升博士的《基于三螺旋理论的高校创业型人才培养机制研究》。该著作从三螺旋理论的视角,对麻省理工学院、沃里克大学、福州大学等三所国内外典型高校开展探索性案例研究;通过数理统计和结构方程建模结合的方法,实证分析政府、产业、高校在创业型人才培养中的参与度及其三者之间的协同度对创业型人才培养绩效的影响及作用机制。实证研究探讨了政产学参与度与创业型人才培养绩效的相关关系;引入政产学协同度作为调节变量,分析了其对"政产学参与度—创业型人才培养绩效"关系的调控性影响;探索了教师产学合作能力、学生创业实践能力在政产学参与度与创业型人才培养绩效关系中的中介作用。在此基础上,提出了三螺旋理论视角下完善创业型人才培养机制的对策,包括强化政府的引导机制、改进产业的引擎机制、优化高校的引领机制、健全政产学的协同机制。

这套丛书从创业型大学的发展建设、形成机理、治理机制、人才培养等维度,展现了国家自然科学基金项目"三重螺旋创新模型视角下创业型大学的演化规律及其运行机制研究"项目的研究成果。出版这套丛书,主要是为了促进创业型大学领域研究的学术交流,希望与学术界的同仁一起共同努力,推动创业型大学的研究,为充分发挥现代大学的功能、促进区域经济发展和国家自主创新能力的提升尽绵薄之力。

陈笃彬

2018年1月18日

于泉州四读阁

目 录

导 论

第一章　选题缘由与研究意义 ………………………………………… 3
　第一节　选题缘由 …………………………………………………… 3
　第二节　研究意义 …………………………………………………… 10
第二章　研究综述与思路方法 …………………………………………… 18
　第一节　国内外关于创业型大学的研究综述 ……………………… 18
　第二节　国内外关于区域创新体系的研究综述 …………………… 27
　第三节　国内外关于创业教育和创业意愿的研究综述 …………… 35
　第四节　国内外关于创业文化的研究综述 ………………………… 53
　第五节　思路方法 …………………………………………………… 60
第三章　主要内容与创新之处 …………………………………………… 66
　第一节　主要内容 …………………………………………………… 66
　第二节　创新之处 …………………………………………………… 69
第四章　理论基础与相关概念 …………………………………………… 72
　第一节　理论基础 …………………………………………………… 72
　第二节　相关概念 …………………………………………………… 87

第一篇　大学的发展——走创业型大学之路

第五章　创业型大学建设模式概述 …………………………………… 103
　第一节　创业型大学建设模式的内涵阐述 ………………………… 103
　第二节　创业型大学建设模式的构成要素 ………………………… 106

第六章 国外创业型大学建设模式构建的经验借鉴 … 115
第一节 美国创业型大学建设模式构建的实践经验 … 115
第二节 英国创业型大学建设模式构建的实践经验 … 121
第三节 巴西创业型大学建设模式构建的实践经验 … 125
第四节 国外创业型大学建设模式构建对我国的启示 … 129

第七章 我国创业型大学建设现状与模式构建 … 131
第一节 建设基础 … 131
第二节 存在的问题与制约因素分析 … 133
第三节 构建我国创业型大学建设模式的基本原则 … 136
第四节 我国创业型大学建设模式的总体框架 … 137

第八章 我国创业型大学建设模式的实证分析 … 141
第一节 福州大学创业型东南强校建设模式 … 141
第二节 浙江农林大学生态性创业型大学建设模式 … 146
第三节 浙江万里学院应用性创业型大学建设模式 … 150

第九章 实现我国创业型大学建设模式的政策保障 … 155

第二篇 大学的创新——支撑区域创新体系建设

第十章 三螺旋理论视角下高校支撑区域创新体系建设的理想模式 … 161

第十一章 福建高校支撑区域创新体系建设的评价研究 … 167
第一节 研究方法与分析步骤 … 167
第二节 分析思路与设立指标体系 … 168
第三节 设计原则 … 171
第四节 二级指标与一级指标熵权分析 … 172

第十二章 高校支撑区域创新体系建设的典型案例 … 193
第一节 美国模式 … 193
第二节 日本模式 … 196
第三节 英国模式 … 198

第十三章 提升福建高校支撑区域创新体系建设能力的对策建议 … 201
第一节 福建高校支撑区域创新体系建设的问题分析 … 201
第二节 提升福建高校支撑区域创新体系建设能力的对策建议 … 204

第三篇　大学的创业教育——提升大学生的创业意愿

第十四章　福建省高校创业教育现状分析……………………… 213
　第一节　调查背景及样本描述性统计……………………………… 213
　第二节　福建省创业教育实施基本情况…………………………… 215
　第三节　福建省创业教育活动开展情况…………………………… 217
　第四节　福建省创业教育教学开展情况…………………………… 218
　第五节　福建省创业文化与创业环境建设情况…………………… 220
　第六节　福建省高校创业教育存在的主要问题…………………… 222

第十五章　高校创业教育对大学生创业意愿影响的实证模型构建与研究设计………………………………………………………… 226
　第一节　大学生创业意愿实证模型的理论设定…………………… 226
　第二节　大学生创业意愿计量模型………………………………… 228
　第三节　高校创业教育对大学生创业意愿影响的研究设计……… 233

第十六章　高校创业教育对大学生创业意愿影响的实证分析…… 238
　第一节　样本描述性统计分析……………………………………… 238
　第二节　高校创业教育对大学生创业意愿影响的测度…………… 243
　第三节　高校创业教育对大学生创业意愿影响的实证分析……… 252

第十七章　研究结论与对策建议…………………………………… 258

第四篇　大学的创业文化——建设具有区域特色的创业文化

第十八章　大学创业文化建设的指导思想和原则………………… 271
第十九章　国内外大学创业文化建设的实践与启示……………… 273
　第一节　国外大学创业文化建设的实践…………………………… 273
　第二节　国内大学创业文化建设的实践…………………………… 278
　第三节　对福建省大学创业文化建设的启示……………………… 282
第二十章　福建省大学创业文化建设的现状分析………………… 284
　第一节　福建省大学创业文化建设的实证研究…………………… 284

第二节　福建省大学创业文化建设存在的问题……………………287
第三节　福建省大学创业文化建设存在的问题的原因分析…………306

第二十一章　福建省大学创业文化建设的对策研究………………310
第一节　推进福建省大学创业精神文化建设的建议………………310
第二节　推进福建省大学创业制度文化建设的建议………………315
第三节　推进福建省大学创业物质文化建设的建议………………323

参考文献………………………………………………………………326
后　记…………………………………………………………………342

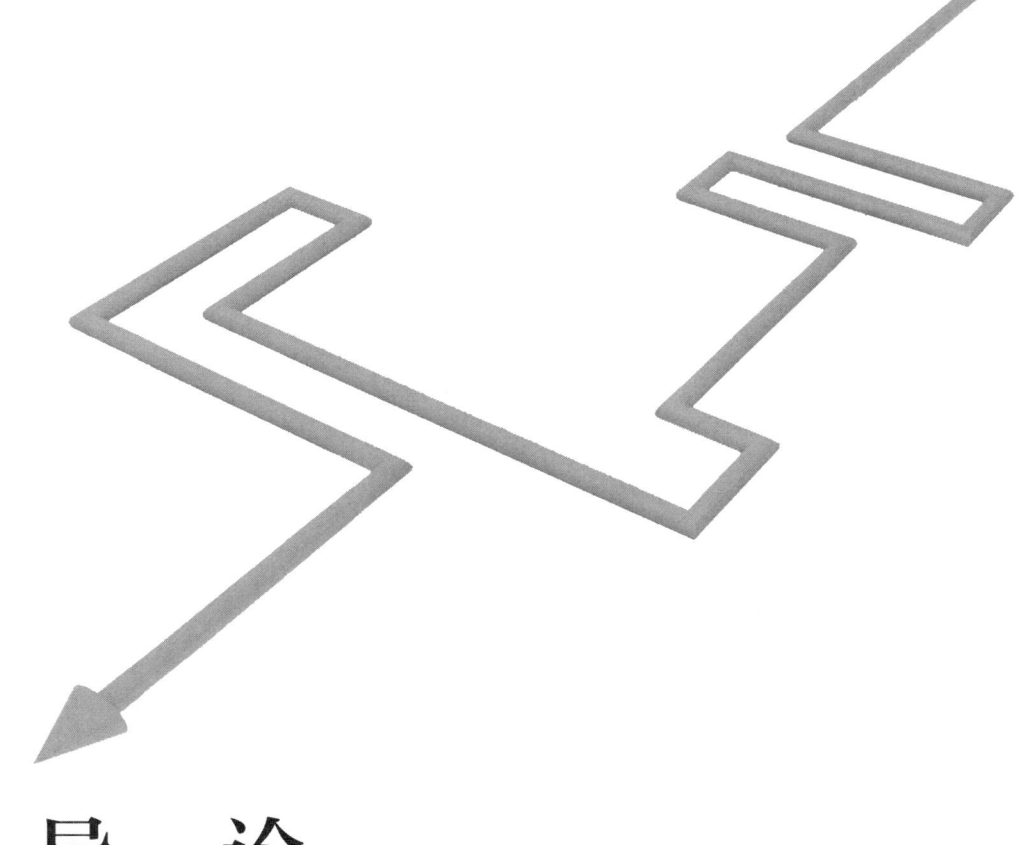

导 论

第一章

选题缘由与研究意义

第一节 选题缘由

一、大学的发展转型——走创业型大学之路

进入经济全球化和知识经济时代,高校科技创新和人才培养在国家建设中发挥着越来越重要的作用。在西方国家,创业型大学以其自身独特优势成为世界一流高校的发展模式,有力地推动科技进步和经济社会发展,从而促进了大学自身的长足进步。我国高校的发展一直跟随社会进步的步伐,但如何在新形势下发展更高水平的高等教育,如何更好地履行提高国家经济发展水平和科技实力的使命,是亟须解决的问题。

(一)走创业型大学之路是新形势下的必然选择

党的十八大报告中,胡锦涛同志强调指出:着力增强创新驱动发展新动力,科技创新是战略支撑,必须摆在国家发展全局的核心位置。同时,胡锦涛同志指出,要坚持走中国特色自主创新道路,注重协同创新,着力构建以企业为主体、市场为导向、产学研相结合的技术创新体系。高校作为创新体系的主要组成部分,在发展过程中,出现了一系列现实问题:高水平的学科带头人缺乏、科技标志性成果偏少、科技纵横向课题比例失衡、科技成果转化率和社会贡献率低等。这些问题的存在都与高校创新能力不强有关,不利于国家创新

体系的建设。[①]

针对"就业难"现象,党中央多次强调要"促进创业带动就业"。创业教育的提出和探索是知识经济背景下中国高等教育发展的必然要求,是高等教育国际化与大众化发展趋势的必然结果。当前,我国高校学生的实践能力和创新能力比较薄弱,创业意识和能力有待提高,彰显出创业教育的重要性。

当前,我国高等教育发展中,出现了需求与供给的矛盾。一方面是资源供需失衡。我国高等教育事业实现了跨越式的发展,进入了高等教育大众化的阶段,但国家对高等教育方面经费拨款的有限,使得大学普遍出现经费瓶颈问题,可支配资源不足。大学的经费问题不仅影响了教育教学质量,也加剧了高校间对有限教育资源的激烈争夺,严重制约了高校的生存和发展。另一方面是高校办学质量无法满足当代社会的需求。发展模式单一、组织建构方式行政化使得我国高校产生了科技创新能力不足、对区域科技创新提升力度小等问题。这些问题直接制约了我国高等教育办学水平与质量的提高,高等教育无法满足现代化建设对人才多样化、科技创新以及人民群众希望接受优质高等教育的需求。

从全球高等教育发展的趋势来看,发展创业型大学是解决以上难题的有效路径。创业型大学通过整合资源、实现知识资本化,破解学校发展资金难题;以"企业家精神"为核心的创业文化鼓励校企合作,培养21世纪需要的创新型人才,为就业和创业提供更好的平台;作为自主创新、协同创新、产学研相结合的主要实现形式,被赋予服务国家和社会的使命。

(二)构建创业型大学建设模式是推进高等教育发展的现实需要

当前,创业型大学理念已传入我国,国内部分高校已做出走建设创业型大学之路的战略选择。如福州大学于2008年首次提出建设"创业型大学"的建设目标,以期促使社会、产业和科技更好地融合。由于理论和经验不足,国内高校在构建创业型大学建设模式过程中存在着许多困难,诸如资金来源缺乏、知识产权保护意识薄弱、科技成果转化率低、创新能力弱、特色优势不明显及区域科技贡献率低等。对创业型大学建设模式进行深入分析,借鉴国外构建经验,探索出适合自身发展的建设模式,从而有针对性地解决存在的问题,是推进我国创业型大学发展的现实需要,关系到我国高等教育进一步发展。

创业型大学是国际高等教育发展的新趋势,而我国对创业型大学的尝试

---

① 胡锦涛.在中国共产党第十八次全国代表大会上的报告[N].人民日报,2012-11-9.

还处于对国外建设模式的临摹阶段,本研究基于创业型大学建设模式进行系统分析,思考我国创业型大学建设模式的构建。

二、大学的创新驱动——支撑区域创新体系建设

随着经济全球化程度的不断深入和知识经济时代的到来,区域创新体系建设成为决定该区域获取竞争优势的重要因素。高等学校已经从社会边缘走向了社会中心,成为区域创新的主体,发挥着培养高层次人才、引领科学研究和服务经济社会发展的功能。1994 年,在一次关于"进化经济学和混沌理论:技术研究中的新方向"的专题讨论会上,来自荷兰阿姆斯特丹科技发展学院的罗伊特·雷德斯多夫(Loet Leydesdorff)教授提出了一个"要为知识商品化过程消除各种障碍性因素"的设想,并提出为实现这个设想,需要构建一种新型的"大学—产业—政府"关系模式。不久之后,美国纽约州立大学的亨利·埃茨科维兹(Henry Etzkowitz)教授出版了《三螺旋:大学、产业、政府三元一体的创新模式》(以下行文简称《三螺旋》)一书,这使得三螺旋理论逐步受到了全球有志于谋求创新发展的国家和地区的高度关注。英国的梅特卡夫(Metcalfe)教授认为:"以国家为单位来分析一个创新体系太大了。应该考虑一组以技术为基础、以制度和地域为边界特色的体系,它们之间又能够相互进行联结,从而支持区域、国家乃至国际创新体系建设的持续发展。"[①]

我国《国家中长期科学和技术发展规划纲要(2006—2020 年)》明确提出:"要建设各具特色和优势的区域创新体系;要充分结合区域经济和社会发展的特色和优势,统筹规划区域创新体系和创新能力建设;要发挥高等院校、科研院所和国家高新技术产业开发区在区域创新体系中的重要作用,增强科技创新对区域经济社会发展的支撑力度。"胡锦涛总书记在党的十八大报告中指出要实施创新驱动发展战略,坚持走中国特色自主创新道路,注重协同创新,加快建设国家创新体系,着力构建以企业为主体、市场为导向、产学研相结合的技术创新体系,完善知识创新体系,把全社会的智慧和力量凝聚到创新发展上来。区域创新体系建设是国家创新体系建设的重要组成部分,要加强国家创

---

① Leydesdorff, Loet.The Measurement and Evaluation of Triple Helix Relations among Universities, Industries, and Governments[R]. Paper to be Presented at the Fourth International Triple Helix Conference. Copenhagen, November 2002.

新体系建设,必须要先加强区域创新体系建设。①

改革开放以来,福建省由一个经济实力薄弱、科技水平低下的落后省份发展成为我国发达省份之一。目前,福建省正处于建设海峡西岸经济区的重要时期,面临日趋激烈的区域竞争和国际竞争,福建省必须加强区域创新体系建设,利用并发挥自身优势,凭借带有自主知识产权的技术和名牌产品,加速提升产业技术层次,增强科技创新能力。加快区域创新体系建设是转变福建经济发展方式的重要手段,只有增强区域创新的各主体的联系,才能形成持续创新的动力机制,实现科技投入和科技成果转化的良性循环。在这样的背景下,开展三螺旋理论视角下福建高校支撑区域创新体系建设研究显得十分重要。

三、大学的创业教育——提升大学生的创业意愿

据2002年全球创业观察(GEM)发布的一项关于创业活动的研究报告称:创业活动越活跃的国家或地区,其经济结构调整和市场化进程的速度越快,对经济增长的推进作用越明显,也就是说,创业活动反映了一个国家或地区的经济活跃程度。② 2011年GEM报告又指出,我国已经属于效率驱动型经济,早期创业活动指数(Total Early-stage Entrepreneurial Activity Rate,TEA)达24.0%,这远远超过创新驱动型的美国(12.3%)。③ 可见,改革开放30年来,我国经济的高速发展在一定程度上得益于创业型经济的发展和创业精神的释放。党的十八大提出,实施创新驱动发展战略以促进经济稳定增长、激发创新创业活力;"科技创新是提高社会生产力和综合国力的战略支撑,必须摆在国家发展全局的核心位置";创新创业是加快转变经济增长方式的重要支撑,发展创业型经济是促进经济增长的有力保障。而重视高校创业教育、提升大学生创业意愿是实现创新创业的重要途径,是构建创新型国家、发展创业型经济、实现中国梦的重要举措。

随着高等教育改革的深入推进,我国高等教育的发展已由精英教育走向

---

① 胡锦涛.在中国共产党第十八次全国代表大会上的报告[R].人民网,2012-11-8.

② Paul D. Reynolds, William D. Bygrave, et al. Global entrepreneurship monitor—2012 executive report[R]. Global Entrepreneurship Research Association, 2002:23.

③ Niels Bosma, Sander Wennekers, Jose Ernesto Amoros. Global entrepreneurship monitor 2011 extended report: entrepreneurs and entrepreneurial employees across the globe[R]. Global Entrepreneurship Research Association, 2011:110-196.

大众化教育。近年来,高校毕业生数量逐年增多,大学生面临越来越严峻的就业形势:2007年全国普通高校毕业生总数为495万,2008年达到559万,2009年已超过600万,而2010年我国的大学毕业生人数达630万,加上往届毕业生,参加就业的人数多达800多万人,2013年毕业的大学生人数在700万左右,比2012年的680万人数增加20万左右,如此大量的毕业生使得就业形势十分严峻。[①] 为解决大学生就业难题,各级政府和高校都在积极探索,提出了各种解决对策,其中高校创业教育是缓解大学毕业生就业问题、促进高校科研成果转化以及推动经济发展的重要途径。政策层面,党的十八大指出:"要贯彻劳动者自主就业、市场调节就业、政府促进就业和鼓励创业的方针,实施就业优先战略和更加积极的就业政策;引导劳动者转变就业观念,促进创业带动就业,做好以高校毕业生为重点的青年就业工作。"

当前,创业教育是知识经济时代的产物,已经引起全世界各国的高度重视。以作为高等教育强国之一的美国为例,创业教育涵盖了从小学到大学本科直至研究生的正规教育,已经被纳入国民教育体系,而美国经济的发达也大部分得益于由创业教育促发的创业经济的发展。我国高校创业教育起步较晚,1998年清华大学举办的第一届大学生创业计划竞赛标志着我国高校创业教育的开端。2002年教育部确定清华大学、中国人民大学等九所高校作为创业教育试点院校。2010年5月4日,教育部公布《关于大力推进高等学校创新创业教育和大学生自主创业工作的意见》,从此"全民创业、全面创新"的创业教育在我国高校全面推进。同时,2010年颁布的《国家中长期教育改革和发展规划纲要》也明确提出,要大力推进高等学校创业教育工作。2012年8月17日,教育部又印发了《普通本科学校创业教育教学基本要求(试行)》,从国家战略层面强调在普通高等学校开展创业教育是加快转变经济发展方式、建设创新型国家和人力资源强国的战略举措,是深化高等教育改革、提高人才培养质量、促进大学生全面发展的重要途径。可见,政府和高校已经开始高度重视高校创业教育,并采取了许多积极的举措,创业教育已经在高校中如火如荼地开展。据统计,2010届大学毕业生自主创业比例达1.5%,比2009届(1.2%)高0.3个百分点,比2008届(1%)高0.5个百分点。[②] 虽然大学生自主创业人数有所上升,但是大多数学生的创业意愿仍然未能有效地提升,大学生

---

① 陈腊文.高校的创新教育与创业教育[J].改革与战略,2006(6):27-28.
② 麦可思研究院.2011年中国大学生就业报告[M].北京:社会科学文献出版社,2011:142.

群体的创业意愿和创业热情总体上仍不高。

1989年联合国教科文组织提出,创业能力是继学术能力、职业能力之后,面向21世纪的第三种能力,又称为"第三本教育护照",强调当前高校应该把创业教育提高到高等教育的发展战略层面,并与学术性和职业性教育一样具有同等重要的地位。[①] 近年来,以创业教育为重要特征的创业型大学受到了世界各国的高度重视,诸如麻省理工学院、斯坦福大学、莫纳什大学等世界著名高校纷纷向创业型大学转型,实现跨越式的发展。因此,我国高校如果想跟世界接轨,就必须思考转型,转变以往的教育模式,积极开展创业教育,培养具有创新思想和创业素质的大学生,推动大学生以创业带动自我就业,缓解就业难的问题。

四、大学的创业文化——建设具有区域特色的创业文化

20世纪后期,在欧美、亚洲和拉丁美洲,部分大学利用自己的知识创新成果,引资创办高技术公司,加速原创性科技成果转化、孵化、催生、兴办新的产业,承担经济发展和提升国家竞争力的重任,由此也给自己带来一个全新的名称,即"创业型大学"(Entrepreneurial University)。[②] 创业型大学的出现主要有三个原因:一是知识经济把高等教育推向社会经济发展的中心,高等教育必须对自身进行变革,以发挥其应有的作用;二是高等教育大众化和高等教育多样化的需求;三是政府大幅度削减对高等教育的资助以及政府政策的推动。美国纽约州立大学社会学系亨利·埃茨科威兹教授提出了三螺旋理论(Triple Helix),为创业型大学的发展提供了坚实的理论基础。该理论利用生物学中有关三螺旋的原理,阐述了政府、大学和企业在社会经济发展中之间相互依存的互动关系。美国高等教育家伯顿·克拉克于1994—1996年10次访问欧洲,研究英国、荷兰、瑞典、芬兰等国5所"自主创业型大学"的经验,于1998年出版了《建立创业型大学:组织上转型的途径》一书。该书提出创业型大学转型的五个要素,分别是强有力的驾驭核心、拓宽的发展外围、多元化的资助基地、激活的学术心脏地带和整合的创业文化。创业文化在创业型大学转型

---

① 王革,刘乔斐.高等学校的一种新教育理念——《中国大学生创新创业教育发展报告》评[J].中国高教研究,2009(6):56.
② 王雁,孔寒冰,王沛民.创业型大学:研究型大学的挑战和机遇[J].高等教育研究,2003(3).

中起着十分重要的作用,"被视为理想、信念和多种价值混合的组织文化,是前四个转型途径的象征性表现",是转型的第一步。比如斯坦福大学在转型过程中,其所倡导的"实业教育"理念对创业文化的形成起到了十分重要的助推作用。①

从国内来看,20世纪80年代尤其是90年代以来,我国大学的生存环境发生了一系列的变化。主要表现在以下几个方面:一是知识经济社会在人才培养、科技成果等方面对大学创新提出了更高的要求,要求大学培养具有创新精神、创业精神,既拥有理论知识又有实践能力的实用性人才。二是高等教育大众化和多样化使大学面临新困难。至2009年,我国高等教育毛入学率达到24.2%,高校在校生总数超过2979万,比1998年的在校生总数643万增加了4.6倍多,9年间翻了两番多。扩招对我国加快高等教育大众化的进程,对拉动内需、促进经济增长起了积极作用。同时,扩招也造成了我国高校巨额负债、高等教育质量下降等问题,特别是对大学毕业生就业产生了很大的影响。2009年我国高校毕业生610万人,就业率为70%。2010年中国大学毕业生人数再创新高,达到630万人,另外还有100多万历年没有就业的大学生,加之金融危机的影响,这使得2009年应届大学生就业面临着不同以往的难题(数据来源:2009年全国教育事业发展统计公报)。三是政府对高等教育的投入严重不足,使得教学资源缺乏。高等教育国家财政性教育经费,从1998年的49.15%下降到2004年的41.53%。中国社科院出版的《2006年:中国社会形势与预测》一书中称:2005年我国公办高校的银行贷款总额已达1 500亿~2 000亿元,高校负债现象十分普遍。四是国家和区域经济社会发展对大学有了更大的期待。大学需要承担服务地区和国家的经济、科技发展的任务。这些任务的压力促使许多大学思考并实践着引导师生创业。而我国的传统文化却崇尚儒家的中庸之道,知足即可、树大招风、小富即满等,这些都变成了我国大学转型的阻力。因此对我国大学而言,创业文化环境的建设显得十分重要。

福建省地处祖国东南沿海,总体来看,福建省高等教育相对滞后于经济的发展水平。以2007年为例,福建省的主要经济指标进入全国中上游,经济总量位居全国第12位,人均GDP位居全国第7位。而福建省高等教育规模小,在国内的竞争力不高。据2007年的调查显示:在全国的2 263所高校中,福

---

① Burton R. Clark, Delineating the Character of the Entrepreneurial University[J], Higher Education Policy, 2004, 17: 335-370.

建省的高校数量只有 74 所,其中重点院校只有 2 所。2007 年福建省高等教育毛入学率还只有 22.01%,低于全国平均水平 1.3 个百分点(数据来源:国家统计局网站和福建统计年鉴)。因此,福建高等教育还有待加快发展速度,总量和高校规模均有待扩大。2009 年 5 月,国务院总理温家宝主持召开国务院常务会议,讨论并原则通过《关于支持福建省加快建设海峡西岸经济区的若干意见》,进一步明确了海峡西岸经济区在国家区域经济格局中的战略定位和功能定位,为海峡西岸经济区建设注入强大的动力。建设海峡西岸经济区是福建区域经济发展和社会和谐的必要动力,需要相关的智力支持,是福建高等教育发展的重要机遇。高校应该主动适应建设海峡西岸经济区的新需求,认真研究和借鉴国内外大学从转型走向成功的办学理念和发展方式,提升高等学校自主创新能力和整体水平,进一步发挥在海西工业科学发展中的重要作用,增强高等教育服务海峡西岸经济区建设的作用。

在以上三个方面的形势要求下,创业成了大学一个热门的话题,同时大学的创业文化建设也在这样的背景下受到了更多的重视。

第二节 研究意义

一、研究大学的发展转型具有重要意义

(一)理论意义

高校是科研创新的辐射源,对社会发展有着重要意义。高校转型是新时期的一大议题,我国创业型大学的建设受到了各界学者的高度重视。但目前国内对创业型大学建设模式的研究侧重于研究西方高校成功转型的历史原因、办学特征及组织转型路径等,对创业型大学的系统研究仍不充分。本研究针对创业型大学建设模式进行系统性研究,对创业型大学建设模式的内在含义和构成要素进行全面分析,丰富了创业型大学建设模式的理论,为我国高校向创业型大学转型提供理论支撑。

(二)现实意义

在实践层面,鉴于我国高校转型的重要意义,通过对创业型大学建设模式独特属性的把握,对其他国家实现创业型大学建设模式的主要做法进行比较分析,借鉴其他国家创业型大学建设模式的优势,规避其缺陷和不足,以此作为参考,为我国高校建设决策者提供一定的决策依据,有利于高校把握时机,协调大学建设的参与主体和内部支撑要素的关系,推进我国创业型大学的建设,实现我国大学、科研机构、政府与产业互动合作关系。

二、研究大学的创新驱动具有重要意义

(一)理论意义

作为重要的区域创新行为主体,大学的创新能力越来越受到国际和国内社会的普遍关注。三螺旋理论从构建区域知识空间、趋同空间和创新空间的角度出发,论证了大学—产业—政府三者间的相互作用。近几年有关三螺旋理论和区域创新体系建设的研究逐渐增多,由于起步较晚,理论上尚存在许多不完善之处。在这种情况下,开展三螺旋理论视角下高校支撑区域创新体系建设研究对三螺旋理论和区域创新体系建设的创新发展有着极其重要的意义。

(二)现实意义

区域创新体系是国家创新体系的重要组成部分,国家创新体系的根基在于培育充满活力的区域创新体系,在当前全球经济一体化的形势下,加强区域创新体系建设和提高区域创新水平,具有非常重要的现实意义。本书通过文献分析、统计数据,全面了解、把握福建省高校在区域创新体系建设中的支撑作用,对福建高校对区域创新体系的贡献进行研究,将相关研究结果作为政府、高校及有关部门制定相关政策的依据并提出对策建议。

(三)战略意义

积极推进海峡西岸经济区建设迫切要求增强高等教育的支撑作用。2009年5月,国务院在《关于支持福建省加快建设海峡西岸经济区的若干意见》中明确提出,要"着力打造特色鲜明的区域创新体系"的战略部署,这表明福建省

在加强区域创新体系建设方面肩负着重要使命,这对我省来说既是机遇又是挑战。因此,加强福建区域创新体系建设对贯彻落实《国家中长期科学和技术发展规划纲要(2006—2020年)》和《关于支持福建省加快建设海峡西岸经济区的若干意见》有着重要的战略意义。

三、研究大学的创业教育具有重要意义

大学生创业不仅可以解决自身的就业问题,还可以创造更多的就业岗位,对缓解我国大学生就业问题具有很大的作用,更重要的是可以推动我国创业经济的发展和高校向创业型大学发展。因此,研究高校创业教育对大学生创业意愿的影响具有重要的理论意义、现实意义和战略意义。

(一)理论意义

当前,我国高校创业教育处于发展阶段,大学生创业人数不断增加,然而其发展过程中仍存在着创业教育理论研究滞后、创业教育覆盖面狭窄、创业教育师资不足、创业教育质量不高及创业教育尚未形成体系等问题。[①] 本书试图从大学生群体的个体微观视角出发,基于大学生创业意愿提升的视角,构建Probit模型,研究高校创业教育、人格特质等个体因素对大学生创业意愿的内在影响机理,这不仅丰富了计划行为理论、创业事件模型、人格特质理论等理论,也为我国高校有效开展创业教育、提升大学生创业意愿及向创业型大学发展提供参考。本书拓展了创业研究在心理学和人口统计学领域的研究,以及进一步验证计划行为理论来研究创业心理学的可行性,深化和丰富了计划行为理论的内涵。更重要的是,本书拓展了计量经济学在高校创业教育研究中的应用,是经济学、教育学、管理学、心理学等学科交叉综合研究的创新性尝试。

(二)现实意义

本书重点研究高校创业教育对大学生创业意愿的内在影响机理,其现实意义可以从驱动经济、增加就业、教育本质、大学发展四个方面去考察。

第一,创业是推动国家经济发展的主要驱动力量。

---

① 张昊民,马君.高校创业教育研究——全球视角与本土实践[M].北京:中国人民大学出版社,2012.

改革开放以来,我国经济的飞速发展主要得益于创业型经济的发展,由个体自主创业的中小企业对创业型经济的贡献功不可没。据统计,我国中小企业已超过 4000 万,约占全国企业总数的 99.8%,创造的最终产品和服务价值占国内生产总值的 55%,上缴的税收占全国税收的 46%。可见,中小企业已经成为我国经济发展的重要引擎。新创中小企业不仅是经济发展的发动机,还为大学毕业生开辟了一条重要的就业渠道。作为推动经济增长的重要因素,创业正成为一种时代主流。而在倡导内涵式高等教育的环境下,当代大学生是最具创新、创业潜力的群体之一,具备专业的文化知识以及年轻人自身特有的创新精神,其创业意愿的高低决定了未来创业的人数和质量,是影响创业型经济发展的重要因素。

第二,高校创业教育是缓解当前严峻就业压力的重要举措。

我国是一个劳动力长期存在供大于求问题的国家,就业任务十分艰巨,仅就大学生群体而言,更是长期处于十分严峻的状态。近年来,我国的毕业生人数逐年增加,2001 年我国应届高校毕业生仅 115 万,而 2014 年我国应届高校毕业生达到 727 万,增加了 612 万,创历史新高。毕业生的数量越来越多,社会的就业岗位却没有按比例相应增长,毕业生的就业形势十分严峻。解决如此巨大的就业问题,不能单纯依靠政府,高校作为未来经济的中心,不能仅仅是人才输送,也应当担负起引导就业创业、培养创业型人才的责任。因此,我国高校应该拓展其创业教育功能,通过创业教育培养创业型和创新型人才,提升大学生的创业能力和创业意愿,为社会提供更多的就业岗位,这也是解决就业问题的根本出路。

第三,高校创业教育是面向全社会培养创业精神和创业思维的终身教育。

1998 年,联合国教科文组织在巴黎召开了世界高等教育大会,大会公布的《21 世纪的高等教育:展望和行动世界宣言》中第 7 条强调,"要培养学生的创业技能和主动精神,以促进毕业生的受雇就业能力"。可见,创业教育不仅仅是教学生创办公司的具体方法和技能,更主要的是培养学生的创业精神和创业思维。创业精神和创业思维是一种积极的精神素质,它能够促使学生大胆创新,识别和创造机会,并采取行动实现自己的创业目标,这种创业精神和创业思维不管对自我雇佣还是受雇于企业的大学生都是非常意义的。

第四,高校创业教育是我国高等教育改革的必然要求。

南开大学闫广芬教授在研究大学生就业创业时,认为当今大学的发展表现出种种的不适应,致使人的发展陷入了困境,这是大学生就业难的根源所在。① 破解大学生就业难题需要对教育改革做系统的、深层次的思考。大学生就业难,并非难在就业,而是难在教育。显然,高校创业教育应当从人与社会的关系中找答案,把就业、创业教育嵌入大学教育体系中,推进教育改革,并努力使大学向创业型大学转型,以更好地服务于国家和地区经济社会发展。

基于以上认识,研究高校创业教育对大学生创业意愿的影响,针对福建省,着重探讨高校创业教育的成效和存在的主要问题,提出具体对策建议,以期为高校和政府相关部门在制定有效的大学生创业鼓励政策方面提供政策建议,并推动我国高校创业教育和大学生自主创业的发展。

(三)战略意义

随着社会经济的发展和教育改革的逐步深入,创业教育在高校日益受到重视。自1999年我国高校开始引入创业教育到2011年高校创业教育全面开展,我国已有600多所高校开设创业教育课程。全国近85%的高校已建立各种规模的创业基地。为了推动高校创业教育发展,政府颁布《国家中长期教育改革和发展规划纲要(2010—2020)》,提出应该把高校创业教育提高到教育发展的战略层面,要求在普通高等学校开展创业教育,提高人才培养质量,促进大学生全面发展,落实以创业带动就业、促进高校毕业生充分就业的方针政策。

四、研究大学的创业文化具有重要意义

进入21世纪,在市场化、全球化、信息化的背景下,我国高等教育发展速度加快,向大众化的目标迈进,使大学里的受教育人数达到了历史上前所未有的水平,大学面临的挑战和问题越来越多,研究大学的创业文化,无论从理论和现实上都有着十分重要的意义。

(一)理论意义

第一,大学创业文化建设研究是创业型大学研究的组成部分。

目前,我国一些地区性的大学,特别是以工科为主的大学,一方面具有较

---

① 闫广芬.大学生就业、创业教育研究的逻辑起点[J].南开大学学报(哲学社会科学版),2013(3):145-151.

强的科技研究实力和较高的学术水平,有能力通过人才、科技成果和技术转移等作用,对地区产业经济的振兴发挥重要作用;另一方面这些大学希望以自身对区域经济和社会发展的突出贡献赢得公众和政府的认可,成为促进区域经济建设的轴心机构,给自身带来更加广阔的发展空间,因此这些大学希望向创业型大学转型。美国著名高等教育家伯顿·克拉克认为创业型大学转型需要五个条件,其中包括整合创业文化,也就是大学创业文化建设。他认为良好的文化可以产生对组织的认同,并形成最大的决心来实现组织的目标。而一种新的企业文化精神的产生,是学校中有形与无形的因素、正式与非正式关系的综合,需要在管理人员、广大师生当中普遍存在着创业精神。就是说,大学创业文化建设是大学转型的第一步,它对大学的转型有很大的促进作用。此外,麻省理工学院也持有这样一种信念:它深信只有当学院的教授主动地、持续地与工业界、商业界、政府以及其他社会机构互动,开展合作研究,学院的教育项目和教学活动才能在各方面取得高效、繁荣发展。这种在校园内渗透着的创业文化,是促使麻省理工学院成为创业型大学发展典范的重要原因。所以大学创业文化建设对创业型大学更为重要。但是目前不论从国内还是国外,对整合的创业文化进行深入研究的都不多,所以对大学创业文化和建设的研究可以填补这个空白,为我国高校向创业型大学转型提供理论支撑。

第二,大学创业文化建设研究是对大学文化建设研究的完善。

大学文化是整个社会文化的一部分,是以大学为载体,通过师生对文化的传承、传播和创造,为大学所积累的物质财富和精神财富的总和。大学文化建设是大学增强核心竞争力的需要。今天,大学之间的竞争实质上就是学校文化力的竞争。面对高等教育改革的大趋势,大学必须加强大学文化建设,培育和发展学校自身的核心竞争力。以前学者研究大学文化多是从大学的精神、大学的理念出发,讨论大学应具有的崇尚学术、坚持真理的人文关怀。而在新的知识经济快速发展的今天,所有因为社会转型带来的问题都势不可挡地向大学扑来,大学的定位发生了变化,大学不仅仅是教书育人培养人才的基地,更要成为科学技术创新的基地,服务社会、促进社会经济发展的先锋。大学创业文化的研究能给传统的大学文化中注入新的活力,成为大学变革和发展的动力。

(二)现实意义

大学转型需要的不仅仅是模式,更需要理念和文化,所以大学创业文化建设研究对大学转型有重要的现实意义,主要表现在以下三个方面:

第一,大学创业文化建设研究有利于深化人才培养模式改革。

这些年,我国人才培养模式改革的目标比较倾向于知识的掌握和技能的训练,强调人才对现实社会被动适应式的自我调整,较少考虑如何充分发挥学生的主观能动性和创造潜能。从发达国家大学人才培养模式改革的情况来看,注重开展创业教育,建立探究式学习机制,培养创新、创业型人才是当前主要的发展趋势。创业教育是指以创造性和开创性为基本内涵,以课程教学与实践活动为主要载体,以开发和提高创业主体综合素质为终极目标,通过课程体系、教学内容和方法的改革、开展第二课堂活动以及开设创业课程、资金资助、提供咨询等方式培养学生未来从事创业实践活动所必备的意识、知识、能力、心理品质和道德品质等素质的教育活动。同时,这也是大学创业文化建设的内容,因此在人才培养模式改革中创业文化的建设十分重要,可以通过创业文化的建设为创业教育奠定良好的基础。

第二,大学创业文化建设研究有利于加强科研创新的功能。

目前我国高校对科研的评价大多以承担多少项目、发表多少篇论文为考核目标,存在重数量轻质量、考核周期短的弊端,不利于激励高校科研创新。大学创业文化建设要建立一种有利于教师科研创新的制度,建立科学的评价考核、鼓励探索、宽容失败的制度,这种制度的建立有助于大学营造科技创新创业转化的良好政策环境,有助于激励教师不断地创造出有价值的创新成果。而且创业行为和科研创新是互惠互利的,创业的关键也正是创新,科研创新是创业的灵魂所在。2009年,广东省就出台《关于利用高校科技创新资源促进高校毕业生创业就业的意见》,鼓励高校科研项目单位积极吸纳和稳定高校毕业生就业创业。

第三,大学创业文化建设研究有利于加强服务社会的功能。

社会服务是高校的三大职能之一。当前随着大众化进程的加快,高等教育逐步从社会的边缘走向中心,服务社会的功能越来越得到重视,产学研结合已经是高校发展的必然趋势。长期以来,我国企业技术创新能力差,而高校科研成果转化率低的现象相当严重。调查显示,我国高校的科技成果转化率还不到10%(数据来源:"大学科技成果转化的探索与实践"课题研究报告)。造成大学科技成果转化率低的原因很多,除了外部原因,也有学校内部文化和体制的问题。加强大学创业文化建设,可以增强创业意识,建立政产学研合作机制,提高高校服务社会的能力。

(三)战略意义

国务院在 2006 年初召开的科技大会上提出了建设创新型国家的战略决策。《国家中长期科学和技术发展规划纲要(2006—2020)》提出:到 2020 年,全社会研究开发投入占国内生产总值的比重应提高到 2.5% 以上,力争科技进步贡献率达到 60% 以上,对外技术依存度降低到 30% 以下,本国人发明专利年度授权量和国际科学论文被引用数均应进入世界前 5 位。[①] 十七大报告第八部分"加快推进以改善民生为重点的社会建设"中,提出了"优先发展教育,建设人力资源强国"的目标,并提出了"实施扩大就业的发展战略,促进以创业带动就业","完善支持自主创业、自谋职业政策,加强就业观念教育,使更多劳动者成为创业者"等一些具体措施。创新创业在国家和区域经济发展中发挥着越来越突出的作用,能有效提高国家核心竞争力。我国目前的科技、教育水平与发达国家相比还有不小的差距,因此,我们必须提倡大学创业文化建设,培养创新性人才,建设一批高水平大学,培养一大批我国科技发展的主导力量。

海峡西岸经济区建设也要求高等学校提升自主创新能力和整体办学水平,增强高等教育在服务海峡西岸经济区建设中的人才保障作用,努力培养出具有出色创新能力和具有优秀创业能力的人才。同时打造海西特色大学创业文化品牌,为福建省建设文化强省出力,努力成为海峡两岸文化交流的重要基地。

在这样的背景下,大学创业文化建设研究的必要性更加显著,它是大学转型的必然要求,是培养创业型人才的必要手段,是创新性国家战略的一部分,同时也是推进海峡西岸经济区建设的重要组成部分。

---

① http://www.most.gov.cn/ztzl/gjzcqgy/zcqgygynr/2.html.

第二章

研究综述与思路方法

第一节　国内外关于创业型大学的研究综述

创业型大学已成为世界瞩目的大学发展模式,国内外学者对其研究也越来越多,涉及面越来越宽。我们基于阅读有关创业型大学的现有文献资料,经整理和总结进行以下综述。

一、关于创业型大学基础理论的研究

早在1995年,美国纽约州立大学亨利·埃茨科威兹教授(Henry Etzkowitz)与荷兰阿姆斯特丹大学雷德斯道夫教授(Leydesdorff)就出版专著《大学与全球知识经济:大学—产业—政府关系的三重螺旋》。该书是两位教授以美国大学为对象,研究创业型大学的早期理论成果。作者认为在政府政策的刺激下,大学愿意与产业界进行获利合作,而产业界对收益的追求也促使其对学术的兴趣增强。该书从大学与工业的合作视角出发,首次提出创业型大学的定义。这让我们初步认识了创业型大学及其发展模式。2002年,埃茨科威兹教授的著作《第二次学术革命:MIT和创业型科学的兴起》问世。该书以麻省理工学院和斯坦福大学为典型案例,分析了"象牙塔"式大学迅速转型的背景,介绍了"大学—产业—政府"三者之间的互动关系与发展路径,提出大学模

式可分为教学型、研究型和创业型三类。① 2005年埃茨科威兹教授的著作《三螺旋》面世,至此三螺旋理论正式形成。该书系统阐述了创业型大学是如何践行三螺旋模式的,传达了美国大学主动变革的理念,并提出此模式继续发展的支撑环境要素,构建了三螺旋视角中创业型大学的运行机制和发展蓝图。②

与埃茨科威兹教授以美国创业型大学为研究对象有所不同,伯顿·克拉克教授(Burton R. Clark)的著作《建立创业型大学:组织上转型的途径》是基于欧洲创业型大学的研究成果。克拉克教授从组织系统转型的视角出发,寻求组织特性上实质性的转变,归纳了创业型大学组织上转型的五方面路径(即强有力的驾驭核心、拓宽的发展外围、多元化的资助基地、激活的学术心脏地带及一体化的创业文化)。③ 克拉克教授在稍后出版的《大学持续的变革:案例研究及概念的延续》一书中,扩充了上一本书的内容,将视野从欧洲大学拓宽到国际,强调在大学转型中最突出的三方面系统动力(包括转型因素之间的互动与支持;前瞻性的"持续动力"的建立;现象后是制度意志、集体意愿刺激并引导一种"自我保持"、"自我选择"的力量来适应社会的需要),从丰富的案例分析中为我们总结了不同文化背景下大学成功转型的经验。④

斯劳特(Slaughter)和莱斯利(Leslie)两位学者在其合著的《学术资本主义:政治、政策和创业型大学》中提出了学术资本化,围绕"学术资本主义"来描述大学应承担的使命及高校与产业界之间的互动合作,重点分析了当前形势对高等教育投资的影响以及知识的生产和传播愈加受市场信息左右的情况。该书得出结论:大学中最靠近市场的学科变化最为明显。⑤ 该书认为创业型大学即有显现出市场化行为的大学。之后,二人出版《新经济学中的学术资本主义》一书,进一步展示创业型大学在开发市场、出售科研成果及提供社会服务等方面的运行机制,指出知识已被视为可获利的资本,并指出高校教职人

---

① [美]亨利·埃兹科维茨.第二次学术革命:MIT和创业型科学的兴起[M].王孙禺,袁本涛,译.北京:清华大学出版社,2007:5-9.

② University Culture: Planning and Change. A Strategic Focus Report as Part of the Institutional Self-Study[R]. Commission on Colleges of the Southern Association of Colleges and Schools, January 17, 2003.

③ [美]伯顿·克拉克.建立创业型大学:组织上转型的途径[M].王承绪,译.北京:人民教育出版社,2003:15-21.

④ [美]伯顿·克拉克.大学持续的变革:案例研究及概念的延续[M].王承绪,译.北京:人民教育出版社,2008.

⑤ [美]希拉·斯劳特,拉里·莱斯利.学术资本主义:政治、政策和创业型大学[M].梁骁,黎丽,译.北京:北京大学出版社,2008:134.

员、行政管理人员行为都受到学术资本主义的影响。①

从传统大学到以商业方式运作的转变,部分学者认为它是高等教育学术活动范式的转变。如德里克·博克教授(Derek Bok)在《走出象牙塔:现代大学的社会责任》一书中,指出大学应以学生的发展需要为出发点,"走出象牙塔"是大学对社会的发展变化做出回应,是大学继续发展的创新之路。该书还强调了大学的学术能力建设在此范式中的重要价值。② 彼得·加维斯(Peter Javis)在《大学与公司大学:全球社会中的高等教育》一书中,则认为大学的组织结构和校园文化中都蕴含着资本市场的特性,将出售学术任务、技术研究服务和咨询等作为知识生产和应用的途径,促进创业型教育的快速发展,也让公司化的运行范式在大学中逐渐形成。③ 布兰斯科姆所著的《知识产业化:美日两国大学与产业界之间的纽带》一书,为我们展示了美日两国大学在科学技术成果转化为生产力的过程中,大学与产业界合作的新范式产生的巨大能量。④《公司文化中的大学》中,埃里克·古尔德教授(Eric Gould)提出现代美国大学中的学生本就是市场商品,根据市场对人才需求情况和评价标准承受着市场标价,而在信息时代和知识社会中,公司文化渗透到大学培养创新性人才之中,以知识和创业精神为交易资本进入市场,两者相互促进的范式在本质上就是学术活动的一次革命。⑤

二、关于创业型大学内涵的研究

(一)创业型大学的定义

埃茨科威兹教授侧重于大学与产业界的联系,以知识在高校与产业界的

---

① Slaughter & Rhoades. Academic capitalism in the new economy[M]. Baltimore, Md.:The Johns Hopkins University Press, 2004:181-187.

② [美]德里克·博克.走出象牙塔——现代大学的社会责任[M].徐小洲,陈军,译.杭州:浙江教育出版社,2001:128.

③ Peter Jarvis. University and corporate university: the higher learning industry in global society[M]. Kogan Page Limited, 2001:54-56.

④ [美]刘易斯·布兰斯科姆.知识产业化——美日两国大学与产业界之间的纽带[M].引宏毅,苏峻,译.北京:新华出版社,2003:10-13.

⑤ [美]埃里克·古尔德.公司文化中的大学[M].吕博等,译.北京:北京大学出版社,2005:45-46.

作用来定义创业型大学;克拉克教授则以事业性质赋予创业型大学,认为冒险是贯穿其发展过程的精髓;斯劳特教授直接将创业型大学定义为企业化运营,将知识作为运作资本来经营的高校。由于作者定义的视角不同,各国学者的论述都蕴含自己的独到见解。如 Oleksiyenko Anatoly 认为创业型大学是为满足社会对知识和教育的需求而产生,因此他对创业型大学的定义包含两方面:一是促进非学术性课程的发展来满足市场对特定项目研究和技术培训的需要,二是终身教育发展和社会创新进取的必然结果。Peter Schulte 从创业型大学应完成的目标切入,定义创业型大学为:培养会创造工作的人、重视学生交叉学科的学习、科研成果要努力实现技术转移成为社会生产力的、注重实用性的场所。[1] Risto Rinne 和 Jenni Koivula 则提出变革后的新模式特性多样,创业型大学是为市场服务的大学,可以说创业型大学是利用创新和科研成果来孵化出创业公司的大学,创业型大学是麦当劳式大学,像快餐文化一样去追求效率、预算、结算及管理控制等。[2] 基于创业型大学是内外部共同作用的产物,温正胞指出学术资本主义与市场化生存构成了创业型大学的合法性基础,在定义中强调学术创业精神的重要作用。[3]

(二)创业型大学的特征和分类

新时代赋予创业型大学新使命,"何为创业型大学的特征"是学者们研究较多的议题。王雁指出创业型大学的特征就是"创业"职能,通过聚类分析得出研究型大学的四种类型(创业Ⅰ型、创业Ⅱ型、学术研究型和普通研究型),并以七项基准作为判断根据。[4] 彭绪梅从目标地位—投入—知识活动系统—途径—产出五个方面揭示了创业型大学的特征,强调政府引导下的"产学研"合作模式颇具意义。[5] 张金萍认为创业型大学的特性尽显于大学的职能和组织上,强调创业型大学在保持传统的教学和研究职能的基础上,肩负知识资本化的新使命,组织机制主要在大学内部的跨学科组织和大学的技术管理组织

---

[1] Peter Schulte. The entrepreneurial university: a strategy for institutional development[J]. Higher Education in Europe,2004(2):41.

[2] Risto Rinne, Jenni Koivula. The changing place of the university and a clash of values: the entrepreneurial university in the european knowledge society a review of the literature[J]. Higher Education Management and Policy, OECD,2005,17(3).

[3] 温正胞.创业型大学:比较与启示[D].上海:华东师范大学,2008.

[4] 王雁.创业型大学:美国研究型大学模式变革的研究[D].杭州:浙江大学,2005.

[5] 彭绪梅.创业型大学的兴起与发展研究[D].大连:大连理工大学,2008.

上独具特色。① 黄英杰从学术立业的组织结构、不断创新的创业文化、学术资本的师生共识和协同创新的契约关系四个特征出发,认为中国需要从变革高等教育结构、建设专业学位和创建资助创新的高科技园区等方面来积极推进高等教育的变革。② 陈汉聪、邹晓东以创业型发展阶段为切入点,根据各发展阶段的特性将创业型大学分类为:变革型大学、创新型大学、创业型大学,建议从创业教育、科研评价体系、内部设立专门机构和创业文化研究四个方面来推进我国高校变革。③

(三)高校向创业型大学转型的路径

陈汉聪、邹晓东总结出当前创业型大学形成的两类途径:伯顿·克拉克教授的组织转型路径和亨利·埃茨科威兹教授的三螺旋结构路径,当前学者的研究多围绕这两类路径进行研究。④ 马志强依据伯顿·克拉克教授提出组织上转型的五条路径,对创业型大学的组织运行机制进行剖析,强调大学技术转让办公室是创业型大学最重要的组织革新。⑤ 学者温正胞以创业精神为轴心,整理出创业型大学生存与发展的五个主要创业策略途径(品牌经营,市场开发与营销,质量认证与管理体系开发,利益相关者/顾客群体分析,多元化的资金开发与成本控制)。⑥ 刘兴国综合两类型路径,基于三螺旋视角指出三螺旋与创业型大学的相互影响、相互促进的关系,并建议在尊重文化差异的基础上依据伯顿·克拉克的组织转型路径来创办创业型大学。⑦ 甘永涛整合对比五位权威专家关于创业型大学研究的五个基本问题(创业型大学的理念、要素、三螺旋、价值冲突和生存途径与运营方式)的观点,认为高校向创业型大学转型的五大驱动力是:国家与政府的公共政策变化、技术发展、标杆性事件、学

---

① 张金萍.国外创业型大学的理论研究[D].北京:首都师范大学,2008.
② 黄英杰.走向创业型大学:中国的应对与挑战[J].清华大学教育研究,2012,33(2):37-41.
③ 陈汉聪,邹晓东.发展中的创业型大学:国际视野与实施策略[J].比较教育研究,2011(9):32-36.
④ 陈汉聪,邹晓东.发展中的创业型大学:国际视野与实施策略[J].比较教育研究,2011(9):32-36.
⑤ 马志强.西方创业型大学的兴起和发展[D].开封:河南大学,2006.
⑥ 温正胞.创业型大学:比较与启示[D].上海:华东师范大学,2008.
⑦ 刘兴国.现代大学的学术变革与创业型大学建设——基于大学—产业—政府三重螺旋合作理论的分析[J].河北科技大学学报(社会科学版),2009,9(3):93-97.

术争论、制度化。①

三、关于构建创业型大学建设模式的研究

学者董泽芳认为"模式是指事物在发展过程中,在一定条件影响下逐步形成的由若干要素构成的,具有某些典型特征的模型或样式"。② 大学的建设模式是指以办学思想为指导,在办学实践中形成的一种稳定的结构形态,它包括具体的管理体制与运行机制。这里主要梳理学者们对美国、英国、巴西等国构建创业型大学建设模式的研究,从而为我国创业型大学建设模式的构建提供经验借鉴。

(一)关于美国构建创业型大学建设模式的研究

埃茨科威兹教授将美国创业型大学建设模式的构建看成是创业活动的外延,认为美国大学倾向于采用一个线性过程,在此系统中知识产权起着重要的链接作用。王雁等多位国内学者对美国创业型大学建设模式的构建过程进行深入探究,总结其优势和不足。王雁主要从美国研究型大学建设模式的发展为基础,以产学研合作中的政府、产业、大学三者关系的角度,论述了美国研究型大学中的企业化策略和企业化机构,认为创业型大学是在研究型大学的基础上成长起来的,是研究型大学建设模式的进一步发展和深化。③ 易高峰将创业型大学模式从研究型大学模式中区分开来,并阐明了创业型模式的运行平台与机制,在比较了麻省理工学院和上海交通大学的建设模式后,提出了我国建设创业型大学的建议。④ 温正胞指出美国创业型大学的建设是区别于欧洲的持续变革创新的新型大学,它体现了美国高等教育系统中的学术与商业共存共生的独特传统,并认为美国创业型大学建设模式的实现是商业利益驱动下的高等教育发展最佳方式。⑤

---

① 甘永涛.论创业型大学研究的理论架构[J].科学学研究,2011,29(11):1619-1624.
② 董泽芳.现代高校办学模式的基本特征分析[J].高等教育研究,2002(3):60-62.
③ 王雁.创业型大学:美国研究型大学模式变革的研究[D].杭州:浙江大学,2005.
④ 易高峰.崛起中的创业型大学——基于研究型大学模式变革的视角[M].上海:上海交通大学出版社,2011.
⑤ 温正胞.大学创业与创业型大学的兴起[M].浙江:浙江大学出版社,2011:135-140.

(二)关于英国构建创业型大学建设模式的研究

英国创业型大学建设模式也是学者们讨论的热点。20世纪80年代的政府改革,使得大学的生存和发展成为一个严峻的课题,克拉克教授通过对沃里克大学的案例解读,总结出的五条组织转型经验,是对英国创业型大学实现路径的典型概括。埃茨科威兹教授认为英国的转型方式较为保守,是教师集中精力培养学生去创建新公司,同时也指出机会战略和出口导向增强了英国模式的稳定性。王晓阳指出英国华威大学是以其创新的理念、大胆的创新举措,在建校短短40年内取得了巨大的成就,成为英国创业型大学建设的佼佼者。[1] 王雁、孔寒冰、王沛民从大学职能角度出发,认为发展高科技、实现产业化,以期提升国家竞争力和创新能力,已是作为现代一流大学重要标志的一种新的学术职能,并认为剑桥大学对此职能的发挥,为我国研究型大学争创世界一流大学提供了重要的参考。[2] 刘力从"沃里克模式"和"教学公司模式"中揭示了英国高校科技成果产业化的成功经验。[3] 王成军在其著作《官产学三重螺旋研究——知识与选择》中以剑桥大学与牛津大学为例来介绍英国经验,认为英国剑桥大学的成功转型是研究型大学的学习典范。书中还介绍了英国政府成立"剑桥—麻省理工学院研究院",作为英国剑桥大学与美国麻省理工学院携手发展的战略联盟,此举对我国创业型大学建设模式构建国际合作的探索具有积极的借鉴意义。[4]

(三)关于巴西构建创业型大学建设模式的研究

埃茨科威兹教授在《三螺旋》一书中阐释了巴西创业型大学建设模式的建设情况,认为巴西的创业型大学的建设将孵化器和创业教育培训等创业活动更向前推进了一步,在融合了巴西本土特性后,将孵化器拓展到解决经济、社会问题的组织形式,有利于解决巴西社会严重不平衡的地方通病,这是巴西模式的开创性研究。我国学者王成军在其著作《官产学三重螺旋研究——知识

---

[1] 王晓阳.自主创新型大学的可持续性变革——以英国华威大学为例[J].临沂师范学院学报,2005,27(4):9-12.

[2] 王雁,孔寒冰,王沛民.世界一流大学的现代学术职能——英国剑桥大学案例[J].清华大学教育研究,2002(1):27-33.

[3] 刘力.产学研合作的沃里克模式和教学公司模式——英国的经验[J].外国教育研究,2005(2):39-43.

[4] 王成军.三螺旋:官产学伙伴关系研究[M].杭州:浙江大学出版社,2005:43-69.

与选择》中列举了创业型大学的经验，对巴西案例进行了分析，介绍巴西的孵化器概念、创业教育被引入教学任务、大学创业活动的扩展。比如里约热内卢联邦大学与产业联络合作的一个项目，不是聚焦高技术风险，而是寻求附近贫困地区的那些未曾有机会受过教育的住户的创业型引导项目，向他们提供基本的培训，这就是巴西典型的乡村教育建设模式，后来巴西其他地方纷纷效仿。[①]

(四)关于其他国家构建创业型大学建设模式的研究

除美国、英国及巴西以外，国内外学者对其他国家创业型大学建设模式也做了深入探究。西蒙·马杰森和马克·康纳斯认为在全球高等教育服务贸易日趋频繁的时代，澳大利亚创业型大学的建设具有相当高的参考价值，并指出了澳大利亚创业型大学建设模式的形成，是由于市场的左右从而促使政府对创业型大学的推进。[②] 在国际小型企业理事会上，国外学者对埃塞俄比亚的创业型大学进行介绍：从学生层面着手，提高学生的创新创业能力，集中进行创业培训，提高学生的创业精神和实际创业能力是该国构建创业型大学建设模式的重要途径。[③] Sorin E. Zaharia 和 Ernest Gibert 以罗马尼亚的案例为研究样本，利用归因分析、对比分析、案例分析等方法，阐释在变革的时代下欧洲创业型大学的未来走向，认为构建创业型大学建设模式的关键在于建立创业文化，从使命和愿景上进行深刻的变革。[④]

国内学者安文旭以莫纳什大学为案例，阐述澳大利亚创业型大学建设模式的发展历程和办学特色，指出我国创业型大学建设模式的构建要从政府与大学两个主体着手，政府应在经费、政策和法规上给予支持，大学应强化学术地位、提升企业化管理能力，只有双方相互配合，才能走出一条新道路。[⑤] 任之光、张之旻对芬兰的阿尔托大学进行研究，从使命层面、能力层面和支撑层

---

① 王成军.三螺旋:官产学伙伴关系研究[M].杭州:浙江大学出版社,2005:43-69.

② 西蒙·马杰森,马克·康纳斯.澳大利亚企业型大学的权力结构:管理模式与再创造方式[M].周心红,译.杭州:浙江大学出版社,2007.

③ Okpara, Friday O. Building an entrepreneurial university for the challenges of the 21st century: the ethiopian perspective[M]. Washington: ICSB, 2008.

④ Sorin E. Zaharia, Ernest Gibert. The entrepreneurial university in the knowledge society[J]. Higher Education in Europe, 2005, 30(1):31-40.

⑤ 安文旭.澳大利亚创业型大学发展策略研究——以莫纳什大学为个案[D].沈阳:沈阳师范大学,2011.

面进行分析,认为芬兰的创业型大学发展范式可为我国建设创业型大学提供有益的经验。① 台湾学者 Mei-Chin Hu 对台湾创业型大学的公共研究基金与私人研究基金进行对比研究,提出地方政府如何在财政上为创业型大学模式的构建提供充足资源的策略。②

此外,还有学者将不同的创业型大学建设模式的建设重点进行对比分析。王梅以美国麻省理工学院与英国沃里克大学为例,分析大学创业行为生存时间的生态系统,介绍了创业型大学在知识创造、传播、应用的方式上的创新,并指出大学创业行径的策略及参与商业化是有等级差别,需区别对待。③ 陈霞玲、马陆亭对麻省理工学院和沃里克大学的建设模式进行对比,发现两者转型的背景不同,发展中的影响因素也不同,从而得出结论:麻省理工学院的实现路径适合研究型大学,沃里克的建设方式则适合于非研究型大学。④ 典型案例的分析毕竟有局限性,能否适用于其他国家还有待进一步商榷。从中也可以看出,建设模式的对比分析还不够全面和深入,而且只选取其中一个例子进行比较,不具有概括性和综合性。

从国内外研究现状中可以看出,国外关于创业型大学的研究比较深入和全面,这也为本研究做了厚实的理论铺垫和指导。而国内对西方创业型大学研究成果的引入和对创业型大学的实践都还处于起步阶段,对创业型大学建设模式的分析还不够系统和全面,有待我们进一步深入探究。把握创业型大学建设模式的定义、构成要素等内涵,将有利于我国高校重新整合和利用资源,进一步提升我国高校建设能力,对于我国高等教育是一个极具理论意义和实践价值的课题。

---

① 任之光,张之旻.创业型大学发展范式:阿尔托的实践与启示[J].高等教育研究,2012,33(6):101-106.
② Mei-Chin Hu. Developing entrepreneurial universities in Taiwan: the effects of research funding sources[J]. Science, Technology & Society, 2009,14(1):35-57.
③ 王梅.创业型大学——一个新的大学理念之践履[D].兰州:兰州大学,2011:11-15.
④ 陈霞玲,马陆亭.MIT 与沃里克大学:创业型大学运行模式的比较与启示[J].高等工程教育研究,2012(2):113-114.

第二节　国内外关于区域创新体系的研究综述

一、国内外有关三螺旋理论的研究

1953年,莱纳斯·鲍林(Linus Pauling)和科里(Robert B. Corey)提出了DNA是由三个链组成的。几个月以后,华生(James Watson)和克里克(Francis Crick)认为DNA是双螺旋结构,并很快被接受为DNA的正确结构。这是因为双螺旋比三螺旋更稳定,它能保持两者互补从而达到平衡,而三螺旋包含着不同类型的复杂行为。[①] 因此,后来人们就将三螺旋模式用来研究复杂的转型过程。通过引入生物学中的三螺旋概念,1997年,美国纽约州立大学亨利·埃茨科维兹(Henry Etzkowitz)教授在观察、分析并总结经验的基础上,建议利用三螺旋模型来分析大学、产业和政府之间的关系,并用来解释三者间在知识经济时代的新关系。[②] 从此,三螺旋理论被认为是一种创新型的结构理论。雷德斯多夫(Leydesdorff)对三螺旋概念进行了研究。他认为,三螺旋模型是由创新的不同发展阶段演化而来并最终形成所谓的"三螺旋"。[③] 创新三螺旋模型提出后,国际上举行了九次学术研讨会议,参加的人数越来越多,规模也越来越大,在国际上产生了很大的影响。会议内容如表1-1:

表1-1　国际上九次有关三螺旋理论的学术研讨会的时间、地点、主题和内容

届次	时间	地点	主题及内容
第一届	1996	阿姆斯特丹	政府—产业—大学关系的概念
第二届	1996	纽约	政府—产业—大学关系研究中的未来落脚点

---

① 汤易兵.区域创新视角的政府—产业—大学关系研究[D].浙江:浙江大学,2007.
② 亨利·埃茨科维兹.三螺旋:大学、产业、政府三元一体的创新模式[M].周春彦,译.北京:东方出版社,2005:1-7.
③ Leydesdorff, Loet. The Measurement and Evaluation of Triple Helix Relations among Universities, Industries, and Governments[R]. Paper to be Presented at the Fourth International Triple Helix Conference, Copenhagen, November 2002.

续表

届次	时间	地点	主题及内容
第三届	2000	里约热内卢	无止境的转变——社会、经济和科学发展之间的关系
第四届	2002	哥本哈根	打破大学、产业和社会的边界,建立跨螺旋的以及跨地理和国家边界的桥梁
第五届	2005	都灵	从认知、经济、社会和文化方面来看知识资本化
第六届	2007	新加坡	创业型大学和大学的未来
第七届	2009	格拉斯哥	三螺旋在创新、竞争和可持续发展的全球化议程中的作用
第八届	2010	马德里	知识城市发展、社区扩展和区域连接中的三螺旋
第九届	2011	斯坦福	硅谷:全球模式还是特有现象?

资料来源:http://www.triplehelixeonferenee.org/。

近十年,国内对三螺旋的研究呈现逐渐增多的趋势。通过对中国知网上的期刊论文库进行搜索,以"三螺旋"为关键词,按精确匹配,并除去生物等无关文献,搜索结果如图 1-1:

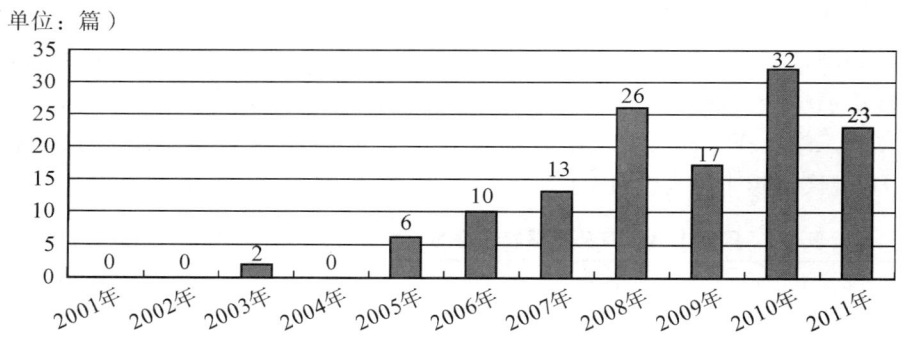

图 1-1 国内近十年学术期刊中涉及三螺旋理论的文章篇数

国内最早研究三螺旋理论是在 2003 年。方卫华系统地介绍了三螺旋概念的起源、发展以及与三螺旋相关的重要事件,论述了三螺旋模型的结构类型,并将它与其他创新理论做对比,阐述了它对公共政策的指导。[①] 浙江大学

---

① 方卫华.创新研究的三螺旋模型:概念、结构和公共政策含义[J].自然辩证法研究,2003(11):69-72.

王成军在其博士论文中基于三螺旋理论对大学、产业、政府的关系进行了研究。① 国内真正系统引进三螺旋理论始于2005年周春彦翻译出版《三螺旋：大学、产业、政府三元一体的创新模式》一书。同年12月，王成军的两部专著针对三螺旋主题进行了详细探索。此后有关三螺旋和基于三螺旋的研究在国内逐渐升温。四川大学吴敏基于三螺旋理论对区域创新系统进行研究。② 吴贵生、涂俊等分别探讨了三螺旋理论对我国的启示，并用三螺旋理论探索了中小企业的创新政策。刘则渊构建了知识活动系统视角下的创新三螺旋体系，这是国内首位学者在创新体系方面的原创性成果，尝试将三螺旋理论运用到中国实践。③ 苏竣、姚志峰运用三螺旋理论来诠释孵化器的动力，即大学、产业和政府三者互动产生了孵化器，它是三螺旋理论在实践上发展到一定高度而形成的。④ 齐善鸿、吴思运用三螺旋模型理论深入剖析了新中国成立以来创新战略的发展，分析了我国创新战略的趋势，并指出了创新战略大学、产业、政府三方机构的努力方向。⑤ 刘建华、姜照华运用DEA（数据包络法）的统计方法建立指标，对我国各省市2000年、2001年和2002年三年的区域创新效率进行深入分析，用计量经济学建模和三螺旋视角对区域创新效率进行评价并提出对策建议。⑥ 王如东以江苏工业园区为分析对象，以三螺旋作为发展创意城市的理论支撑。⑦ 陈静、林晓言研究了在三螺旋理论当中有关创业型大学和技术转移的关系，鉴于美国高校在技术转移方面的成功经验，指出了中国在技术转移方面存在的一系列问题。⑧ 栾春娟、陈悦、刘则渊通过对世界权

---

① 王成军.基于TH的大学、产业、政府关系研究[D].杭州：浙江大学，2003.
② 吴敏.基于三螺旋模型理论的区域创新系统研究[J].中国科技论坛，2006(1)：36-40.
③ 刘则渊，陈悦.新巴斯德象限：高科技政策的新范式[J].管理学报，2007(5)：346-353.
④ 苏竣，姚志峰.孵化器的孵化——三螺旋理论的解释[J].科技进步与对策，2007(3)：1-3.
⑤ 齐善鸿，吴思.中国创新战略演进及其趋势分析——基于三螺旋创新模型的架构[J].中国科技论坛，2007(7)：3-6.
⑥ 刘建华，姜照华.我国区域创新效率评价及其三螺旋解释[J].河南社会科学，2007，(11)：86-88.
⑦ 王如东.基于三螺旋的创意城市研究——以苏州工业园区为例[J].上海管理科学，2008(5)：78-81.
⑧ 陈静，林晓言.基于三螺旋理论的我国技术转移新途径分析[J].技术经济，2008(7)：1-6.

威专利数据库CII(德温特创新索引)的检索,对全球的专利情况进行分析,从而提出我国高校应提高专利质量、加强产学研合作等建议。[1] 2009年,郑州高新区创新性科技园区通过近几年发展实践的思考,利用三螺旋分析框架探索高新区跨越式发展的科学模式。资武成基于对三螺旋理论的分析,将产学研创新集群的三种模式进行了对比研究,提出了构建大学科技园是产学研创新集群模式的选择。[2] 陈红喜深入分析了三螺旋理论视角下的政产学研合作,并对政产学研模式的发展趋势和运行机制进行探讨,得出要更好发展政产学研模式,需建立"组建研发实体"等高级模式的结论。[3] 边伟军在总结三螺旋理论的基础上,提出了官产学合作的创新机制与创新模式。[4] 邹波、于渤将文章的研究重点放在三螺旋组织结构与运行机制之间的协同演化上,通过这种协同演化能够使内外部资源与环境相互补充,从而达到创新效率的提高。[5] 张秀萍论述了创业型大学管理模式创新,提到了三螺旋之外的第四螺旋——社会中介组织,并且可能起着越来越重要的作用。[6] 柳岸阐述了我国目前适用的三螺旋模型及三要素的角色、关系、相应的模式及产生的问题,以中科院为例,分析了中科院的做法及取得的成绩,并针对我国现阶段存在的问题给出了建议。[7] 王勇首先对区域三螺旋空间的形成及其特点进行阐述,然后重点分析了海峡西岸经济区的合作现状与存在问题并提出对策建议。[8]

从以上综述可以得出,近年来我国对三螺旋理论的研究主要集中在创业型大学建设、区域创新体系建设以及大学、产业、政府的关系,并且逐渐从理论

---

[1] 栾春娟,陈悦,刘则渊.三螺旋创新模式下的全球学术界专利竞争[J].情报杂志,2008(4):12-14.

[2] 资武成,罗新星,陆小成.基于三螺旋理论的产学研创新集群模式研究[J].科技进步与对策,2009(3):5-8.

[3] 陈红喜.基于三螺旋理论的政产学研合作模式与机制研究[J].科技进步与对策,2009(12):6-8.

[4] 边伟军,罗公利.基于三螺旋模型的官产学合作创新机制与模式[J].科技管理研究,2009(2):4-6.

[5] 邹波,于渤.试论三螺旋创新模式[J].黑龙江社会科学,2010(5):35-38.

[6] 张秀萍,迟景明,胡晓丽.基于三螺旋理论的创业型大学管理模式创新[J].大学教育科学,2010(5):43-47.

[7] 柳岸.我国科技成果转化的三螺旋模式研究——以中国科学院为例[J].科学学研究,2011(8):1129-1134.

[8] 王勇.海峡西岸经济区区域三螺旋合作深化发展路径探讨[J].台湾研究集刊,2011(3):34-42.

层面走向实践层面。但是,对三螺旋理论本身的研究还很薄弱,特别是对这个理论的中国化或中国式三螺旋问题有待于广泛而深入研究。例如,在三螺旋定量研究方面还有待加强,基于三螺旋概念的区域创新测度工作也有待完善。因此,如何找到中国式三螺旋的特征和发展方向,找到适合我国的三螺旋发展模式,尽快实现自主创新和经济与社会持续发展,需要后人的不懈努力。

二、国内外有关区域创新体系的研究

(一)国内外关于区域创新体系内涵的研究

1992年,英国的库克(Cooke)教授最早提出了区域创新体系的概念,较全面地对区域创新体系进行了理论及实证研究。1996年,他提出区域创新体系主要是由在地理上相互分工与关联的生产企业、研究机构和高等教育机构等构成的区域性组织体系。① 1995年,魏格(Wiig)认为区域创新体系包括:进行创新产品生产供应的生产企业群;进行创新人才培养的教育机构;进行创新知识与技术生产的研究机构;对创新活动进行金融、政策法规约束与支持的政府机构;金融、商业等创新服务机构。② 阿希姆(Asheim)将区域创新体系分为三类:为本地根植性的区域创新体系、区域网络式创新系统和区域性国家创新系统。③ 区域创新体系概念研究不断深入是国际竞争的产物。

我国在20世纪末引入区域创新体系概念。国内众多学者在借鉴国外区域创新体系理论的基础上,结合我国的具体国情,提出区域创新体系的概念。冯之浚主编的《国家创新系统的理论与政策》一书是这样定义区域创新体系的:它是指由某一地区内的企业、高校科研机构、中介服务机构和地方政府构成的创新系统。④ 胡志坚、苏靖认为,区域创新体系是某区域内由参加新技术发展和扩散的企业、大学和研究机构以及政府组成的,为创造、储备和转让知识、技能和新产品的相互作用的网络系统。⑤ 黄鲁成认为区域创新体系是指

---

① Cooke P. Regional Innovation System:Competitive Regulation in the new Europe[J]. Geoforum,1992,23(3):365-382.
② 美霞.基于行政区划的省级创新系统研究[D].天津:天津大学.2009.
③ 张艳.区域创新系统内部机制研究[D].西安:西北工业大学.2005.
④ 冯之浚.国家创新系统的理论与政策[M].北京:经济科学出版社,1999:35.
⑤ 胡志坚,苏靖.区域创新系统理论的提出与发展[J].中国科技论坛,1999(6):20-23.

在特定的经济区域内,各种与创新相联系的主体要素、非主体要素以及协调各要素之间关系的制度和政策网络。① 潘德均认为,区域创新体系是指地方内有关部门和机构相互作用而形成的推动创新的网络。② 刘友金认为,区域创新体系是指在一个经济区域内与技术创新的产生、扩散和应用直接相关,并具有内在相互关系的创新主体、组织和机构的复合系统。③ 2001年的《中国区域创新能力报告》认为,区域创新体系是一个地区内有特色的、与地区资源相关联的、推进创新的制度组织网络。北京大学王缉慈教授认为,区域创新体系是区域网络各个结点(高校、企业、研究机构、政府等)在协同作用中结网而创新,并融入区域环境中而组成的创新系统。柳卸林认为,区域创新体系是为了推动新技术的产生和使用,在一个区域内,由各类创新主体形成的制度和机构网络。④

比较国内外专家学者对区域创新体系的概念,他们的不同点主要体现在:一是对"区域"的理解存在分歧。分歧点主要在于区分区域创新体系是技术区域、经济区域,还是行政区域。二是都对区域创新体系所包含的要素存在分歧,但大多数学者认为区域创新体系是由企业、政府、高校科研机构、中介机构等构成。三是对区域创新系统是一个什么样的系统的解释不同,部分学者认为它是一个创新系统,部分学者认为它是一个网络系统,还有部分学者认为它是一个相互作用的系统。

(二)国内外关于区域创新体系结构的研究

对区域创新体系结构的研究是对区域创新体系研究的重要内容之一。Cooke等人认为区域创新体系包含两个子系统:一是知识应用与开采子系统,二是知识生产与扩散子系统。他们还认为区域创新系统是建立在"区域""创新""网络""学习过程"和"相互作用"这五个构成元素之上的。阿希姆(Asheim)和艾萨克森(Isaksen)将区域创新体系归纳为区域产业集群及其支持产业的公司、支持的知识组织和这些行动者的相互作用三个组成部分。⑤ Stefan Kuhlmann在对欧洲局部地区进行评价时,遵循演化论和制度学等理

---

① 黄鲁成.宏观区域创新体系的理论模式研究[J].中国软科学,2002(1):95-98.
② 潘德均.西部地区区域创新系统建设[J].科学学与科学技术管理,2001(1):38-40.
③ 刘友金.基于行政区划的区域创新体系研究[J].企业经济,2001(3):13-16.
④ 柳卸林.区域创新体系成立的条件和建设的关键因素[J].中国科技论坛,2003(1):18-22.
⑤ 姜东明.基于循环经济的区域创新体系研究[D].山东:中国海洋大学,2008.

论,提出了一个有关区域创新系统的模型。① 在这个模型中,区域创新体系由区域政治系统、区域教育和研究系统、区域产业系统以及区域创新环境构成,这四个部分相互联系、相互作用,从而推进整个创新系统的持续发展。②

我国黄鲁成认为,区域创新体系应由创新主体子系统、创新基础子系统、创新资源子系统和创新环境子系统构成。敦富等认为,区域创新体系应包括创新结构、创新资源、中介服务系统和管理系统四个组成部分。潘德均认为区域创新体系是由三个主体系统和三个支撑体系构成的。主体系统包括知识创新系统、技术创新系统、创新技术扩散系统。支撑系统包括创新人才培育系统、政策与管理系统、社会支撑服务系统。③ 这种看法将知识创新和技术创新完全割裂开来显然不妥。刘斌认为,区域创新体系主要由行为主体、技术主体之间的运行机制、创新环境组成。其中创新环境是由知识库和创新政策构成。④ 这种看法将知识库当成外部环境,忽视了区域高校和科研机构的知识源地位,显然也有不妥之处。刘曙光认为,区域创新体系的结构应该从集中度、开放度、层次性和稳定性四个方面来进行判别。潘德均对西部地区进行了创新体系结构研究,得出区域创新体系是由三个主体系统和三个支撑系统构成的。⑤ 周柏翔对长春市区域创新体系进行了研究,认为区域创新体系应该包括知识创新体系、企业技术创新体系、创新成果扩散体系、教育培训体系、区域宏观调控体系、社会服务支撑体系等六个子系统。⑥

(三)国内外关于区域创新体系评价的研究

Saxenian 在对美国波士顿附近的 128 号公路(Route 128)和旧金山附近的硅谷(Silicon Valley)地区进行仔细调研的基础上,总结出 128 号公路所形

---

① Stefan Kuhimann, European/German Efforts and Policy Evaluation in Regional Innovation.University Utrecht Fraunhofer Institute Systems and Innovation Research[R]. International Workshop on the Comprehensive Review of the S&T Basic Plans in Japan—Towards the Effective Benchmarking of Integrated S&T Policy —Tokyo, NISTEP, September,13-14,2004:1-25.

② 陈国宏.区域自主创新能力评价及相关研究[M].北京:经济科学出版社,2008:65.

③ 潘德均.西部地区区域创新系统建设[J].科学学与科学技术管理,2001(1):38-40.

④ 刘斌.构建区域创新系统的难点与对策[J].中国科技论坛,2003(2):22-23.

⑤ 刘曙光,刘佳.区域创新系统研究的国内进展综述[J].经济师,2005(1):8-10.

⑥ 周柏翔,凌丹.长春区域创新体系构建的基本模式分析[J].工业技术经济,2005(8):92-94.

成的高科技企业集群相对闭锁,这是由于128公路以政府为主导,而硅谷地区由于规模小,相对比较灵活,企业之间合作与竞争较为频繁,使得企业不断壮大,从而提高了企业创新能力。① 此外,高校和科研机构积极大量人才在这里集聚也是硅谷得以闻名世界的关键所在。如:世界上有四分之一的诺贝尔奖获得者在硅谷地区工作。David W. Edgington 对日本四个产业区之一的中京（以名古屋为基础）的主体要素进行分析,发现该地区的区域创新机制主要是由四部分组成的:核心装配企业及分包商、国家和地方政府机构、地方性商会以及私人部门团体。创新机制主要来源于企业的多元化战略,以及永远强调不断升级的思想,这使得中京在创新活动中具有明显的优势。② Soo Young Park 等人认为韩国的区域创新体系模式强调技术发展和区域创新。他强调,区域创新的动力源于由企业和科研院共同创造的集聚体系,因此,区域领导者应该重视并鼓励相关产业的集聚,并与高校科研机构、服务机构以及中介机构加强合作,促进区域创新体系的不断发展壮大。③ Gordon Dabinet 和 Tony Gore 对英国东伦敦地区和约克郡高校与企业、企业与企业、企业与科研机构之间的关系进行了调查研究,得出结论:在这两个地区,政府资助对这些创新项目的影响是很小的,它并没有促进本地创新水平的提高。E. Wojnicka 等人用动态分析法从企业的角度对波兰波美拉尼亚省（Pomeranian）的区域创新体系进行了分析,在他看来,波美拉尼亚省尚未建立起区域创新体系。④

我国对区域创新体系评价的研究是从上个世纪末开始的。1999年,北大教授王缉慈对中关村地区进行考察并做出了创新实证研究。2004年,刘曙光教授对东北地区的城市一体化建设以及东北亚地区该如何参与国际合作问题进行深入研究,对东北地区的创新发展进行了探索。此外,刘曙光教授还对山东半岛的城市一体化建设进行研究分析,提出了山东半岛应该以国际国内一体化为纽带,积极构建山东半岛的区域创新体系建设。⑤ 鲁勇兵等建立了一

---

① 任胜钢,陈凤梅.国内外区域创新系统的发展模式研究[J].研究与发展管理,2007(5):45-52.

② 杨志江.区域创新绩效评价研究方法及其应用研究[D].广西:广西师范大学,2007.

③ Soo Young Par, Woobae Lee. Regional Innovation System Built by Local Agencies: an Alternative Model of Regional Development[R]. Paper presented at the ICGG Taegu 2000 Conference,2000:1-20.

④ 任胜钢,陈凤梅.国内外区域创新系统的发展模式研究[J].研究与发展管理,2007(5):45-52.

⑤ 娄东明.基于循环经济的区域创新体系研究[D].青岛:中国海洋大学,2008.

个资源配置效率评价模型。该模型运用了投入产出法,以科技资源配置水平的指标体系为基础。

总之,我国关于区域创新体系建设的研究才刚起步,还存在着很多不足,主要表现在以下几个方面:第一,对创新理论的研究,特别是在区域创新体系建设的研究方面处于相对薄弱环节。即使在基本概念和结构等方面可能达成相对共识,但与国外的研究相比,仍处于比较肤浅的层面。第二,对区域创新体系建设缺乏定量研究。目前对区域创新体系主要局限于定性分析,缺少全面、细致的定量研究。第三,缺少有效的、可推广的、并能达成共识的评价指标体系。学者们基于各自对区域创新体系的认识,建立了种类繁多的指标体系,但实际操作应用起来比较困难。

展望区域创新体系建设与"三螺旋"理论研究的发展趋势,我们将从以下几方面努力深入研究:(1)运用"三螺旋"模型理论来研究区域创新体系建设的问题;(2)利用国内外先进的经验与福建省实际相结合,对区域创新体系建设问题展开深入研究,为海峡西岸经济区的建设和政府的科学决策提供参考。

第三节 国内外关于创业教育和创业意愿的研究综述

一、关于创业教育的相关研究

作为一个新的研究领域,创业教育研究与其他新兴研究一样,也是从现象描述、案例研究和观察报告开始。迄今为止,关于创业教育的研究很多,总体而言,早期创业教育研究主要聚焦于教学内容和教学方法的有效性探索、课程的选择与设置、国际创业教育比较等方面。尽管学者们选择的研究方法不同,但是目前主要存在四种主要创业教育研究流派:(1)专注于创业计划对个体和社会作用的研究流派;(2)创业计划的系统化研究,例如利用新媒体环境和创业实践活动开展高校创业教育;(3)创业计划的内容和机制研究;(4)创业计划中主要参与者的需求研究。① 而本书主要是结合第二种流派和第四种流派的研究思路和方法,研究高校创业教育和主要参与者的意愿,即高校创业教育对大学生创业意愿的影响。结合本研究主题,以下将主要从高校创业教育相关概念、高校创业教育的发展现状进行综述。

(一)高校创业教育相关概念

1.创业

关于"创业"的概念界定,学术界还没有达成共识。对于各种界定的讨论,许多学者已经进行了大量研究,本书在此不一一进行综述。之所以出现不同的观点争鸣,主要源于研究者学科知识背景、所处时代背景,以及研究角度的不同。比较有影响的定义主要有:哈佛商学院提出:"创业是一个对机会的执着追求而不囿于资源条件的限制、对各种不同资源进行重新组合以促进价值和利益最大化的过程。"百森学院提出:"创业是一种囊括思考、推理和行动的行为方式,强调创业不仅是一种把握机会创造价值的过程,还是一种领导艺术。"美国著名创业学家杰弗里·蒂蒙斯(Jeffrey A.Timmons)提出:"创业的界定已经超过了传统单纯创建企业的概念范畴,它涵盖了各种形式、各个阶段的公司和组织,组织不仅能为企业主,也能为所有创业参与者和利益相关者创造和提高价值。"② 国内学者张玉利认为:"创业是具有创业精神的个体与有价值商业机会的有机结合,是开创新视野,其本质在于把握机会、创造性整合资源、创新和超前行动。"③ 郁义鸿等认为:"创业是一个发现和捕获机会并由此创造新产品或服务,以及实现其潜在价值的过程。"④

尽管权威机构和研究者们对"创业"的定义众说纷纭,但从定义中,我们不难发现都有共同点,即创业是一种包括经济功能、人格特质、思考方式、领导行为等特征的行为过程。应该注意到的是,这些定义仅仅是个体行为和商业领域内的界定,创业还属于大学教育,创业促进了经济的发展,同时也与大学教育密切相关。因此,本研究认为,创业是创业者利用各种资源,抓住机会,创新思维方式,创造出具有价值的新产品、新服务和新方法的行为过程,创业应该

---

① Bechard J. P., Gregoire. Entrepreneurship education research revisited:the case of higher education[J]. Academy of Management Learning & Education, 2005, 4(1):22-43.
② [美]杰弗里·蒂蒙斯.创业者[M].周伟民,译.北京:华夏出版社,2002:23.
③ 张玉利.创新时代的创业研究与教育[N].中国教育报,2006-05-08.
④ 郁义鸿,李志能.创业学[M].上海:复旦大学出版社,2000:9.

具有价值创造性、创新性、教育性、社会性等特征。

2.创业教育

在概念界定层面,国内外不少学者已对创业教育进行界定。唐平提出,创业教育是开发和提高大学生基本素质、培养具有创造精神和创业能力的高素质社会主义现代化建设者的教育,即通过课堂教育、社会实践等方式培养能够创业的人才或者具备创业能力和创业素质的创新型人才。[①] 国外著名教育学家贝沙尔(Bechard)和图卢兹(Toulouse)认为,创业教育是一种教学模式,是指对创业感兴趣的群体进行教育培养,综合各种资源,通过创业项目和创业计划提高创业意识。创业教育是对商业活动的各种因素进行有效整合。[②] 高校创业教育应该将创业教育融入专业教育全过程,琼斯(Jones)认为创业教育不仅要包括创业管理、创办企业等,还应该涉及诸如金融学、会计学和管理学等传统商业课程。[③] 总而言之,创业教育大概可以分为四种类型:第一,创业意识教育,树立积极创业态度,加强创业知识,提升大学生创业意愿;第二,初创企业教育,在于迎合那些已经有了创业想法和需要解决问题的个体经营者的继续教育;第三,创业活动教育,聚焦于那些已经成为企业家还想要在公司初创阶段提升动态创业行为的教育;第四,企业家继续教育,即一种终身学习计划,主要针对有经验的创业家。[④]

可见,对创业教育的定义,学者们的观点也是莫衷一是,暂未达成一致观点,但是从上述学者的定义来看,创业教育的内涵主要包含了三层紧密联系的含义:(1)创业教育是当今高校新的教育功能,即所谓的"第三本教育护照",它是在大学素质教育的基础上融入创业素质教育,具有独特功能和体系的教育,是发展创业型大学的题中之意;(2)通过创业教育,提高创业者的创业意识、创业能力、创业技能和创业心理素质,从而更加成功地进行价值创造;(3)创业教育是教育学、创业学、经济学、管理学和心理学的交叉,创业教育的过程无不体现着这几个学科的融合。

3.高校创业教育

结合我国大学教育的特点,高校创业教育是近年来我国大学教育和学生

---

① 唐平.大学生创业教育研究[M].北京:清华大学出版社,2014:6.
② 李会峰.我国大学生创业教育研究[D].兰州:兰州大学,2010.
③ Jones C., English J. A contemporary approach to entrepreneurship education[J]. Education & Training, 2004, 46(8): 416-423.
④ Linan F. Intention—based models of entrepreneurship education[D]. Spain: University of Seville, 2004.

工作中的重点和难点,是21世纪大学的新功能,开展高校创业教育的目的在于激发大学生创业热情,增进学生创业知识,提升其创业意愿、创业精神、创业心理素质、创业能力等方面的教育。国内外学者对高校创业教育也提出了不同的观点。

我国学者张昊民指出:"高校创业教育是以高校为主体、政府为主导,综合利用社会各方资源,以培养创业人才、服务经济与社会发展为目标,形成创业教育生态系统。通过商业知识传授、人文知识熏陶和组织运作技能训练,培养和开发学生的机会识别能力、创造新机会的能力、领导和决策才能,以及组织运作能力从而自主开发新的工作岗位、创造自我价值。"[①]彭云飞曾提过:"高校创业教育是一个复杂的系统工程,涉及教育的全过程,涉及社会的方方面面,包括教育理念、管理体制、运行机制、培养计划、教学内容、教学方法、教育环境、教育氛围。"[②]显然,学者们都是从创业教育的主体、形式、目标等进行界定。结合学者们的观点,本研究认为高校创业教育是继通识教育、素质教育之后的新型教育,其主要目标在于提升大学生的创业意愿、创业能力和创业精神。高校创业教育不仅是为了培养学生创业意识、促进大学生就业创业,也是为了培育创业文化、发展创业型大学。因此,本研究的高校创业教育因素主要从创业知识教育、创业实践教育和创业文化培育三个层面进行解释。

(二)高校创业教育的发展现状

随着创业型经济的到来,以及高校纷纷向创业型大学转型,高校创业教育越来越受到世界各国的高度重视。美国是最早开展创业教育研究的国家,1946年,美国著名的经济学家熊彼特(Schumpeter J. A.)在哈佛大学建立了第一个创业研究中心。1947年,梅斯(Mace M.)在哈佛大学商学院开设了第一门创业课程——新企业管理,从此,创业教育逐渐受到世界各国的高度重视,并在20世纪90年代后得到迅猛发展。

当前,美国、英国、日本、澳大利亚等发达国家的高校创业教育发展已经进入了一个具有大众化、尖端化特征的成熟阶段。以美国为例,截至2003年,在美国4200多所高校中,有1600所学院开设了创业教育相关课程,占美国大学

---

① 张昊民,马君.高校创业教育研究——全球视角与本土实践[M].北京:中国人民大学出版社,2012.

② 彭云飞,徐循.高校创新创业教育需要认识的几个问题[J].湖南师范大学教育科学学报,2014,3(5):123-124.

的38.1%。其中麻省理工学院、斯坦福大学已经成为创业型大学的典范,世界其他国家的高校纷纷效仿其创业教育模式。2008年,日本经济产业省发布了本科和研究生院的创业教育调查报告,统计了日本全国536所高校,其中247所学校开展了创业教育,占比为46.1%,与2000年相比,增加了108所,增幅达78%。① 其中,日本大阪商业大学的创业教育模式最为成功。澳大利亚的高校创业教育也取得了快速发展,这为其创业型经济发展提供了巨大动力,其创业模式主要是政府主导、全民参与的模式,昆士兰科技大学、莫纳什大学等世界名校就是在政府引导下开展高校创业教育,逐渐走上了创业型大学发展之路。②

我国创业教育起步较晚,正当美国创业教育处于大发展时,我国于20世纪80年代才引入创业教育。1998年,清华大学举办了第一届"挑战杯"创业计划大赛,这标志着我国高校创业教育的开端。虽然我国创业教育起步慢,但其发展势头迅猛,经历了起步阶段和推广阶段,具有非常好的发展前景和后发优势。

1.起步阶段

1988年4月,全国人大通过的宪法修正案,增加了"国家允许私营经济在法律规定的范围内存在和发展"的内容,自此,国内掀起来自主创业浪潮。1989年,联合国教科文组织在北京召开"面向21世纪教育国际研讨会",创业教育概念进入国人的视野,学者们也掀起了创业教育研究热潮。1990年,原国家教委组织北京、江苏、湖北、辽宁、河北、四川五省一市参加联合国教科文组织亚太地区办组织的"提高青少年创业能力的教育改革合作项目"。创业教育研究出现了小高潮,毛家瑞、彭钢、纪秩尚、陈敬朴、丁伟红、马维娜等学者在国内期刊发表了多篇相关文章,甚至著书立作。1998年《面向21世纪教育振兴行动计划》中,政府把创业教育纳入国家发展战略规划中,地方政府纷纷响应。同年,清华大学经济管理学院成立中国创业研究中心,这大大加强了我国创业研究的开展和推广。1999年,浙江大学也成立了研究生创新创业中心,致力于提升研究生创新创业素质和能力。2000年,上海交通大学成立了大学生科技创新创业中心,统筹全校开展大学生创业教育。此外,一些地方院校,

---

① 彭云飞,徐循.高校创新创业教育需要认识的几个问题[J].湖南师范大学教育科学学报,2014,3(5):123-124.

② 陈笃彬,李坤皇.三螺旋视角下的创业型大学发展范式——以莫纳什大学为例[J].科技管理研究,2014(4):62-67.

如黑龙江大学、温州大学的高校创业教育也开展得有声有色。

2. 推广阶段

2002年,我国高等教育毛入学率首次达15%,进入大众化阶段。与此对应,我国高校创业教育也进入了政府主导的探索和推进阶段,高校创业教育呈现多种模式。2002年4月,清华大学等九所高校被教育部确定为普通高等学校创业教育试点院校,我国开始探索具有中国特色的高校创业教育方法和模式。自此,各级院校开始纷纷探索符合自身校情的创业教育模式。上海交通大学设立了创业学院,设置科技创新基金,成立科技创新创业实践中心,为大学生创新创业提供指导。中南大学成立学校、学院、班级的三级创业教育体系,创建全国大学生创业综合服务网站——"中国大学生创业网"。浙江大学形成了俱乐部模式的创业教育。黑龙江大学构建了"融入式"的高校创业教育模式。竞赛方面,第三届"挑战杯"中国大学生创业计划竞赛在浙江大学举办。中国科技创业计划第一届大赛在宁波举行。同年,清华大学创业研究中心出版了《全球创业观察2002中国报告》,并定期举行国际创新与创业教育的学术研讨会。

2003年严峻的就业形势助推了创业教育深入发展。3月27—28日,教育部高等教育司在北京航空航天大学召开了创业教育试点学校工作会议;9月南开大学成立了创业管理研究中心。厦门大学自2003年起也在MBA开设创业管理课程。2004年SYB(Start Your Business)在中国高校推广,创业教育逐渐升温。2005年,创业教育实践和研究不断深入,KAB(Know About Business)创业教育项目在中国生根。KAB在中国青年政治学院成立了KAB(中国)研究所。2006年开始,地方政府、高校、企业加强合作,创业教育极大地推动了地方经济发展。浙江大学开设了全国首个"创业管理"专业的硕士和博士点。

2007年,大学生创业教育被提到国家发展战略高度,开启了创业教育的新局面。十七大报告提出,"实施扩大就业的发展战略,促进以创业带动就业"。2008年,国家设立了清华大学创业教育创新实验区等32个创业教育人才培养实验区。2008年9月《创业家》创刊。2009年中南大学成立了中国高等教育学创新创业教育分会。次年,创办了具有影响力的期刊——《创新与创业教育》。2010年,创业教育进入了全面推进阶段。政府出台了《关于大力推进高等学校创新创业教育和大学生自主创业工作的意见》,这是第一个推进创业教育的全局性文件。同年6月,中国大学生创业高峰论坛在长沙举行。我国高校创业教育已经呈现出"燎原之势",在全球中异军突起,有后来居上之可能。①

二、关于创业意愿的相关研究

(一)创业意愿

意愿属于心理学的概念范畴,它是能够吸引个体对某一事件的关注,并通过具体的目标或路径实施来获得的。② 根据社会心理学观点,意愿是预测某种计划行为的最好的指标,尤其是当该计划行为不易达成或很难被观察时,如"创业"这种高度不确定、高风险的计划行为。③ 创业是意愿的一个典型行为体现,如果个体具有较高的创业意愿,则意味着其将致力于创办公司。④

早在1988年著名学者伯德(Bird)⑤就首次提出了"创业意愿"的概念,他认为创业意愿是指创业者的一种心理状态,这种心理状态将其注意力、精力和行为引向某个特定目标。Ajzen认为,意愿表明了个体计划达到目标愿意做出的努力,能很好地预测影响其行为的各种动机因素,具有越强烈的意愿将会付出越多的努力。⑥ 我国学者范巍和王重鸣认为,创业意愿是"潜在创业者对其将来是否从事创业活动的一种主观态度,是人们具有类似于创业者特质的程度,以及人们对创业态度和创业能力的一般描述"。⑦ 认知心理学普遍认为

---

① 候慧君,林光彬,等.中国大学创业教育蓝皮书——大学生创业教育实践研究[M].北京:经济科学出版社,2011:6-39.

② Bird B. J. Learning entrepreneurship competencies: the self-directed learning approach[J]. International Journal of Entrepreneurship Education,2003,2:203.

③ Ajzen I. The theory of planned behavior[J]. Organizational Behavior & Human Decision Processes,1991,50(2):179-211.

④ Kruegel N. The impact of prior entrepreneurial exposure on perceptions of new venture feasibility and desirability[J]. Entrepreneurship Theory & Practice,1993,18(1):5-21.

⑤ Bird B. Implementing entrepreneurial ideas:the case for intention[J]. Academy of Management Review,1998,13(3):442-453.

⑥ Ajzen I. The theory of planned behavior[J]. Organizational Behavior & Human Decision Processes,1991,50(2):179-211.

⑦ 范巍,王重鸣.创业意向维度结构的验证性因素分析[J].人类工效学,2006,12(1):10.

意愿是能够对行为产生影响的,而创业意愿是预测个体将来创业可能性的最主要指标。[1] 创业,确切地说是一种计划行为,而意愿模型则可以很好地预测这种计划行为。[2] 创业意识本质上就是一种易于发现商机且对这些信息具有强烈敏感性的倾向,这些信息可能是关于某些事物、事件、行为模式,有关制造者和使用者的问题,市场上还存在的需求和关注,或者资源的新组合形式等。[3] 国内学者研究创业意愿影响因素时,发现我国创业意愿研究还处于描述现象和行为阶段,而对个体的创业意愿或倾向,即潜在的创业者的研究还处于起步状态。[4] 这表明我国创业意愿的研究仍处于萌芽期,因此,针对大学生群体的创业意愿的影响因素研究具有必要性。

(二)创业意愿的相关影响因素

1.人格特质

国内外学者对人格特质与创业意愿的关系已进行大量的研究。早在1970年,霍纳迪(Hornaday)和邦克(Bunker)在《人事心理学》一书中就开始讨论成功创业者的心理特征。成功创业者都有类似的人格特征,而何谓人格特质,许多学者都进行了大量探讨,观点虽莫衷一是,但普遍认为,人格特质是指个体在适应环境过程中所形成的独特行为和处事方式,是个体所具有的各项比较重要且相对持久的心理特征总和。综观以往创业研究,我们不难发现,成功创业者一般具备以下几方面的心理特质:前瞻性人格、成就需求、内控点、独立性、积极性、风险承担性、模糊容忍度、自我效能感和创新意识,而这些特质对决策信息搜寻的有效性具有重要的影响。博罗克豪斯(Brockhaus)以创业者、职业经理人和新晋升的职业经理人为样本,采用两难选择问卷,实证检验发现创业者和职业经理人都具有冒险倾向。[5] 大多数的研究结果都表明创

---

[1] Kruegel N. The impact of prior entrepreneurial exposure on perceptions of new venture feasibility and desirability[J]. Entrepreneurship Theory & Practice, 1993, 18(1): 5-21.

[2] Katz J., Gartner W. Properties of emerging organizations[J]. Academy of Management Review, 1998, 13: 429-441.

[3] 游振声.美国高等学校创业教育研究[M].四川:四川大学出版社,2012.

[4] 范巍,王重鸣.创业意向维度结构的验证性因素分析[J].人类工效学,2006,12(1):10.

[5] Brockhaus R.H. The psychology of the entrepreneur[J]. Encyclopedia of Entrepreneurship, 1982: 39-57.

业者具有特定的人格特质,这些人格特质与其创业行为具有紧密联系。以前瞻性人格为例,其对工作绩效、工作态度、领导行为、学习动机、创业、创新等方面都有积极的影响。①

既然人格特质是影响创业者成功的重要因素,那么其对大学生潜在创业者的创业意愿是否也具有影响呢?通过文献综述,我们发现,创业者的个体因素(成就需求、风险承担、内控源、创业教育)对创业者的创业意愿具有重要的影响。② 为了检验人格特质对大学生创业意愿是直接影响还是间接影响,台湾学者陈苏彰和宋明鸿研究发现,大学生五大人格特质与创业精神对大学生的创业意愿具有显著影响,其内在影响机理主要是通过创业精神的中介作用。③ 人格特质可以通过创业精神和创业态度为中介作用显著地影响大学生的创业意愿,且先前创业经验、外向性和谨慎性对大学生创业活动具有正向影响。④ 胡梦蕾研究台湾技专院校餐旅管理科系学生的人格特质与创业意愿关系时,发现人格特质对大学生的创业意愿有显著的正向影响,而五大人格特质中的经验开放性、外向性、亲和性、严谨自律性均能有效预测大学生的创业意愿和态度。⑤ 关于人格特质中的前瞻性人格,有学者研究认为前瞻性人格对大学生创业意愿的影响是最显著的,且相关系数达 0.48,说明具有很强的显著性。⑥ 在国内,有学者直接引入环境宽松性中介变量研究创业者个体因素对大学生创业倾向的影响。实证结果表明,成就需求、风险承担性、内控制源对创业意愿和创业可行性产生显著的影响,而模糊容忍度对创业意愿和创业可行性的影响不大。⑦ 此外,受过高等教育的创业者人格首要特质是敢为、轻松兴奋及好强。⑧ 综上所述,冒险性倾向、成就需求、风险承担性等人格特质对

---

① 冯缙.大学生前瞻性人格与时间洞察力的相关研究[D].重庆:西南大学,2008.
② 陈巍.创业者个体因素对创业倾向的影响[D].长春:吉林大学,2010.
③ 陈苏彰,宋明鸿.大学生人格特质与创业意向关联性之研究以创业精神为中介变数[C].第 13 届科际整合管理研究会论文集.台北:东吴大学企业管理系,2010:337-390.
④ Su-Chang Chen, Ling-Ling Jing. University students' personality traits and entrepreneurial intention: using entrepreneurship and entrepreneurial attitude as mediating variable[J]. Journal of Economics and Research, 2012:76-82.
⑤ 胡梦蕾.我国技专院校餐旅管理科系学生人格特质、创业环境与创业态度之研究[J].餐旅暨家政学刊,2008,5(5):349-375.
⑥ Crant J., Michael. The proactive personality scale as a predictor of entrepreneurial intentions[J]. Journal of Small Business Management, 1996,34(3):42.
⑦ 陈巍.创业者个体因素对创业倾向的影响[D].长春:吉林大学,2010.
⑧ 康荔.大学生创业人格比较研究——以厦门地区为例[D].厦门:厦门大学,2006.

大学生创业意愿具有重要影响。为了更好地分析大学生创业意愿的影响因素,本书在模型中重点纳入了人格特质关键变量进行综合研究,试图验证其对大学生创业选择的影响程度和路径机制。

2.创业态度

态度是指个体对其行为的喜好程度,以及对其行为结果的期望信念。创业态度是由创业者执行创业行为结果的信念所产生的,它是一种心理信念。关于创业态度与创业意愿的关系,国内外学者已进行大量研究,巴基斯坦学者艾利·阿克塔(Ali Akhtar)以巴基斯坦六所高校的MBA学生为研究对象,把创业可行性、创业意愿、个体因素纳入因素模型中,研究创业态度对大学生潜在创业者的影响,通过实证检验发现,创业态度对大学生潜在创业者的创业意愿具有正向影响,其中60%的大学生对创业持积极态度,59%的学生表示未来将会选择创业。[①] 创业态度是影响大学生创业意愿最重要的因素,而且创业态度是受个人特质作用的结果。[②] 也有学者以多元文化视角研究创业态度与创业意愿的关系,发现创业态度是人力资本的重要因素之一,在不同国家的文化背景下,创业态度对大学生创业意愿的影响具有差异性,但总体上,创业态度对大学生创业意愿具有正向影响。[③]

关于创业态度的测量维度方面,创业事件理论的权威学者夏培洛(Shapero)认为可以从两个层面进行测量,其一是测量个体对创业的主观态度,其二是测量个体对创业行为结果预期的重视程度。[④] 罗宾逊(Robinson)设计了创业态度导向量表(Entrepreneurial Attitude Orientation,EAO)用来衡量和预测创业活动,他认为创业态度是个体在进行创业活动时关于成就需求、创新、

---

① Akhtar A., Keith J.Topping, Riaz H.Tariq.Michael. Entrepreneurial attitudes among potential entrepreneurs[J]. Journal of Commerce, Society and Science, 2011, 5(1): 12-46.

② Luthje C., Franke N. The making of an entrepreneur: testing a model of entrepreneurial intent among engineering students at MIT[J]. Research and Development Management,2010,33(2).

③ Fitzsimmons J. R., Douglas E. J. Entrepreneurial Attitudes and entrepreneurial intentions: A cross-cultural study of potential entrepreneurs in India, China, Thailand and Australia[C]. Babson-Kauffman Entrepreneurial Research Conference.Wellesley, MA. June 2005.

郭洪,毛雨,白璇,曾峥.大学创业教育对学生创业意愿的影响研究[J].软科学,2009(9).

贺丹.大学生创业倾向的影响因素分析[D].杭州:浙江大学,2006.

④ Shapero A., Sokol L. The social dimensions of entrepreneurship[J]. Social Science Electronic Publishing,2009,25(8).

感知行为控制力和自尊四方面的态度,且每个方面都可以由认知、情感和意动三个维度来进行测度,并形成意愿模型。① 计划行为理论奠基人 Ajzen 建议利用有比较性的选项来衡量创业态度,这样设计的问卷更具有信度和效度。② 因此,本书利用李克特五分量表,借鉴学者们的成熟量表来设计本研究的问卷。

通过对创业态度定义与测量的相关研究回顾,我们发现,学者们主要用两种方法测量创业态度:其一是直接测量个体创业态度,观测个体对创业活动是否具有很强的结果期望;其二则侧重于个体对创业活动预期结果的重视程度。

3.创业自我效能感

自我效能感是创业心理学的一个重要概念,自 20 世纪 90 年代被学者们引入到创业研究领域以来,学界对创业自我效能感的研究进行得如火如荼,成果层出不穷。所谓的创业自我效能感,是指个体成功执行各种创业角色和任务的信念强度,在这个过程中,市场、创新、管理、冒险性和资本等因素对自我效能感具有重要的影响。已有研究普遍认为,创业自我效能感对个体创业选择具有正向影响。值得注意的是,受过创业教育的学生在市场、管理和资本方面比普通大学生具有更高的创业自我效能感;成功创业者比普通人在创新和冒险性方面具有更高的创业自我效能感,而且潜在自我创业效能感是企业家的基本人格特质之一。③

关于创业自我效能感的测量方面,国内外学者已经有比较成熟的量表进行测度。学者们主要从机会识别、关系、管理、风险容忍度四个维度测量创业自我效能感,并取得了比较理想的研究结果。也有学者从文化服务、合作、创

---

① Robinson B., David V. An attitude approach to the prediction of entrepreneurship [J]. Entrepreneurship Theory and Practice,1991,15:13-32.

② Ajzen I. The theory of planned behavior[J]. Organizational Behavior & Human Decision Processes,1991,50(2):179-211.

③ Chen C.C., Greene P.G., Crick A. Do entrepreneurial self-efficacy distinguish entrepreneurs from managers? [J]. Journal of Business Venturing,1998,13(4):295-316.

Edgar Izquierdo, Marc Buelens. Competing models of entrepreneurial intentions: The influence of entrepreneurial self-efficacy and attitudes[C]. In the Entrepreneurship 2008 Conference.Oxford, Ohio:Presentado en Internationalizing Entrepreneurship Education and Training,2008:17-20.

业、学术等方面来测量大学生的创业自我效能感。① 我国学者张志芸根据大学生创业群体特性,将创业自我效能感分为创新效能感、机会识别效能感、关系协调效能感、组织承诺效能感四个维度,研究发现创业自我效能感正向影响创业意向。② 通过文献综述发现,Autio 等人和张志芸的研究设计信度和效度比较高,因此,本研究中创业自我效能感的测量维度主要借鉴他们的问卷。

通过上述文献综述发现,国内外学者对创业自我效能感的定义观点比较一致,普遍认为创业自我效能感是个体对执行创业行为的感知控制能力和自信度,是个体利用各种资源进行创业的自我效能感。③ 创业自我效能感对大学生创业意愿具有重要影响,研究大学生个体的创业自我效能对于提升大学生创业意愿具有重要意义,因此,本研究把创业自我效能感也纳入模型。

4.性别差异

近年来,关于创业意愿研究中的性别差异问题越来越引起学者们的关注,许多学者都对其进行了研究,普遍认为,男性比女性具有更高的创业意愿。④ 调查显示,女性的创业态度明显不如男性积极,女性的创业自我效能感较低,主要是因为自己缺乏必要的能力和自信而放弃创业。⑤ 大学生的创业意愿存在显著的性别差异,男性大学生的创业意愿要高于女性大学生。⑥

此外,社会资本、家庭背景、创业文化、社会环境、人格特质、创业态度、创业自我效能感等对大学生创业意愿也具有重要的影响。Nicole 和 Jessica 认

---

① Autio E., Keeley R.H., Klofsten M., Ulfstedt T. Entrepreneurial intent among students:testing and intent model in Asia, Scandinavia, and USA[R]. Paper presented at the Frontiers of Entrepreneurship Research, Wellesley MA, Babson College.1997.

② 张志芸.我国大学生创业教育对创业意向的影响研究[D].厦门:厦门大学,2012.

③ Chen C.C., Greene P.G., Crick A. Do entrepreneurial self-efficacy distinguish entrepreneurs from managers? [J]. Journal of Business Venturing, 1998,13(4):295-316.

Ajzen I., Cote N.G.Attitudes and the prediction of behavior[M]. In Crano W.D., Prislin R. Attitudes and Attitude Change. New York:Psychology Press,2009:289-311.

④ Diaz-Garcia M.C., Jimenez J.Entrepreneurial intention:The role of gender[J]. Journal of International entrepreneurship and Management, 2010,6(3):261-283.

Brenner R. National policy and entrepreneurship:The statesman's dilemma[J]. Journal of Business Venturing, 1987,2(2):95-110.

⑤ Ajzen I. The theory of planned behavior[J]. Organizational Behavior & Human Decision Processes, 1991,50(2):179-211.

⑥ 彭正霞,陆根书.大学创业意向的性别差异:多群组结构方程模型分析[J].高等工程教育,2013,5:57-65.

为:"早期创业研究主要关注个体的人格特质,同时也探讨环境和行为变量,而当前的研究主要考虑内在和外在的角度,重点关注态度及其他预测因子对大学生创业意愿的影响。"①杜古(Duygu T.)认为影响大学生创业意愿的因素不仅有现实的因素,还必须考虑未来的可能性因素,他们调查土耳其300名大学生,利用创业支持模型研究,从教育维度、关系维度以及结构维度进行研究,发现教育维度和结构维度对大学生创业意愿有显著正向影响,而关系维度并不显著。②

国内不少学者也对其他影响因素进行相关研究。例如李俊以上海6所高校的1256名大学生为样本,研究创业能力、创业品质、创业意愿、创业准备对大学生创业意愿的影响,发现当前大学生创业意识比较薄弱主要是由于其创业准备不足所致。③ 也有学者从大学生社会网络关系视角进行研究,发现强社会网络关系不仅可以通过创业态度和创业自我效能感中介效应作用来影响大学生创业意愿,还可以直接作用于创业意愿。④ 性别差异、学科性质、父母创业情况、有无创业经历等对大学生创业意愿具有重要影响,而个人特质、支持因素、学习经历三个因素能够很好地预测大学生的创业意愿。⑤

(三)关于创业意愿的主要理论模型综述

在早期创业研究中,不少学者就对大学生创业倾向或创业行为的影响因素进行探讨,并构建了相关创业影响因素模型,其中计划行为理论和创业事件模型是国外20世纪90年代最为流行且运用较广的创业理论。

计划行为理论是假设一个具体的行动是由先前的意愿以一种具体的方式执行的结果,个体的态度对其行为有重要影响。态度主要取决于个体的先前经验、人格特质、经验总结等。国内外已有许多学者利用计划行为理论研究大

---

① Nicole E. P. Jessica K. Enterprise education:influencing students' perception of entrepreneurship[J]. Theory and Practice,2003,28(2).

② Duygu Turker,Senem S. Selcuk.Which factors affect entrepreneurial intention of university students[J]. Journal of European Industrial Training,2009,33(3).

③ 李俊.大学生创业意愿的调查与分析——以上海1256名大学生为样本[J].现代大学教育,2008,6:96.

④ 王雨,王建中.大学生创业意愿影响因素研究——基于社会网络关系视角[J].经济与管理,2013,3:64.

⑤ 王满四,李楚英.基于6因素模型的大学生创业意愿影响因素分析——来自广州的调查[J].广州大学学报(自然科学版),2011,10(1):90.

学生创业意愿,研究结果普遍认为,计划行为理论和创业事件模型具有很好的预测效果。基于计划行为理论,研究心理学、人口统计学及行为学等因素对大学生创业意愿的影响,发现这三个因素对创业意愿具有正向影响。[①] 陈文娟等利用计划行为理论构建了大学生创业意愿影响因素模型,探讨创业特质、创业认知、创业态度以及创业环境对创业意愿的影响关系,研究发现,大学生创业意愿是一种复杂的决策行为,不仅受到创业环境的影响,也受到个体创业态度的影响,而创业态度受创业者的人格特质和创业认知影响,而且主要由创业认知决定。[②] 大学推进创业教育首先要激发大学生的创业意愿,提升大学生创业意愿的关键在于提升大学生的创业态度,引导学生树立积极的创业态度可以以创业认知与创业特质作为抓手。夏培洛(Shapero)和索格尔(Sokol)的创业事件模型起初并不是以意愿模型提出,但是后来被学者们广泛地用来解释创业意愿。该模型的目的在于为创业事件的产生过程提供一种解释,即解释新公司的产生是怎样的过程,该模型假设某种"错位"的事件产生了一种惰性,而这种惰性可能会诱发个体的创业行为,去除人们先前的行动顾虑。以失业为例,失业是典型的"错位事件",它可能会改变先前人们对创业的希求性,最终导致个体创业行为的产生。夏培洛(Shapero)和索格尔(Sokol)认为个体在人生的道路上时常会遇到三种"错位事件(displacement events)",即消极替代、面临人生抉择以及积极本能。[③]

近年来,国内外学者也对创业意愿模型和理论做了进一步研究。乔恩·卡尔和珍妮弗将Ajzen的计划行为理论做了新的拓展,认为个体家庭背景对子女的价值观、职业观、生活态度和行为等有深远影响,提出了关于"先前的家庭从商经历的创业意愿"模型。卢瑟杰(Luthje)和弗兰克(Franke)研究发现,人格特质和环境因素分别以间接和直接方式对创业意愿产生作用,提出创业

---

① Carla S. Maeques, et al. Entrepreneurship education: how psychological, demographic and behavioral factors predict the entrepreneurial intention[J]. Journal of Education and Training,2012,54(8):657-672.

② 陈文娟,姚冠新,徐占东.大学生创业意愿影响因素实证研究[J].中国高教研究,2012,9:86.

③ Ajzen I., Cote N.G. Attitudes and the prediction of behavior[M].In Crano W.D., Prislin R. Attitudes and Attitude Change. New York:Psychology Press,2009:289-311.

意愿结构模型。① 此外,个体人口学特征、环境认知和背景因素也是影响创业意愿和创业行为的重要因素。② 我国学者贺丹从个体特质、个体背景、创业态度、环境因素四个视角提出,在中国时代背景下学生创业意愿影响因素模型。③ 也有学者利用结构方程模型,从心理学和行为学视角出发,研究学生的创业意愿,发现在创业教育研究中必须理解大学生的创业意愿心理和行为特征,这样才能够提升我们对创业过程的认识,当前教育体制应该重在强调创业价值导向,促进大学创业文化培育。④ Barbara Bird 认为社会、政治、经济环境、个人经历、性格、能力等是影响创业意愿的重要因素,基于此,构建了个人及社会的创业意愿模型,这对发展创业意愿理论具有重要意义。⑤ Jerome A. Katz 提出了心理认知模型,同时指出,创业意愿是由价值判断及可行性判断等组成的一系列心理认知及选择过程。⑥

综上所述,近年来,关于创业意愿的研究主要围绕心理学,特别是结合认知心理学为切入点进行的,很多学者都是结合自我效能感和计划行为理论进行研究,尤其是利用创业意愿模型进行研究,具体如表 1-2 所示。阿莱·费约尔(Alain Fayolle)在其《关于创业意愿的未来研究》一文中指出:"未来创业意愿的主要研究重点在以下五个方面:重视对核心模型、研究方法以及理论的探索研究;不可忽略影响创业意愿个体水平变量的研究;加强对创业意愿和创业教育之间关系的实证研究;尝试对背景和组织环境作用的研究;加强探索创业过程研究与创业意愿和行为之间的关系。"⑦

---

① Luthje C., Franke N. The making of an entrepreneur:testing a model of entrepreneurial intent among engineering students at MIT[J]. Research and Development Management,2003(33):36.
② 范巍,王重鸣.创业意向维度结构的验证性因素分析[J].人类工效学,2006(1):10.
③ 贺丹.大学生创业倾向的影响因素分析[D].杭州:浙江大学,2006.
④ Joao J. Ferreira, et al. A model of entrepreneurial intention:An application of the psychological and behavioral approaches[J]. Journal of Small Business and Enterprise Development,2012,19(3):424-440.
⑤ Bird B. Learning entrepreneurship competencies:The self-directed learning approach[J]. International Journal of Entrepreneurship Education,2003(2):203.
⑥ Jerome A., Katz A. A psychosocial cognitive model of employment status choice[J]. Entrepreneurship Theory & Practice,1992,17(1):29-37.
⑦ Alain Fayolle.The future of research on entrepreneurial intentions[J]. Journal of Business Research,2013(4):10.

表 1-2　关于创业意愿的相关研究

分类	研究角度	代表人物
创业意愿模型的研究	计划行为理论、创业事件模型	Michael Lorz；Carla S., Marques et al.；Norris F., Krueger Jr.；Deborah V., Brazeal；陈文娟；贺丹；李永强、毛雨等
	其他模型的研究	Joao J.Ferreira；Luthje & Frank；Joao J.Ferreira；Carr et al.；Barbara Bird；Jerome A Katz、范巍、王重鸣
创业意愿影响因素的研究	创业教育的影响	Robinson & Sexton；Rita Remeikiene；Michael Lorz；Sascha G. Walter，Dirk Dohse；Duygu Turker，Senem Sonmer Selcak；Carla S. Marques；毛雨；张志芸
	创业环境的影响	Henri；Gnyawali；Myriam Malinge；Xue Fa Tong et al.；胡梦蕾；王艳红等
	性别差异影响	Brenner；Ajzen et al.；彭正霞、陆根书
	人格特质等其他影响因素的探讨	Nicole，Jessica；Norris F. Krueger, JR；Grant, J. Michael；Su-ChangChen, Ling-Ling Jing；Zeliha Ilhan Ertuna，Eda Gurel；吴美连、庄文隆等；李俊；王雨、王建中；王满四、李楚英；魏巍、李强；胡梦蕾；陈苏彰、宋明鸿

三、高校创业教育与大学生创业意愿的关系研究

目前，国内外不少学者已对高校创业教育的有效性、影响因素、作用机制等各方面都进行了实证研究，也取得了丰硕的成果。本研究主要分析大学生的创业意愿在创业教育研究中的重要性，同时探讨创业教育是如何影响大学生创业意愿的。

创业教育和创业活动之间的关系看起来似乎很模糊，因为成功的企业家并不是他们大学毕业之前或刚毕业就开始创办公司。如果问一位白手起家的创业家创业是否可以习得时，他的答案很有可能是否定的。如果问多于 5000名创业教授或那些曾参加过创业课程的成千上万的学生，或许会得到不一样的答案。罗宾逊（Robinson）和谢克斯顿（Sexton）认为创业教育在总体上是能对创业产生正向影响的，他们研究证明创业教育对即将成为创业家和已成功的创业家都有着显著的影响，然而他们没有区别不同的教育类型对特别设置的创业课程计划的影响。[①] 因此，学生的创业意愿可能会影响高校创业教育

---

① Robinson P. B., Sexton E. A. The effect of education and experience on self-employment success[J]. Journal of Business Venturing, 2004,9(2):141-156.

的政策制定和创业课程设置。尽管人们认为,创业教育和先前的创业经验可能影响学生创业的态度,但是创业教育作为通识教育的一种本质载体,其对创业意愿的影响研究还有待进一步深入。①

目前,创业教育的影响研究仍处于初始阶段。② 许多研究仍然是仅仅停留在创业课程的简单描述上,简单讨论什么是好的创业教育或者评价经济因素对创业教育的影响;部分研究者虽然认为创业教育对创业态度、创业意愿、创业行为具有正向作用,但并不是所有研究结论都是如此。③ 创业教育可以通过大量文献寻求获取知识和获得能力之间的平衡。④ 韦思柏(Vesper K. H.)对全球部分大学进行大规模的创业计划效果排名,主要从课程、论文专著数、社区影响力、校友捐赠、创新力、校友创办公司情况、知名校友数等指标对大学的创业教育进行评估和排名。⑤ 费约尔(Fayolle)基于计划行为理论,提出创业教育的五个评估标准:提供创业课程数、教师发表创业教育的文章、大学对社区的影响力、学生创办公司的情况、创业协同的创新情况,认为这五个标准可以用来测评高校创业教育的实施成效。⑥ 也有学者认为自我效能、冒险性、成就动机、主动性、创业态度、行为控制以及内控点等人格特质是可以通过大学教育习得的,而这些人格特质对大学生创业意愿具有重要的影响。⑦ 此外,心理因素、行为因素等能够影响学生的创业意愿,但学生是否曾经参与

---

① Kruegel N. F., Brazeal D. V. Entrepreneurial potential and potential entrepreneurs [J]. Entrepreneurship: Theory & Practice, 1994, 18(3): 91-104.

② Gorman G., Hanlon D. Some research perspectives on entrepreneurship education, enterprises education and education for small business management: a ten year review[J]. International Small Business Journal, 1997, 15(3): 56.

③ Robinson P. B., Sexton E. A. The effect of education and experience on self-employment success[J]. Journal of Business Venturing, 2004, 9(2): 141-156.

Kruegel N. F., Brazeal D. V. Entrepreneurial potential and potential entrepreneurs. Entrepreneurship: Theory & Practice, 1994, 18(3): 91-104.

④ Garavan T. N., et al. Entrepreneurship education and training programs: a review and evaluation[J]. Journal of European Industrial Training, 1994, 18(8): 3-12.

⑤ Vesper K. H., et al. Measuring progress in entrepreneurship education[J]. Journal of Bussiness Venturing, 1997, 12(5): 403-421.

⑥ Fayolle A., et al. Assessing the impact of entrepreneurship education programs: a new methodology[J]. Journal of European Industrial Training, 2006, 30(9): 701-720.

⑦ Rita Remeikiene, Grazina Startiene. Explaining entrepreneurial intention of university students: the role of entrepreneurial education[J]. Knowledge Management & Innovation, 2013(6): 299.

过创业活动对其将来的创业意愿没有显著影响。① 戈尔曼（Gorman）认为当前很难找到一个规范的创业教育研究，因为许多研究在方法上都存在一定的局限性。② Michael Lorz 总结了 41 篇关于创业教育影响的文章，总体上，这些研究普遍认为创业教育对创业意愿有重要影响。其中，认为创业教育对创业意愿具有正向作用的文章共 33 篇，6 篇认为不具有显著性作用，而只有 2 篇显示负向作用。尽管学者们的研究方法和理论出发点不同，但是几乎所有研究结果都表明高校创业教育对大学生的创业意愿具有一定的影响作用。带着这些初步的综述和观察，我们将重点研究高校创业教育是否对大学生创业意愿有正向影响，分析哪些因素对其作用最显著以及边际效应和内在影响机理。

四、总体述评

通过文献综述，我们对创业教育、人格特质、创业态度、创业自我效能感、创业意愿因素模型、创业意愿的内涵和研究现状有了深入的了解，为本研究的理论设定、模型构建及研究假设提供了理论依据。

为了更好地探讨高校创业教育对大学生创业意愿的影响程度，我们将高校创业教育细分为创业实践教育、创业知识教育、创业文化培育三个方面，总结学术界关于高校创业教育与创业意愿之间关系的研究成果。虽然有研究证明了高校创业教育对创业意愿具有负向影响，但是总体上，大部分学者研究表明高校创业教育对大学生创业意愿具有正向影响。为了更好地验证二者的关系，本研究将高校创业教育因素进行细分，并且在 Probit 模型中加入人格特质、创业自我效能感、创业态度等关键个体因素进行研究，试图通过比较边际效应，揭示二者关系的内在影响机理。

通过对创业意愿的内涵探讨，深入分析人格特质、创业态度、创业自我效能感、性别因素、意愿模型等变量和模型的研究情况，我们发现：创业者拥有前瞻性人格、冒险性倾向、成就需求等显著的人格特征，且这些因素对大学生创业意愿具有重要影响。因此，通过前人的研究总结，本书从前瞻性人格、冒险

---

① Carla S. Maeques, et al. Entrepreneurship education: how psychological, demographic and behavioral factors predict the entrepreneurial intention[J]. Journal of Education and Training, 2012, 54(8):657-672.

② Gorman G., Hanlon D. Some research perspectives on entrepreneurship education, enterprises education and education for small business management: a ten year review[J]. International Small Business Journal, 1997, 15(3):56.

性倾向、成就需求三个方面进行研究人格特质对大学生创业意愿的影响程度及内在影响机理。大量研究表明,Ajzen的计划行为理论对创业意愿具有很好的预测力,而创业态度、创业自我效能感、主观规范是理论模型中的三个重要因素,因此能为本研究提供可靠的理论支撑和科学依据,本研究也将这三个因素考虑在内,综述文献发现,不少学者研究证明了这三个因素对大学生创业意愿提升具有正向的显著影响。因此,本研究假设这三个因素对大学生创业意愿具有正向影响,其模型估计结果将与高校创业教育因素进行对比分析。此外,本节还综述了大学生个体人口学特征变量对大学生创业意愿的影响情况,获得了不少发现,这将为模型估计结果的对比分析提供比较对象。

第四节 国内外关于创业文化的研究综述

无论在国内还是国外,大学文化建设这个课题都不是一个新兴的课题,对其的研究成果非常丰富。随着创业型大学的出现,国内外对大学创业文化的研究日益关注。综观国内外有关大学创业文化建设研究的文献,研究者主要从以下几方面探讨。

一、大学文化和大学文化建设视角

(一)国外学者对大学文化和大学文化建设的研究

现代意义上的大学诞生于西方,其大学文化研究也比较深入。西方大学文化主要具有多元性、开放性等特征,强调学生的个性发展,认为教育的真正目的在于开发人的潜能,发展人的个性,实现人自身的价值。同时又十分注重学术自由,从红衣教主纽曼的通识教育到洪堡的科学研究再到范海思的威斯康星思想,这种学术自由和自治精神一直存在,直到现代化的今天。

在国外,大都是把大学文化放在社会文化的背景中,作为高等教育的一个重要方面来进行研究。曾任美国密西根大学校长的詹姆斯·杜德斯达于2002年出版了《21世纪的大学》,对大学适应社会的变革做了前瞻性的预测。他认为大学关系到国家的安全、环境保护和文化繁荣。Ford从文化变革的角度分析,认为大学文化是渗透到机构的每个方面的制度化生活的共有方式。

大学文化通过共同的价值观、信念、原则、符号、传统和习俗表现出来,它们渗透并塑造大学结构、内外部交流的各方面以及对形势、事件和变化的反应。①AB.Khan 认为西方大学文化可以描述为释放压抑,让个人想象力自由驰骋。②

(二)国内学者对大学文化和大学文化建设的研究

近年来,我国学者对大学文化和大学文化建设的研究也有相当多的成果。王冀生先生是比较早涉足这个领域的,他的《现代大学文化学》一书从理论的高度全面系统地阐述了现代大学的文化内涵和大学精神,构建了现代大学文化学的基本框架,为进一步建立、发展和完善现代大学文化学奠定了基础。

在大学文化和大学文化建设的概念方面,国内学者的观点都比较一致。赵存生教授认为,大学文化是以大学为载体,通过历届师生的传承和创造,为大学所积累的精神成果和蕴含这种精神成果的物质成果的总和。大学的文化由大学的精神文化、制度文化、物质文化所构成。③学者廖鸿灵认为,在一定意义上说,大学即文化。文化是一个大学赖以生存、发展的重要根基和血脉,也是大学间相互区别的重要标志和特征。在对大学文化建设的定位上,他把大学文化解释为大学精神,主要强调大学师生的科学素养和人文精神,在大学文化建设上认为要紧紧围绕精神文化这一大学文化的主要方面进行。④ 王冀生先生在《大学文化的科学内涵》一文中指出:大学文化是大学在长期办学实践的基础上,经过历史的积淀、自身的努力和外部环境的影响,逐步形成的一种独特的社会文化形态,主要凝聚在大学拥有的深厚的文化底蕴之中,是大学精神文化、物质文化、制度文化和环境文化的总和。⑤ 同样,在大学文化建设的内容上,王冀生先生采用的是大学文化结构四元说,即精神文化、物质文化、制度文化和环境文化。

---

① University Culture:Planning and Change.A Strategic Focus Report as Part of the Institutional Self-Study[EB].Commission on Colleges of the Southern Association of Colleges and Schools,January 17,2003.

② AB.Khan. Muslimsand the University Culture[EB/OL].[2011-01-25]. http://www.islaam.com/Article.aspx? id=222.

③ 赵存生.先进文化建设中的大学文化建设[J].中国高等教育,2003(24).

④ 廖鸿灵.试论大学与文化的关系及大学文化建设的定位[J].西北医学教育,2005(8).

⑤ 袁贵仁.加强大学文化研究推进大学文化建设[J].中国大学教学,2002(10).

在大学文化建设的意义上,教育部部长袁贵仁认为,研究大学文化有助于准确把握大学的本质、使命和责任,有助于全面了解不同国家大学的不同文化传统、不同类型大学的不同文化风格、不同层次大学的不同文化底蕴,有助于我们全面贯彻党的教育方针、推进素质教育、培养德智体美全面发展的高素质人才。① 学者段溢波在《大学文化建设的现实价值、现状分析与指导思想》一文中提到,大学文化建设是建设和谐大学文化、构建和谐大学校园的需要;是提高学校软实力、增强核心竞争力的需要;是促进大学生全面发展、健康成长的需要;是落实科学发展观、建设和谐文化的需要。

在大学文化建设的途径上,李鸿飞教授认为,建设大学文化的路径主要有四个方面,一是强化大学的知识本位与学术功能;二是提倡大学精神,回归大学的文明教化作用;三是推动大学管理体制创新;四是加强大学符号识别,扩大社会辐射。② 余常德认为,大学文化建设要坚持和引领先进文化的前进方向,把以人为本贯穿在大学文化建设的始终,同时加强校风学风建设,最后,要突出特色。他提出没有特色的大学文化,就不是这一个大学的大学文化。大学文化建设没有特色就没有生命力,特色是各高等学校的大学文化相互区别的重要标志。③

综上所述,国外学者对大学文化和大学文化建设的研究注重学生主体性确立、个性化发展和综合素质(特别是创新素质)的提高,注重大学在人文与科学重新融合的基础上向综合化发展。我国学者对大学文化和大学文化建设的研究主要集中在大学文化和大学文化建设的概念界定、意义和途径这几个方面,其中对大学文化的层次结构讨论最为热烈。

二、创业文化视角

(一)国外学者对创业文化的研究

19世纪末,德国社会学家马克斯·韦伯(Max Weber)在《新教伦理与资本主义精神》一书中,对创业文化的精髓做了深入的分析。韦伯认为:"在任何

---

① 段溢波,舒国燕.大学文化建设的现实价值、现状分析与指导思想[J].法制与社会,2008(12).
② 李鸿飞.大学文化建设的路径思考[J].文化学刊,2009(9).
③ 余常德.论大学与大学文化建设[J].理论界,2005(1).

一项事业背后,必然存在着一种无形的精神力量,尤为重要的是,这种精神力量一定与该项事业的社会背景有着密切的渊源。"美籍经济学家熊彼特(Schumpeter)也对创业文化中的企业家精神进行了概括,认为企业家精神包括"首创精神""成功欲""甘冒风险""精明理智"和"事业心"。

伯顿·克拉克(Burton R. Clark)在他的《建立创业型大学:组织上转型的途径》一书中,根据欧洲五所创业型大学的转型,总结出了创业型大学转型的五个要素分别是强有力的驾驭核心、拓宽的发展外围、多元化的资助基地、激活的学术心脏地带、整合的创业文化。他指出:"创业型大学很像高科技工业中的企业,开发一种涵盖变革的文化。这种新的文化可能先是作为比较简单的制度上的理念,以后合成一些信念。"克拉克认为前四个要素都是信念起作用的手段。①

富兰(Fullan)在其著作中反复提到变革学校文化的重要性,他认为:"为了保证时效性,即使是最全面'实践标准'体系,也必须借助日常的组织管理以及学校的文化来体现。"②

(二)国内学者对创业文化的研究

学者于长江在《谈创业文化的ABC》一文中总结出了世界上成功的创业文化所共同具有的基本内涵,分别是:鼓励创新,推崇技术创新、管理创新和文化创新;开拓进取,富于冒险的勇气和奋斗激情;宽容失败,失败者不气馁,成功者帮助失败者重新开始;竞争开放,致力于全球范围内竞争的与整合;团队精神,忠于集体,牺牲自我;不断超越,永无止境的学习、奋进精神;科学发展,把科学精神与市场效益相结合,通过知识的发掘和市场运作来实现创业目标。③ 学者刘亚军认为,创业文化包括人们在追求财富、创造价值、促进经济发展过程中所形成的思想观念、价值取向和心理意识,是一种与创业有关的特定的群体心理素质以及社会意识形态和文化氛围。它主导着人们的思维方法和行为方式。④ 可以看出,大部分学者对创业文化的理解都是包含鼓励创新、开拓进取、允许失败、团队精神与学习精神等的内容。我国学者认为,创业文

---

① 伯顿·克拉克.建立创业型大学:组织上转型的途径[M].王承绪,译.北京:人民教育出版社,2003.
② 冒澄.创业型大学研究文献综述[J].理工高教研究,2008(2).
③ 于长江.谈创业文化的ABC[J].理论科学,2008(3).
④ 刘亚军.应积极培育创业文化[J].党政干部学刊,2007(4).

化既是一个文化概念,又是一个经济概念;既有理论形态,也有实践形态。它主要是指在创业活动的过程中,人们普遍表现出来的思想意识、价值观念、基本态度、行为方式及其相应创业成果的总和,核心是引导和鼓励人们合法地追求财富、崇尚创造、激励奋斗。①

在创业文化的意义上,学者卢彩晨在文章中提到,这种文化(大学的创业文化)最初可能是比较简单的制度上的理念,后来经过在实践中的不断充实,逐步形成了一些信念,这些信念是支撑大学改革并日益走向成熟的精神动力。② 学者邓志革认为,创业的文化氛围是联结强有力的驾驭核心、拓宽的发展外围、多元化的资助基地、激活的学术心脏地带这四种因素的内在信念和精神象征,它是创业型大学最核心、最重要的特点。一旦大学形成了自己的创业文化,其组织成员和组织机构都会按照既定的创业文化约束自己的行为和身份,并在大学内部形成高凝聚力、统一的组织文化和信仰,促使组织成员为着同一创业目标而努力。③ 学者段文星从就业的角度来分析,认为面对当前的就业形势,大力营造创业文化是缓解就业矛盾和压力的有效途径之一。所谓创业文化,就是营造一种良好的文化氛围,鼓励和引导人们以创业为取向,以立业兴业为目标,以创新为手段,依靠自己的聪明才智,发挥自己的一技之长,自谋职业、自谋发展,从某一方面或某一领域独树一帜,实现自己的人生价值,为社会做贡献。④

关于创业文化的构建途径,学者谢飞认为,构建创业文化要加强实践的作用,"这种文化最初可能只是简单的制度上的理念,可是当它植根于强有力的实践活动,并且在新的实践中不断丰富和发展,最终会成为大学的文化特征和象征,对大学的发展起到极大的推动作用"。⑤ 肖红伟认为,首先应该从解放思想、倡导创业精神入手,要大力加强对创业人物及其创业事迹的宣传,发挥新闻媒体的作用,在全社会进一步更新思想观念,营造创业氛围,倡导创业精

---

① 经社言.创业文化——全民创业的强大发动机——六论开展全民创业行动[J].全民创业,2008(9).

② 卢彩晨.大学转型:从"守业型"到"创业型"[J].辽宁师专学报(社会科学版),2006(4).

③ 邓志革,华金科.创业型大学及其对高职院校的启示[J].当代教育论坛,2008(12).

④ 段文星.大力营造创业文化——缓解就业矛盾之我见[J].甘肃农业,2006(4).

⑤ 谢飞.基于三螺旋理论的创业型大学建设理论与实践之探讨[J].研究与探讨,2007(7).

神。激励大学生在创业中就业,在就业中创业。① 游敏惠在《创新创业造就全新的大学模式——创业型大学评介》中提到,强有力的文化植根于强有力的实践。基于新的实践而不断创新,成为大学的文化特征和象征,并影响培植大学的个性、特色和声誉。因此整合的创业文化可能先是简单制度上的理念,通过结构和程序表现出来,在心脏地带传播,合成一些信念,形成大学的文化,并不断丰富和发展。②

由此可见,国外学者对创业文化的研究比较早,他们的文化本身就比我国要开放,接受新事物的能力和冒险精神都比较强,所以创业更容易生根发芽,但是他们更专注于研究企业家与企业家精神。我国学者对创业文化的研究是这几年才开展起来的,多数学者是把创业文化放在社会的大背景去研究,主要集中在企业创业文化。

三、大学创业文化视角

大学创业文化,既是大学文化的一个层面,也是创业文化的一个方面,可以说是两者的交集。目前对大学创业文化进行研究的人还比较少,中国知网数据库中关键词搜索"大学创业文化",直接命中仅一篇。本课题研究正是试图在这种情况下对大学创业文化建设的各个方面进行具体的研究。

关于大学创业文化的定义,我国学者陈敏认为:"大学创业文化"主要是指关于大学生创业行动的文化。具体而言,创业文化的内涵包括两个层次的内容:一个是观念文化,也就是人们对财富本身及财富的创造和追求的看法;另一个就是制度文化,也就是社会为人们追求财富、创造财富、保护财富提供的社会经济法律制度。③

在培育方面,学者周学宝在《创业文化的内涵及其在高校的培育》一文中提到,高校创业文化的培育应与以培养创新精神和实践能力为重点的素质教育结合起来,在推进素质教育的过程中加强创业教育。一是应在大学文化中融合进创业文化的成分;二是适度鼓励和支持大学生创业实践活动,在场所、条件等方面为其提供一定的方便;三是结合学科建设和教学改革,自觉地把创

---

① 肖红伟,姜敏,廖翔.对我国大学生创业政策的思考[J].当代教育论坛,2005(12).
② 游敏惠.创新创业造就全新的大学模式——创业型大学评介[J].重庆邮电学院学报(社会科学版),2005(5).
③ 陈敏.构建大学创业文化[J].宁波广播电视大学学报,2008(4).

业文化融入教学过程中;四是教育在校大学生自觉提高创业文化素质,使其自觉地加强创业文化的学习和熏陶。①

学者陈敏认为,构建大学创业文化应该从以下方面下手:(1)形成创业价值观。要培养和强化大学生的社会责任意识。(2)开展创业教育。形成一个完整的体系,做到点面结合,面向全体学生,进行创业意识、创业精神的培育;重点突破,选拔优秀学生,培养创业人才。(3)传承创业文化。中国历史悠久,幅员辽阔,有丰富的创业文化资源,应该因地制宜,发掘、传承与弘扬创业文化。

大学创业文化在我国还是一个比较新的概念,因此相对来说研究成果还不是很多,研究还停留在表层。

四、福建省大学创业文化建设研究相关综述

陈笃彬研究员在《创建创业型大学,服务海西工业科学发展》中提到,学校应该以激励制度为抓手,对师生的创业行为予以支持和资助,并对在创业创新方面有突出贡献的师生予以单独业绩评定,从而育成学校的"创业精神"和"创业文化"。他在《正确处理八个关系,建设创业型大学》中论述了建设创业型大学需要处理好的八个关系,其中在硬实力和软实力的关系中提出,要加强校园文化建设,坚持弘扬主旋律,着力打造校园文化精品,教授、学者应该更多地讲团队、讲协作,多帮助、培养和带动年轻的教师;职能部门和管理干部应该克服本位主义,多从全局考虑,多支持其他部门的工作,努力营造心齐气顺、风正劲足的干事创业环境,使学校成为干事创业的乐园热土,多出大师、多出成果,更有力地推动创业型大学事业发展。②

学者林金辉在《海西青年创业教育和创业环境研究》一书中倡导,首先要建立创业文化保障机制,可以在省内校园文化中孕育创业文化,通过校园创业文化培养青年学生的创业意识和创业能力,在学校形成良好的创业风气;其次要加强诚信文化建设和海西传统创业精神和创业文化;再次是要营造对创业失败的宽容环境;最后是借助媒体的力量引导创业行为。

娄东生副教授在《试论大学创业文化建设》一文中,论述了大学创业文化的内涵,认为大学创业文化是指一种能够激发大学自身及其师生群体的创业

---

① 周学宝.创业文化的内涵及其在高校的培育[J].发展论坛,2002(1).
② 陈笃彬.处理八个关系,建设创业型大学[J].福州大学学报(哲学社会科学版),2009(4).

意识和热情,增强创业能力和动力,鼓励和支持创业行为,提供创业保障的价值观念、制度行为与环境氛围的集合体。同时论述了大学创业文化的特点、当前制约大学创业文化建设的主要因素和大学创业文化建设这三个方面。

福建省学者在研究大学创业文化方面的论述比较有针对性也符合福建省的省情,但成果数量不多,且缺少实证的研究。

第五节　思路方法

一、创业型大学建设研究的思路与方法

(一)研究思路

提出论点:通过阅读专著、检索文献和总结、访谈、实地考察等方式研究创业型大学发展情况,提出研究创业型大学建设模式的必要性和紧迫性。

分析论点:结合系统分析法,对创业型大学建设模式的内涵、特点和构成要素进行系统剖析,以期全面把握创业型大学建设模式的主要内容。

解决问题:通过案例分析法和比较分析法,充分解读国外创业型大学建设模式的主要做法,并对我国创业型大学建设现状进行介绍,分析我国创业型大学建设现状。跟随国家政策走向,提出我国创业型大学建设模式总体框架,并以福州大学、浙江农林大学、浙江万里学院为研究对象,深入探讨各高校构建创业型大学建设模式的问题。

结论解读:从政府管理角度入手,围绕资金支持、组织建设、法规体系、机制形成等内容,提出推进我国创业型大学建设模式构建的政策建议。

(二)研究方法

1.文献研究法

充分利用中国数字化期刊网(CNKI)、万方期刊网、人大复印资料检索数据库等网络知识信息工具,搜集、整理、分析相关的专著、期刊文献资料。在总结大量相关文献资料的基础上,对已有研究成果进行归纳总结,吸收、借鉴相关建设模式的研究方法和结论,夯实本研究的理论基础。

2.比较分析法

研究选取多个国家实现创业型大学建设模式的案例,通过对其主要做法和支撑条件等进行分析,明晰其中的异同,灵活选用合适措施发挥优势、规避缺陷,力求为我国创业型大学建设的主要内容提供启示。

3.案例分析法

在本书实证分析部分,采取案例分析法对我国已开展创业型大学建设实践的高校进行研究,分析福州大学、浙江农林大学及浙江万里学院在创业型大学建设中所取得的建设成效,并深入探究其构建创业型大学建设模式的总体思路和构建重点。

4.系统分析法

系统分析方法是指把要研究的问题作为一个系统,对系统要素进行综合分析,找出解决问题的可行方法。本书通过对创业型大学建设模式的内涵和外延进行系统性的介绍,力求从整体上把握创业型大学建设模式。

二、区域创新体系建设研究的思路与方法

(一)研究思路

通过大量搜集有关文献资料,在对已有研究成果进行归纳总结的基础上,构建起本研究的理论支撑体系。具体方法和步骤如下:

第一,收集、查阅国内外三螺旋理论和区域创新体系建设的有关的资料,界定了研究对象与研究目的。

第二,建立框架。依据三螺旋理论与区域创新体系建设的有关理论,探索福建高校支撑区域创新体系建设的现状和存在的主要问题,构建本书的分析架构,选择适当数据建立指标体系。

第三,搜集与分析资料。通过国家统计局网站查阅《中国统计年鉴》《中国科技统计年鉴》《高等学校科技统计资料汇编》以及各省市的统计年鉴,完成2009年、2010年的数据资料收集工作,运用Excel进行数据处理与分析,以便更加清楚地阐明问题与分析问题。

第四,分析结果并提出对策。对资料、指标数据分析的结果展开研究,得出研究结论,对得出的结论提出解决对策。

(二)研究方法

1.文献调查法

以搜集、整理、分析相关的文献资料为基本方法。其中,文献的来源主要有两个:一是利用中国知识资源总库(CNKI)、万方数据化期刊、人大复印资料、清华同方数据库等网络知识获取工具;二是校图书馆与区域创新体系建设有关的图书。在大量搜集有关三螺旋理论和区域创新体系建设相关文献资料的基础上,对已有研究成果进行归纳总结,吸收和借鉴,构建起本论文研究的理论支撑体系。

2.比较分析法

比较的目的就是通过将有联系的事物进行比较分析,总结出可供使用的方法和经验。本书把福建省与沿海其他省份进行对比,为福建省高校支撑区域创新体系建设提供借鉴。

3.归纳演绎法

本书在对国内外学者关于区域创新体系建设问题的研究进行归纳、梳理之后,提出福建省高校支撑区域创新体系建设问题的研究思路;在对所得数据进行统计分析的基础上,提出福建省高校支撑区域创新体系建设的对策建议。

4.定量分析法

本书运用熵权法,通过指标体系和评价模型对福建省高校支撑区域创新体系建设进行评价研究。

三、高校创业教育研究的思路与方法

(一)研究思路

本研究主要着眼于福建省高校创业教育对大学生创业意愿的影响研究,期望从高校创业教育相关举措和大学生的人格特质、创业自我效能感等来展开研究,因此,在 TPB 和 SEE 模型的基础上,应加入其他因素来进一步提升其解释能力。如果仅从大学生个人性格特质或高校创业教育来解释大学生创业意愿,可能会缺乏足够的说服力,对大学生创业意愿的预测力是非常有限的。本研究基于计划行为理论、创业事件模型和人格特质理论,综合考虑人格特质、高校创业教育、创业态度、主观规范、创业自我效能感及大学生个体特征变量等因素,引入大学生人格特质和高校创业教育两大类关键解释变量,探讨

大学生创业意愿影响因素,主要研究思路分为以下三部分:

第一部分:综述已有研究成果,分析福建省高校创业教育现状,提出主要的研究问题,即福建省高校创业教育是否能够有效提升大学生创业意愿,这一影响是否因大学生人格特质差异而变化。本书还检验了创业教育因素中创业知识教育、实践教育、文化培育等因素对大学生创业意愿影响的解释力和边际效应,加入人格特质、创业态度、创业自我效能感等因素的解释力和边际效应是否发生变化。

第二部分:理论分析框架与实证模型。基于计划行为理论、创业事件模型和人格特质理论,本研究对模型进行理论设定,采用二元线性 Probit 模型分析大学生创业意愿的影响因素,最后得出结论并试图解释其内在影响机理。

第三部分:在前面研究的基础上,试图研究创业教育和人格特质等关键解释变量对大学生创业意愿的影响情况,结合研究结论和福建省高校创业教育存在的问题,提出可行性的对策建议。最后,分析本研究存在的不足之处及未来研究的方向。

(二)研究方法

本书综合运用计划行为理论、创业事件理论和人格特质理论,一方面注重理论研究;另一方面通过深度访谈和问卷调研,研究大学生个体因素如人格特质、创业态度、主体规范、创业自我效能感,以及创业教育关键变量对大学生创业意愿的影响情况。本研究注重定量和定性研究、理论与实践研究、规范与实证研究相结合,提出理论框架,建立理论模型,利用问卷调研数据,运用 SPSS 和 STATA 统计软件对模型进行实证分析,主要运用的研究方法如下:

(1)文献分析法:为了有效搜集和甄别有关高校创业教育、人格特质、创业态度及创业意愿的文献,对大学生创业意愿的影响机制形成科学的认识,本书使用了社会科学研究常用的文献分析法。通过 CNKI、Elsevier SD、EBSCO 等中外文数据库,电子图书,互联网,著作等渠道进行较为广泛的文献查阅。

(2)访谈法:本研究不仅选取参加过创业教育的在校大学生进行访谈,也对高校创业指导老师进行深度访谈,向老师获取参加创业课程能力提升班的学员名单,以便进行问卷调研。

(3)问卷调查法:本研究的问卷调查分为两部分:第一部分是以厦门大学、福州大学、福建师范大学、福建农林大学、福建工程学院、福建医科大学、福建中医大学、华侨大学、集美大学、泉州信息工程学院等福建省 10 所高校为样本,对各高校的创业教育主管部门进行问卷调查;第二部分是对福州大学、福建医科大学、福建农林大学、福建师范大学、福建工程学院等福建省5所高校的大学生进行问卷调研,调研对象包括本科生及研究生,共发放600份问卷,回收有效问卷476份,回收率79.33%。

(4)统计分析法:首先,通过问卷调查收集有效数据,借助SPSS 20.0统计软件对量表进行效度、信度分析及探索性因子分析;其次,对各个变量的现状水平进行描述性统计分析;最后,运用Probit模型对模型进行回归估计,研究创业教育、人格特质、创业态度等因素对大学生创业意愿的影响。

四、高校创业文化研究的思路与方法

(一)研究思路

本研究的基本思路是理论探讨结合实证调查。首先,对大学创业文化建设的相关概念进行解读,试图在这些理论的基础上确立自己的研究基点;其次,结合已有文献,选取国内外各三所创业文化建设比较出色的大学,分别研究其大学创业文化建设中的特色,试图从中寻找出可以为福建省大学创业文化建设借鉴利用的方面。再次,针对福建省高校进行实证研究,在了解福建省各所大学基本情况的前提下,选取六所高校进行问卷调查,进一步分析福建省大学创业文化建设的现状以及存在的问题。最后,在翔实调查和深入分析的基础上,结合国内外大学创业文化建设的案例,提出推进福建省大学创业文化建设的原则和若干建议。

(二)研究方法

本书所使用的研究方法主要有以下几种:

第一,文献研究法。以搜集、整理、分析相关的文献资料为基本方法,其中文献的来源主要有两个:一是利用中国知识资源总库(CNKI)、万方数据化期刊、人大复印资料、清华同方数据库等网络知识获取工具,二是校图书馆与创业文化相关的图书。在大量搜集有关创业型大学、创业文化、大学文化、大学创业文化建设的相关文献资料的基础上,对已有研究成果进行归纳总结并吸收和借鉴,构建起本论文研究的理论支撑体系。

第二,实证分析法。根据研究的需要,在福建省22所本科院校中抽取六所,发放了3 000份的问卷调查,深入了解了福建省大学生的创业意愿以及福建省大学创业文化建设的现状,并对调查得来的第一手材料进行资料分析和数据处理。

第三，比较分析法。从比较的角度出发,把彼此有联系的事物放在一起进行考察,寻找其相同点和不同点,以此把握研究对象的本质和特点。本研究选取了国外三所大学和国内三所大学进行比较分析,旨在通过对这些大学的研究分析,找到更好的建设大学创业文化的思路和措施。

第四,归纳演绎法。对国内外相关理论和研究文献进行归纳整理,结合福建省实际情况,提出针对福建省大学创业文化建设的发展思路。通过对福建省六所大学的实证调查和数据的分析,归纳出福建省大学创业文化建设中存在的问题,在此基础上提出进一步建立和完善福建省大学创业文化的政策建议。

第三章

主要内容与创新之处

第一节 主要内容

一、创业型大学建设

第一部分首先通过分析该选题的研究背景,明确此选题的理论和实践意义;其次,梳理了国内外近年来有关创业型大学的研究成果,以期对本研究提供理论支撑;最后,阐明本书的研究内容,指出论文所使用的研究方法。

第二部分对创业型大学的内涵及特征进行了具体的分析,并分析了创业型大学建设模式的含义和特点,重点梳理了创业型大学建设模式的构成要素,主要涵盖目标要素、结构要素、体制要素、机制要素和环境要素,从理论上为本研究的开展奠定了基础。

第三部分以美国、英国和巴西为例,对国外相对成熟的创业型大学建设模式的主要做法进行介绍和评价,以期归纳出实现创业型大学建设模式的成功经验。

第四部分探讨我国创业型大学建设的基础成效、存在问题和制约因素等现状,提出构建我国创业型大学建设模式的基本原则,明确我国创业型大学建设模式必须以政产学研协同创新为理念,包括互动主体模块和要素支撑模块。

第五部分结合我国创业型大学建设实践,选取福州大学、浙江农林大学和浙江万里学院作为构建我国创业型大学建设模式的实证案例,对其建设基础、构建重点进行研究,以构建出符合各高校发展实际的创业型大学建设模式。

第六部分从政府的角度出发，为形成我国大学、科研机构、政府与产业间的互动合作关系提出政策建议，保障我国创业型大学建设模式的顺利推进。

二、区域创新体系建设

本篇一共分为五个部分。第一部分是绪论，主要介绍论文的研究背景，研究的理论意义、现实意义以及战略意义，并把国内外学者们的研究成果进行归纳，形成综述，最后阐述本书的研究内容、研究方法和创新点。第二部分是高校支撑区域创新体系建设的理论基础。首先对本书的理论基础三螺旋理论进行介绍，其次是对本书的研究对象区域创新体系进行概念界定，进而得出"三螺旋"理论视角下区域创新体系的概念，为接下来的研究打好理论基础。在概念界定的基础上探索了三螺旋理论视角下高校支撑区域创新体系建设的理想模式。第三部分是福建高校支撑海峡西岸区域创新体系建设的评价研究，首先建立高校支撑海峡西岸区域创新体系建设的指标体系。该部分设置了26个三级指标，科技人力支撑、科技财力支撑、科技成果支撑三大二级指标，以Excel软件为研究工具，运用熵权法对其数据进行处理，并对数据结果进行分析。第四部分介绍了国外有关高校服务区域创新体系建设的典型案例，对我国高校支撑区域创新体系建设有着重要的参考价值。第五部分为提升福建高校支撑区域创新体系建设提出对策建议。

三、创业教育研究

本篇依据计划行为理论、创业事件模型和人格特质理论，吸收了计划行为理论和创业事件模型的优点，从大学生个体微观层面进行分析，将创业教育、人格特质、创业态度、主体规范、创业自我效能感等大学生个体因素变量融入一个框架体系内，以创业教育为关键解释变量，研究这些个体因素对大学生创业意愿提升的影响。最后，基于大学生创业意愿提升视角对福建省高校创业教育的有效开展提出建设性意见。本篇的各章节内容安排如下：

绪论部分。首先，介绍论文研究背景，包括我国大学生的就业创业情况、创业教育研究的必要性和紧迫性；其次，现有研究成果综述，对创业教育和创业意愿相关影响变量的国内外相关研究文献进行回顾和评述；最后，指出本研究的目的及重点，介绍本篇的研究方法和创新之处。

理论基础。本章主要是对计划行为理论、创业事件理论及人格特质理论的介绍,其中重点研究了计划行为理论和创业事件模型,综述国内外学者对这些理论的研究检验,最后提出本书的理论分析框架。

福建省高校创业教育的现状分析。主要对福建省10所高校进行调研,通过对各高校就业指导中心的老师进行深度访谈,以客观地了解各高校创业教育的开展情况。从创业教育实施、创业教育活动开展、创业教育教学开展、创业文化和创业教育环境建设等方面对福建省高校创业教育开展情况进行深入分析,并总结福建省高校创业教育存在的主要问题。

实证模型与数据来源。首先,基于创业教育关键解释变量,提出人格特质、创业态度、创业自我效能感等个体因素与大学生创业意愿之间的整体模型及理论假设,研究人格特质、创业教育、创业态度等解释变量对大学生创业意愿的影响机理。其次,分析影响大学生创业意愿的因素,提出各变量之间的若干研究假设。最后,构建基于大学生创业意愿提升的 Probit 实证模型,其中的研究设计部分主要分为问卷设计、数据编码、数据来源和有效性控制四个部分。

实证结果分析与结论。主要对获得的数据进行效度、信度检验及探索性因子分析,对所提出的研究假设进行检验,重点讨论没有通过假设的变量。基于 Probit 模型估计结果,分析创业教育、创业态度、人格特质、创业自我效能感、主体规范及大学生人口学特征变量对大学生创业意愿提升的作用方向和边际效应,其中创业教育是关键解释变量,是本研究分析的重点。

研究总结与对策建议。本部分主要对前几章进行总结,提出本论文的研究结论,并在创业意愿提升视角下对福建省高校创业教育提出具有针对性的对策建议。最后,总结本研究存在的不足之处,提出创业研究的未来研究方向。

四、创业文化研究

本篇一共分为五个部分。第一部分为绪论,主要介绍论文的研究背景、本研究的理论和现实意义,并把国内外学者们的研究成果进行归纳,形成综述,最后阐述本书的研究内容和创新点。第二部分为大学创业文化建设概述,主要阐述和大学创业文化这个概念相关的一些概念,包括:文化、大学文化、创业文化,以及大学创业文化建设的概念界定,大学创业文化建设内涵和内容,为接下来的研究打好理论基础。第三部分是国内外大学创业文化建设的实践与启示。主要选取了国外三所大学,分别是斯坦福大学、南洋理工大学和沃里克大学;国内三所大学,分别是清华大学、宁波大学和五邑大学。对这六所大学的创业文化建设的成果和措施进行分析,希望从中得出一些有益的借鉴。第四部分是福建省大学创业文化建设的现状分析。这一部分主要是从福建省自身的省情出发,选取六所大学(福州大学、福建师范大学、福建农林大学、福建医科大学、福建工程学院和华侨大学)进行问卷调查,调查的学生包括文、理、工、农、林、医六个大类。共发放3 000份问卷,回收问卷2 677份,其中有效问卷2 520份。对问卷调查的数据进行统计分析,在此基础上论述了福建省大学创业文化建设的现状和存在的问题。第五部分是福建省大学创业文化建设的对策研究,主要在以上研究的基础上,对推进福建省大学创业文化建设的指导思想和原则进行构想,从精神文化、制度文化与物质文化三个层面提出加快推进福建省大学创业文化建设的政策建议。

第二节　创新之处

一、创业型大学建设

其一,在研究视角上,本研究立足于创业型大学发展的全局,试图对创业型大学建设模式的总体框架进行剖析,系统梳理创业型大学建设模式独特的内涵、特点、构成要素等,是较为完整的创业型大学建设模式研究。

其二,采用案例分析法,以近几年开展创业型大学建设实践的福州大学、浙江农林大学、浙江万里学院为研究对象,以政产学研协同创新为理念,坚持理念指导与因地制宜相结合原则,深入探讨三所创业型大学建设模式的总体思路和构建重点,以实现创业型大学建设目标。

二、区域创新体系建设

参照目前学术界对高校支撑区域创新体系建设的研究现状,本研究的创新之处在于以下几点:

第一,理论上,本书基于三螺旋理论对区域创新体系建设进行定义,丰富了"三螺旋"理论和区域创新体系建设的理论体系,探索了"三螺旋"理论视角下的高校的理想模式,以及"三螺旋"视角下高校对区域创新体系建设的主要作用。

第二,从实证的角度,在文献回顾、理论综述、数据统计的基础上选取适当的指标数据,建立指标体系,运用熵权法进行赋权,分析了当前福建高校支撑区域创新体系建设的原因与现状,为政府制定政策提供较好的理论和现实依据。

当然,本书也存在明显的不足之处:由于本人学识和专业的限制,对数据的分析还不够深入,"三螺旋"理论的许多内容在区域创新体系建设和评价指标体系中体现得还不够全面。

三、高校创业教育

本研究探讨高校创业教育关键变量对大学生创业意愿的作用、内在影响机理及其产生的边际效应,主要创新点有以下两点:

(1)理论和视角上的创新。

本研究基于计划行为理论、创业事件理论等相关理论构建了人格特质、创业教育、创业态度等因素对大学生创业意愿的影响实证模型。尝试把多个学科理论运用到一个理论模型中,特别是吸收了计划行为理论和创业事件模型的优点来设计研究架构,探讨各个变量之间的关系,构造了新的理论模型,即在模型中加入人格特质、创业教育、创业自我效能感等重要个体因素。这弥补了计划行为理论的局限性,同时,也区别于国内外大部分学者从宏观的大环境去考虑影响大学生创业意愿的因素,而聚焦于大学生个体因素的研究。在研究视角层面,本书从高校创业教育视角出发,研究高校创业教育关键变量对大学生创业意愿的影响,且主要从创业实践教育、创业知识教育和创业文化培育三个层面来阐释其内在影响机理,这有利于提高大学生创业意愿的解释力,验证综合理论运用下研究创业意愿的可行性。

(2)研究方法上的创新。

国内外大部分学者对大学生创业教育和创业意愿主要采取案例研究、社会调查、实验设计等,而本书不仅运用了定量研究和社会调查,还结合访谈分析法进行研究,根据计量经济学理论,构建二元 probit 模型来研究大学生创业意愿,为创业意愿提升视角下高校创业教育提供更具针对性的政策建议。以往的创业意愿和创业教育研究中,鲜有学者运用经济学模型进行研究。笔者基于自身所学教育经济与管理专业,将计量经济模型运用于高校创业教育和创业心理研究,就方法而言,是创业研究领域的一个大胆尝试。

四、高校创业文化

对比目前学术界对大学创业文化建设的研究现状,本书的创新点在于以下几点:

(1)本书的研究是从创业型大学视野下的创业文化入手,结合大学文化本身的结构,研究分析形成大学创业文化建设理论,其中包括对大学创业文化和大学创业文化建设概念的界定、涵盖的范围、影响因素和转型途径,阐述了比较完整的大学创业文化理论,为我国大学创业文化建设提供了参考。

(2)本书在对大学创业文化进行研究的基础上,有两个创新点:一是强调不违背大学的基本价值原则,虽然在大学的核心价值观中融入了创新创业的精神,但是并不是所有创业行为都受到肯定,而是应该在不违背大学基本价值理念的原则下,进行创业活动。二是强调大学生的理性创业。虽然重视大学创业文化建设,鼓励大学生自主创业,但是并不是盲目跟风,而是在理性的前提下,选择创业。

(3)本书采用比较分析的方法对国内外六所大学的创业文化建设进行了讨论,同时使用实证分析的方法对福建省大学创业文化建设的情况进行了总结,继而提出符合福建省省情的大学创业文化建设的政策建议。实证分析样本容量大,且具有本土性。

第四章

理论基础与相关概念

第一节 理论基础

一、三螺旋理论

三螺旋理论是研究大学、产业、政府三者关系的一种创新理论,随着知识经济的发展,三螺旋理论被广泛应用到各个行业,成为目前炙手可热的一种创新理念之一。高校作为区域创新体系建设中的重要主体,对区域创新体系建设的有着重要作用。因此,在三螺旋理论视角下,高校如何充分借助大学、企业、政府三者间的交叉影响关系创建具有特色的区域创新体系,具有重要的现实意义。

所谓的"三螺旋",是一种创新模式,指的是大学、产业、政府三方在创新过程中密切合作、相互作用,同时每一方都保持自己的独立身份。三螺旋理论的要旨是:三螺旋主体中的每一方都能够承担其他两方的一些功能,同时,又能够保持相互之间的独立性,促使三者之间的互动。由于相互联系与相互作用,三条螺旋线都获得比以往更强的能力,从而能够支持其他螺旋线,产生源源不断的创新流,最终形成共同发展的局面。[①]

(一)三螺旋理论的主体

1.大学

三螺旋理论中的大学是创新的源头。在三螺旋理论中,大学对经济社会发

---

① 亨利•埃茨科维茨.三螺旋:产业、大学、政府三元一体的创新模式[M].周春彦,译.北京:东方出版社,2005:1-2.

展的作用显著,大学从社会边缘走向了社会中心,成为知识生产、知识传播与知识转化的场所,从而推动了经济的发展。大学承担着基础研究和大部分应用研究的任务,但这些成果无法立刻产生效益,但企业又依赖于此。大学不但能为企业输送人才,还能将自己的成果转化,创办校办企业,促进科技成果转化。

2.企业

三螺旋理论中的企业是创新的主体。首先,企业是技术应用的重要场所。其次,企业是创新的重要力量。因为企业的活动受市场的影响,能够及时反映市场的需求,为创新活动指明方向。同时在三螺旋理论中,企业也承担着培养人才的角色,促进了学术界和产业界的良性互动。

3.政府

三螺旋理论中的政府是制度创新的主体,也是宏观管理中的主体。在三螺旋理论中,政府承担着管理者和服务者的角色,政府通过制定政策,支持和引导创新活动和创新领域朝着满足国家需要的方向发展。虽然企业是创新的主导,但市场不能确保营造一个有利于科技发展的环境,因而难以实现社会所需的最优水平。为了克服这种缺陷,政府可以利用行政、经济等手段进行宏观调控,保证经济社会朝着健康的方向发展。

(二)三螺旋理论的三个发展阶段

"三螺旋"模型分为三个发展阶段:国家主义阶段,自由放任主义阶段和"三螺旋"模型下的大学、企业和政府交叉影响阶段。

1.国家主义阶段

在三螺旋Ⅰ(国家主义阶段)中,政府处于主导地位,主宰着产业和大学,产业和大学与政府相比是非常弱小的机构,它们依赖着政府,受政府控制。比如:苏联和法国就属于这种结构模式。在这种结构模式下,政府权力过大,创新主体的主动性很难发挥出来,因此在实践上,这种模式被认为是一种失败的结构。如图4-1:

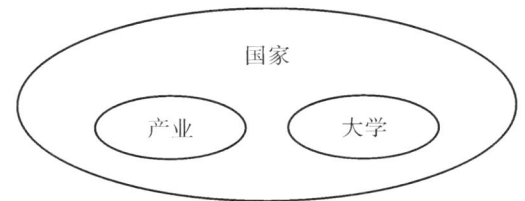

图4-1 三螺旋Ⅰ:政府—产业—大学关系的国家主义模式

2.自由放任主义阶段

在三螺旋Ⅱ(自由放任主义阶段)中,大学、产业和政府有着严格的界限,大学是单纯培养人才和从事基础研究的场所;企业是从事生产的机构,它从大学那里只是获取自己所需要的,并没有和大学合作;政府也只是在市场失灵的情况下发挥作用。三方相对分离,没有交集,没有进行合作。在这种模式下,有利于保持各主体的独立性,但是三者相分离不利于促进区域经济社会的发展。如图4-2:

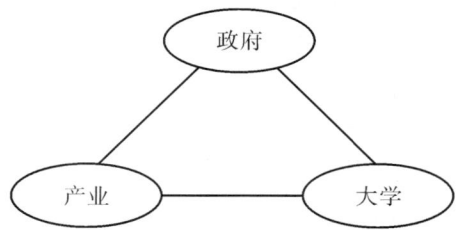

图 4-2 三螺旋Ⅱ:政府—产业—大学关系的自由放任模式

3.三螺旋模型下大学、企业和政府交叉影响阶段

在三螺旋Ⅲ("三螺旋"模型下大学、企业和政府交叉影响阶段)中,突破了在三螺旋Ⅱ中存在于大学、产业、政府之间的边界,一个充满活力的系统出现了。在这个系统中,每一方都能够承担其他两方的一些功能;同时,既能够保持大学、产业、政府之间的相互独立性,又能促使三者之间的互动。这种模式是推动知识经济发展的助力器。如图4-3:

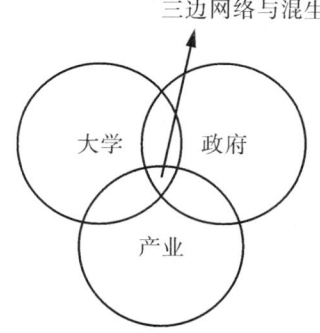

图 4-3 三螺旋Ⅲ:政府—产业—大学的三螺旋模式

(三)三螺旋理论的循环模式

在三螺旋模型中,存在两种运动形式,即水平方向的循环和竖直方向的综合进化。

1.水平方向循环

在水平方向的循环中,还包含宏观和微观两个层面的循环。在宏观层面上,大学—产业—政府的三螺旋之间相互进行人员、信息、输出等方面的循环,由此产生合作政策、项目、网络平台等混成机制;在微观层面上,三螺旋各个主体的内部也发生人员、信息、输出等方面的循环,并可以向外输出各自的成果,以此促成三螺旋模型的有序运行。如图4-4:

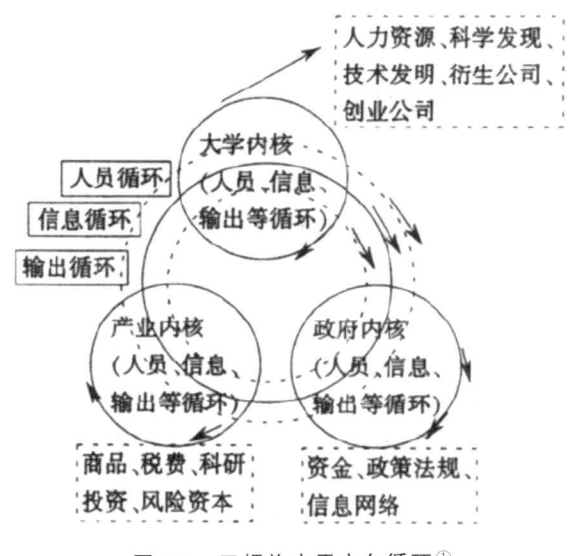

图4-4 三螺旋水平方向循环[①]

2.竖直方向循环

在竖直方向的循环中,大学、产业和政府三种力量交叉影响,政府形成行政链、企业形成生产链、高校形成科技链,每种力量都可能与其他两种发生联系,从而在螺旋内部形成联系、网络和组织的重叠,最终形成既抱成一团又螺旋上升的三螺旋新关系。三螺旋理论的目的就是将这三者合为一体,如图4-5:

---

① 周春彦,三螺旋创新模式的理论探讨[J].东北大学学报(社会科学版),2008(7):303.

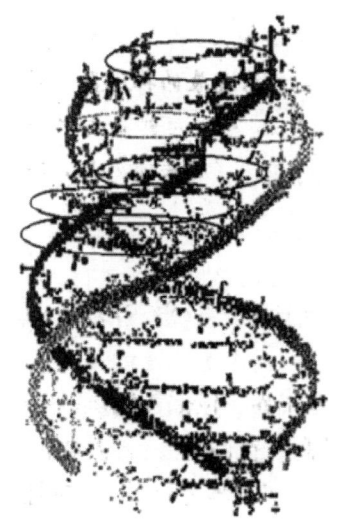

图 4-5　三螺旋纵向循环[①]

二、计划行为理论

Ajzen 和 Fishbein 提出的计划行为理论(Theory of Planned Behavior, TPB)是在多属性态度理论和理性行动理论基础上发展起来的,该理论假设一个具体行为的产生是由个体先前的意愿以一种具体的行为方式执行的结果,在此过程中,意愿是受态度所影响的,而态度则取决于个体的先前经验、人格特质和经验总结等。计划行为理论的基本假定是:信念是个体对其行为可能产生的结果的预期。信念对个体行为具有重要引导作用,这些信念包括个体对他人主观期望的信念、服从主观信念的动机以及对执行某种行为可能产生积极或消极影响的控制信念。计划行为理论是预测人类行为最具影响力且具有坚实基础的理论,其可对包括创业行为在内的许多计划行为进行准确预测。[②] 当个体行为受意识控制时,意愿便能够很好地预测个体的实际行为。[③] 计划行

[①] 张卫国.三螺旋理论下欧洲创业型大学的组织转型及其启示[J].外国教育研究,2010(3):54.

[②] Ajzen I. Perceived behavioral control, self-efficacy, locus of control, and the theory of planned behavior[J]. Journal of Applied Psychology,2002,32(4):665-683.

[③] Ajzen I., Fishbein M. The influence of attitudes on behavior[M]. In Albarracin D., Johnson B.T., Zanna M.P. The Handbook of Attitudes. 2005:173-221.

为理论还认为,影响个体做出某种行为的最直接影响因素是个体是否具有行动的意愿。①

根据 Ajzen 的观点,个体的行为信念对其行为态度有积极和消极的双面作用,规范信念产生感知社会压力或主观规范,而控制信念对感知行为控制力具有决定性作用。不同行为的执行意愿可以通过行为态度、主观规范和感知行为控制力进行预测,②这些态度和感知对实际行为的产生有重要的影响。因此,行为态度和主观规范越积极有利,则感知行为控制力越强,个体执行某种行为的意愿也会越强烈。③ 以下将对意愿的三个影响因素进行探讨:

(1)行为态度(Attitude Towards the Behavior,ATB)

行为态度是指个体对其行为的喜好程度和对其行为结果的期望信念,而个体的态度是由执行某种行为结果的信念所产生的。④ 信念强度会随着评价结果的增加而增强,其最终结果能够用于预测行为态度。⑤ 因此,个体的创业态度是由其行为结果的期望和信念所决定的。例如,当个体周边的人际圈都觉得创业是不好的一件事情时,这会对个体的创业行为造成群体压力,而使之做出与其所好相分离的行为。如果创业能够给个体带来个人财富、增强自信心和社区福利,那么个体就会对创业持积极的态度。⑥ 学者们普遍认为可以通过诸如计划行为理论和创业事件模型等创业意愿模型来验证创业态度对创业行为的影响。⑦

(2)主观规范(Subjective Norms,SN)

主观规范是指个体感知到来自父母、家人、亲戚、朋友、同事等重要个体或

---

① Ajzen I. Attitudes, personality and behavior (second edition)[M]. Berkshire, England:Open University Press,2005.

② Ajzen I. Perceived behavioral control, self-efficacy, locus of control, and the theory of planned behavior[J]. Journal of Applied Psychology,2002,32(4):665-683.

③ Ajzen I.,Cote N.G. Attitudes and the prediction of behavior[M].In Crano W.D., Prislin R. Attitudes and Attitude Change. New York:Psychology Press,2009:289-311.

④ Ajzen I. Attitudes, personality and behavior (second edition)[M]. Berkshire, England:Open University Press,2005.

⑤ Ajzen I.,Cote N.G. Attitudes and the prediction of behavior[M].In Crano W.D., Prislin R. Attitudes and Attitude Change. New York:Psychology Press,2009:289-311.

⑥ Krueger N.F.,Reilly M.D.,Carsrud A.L. Competing models of entrepreneurial intentions[J]. Journal of Business Venturing,2002,15:411-432.

⑦ Shapero A.,Sokol L. The social dimensions of entrepreneurship[J]. Social Science Electronic Publishing,2009,25(8).

群体对其行为的期望信念。而社会规范是由这样的信念产生的,即重要的社会个体或团体对执行某种给定行为的态度,抑或这些重要社会个体或团体是否有参与给定的行为,对个体行为产生重要的影响,这些重要的社会个体或团体主要包括父母、配偶、好朋友、同事、专家等。当个体相信这些重要个体或团体认为创业是一件好的事情时,这就会使他们感觉社会压力而选择创业;反之,则不会选择创业。[①] 计划行为理论诞生 20 年以来,很多学者就用该理论去预测各种各样的意愿,也证明了该理论解释个体意愿行为的有效性。不少学者已经证明了行为态度、主观规范和感知行为控制力可以很好地预测个体的意愿,而在学术界中这三个变量哪个更能解释意愿尚未达成统一意见。相对于行为态度和感知行为控制而言,主体规范对意愿的解释力更小。[②]

（3）感知行为控制（Perceived Behavioral Control，PBC）

感知行为控制是指个体对执行某种行为的感知控制能力,是个体的自我效能感或执行某种行为的能力。[③] 感知行为控制包括评价个体执行给定行为的能力、整合资源能力以及个体风险防控能力。资源获得性和机会把握性的控制信念对感知行为控制具有重要的影响。[④] 当个体认为其所掌握的资源、机会愈多和其所预期的阻碍愈少,则其感知的行为控制能力就愈强。当个体感知自身较强的实际行为控制时,此时只要机会出现,个体就极有可能做出符合自己意愿的行为。而过去的行为经验、信息的可获得程度和周围朋友的相关经历等因素会对个体的控制信念产生重要影响。同时,个体对具体行为的控制程度是由自身的内外部因素所决定的,诸如信息、技术、能力、情感等内部因素对个体成功地执行某种行为具有重要的影响。[⑤] 当个体有意愿执行某种具体行为,但因缺乏信息、技术、能力而不能付诸实践时,机会、父母支持等外部情境因素对意愿行为的执行具有促进或阻碍作用。而当个体感知其缺乏相

---

① Ajzen I. Attitudes, personality and behavior (second edition)[M].Berkshire,England:Open University Press,2005.

② Ajzen I. Attitudes, personality and behavior(second edition)[M].Berkshire,England:Open University Press,2005.

③ Ajzen I., Cote N.G. Attitudes and the prediction of behavior[M].In Crano W.D., Prislin R.Attitudes and Attitude Change. New York:Psychology Press,2009:289-311.

④ Ajzen I. Attitudes, personality and behavior(second edition)[M].Berkshire,England:Open University Press,2005.

⑤ Ajzen I., Cote N.G. Attitudes and the prediction of behavior[M].In Crano W.D., Prislin R.Attitudes and Attitude Change. New York:Psychology Press,2009:289-311.

关资源或机会时,即使个体有很好的行为态度也不会采取意愿行为。① 显然,个体的感知行为控制可以通过意愿间接地影响个体行为执行,而且可以直接预测实际行为。正如图 4-6 中的虚线所示,当且仅当个体感知实际行为与其实际行为控制达成一致时,感知行为控制才会产生直接的作用关系。②

以上各因素之间的影响关系和计划行为理论模型如图 4-6 所示:

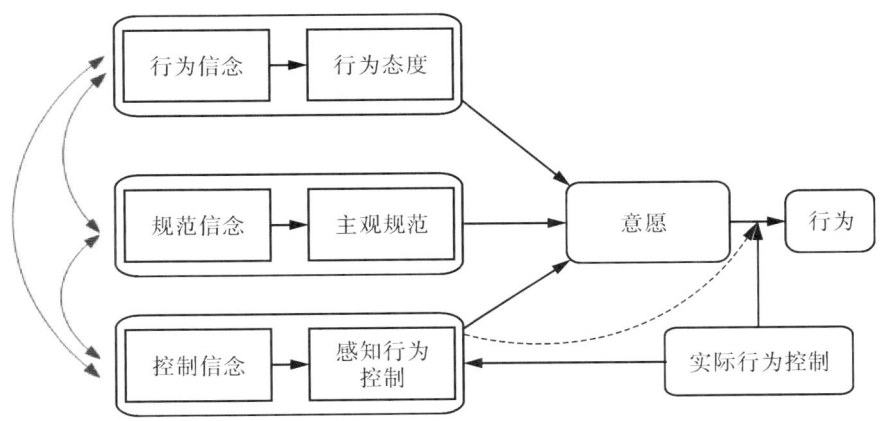

图 4-6　Ajzen 的计划行为理论模型③

从图 4-6 可知,信念、态度、意愿及行为之间有着紧密关系。行为信念是指个体对自身行为结果的预期,主观信念是对社会规范和社会伦理道德等的主观性感知,控制信念则是对能够影响个体执行某种具体行为的自信程度。其中,信念是行为态度、主观规范、感知行为控制的认知基础。④ 根据 Ajzen 的研究,不同的信念需要对客体、行动和事件日积月累的习得,这些信念的获得是通过直接观察,它们可能是自身的感悟,也有可能通过朋友、媒体、报纸和书籍等信息媒介间接地形成。

人们对客体的信念是主体行为态度形成的主要推力,而意愿和行为便伴

---

① Ajzen I.Attitudes, personality and behavior (second edition)[M].Berkshire, England:Open University Press,2005.

② Ajzen I.Attitudes, personality and behavior (second edition)[M].Berkshire, England:Open University Press,2005.

③ Ajzen I., Cote N.G. Attitudes and the prediction of behavior[M].In Crano W.D., Prislin R. Attitudes and Attitude Change. New York:Psychology Press,2009:289-311.

④ Ajzen I. Attitudes, personality and behavior (second edition)[M].Berkshire, England:Open University Press,2005.

随着这些态度的形成而产生。① 尽管信念是现实的真实折射,有时也会因不同的认识和情感过程而被扭曲。人们通常会通过评价客观事物而形成对客观事物的态度,而个体对行为的态度是由已有信念决定的。② Ajzen 也认为态度由已有信念决定,且行为意愿对实际行为具有直接的影响,从图 4-7 我们可以看出这些概念的因果关系。

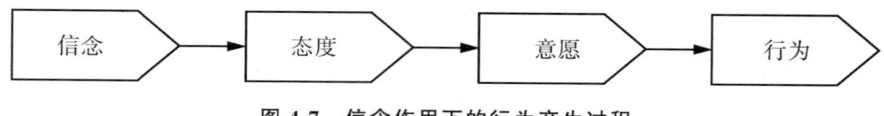

图 4-7　信念作用下的行为产生过程

对资源的获取能力信念也决定着个体的意愿和行为。因此,某种程度上,潜在企业家的资源获取性和机会获得性会促使个体创业行为的产生。个体的行为倾向或意愿是由其行为态度、主观规范和感知行为控制所决定的。③ 个体所接受的主观规范支持越大,创业态度越积极,感知行为控制力越强,则其采取某种行为的倾向就越大,这三个变量具有共同的信念基础,既有区别又有联系,彼此独立,又两两相关。

Krueger 和 Carsrud 对意愿的三个影响因素进行研究,认为创业行为的感知希求性是个体对行为结果产生积极或消极影响的态度和信念;感知社会规范是个体周围的人们对创业行为的态度,这类似于创业事件模型的感知希求性和可行性;而感知创业自我效能感则是感知创业行为的可行性信念程度,是一种感知创业行为控制力。自计划行为理论问世以来,国内外许多学者利用计划行为理论在创业研究方面进行实证检验,研究结果均表明该模型具有良好的预测效果。④ 有学者对创业态度进行跨文化研究,认为创业态度会对

---

①　Ajzen I. Attitudes, personality and behavior (second edition)[M].Berkshire,England:Open University Press,2005.

②　Ajzen I., Cote N.G. Attitudes and the prediction of behavior[M].In Crano W.D., Prislin R. Attitudes and Attitude Change. New York:Psychology Press,2009:289-311.

③　Ajzen I. Attitudes, personality and behavior (second edition)[M].Berkshire,England:Open University Press,2005.

④　Fayolle A. Evaluation of entrepreneurship education:behavior performing or intention increasing? [J]. International Journal of Entrepreneurship and Small Business,2005,2(1):89-98.

Krueger N.F., Reilly M.D., Carsrud A.L. Competing models of entrepreneurial intentions[J]. Journal of Business Venturing, 2002,15:411-432.

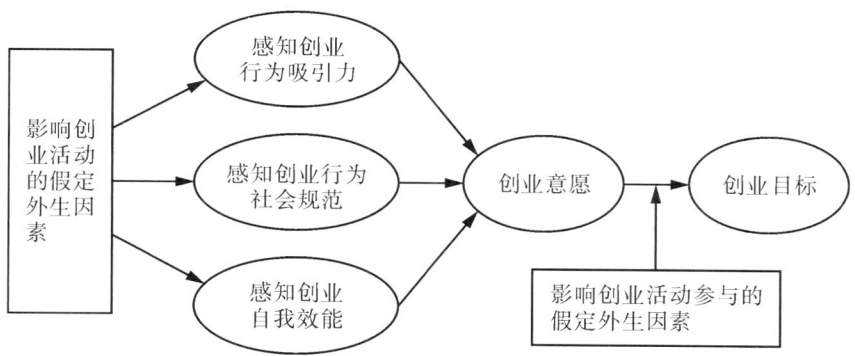

图 4-8　计划行为理论在创业的应用①

学生创业职业选择产生影响;②对股权、收入、自主和风险容忍度等的态度会对学生的创业意愿产生正向的作用。他们发现创业态度和创业选择的关系强度会受到年龄、性别、教育水平、专业、经验、收入等人力资本变量的影响。③Carla S.Marques 基于计划行为理论研究心理学、人口统计学及行为学因素对大学生创业意愿的影响,认为这三个因素对创业意愿具有重要影响。④

总而言之,计划行为理论对解释大学生创业行为具有重要的意义。尽管许多学者已经进行研究,然而单纯依靠该理论不能够完全解释创业行为和创业意愿产生过程,因为计划行为理论模型本身没有将外部环境因素考虑在内,且意愿属于心理学的研究范畴,如果运用数量模型进行研究,数据的获得性就具有一定的主观性,这是该理论的局限性。为此,计划行为理论也遭到了不少学者的质疑。尽管如此,我们仍相信计划行为理论对解释大学生创业意愿产生过程具有重要影响,接下来我们将结合创业事件模型和人格特质理论进行

---

①　Krueger N.F., Reilly M.D., Carsrud A.L. Competing models of entrepreneurial intentions[J]. Journal of Business Venturing, 2002, 15:411-432.

②　Fitzsimmons J.R., Douglas E.J. Entrepreneurial attitudes and entrepreneurial intentions: A cross-cultural study of potential entrepreneurs in India, China, Thailand and Australia[C]. Proceedings of the Babson-Kauffman Entrepreneurial Research Conference, 2005-06.

③　Krueger N.F., Reilly M.D., Carsrud A.L. Competing models of entrepreneurial intentions[J]. Journal of Business Venturing, 2002, 15:411-432.

④　Carla S. Maeques, et al. Entrepreneurship education: how psychological, demographic and behavioral factors predict the entrepreneurial intention[J]. Journal of Education and Training, 2012, 54(8):657-672.

研究,以提高本研究的科学性和理论积淀。本研究不但加入创业教育关键变量,还细化了个体的人格特质变量,旨在进一步验证该理论的解释力,同时也对影响大学生意愿的创业教育因素进行深度分析,以期引导高校更有效地进行创业教育设计,提高大学生创业意愿。

三、创业事件模型

创业事件模型(Model of Entrepreneurial Event,MEE)最早由 Shapero 和 Sokol 两位学者于 1982 年提出,该模型起初并不是基于意愿模型而提出,但后来被学者们用来解释创业意愿。模型的主要目的在于为创业事件的产生过程提供一种合理解释,即解释新公司产生是什么样的一个事件过程。该模型假设:某种触发事件的产生是一种惰性,而这种惰性能够引导人们的行为,去除人们先前不敢想象的行为障碍。例如,失业可能会改变之前人们对创业的希求性,最终导致创业行为的产生。Shapero 和 Sokol 把人生道路划分为以下三类:(1)消极替代。把被迫移民、被解雇、被侮辱、生气、无聊、年近中年、离婚或沦为寡妇等消极事件称为人生道路中的消极替代因素。(2)人生抉择。把退伍、毕业、刑满释放等事件看成是人生重大抉择,其中学生毕业也被归为人生抉择是由于毕业生不确定毕业后能具体从事什么工作,所以他们更有可能对创业产生兴趣。(3)积极本能,即受到合作伙伴、导师、投资者以及顾客的积极驱动。[1]

一种行为的最终执行主要取决于决策的信度和行为的意愿,而信度主要来自于某一特定行为的希求性和可行性,但是仅仅依靠这种信度是很难执行某一特定行为的,还需要一种替代性事件来改变行为意愿,只有这样才能把特定行为付诸实践。因此,如果有一个替代性事件促发人们的认知过程,并改变希求性和可行性,那么个体就会采取行动。其中希求性知觉是指个人能够感知到的创业吸引力,是个体最终改变先前观念和采取最终行动的关键。文化、家庭背景、同辈或同事的群体压力,以及先前经验都是影响个体的价值观和希求性的重要因素。[2] 希求性即计划行为理论中的"社会规范",而可行性知觉

---

[1] Shapero A., Sokol L. The social dimensions of entrepreneurship[J]. Social Science Electronic Publishing,2009,25(8).

[2] Shapero A., Sokol L. The social dimensions of entrepreneurship[J]. Social Science Electronic Publishing,2009,25(8).

是指个体对自我创业的自信程度,它如同 Bandura 提出的自我效能感。[1] 行为意愿是指个体执行某种行为的秉性,概念化地说,即用内控点来衡量行为倾向,[2]而学习积极性、冒险性倾向及容忍不确定性等都是行为意愿的重要影响因素。希求性是怎么执行行为的?人们真的可以做自己想要做的事情吗?个体是否认为自己有足够的能力来执行这一行为?这三个问题可以帮助我们很好地理解以上提出的概念,具体的模型如图 4-9。

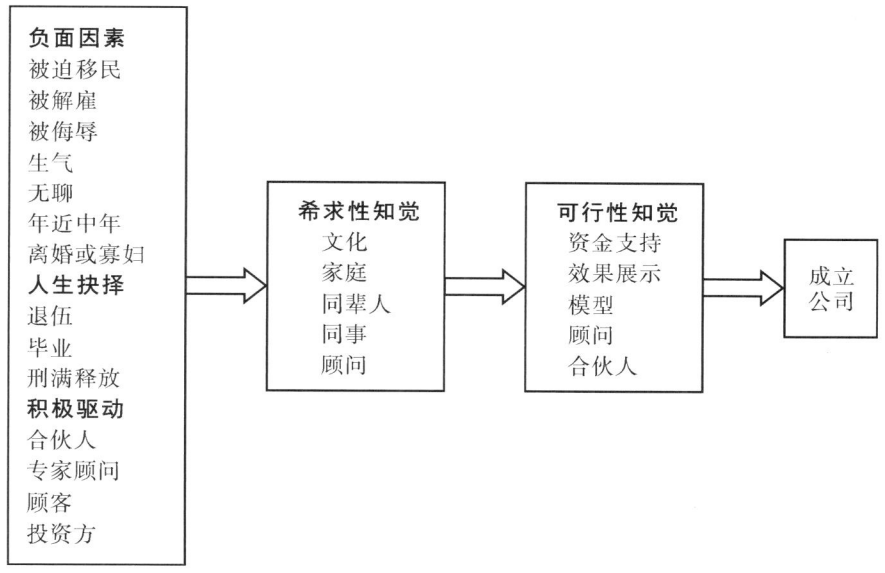

图 4-9　Shapero 和 Sokol 的创业事件模型[3]

Krueger 对 Shapero 和 Sokol 的创业事件模型进行检验,并提出了创业事件的修正模型(Shapero Krueger Model,S-K Model),详见图 4-10。从修正模型中可知,创业教育、创业培训、个体先前创业经验、创业文化以及家人和

---

[1]　Kruegel N. The impact of prior entrepreneurial exposure on perceptions of new venture feasibility and desirability[J]. Entrepreneurship Theory & Practice,1993,18(1):5-21.

[2]　Shapero A.,Sokol L. The social dimensions of entrepreneurship[J]. Social Science Electronic Publishing,2009,25(8).

[3]　Shapero A.,Sokol L. The social dimensions of entrepreneurship[J]. Social Science Electronic Publishing,2009,25(8).

朋友的创业态度等社会文化因素对"希求性认知"具有重要的影响。① 这些因素会作用于个体创业行为的态度和信念,例如,家族创业历史可能会激发个体的创业兴趣或欲望,而"可行性认知"是创业者对自我创业能力的认知,该变量是衡量个体对创业行为的感知行为控制力。同样,这种行为控制认知也受先前经验所影响,较好的社会网络资源会对个体的可行性认知产生积极影响。"实践倾向"是解释意愿的外生变量,该变量受个人经验和对未来的预期决定所影响。实践倾向会影响个体主观意愿,而意愿会影响个体未来的创业行动。② 希求性认知和可行性认知对实践倾向产生重要影响,并对创业动机产生正向影响。③ 总之,实践倾向是个体创业的风险承担性、模糊容忍度和抗压能力综合作用下的行为表现。

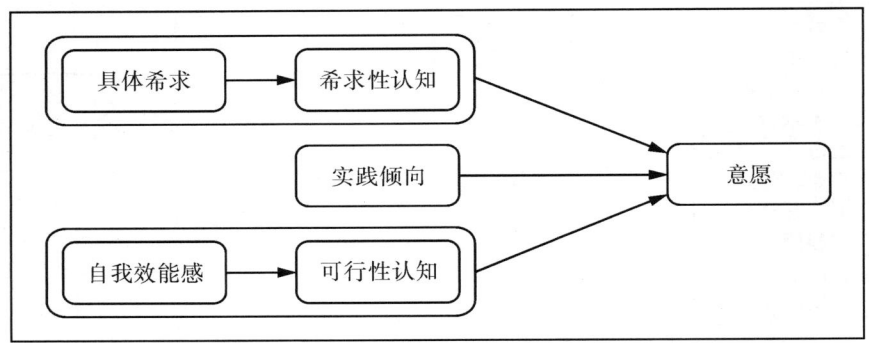

图 4-10　Krueger 对创业事件模型的修正

Krueger 的创业事件修正模型中,"需求认知"、"可行性认知"、"实践倾向"这三个变量对创业意愿具有近 50% 的解释力,其中可行性认知是最有解释力的变量。④ 创业行为背景下的自我效能感是个体在特定情境中对自己创

---

① Kruegel N. The impact of prior entrepreneurial exposure on perceptions of new venture feasibility and desirability[J]. Entrepreneurship Theory & Practice,1993,18(1): 5-21.

② Krueger N.F.,Reilly M.D.,Carsrud A.L. Competing models of entrepreneurial intentions[J]. Journal of Business Venturing,2002,15:411-432.

③ Krueger N.F. The impact of prior entrepreneurial exposure on perceptions of new venture feasibility and desirability[J]. Entrepreneurship Theory & Practice,1993,18(1): 5-21.

④ Krueger N.F.,Reilly M.D.,Carsrud A.L.Competing models of entrepreneurial intentions[J]. Journal of Business Venturing,2002,15:411-432.

业能力的自信程度,即个体采取创业行动时,相信自己多大程度上有足够的能力去实现成功创业。它是个体对自己是否能够成功地达到某一行为结果的行为能力的判断。[①] 学者们普遍认为,自我效能感理论在解释创业意愿和创业行为发生过程具有重要意义。[②] 创业自我效能感是解释创业行为的重要解释变量,而许多创业研究的学者常常忽视自我效能感在解释创业意愿的重要性。[③] Shapero 和 Ajzen 的创业意愿模型能够很好地解释创业行为产生过程,而且与长期的创业意愿相比,情境变量在解释短期的创业意愿形成方面更加重要。

四、人格特质理论

人格(Personality)是心理学的重要概念之一,它是指个体表现出来的外在特质和不为其他人知的内在品质。高尔顿·W.奥尔波特(Allport G.W.)于1961年提出的人格概念是目前学术界比较广为接受的,他认为"人格是位于个体心理系统的动态组织,它决定着个体思想与行为的独特形式,而特质是人格的心理结构,具有支配个人行为的能力"。[④] 人格特质是个体生理和心理品质的独特动态组织,影响其对事物和社会环境的行为和反映。[⑤] 越来越多的研究证明人格特质是存在于个体生物反应的内在基本倾向,具有继承性、持

---

① Bandura A. The social foundations of thought and action[M]. Englewood Cliffs: Prentice-Hall,1986.

② Krueger N.F., Reilly M.D., Carsrud A.L. Competing models of entrepreneurial intentions[J]. Journal of Business Venturing, 2002,15:411-432.

Shapero A., Sokol L. The social dimensions of entrepreneurship[J]. Social Science Electronic Publishing,2009,25(8).

Ajzen I. Perceived behavioral control, self-efficacy, locus of control, and the theory of planned behavior[J]. Journal of Applied Psychology,2002,32(4):665-683.

③ Krueger N.F., Reilly M.D., Carsrud A.L. Competing models of entrepreneurial intentions[J]. Journal of Business Venturing, 2002,15:411-432.

④ Allport G.W. Personality: A psychological interpretation[M]. New York: Holt Rinehart & Winston,1937.

⑤ Goldberg L.R. The structure of phenotypic personality traits[J]. American Psychologist,1993,48:26-34.

久性、稳定性等特点。①

20世纪40年代，美国著名心理学家奥尔波特和英国心理学家雷蒙德·卡特尔（Catell R. B.）提出了人格特质理论（Theory of Personal Trait），该理论认为特质是决定个体行为的基本特性，是构成人格的基本元素。而特质是人以一种特殊方式做出反应的倾向。② 卡特尔也把特质视为人格的基本元素，并用因素分析法对人格特质进行了分析，提出了一个基于人格特质的理论模型。特质是关于人格的动力，是促使人朝着一定的目标去行动的动力特质，可以预测一个人的行为反应。③ 尽管学者们对人格特质的定义有所不同，但都认为人格是个体独特生理和心理品质的表现，具有持久性、稳定性和广泛性的特点，可以用来预测个体的行为倾向。

有关人格特质的测量维度，国内外各学者均提出不同的思路。奥尔波特（Allport）把人格特质分为共同特质和个人特质两大类。④ 卡特尔（Cattell）编制了《16种人格因素调查表》，找出了16种互相独立的人格特质，他认为每个个体都具备16种人格特质，只是表现的程度有所差异，用该调查表确定的人格特质可以预测一个人的行为反应。⑤ Eysenck提出可以用神经质和内倾、外倾两方面来描述个体的人格特质。Eysenck在其早期编制的若干人格量表基础上制定了一份人格量表（EPQ），该量表被学者们广为认可。⑥ 目前最被广泛应用的人格维度就是Costa和Mccrea提出的五大人格特质理论，该理论包

---

① Riemann R., Angleitner A., Strelau J. Genetic and environmental influences on personality：A study of twins reared together using the self-and-peer report NEO-FFI scales [J]. Journal of Personality，1997，65：449-475.

② Allport G. W. Personality：A psychological interpretation[M]. New York：Holt Rinehart & Winston，1937.

③ Cattell R. B. Personality structure and the new fifth edition of the 16PF[J]. Educational & Psychological Measurement，1995，55：926-937.

④ Allport G. W. Personality：A psychological interpretation[M]. New York：Holt Rinehart & Winston，1937.

⑤ Cattell R. B. Personality structure and the new fifth edition of the 16PF[J]. Educational & Psychological Measurement，1995，55：926-937.

⑥ Eysenck H. J., Eysenck S.B.G. Manual for the Eysenck Personality Questionnaire [M].London：Hodder and Stoughton，1975.

括神经质、外向性、开放性、宜人性和尽责性五因素。① 目前学术界研究人格体质与大学生创业意愿或倾向,主要是从前瞻性人格、成就需求、风险承担性、内控源、模糊容忍度等几个维度入手。本研究主要借鉴国内外学者对这几个维度的测度,然后设计符合本书要求的问卷进行测量。

到目前为止,创业者人格特质的研究主要集中于两个方面,即什么样的人格特质会影响一个人成为创业者、创业者与非创业者之间的有何个性差异。基于上述分析,本研究将视角置于大学生这个潜在创业群体,分析大学生的人格特质对其创业意愿的影响,从而为高校创业教育决策者提供有价值的借鉴经验。因此,为了更好地测度人格特质对创业意愿的影响,本书采用出现频度最高的三个创业者特质,即前瞻性人格、冒险性倾向和成就需求来进行研究。

第二节 相关概念

一、创业型大学

(一)定义

为适应知识经济时代的发展,一些高校作为知识创造和人才储备的场所,迫于发展压力需要迅速且有效地调整传统的运作方式,尝试积极进取、勇于创新,甚至敢于冒险的改革方案。为赢得生存与发展,大学的行为发生了一些实质性的改变,诸如:进行组织特征上的实质性变革;注重研发和技术转让;对外寻找资源,包括与政府、产业等方面的合作,不断寻找和提升自己的竞争力等等。② 这些打破传统的大学建设模式,创造出了区别于研究型大学和教学型大学的新的大学办学理念和模式——创业型大学。

---

① McCrae R.R., Costa P.T.Jr. Toward a new generation of personality theories:theoretical contexts for the five-factor model[M]. New York:Holt Rinehart & Winston,1937. In J.S.Wiggins (Ed.), The Five Factor Model of Personality[M].New York:The Guilford Press,1996:51-87.

② 计斌,李炎生,燕红波.新公共管理运动对学校教育的影响及对策[J].教育理论与实践,2007(2):30-33.

创业型大学的实践发展推动了有关创业型大学的研究理论的开展。创业型大学的定义由伯顿·克拉克最先提出:"'创业型'的含义是指许多社会系统的一个特征,即全部大学及其内部系科、科研中心、学部和学院的一个特征。这个概念还带有'事业'的含义,即在需要很多特殊活动和精力的建校工作中的执着的努力。在创建新的事业而结果还拿不准的时候敢于冒风险是一个重要的因素。"[①]在此定义下,克拉克也总结出了创业型大学的五个元素:一个强有力的驾驭核心,一个拓宽的发展外围,一个多元化的资助基地,一个激活的学术心脏地带,一个一体化的创业文化。[②] 与此同时,"三螺旋"理论的提出者亨利·埃兹库维茨教授根据美国大学的发展史对"创业型大学"进行了总结:"判断一所大学是不是创业型大学要根据其使命,创业型大学的使命除了教学、研究外,还要服务于区域经济和社会的发展。具体来说,一所创业型大学一般具有以下三个特征:大学自身作为一个组织具有创业性;大学的成员(教职人员、学生、普通雇员)一定程度上能转变成创业者;大学和周围环境的互动遵循创业模式。"[③]美国学者斯劳特等则把大学的创业行为与他所主张的"学术资本主义"相联系,认为创业型大学是指大学在变化的形势下采取一些企业的运作方式,展示出市场化的行为,特别是对外部资金的竞争。日本学者横山惠子眼中的创业型大学是追求创业和市场导向的大学,其创业文化是局部实现的;一所转型初期的大学发展创业活动以作为公共资金投入不足的补充,并作为应对市场瞬息万变形势的灵丹妙药;创业型大学寻求创新以市场为导向,适应内部和外部的变革。[④]

在参考了几位专家的观点后,结合自身的研究,本书将创业型大学的定义界定为:创业型大学是指适应知识经济时代和经济全球化的需要,以提升创新能力为驱动力,在学术价值和市场效益追求的双重目标指引下,利用自身厚实的知识资源和强大的科研能力,面向市场和社会需求,提供多元化服务,多渠道实现科技成果转化,促进孵化、催生、兴办新的产业,促进政府、大学、企业三

---

① [美]伯顿·克拉克.建立创业型大学:组织上转型的途径[M].王承绪,译.北京:人民教育出版社,2003:15.

② [美]伯顿·克拉克.建立创业型大学:组织上转型的途径[M].王承绪,译.北京:人民教育出版社,2003:15.

③ [美]亨利·埃茨科威兹.三螺旋:产业、大学、政府三元一体的创新模式[M].周春彦,译.北京:东方出版社,2005:21.

④ Keiko Yokoyama. Entrepreneurialism in Japanese and UK universities: governance, management,leadership and funding[J]. Higher Education,2006,52(3):523-555.

方形成新型协作关系,承担服务经济发展和提升国家竞争力重任的新型大学。

(二)创业型大学的基本职能

大学的基本职能自中世纪以来有了长足发展和完善。中世纪大学诞生时,教学活动的开展是传统大学的基本职能。到了19世纪,高等教育已经有了一定的发展,知识中心开始分化。专业性突显的学院在教学活动的基础上,更为重视科学研究,以期巩固专门学院的地位。直至20世纪,经济全球化和知识经济时代背景下,市场经济的竞争性也渗透到高等教育领域,社会对高校知识资源的争夺越发激烈,大学从而肩负起发展国家经济和服务社会的新使命。鉴于此,教育界有了基本共识,潘懋元教授将大学的基本职能归纳为:培养人才,发展科学,直接为社会服务。① 创业型大学作为21世纪高等教育机构发展的新趋势,还具有创业职能(如图4-11所示)。

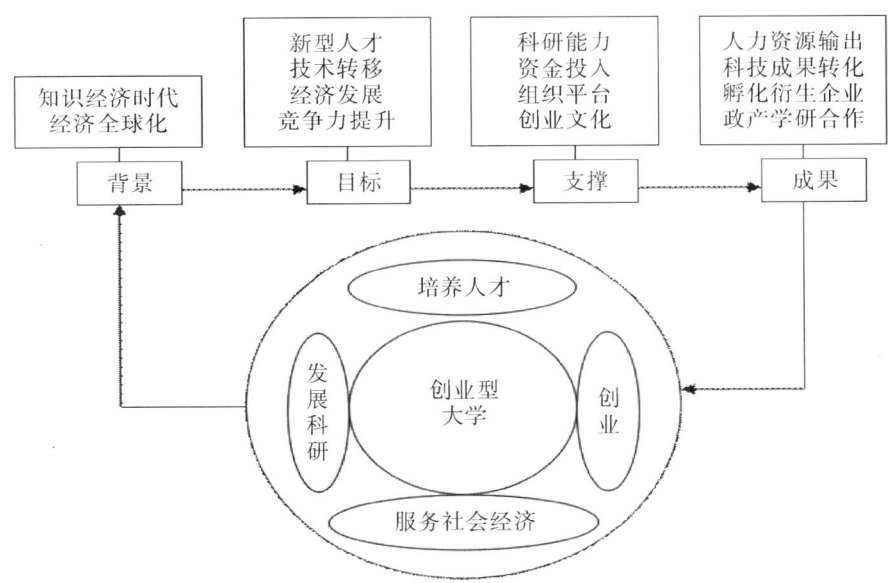

图4-11 创业型大学的内涵及职能示意图

1.培养人才

培养人才作为大学的首要职能,在大学的历史沿革中一脉相承。如今,培养人才仍是任何一所大学的中心任务。创业型大学在培养人才方面有更新的

---

① 潘懋元.潘懋元文集[M].广州:广东高等教育出版社,2010.

发展,具有自身的特色,主要是创新意识的唤醒、创业教育的联动和文化的传承创新。

其一,拓展教育内容。在教学过程中,创业型大学反对理论脱离实际,不再采用纯理论的教学方式,更加注重学生的探索能力、思考能力以及实践能力的培养。创业型大学的教育内容不局限于知识的灌输,而是基于对已有知识和理论的积累,带着疑问对知识进行运用和检验,从而掌握理论的适用面,突出从实践中发展理论、完善理论,以期更好地应用于实践,理论与实践相互促进可谓是贯穿始终。

其二,树立多元培养目标。重视研究型人才、实用型人才相结合的复合型人才,将企业家精神贯穿于教学过程,培养具有企业家精神的创新创业型人才,是创业型大学培养的首要目标。与多样化的培养目标相配套的是多样化的教学方式、课程的多样与更新、教师素质和教学能力的提升等。正如1998年,新加坡—麻省理工学院联盟就以培养"技术驱动型"经济领袖为目标,在学习和科研相结合的教学模式中,逐渐形成学术抱负和钻研精神一体化的办学气氛。

其三,推进文化传承创新。高等教育是优秀文化传承的重要载体和思想文化创新的重要源泉,创业型大学注重文化传承创新的使命。创业型大学将文化传承、文化创新和文化交流融入培养人才方案中,坚持立德育人理念,坚持自主培养与联合培养相结合,倡导崇尚科学、追求真理的价值观念,广泛开展校际、国际的合作交流,营造敢为人先、敢于超越、敢于求异、敢于竞争的思想氛围,不断提高大学生传承和创新文化的能力与素质。

2.发展科研

发展科研是大学成为国家创新主要驱动力的基础。强劲的科研能力是一所大学永葆创新能力的保障,更是创业项目能够推出的关键要素。创业型大学的科学研究职能主要包括三个方面:其一,跨学科综合集成研究能力的形成。学科交叉成为创业型大学在科研发展中的突破口,不同领域、不同专业的人才在共同工作的框架中集合起来,在相互碰撞中寻求创新,实现科学与应用一体化,整合可以利用的资源,达到规模经济效应,将科研水平提升到新的高度,更加突出其创新能力,成为创业型大学的一个闪光点。其二,科研经费的不断增加,是创业型大学发展科研的支撑力体现。2002年度麻省理工学院所获得的研究经费总额就达到4.6亿美元,这让创业型大学的科研发展有了坚实的财力保障。其三,科研成就是创业型大学发展科研成效的重要表现形式。创业型大学依靠其领先的科研能力和技术力量,尤其是自主知识产权、技术转让、同高技术工业建立合作伙伴关系的优势,吸引了来自政府、企业的研究资金和世界各地的优秀人才和项目合作;同时,对社会吸引力的不断增强也促进创业型大学自身科研能力的提升。据统计,最近五年,麻省理工学院每年获得技术专利达100个,转让专利70个左右,位居全美高校之首,这些成就为其自身发展和赢得市场信任,提供了坚实的保障。[①]

可以说,创业型大学发展科研的职能达到了一个较高的水平,大学研究人员及大学自身越来越多地卷入科技成果的商业化和市场化,这种知识资本化会进一步使得研究优先指向有市场和商业价值的科技领域,为市场和社会服务的科研发展职能得到不断强化。

3.服务社会

20世纪后期,当威斯康星州立大学走出"象牙塔"迈向市场之际,"威斯康星精神"也伴随着传播开来,美国大学出现了第三项任务,即"服务社会"。大学在发展中面临着诸多挑战:政府教育经费拨款逐年递减,大学面临着严峻的财政危机;科技快速发展,知识经济时代的到来,让大学的科研无法仅限于"象牙塔"内的基础理论研究。面临这些发展困境,突破束缚,勇于面向社会,走向市场,是大学发展的生死抉择。拥有足够科研实力的大学率先把握时代发展脉搏,面对汹涌而来的新技术浪潮、知识经济浪潮、国际化浪潮,这些大学积极面向市场,根据社会需求开展技术培训、知识运用、科技成果转移等活动,深入挖掘实用性研究,探求与市场、企业、产业界的技术经济合作,投身到为国家和社会直接服务的行列中。

研究型大学虽已经将服务社会的职能纳入学校办学主旨中,但实际上还是偏向于培养人才和发展科研两个任务上。而创业型大学建设要求其积极承担国家战略任务,在培养人才、发展科研和直接服务社会三个使命之间保持一种创造性的张力,将服务社会职能发挥其最大功能,不论在培养人才还是发展科研上,都贯穿着服务社会的理念,自觉承担服务国家和社会发展的使命。

4.创业职能

创业职能是创业型大学独具特色的职能,它从以上三项职能中发展而来,是创业型大学最具代表性的功能。通过创业,大学里的知识和理念被用来促进社会发展,增强经济竞争力,是国家经济社会发展的重要组成部分。创业型大学在整合资源、配置资源中,从创业教育的课程、创业培训的师资、创业文化的传播以及实现创业的平台建设等方面,都为创业提供了支撑,是创业职能的

---

① 王雁.创业型大学:美国研究型大学模式变革的研究[D].杭州:浙江大学,2005.

直接体现。创业型大学的创业形式多种多样,除了教师个人到校外兼任顾问、创办公司等形式外,越来越多的创业型大学以学校为单位,与企业、地区开展全面合作,建立产学研间较为固定的联合体,为地区与国家重大决策提供咨询。① 科技成果的转化、孵化、兴办高技术企业等一系列工作,不仅为地区和国家的发展服务,也为学生就业创业提供有效路径,积累丰富的实践经验。

在以"创新精神和企业家精神"为核心的创业文化熏陶下,创业型大学不仅为社会培养了富有创新理念和企业家精神的创业型人才,更能为社会经济的发展提供灵活的技术转移。在实现创业职能的路径中,科技网络创新、技术转移和衍生企业等方式显然都是高科技产业化的重要载体。

二、区域创新体系

1. 创新

最早提出"创新"概念的是奥地利经济学家熊彼特(J. A. Schumpeter)。熊彼特认为,创新是企业领导者对生产要素进行的重新配置。它包括:引进新产品、采用新方法、开辟新市场、获得新供给、实行新的组织形式。弗里曼(Freeman)认为创新活动应该是具有层次的,为此将创新活动分为产品创新和过程创新两个层次。产品创新主要指高校、企业等有意识地对新产品进行研发(R&D)和对旧产品的一些非连续性的质变性的创新。过程创新是指不断产生的微小的量变性的创新,包括改进生产工具、革新仪器设备、更新固定资产和改进生产工艺等等。此外,熊彼特还把创新分为激进式创新和渐进式创新。渐进式创新是各种新组合的连续提升,而激进式创新则具有创新的间断性。在熊彼特看来,一种新发明只有把它运用到经济活动并取得成效时才算是创新。熊彼特提出的"创新",只是局限在企业中,因此,它属于微观层面的概念。对于创新概念的界定,管理学大师彼得·德鲁克(Peter Druk)的看法最有代表性的。他认为,创新是"一项能够组织,并且需要组织的工作",是"一项需要以知识积累为基础的实践性很强的工作",是"一种给予资源以新的创造财产能力的行为"。

本书认为,创新就是在原有资源的基础上,通过资源的优化重组、再配置、再整合,从而增加现有价值的一种手段。创新包括了政治、经济、文化、科技、社会等众多领域。江泽民总书记在总结20世纪各国政党,尤其是中国共产党

---

① 张金萍.国外创业型大学的理论研究[D].北京:首都师范大学,2008.

兴衰成败的历史经验教训时指出:"创新是一个民族进步的灵魂,是一个国家兴旺发达的不竭动力,也是一个政党永葆生机的源泉。"当前,随着经济全球化进程的不断推进,各国经济实力与科技水平的竞争越发激烈,创新能力已成为各国获取竞争力的关键所在。同时,在以知识经济为主导的经济模式下,知识和技术成为经济实力中最主要的因素。也就是说,科技对一个地区的贡献已经远远胜过了劳动力和自然资源,由此,经济实力的增长比从前愈发依赖科技的发展。因此,随着R&D活动陆续迈向全球化和国际化,人才、资金、技术等资源在国际的流动日益加剧,为了迎接经济全球化以及R&D国际化带来的巨大挑战,各国都在踊跃地构筑国家创新体系以及区域创新体系。

2.创新体系

当前,许多地区都在构建区域创新体系。但有些地区几乎完全照搬国家创新体系,导致众多问题的出现。因此,需要对创新体系的内涵进行分析。

本书认为,无论是国家创新体系还是区域的创新体系,都是由执行部门、基础设施、创新资源和外部环境组成。执行部门主要是指高校、企业和政府。基础设施主要是指硬件设施,如:信息网络、数据库、仪器、实验设备等。创新资源主要是指人才资源、知识、信息资源、自然资源等。这些资源相对是流动的,也是最需要受到保护的。外部环境主要是指国家的宏观政策、大政方针、管理体制、市场环境和服务水平等。这些外部环境因素对企业和人才的激励作用是很大的,会对创新产生重大影响,是鼓励创新的关键。

创新体系是一个相对复杂的系统,在这个系统中,系统内部各个要素间需要相互协调、均衡发展,以确保其有效地运行。其中,任何一个要素的削弱都会影响创新体系整体功能的发挥。倘若把国家创新体系当作一个总系统,区域创新体系当作分系统,那么,国家创新体系主要是由每个区域创新体系相联结而成。区域创新体系的建设与国家创新体系密不可分,区域创新体系建设依赖于国家创新体系的完善。因此,二者是相互影响,相互依存的关系。

3.区域创新体系

通过对"创新"和"创新体系"的概念分析,我们不难理解区域创新体系的概念。在这里,我们选用《中国区域创新能力报告》中对区域创新体系所下的定义:区域创新体系是一个区域内有特色的、与地区资源密切相关的、推动创新的制度组织网络。其目的是推动区域内新技术或新知识的产生、流动、更新和转化。区域创新体系主要包括三部分:一是组织性要素,主要包括高校、企业、政府、科研机构、培训机构、中介组织等等,它们是创新活动的主要载体。二是资源性要素,主要是指创新活动所必需的人才资源、知识、信息资源、自然资源等。三是政策性要素,主要指区域创新战略、国家的宏观政策、大政方针、管理体制等等,如科技评价制度、税收政策、知识产权保护制度、财政补贴等。在区域创新体系的各种要素中,企业是创新的主体,高校是创新的源头,政府是联系高校和企业的纽带,以上三者是促进创新活动不可缺少的重要力量。

三、创业教育

在概念界定层面,国内外不少学者已对创业教育进行界定。唐平提出,创业教育是开发和提高大学生基本素质、培养具有创造精神和创业能力的高素质社会主义现代化建设者的教育,即通过课堂教育、社会实践等方式培养能够创业的人才或者具备创业能力和创业素质的创新型人才。国外著名教育学家贝沙尔(Bechard)和图卢兹(Toulouse)认为,创业教育是一种教学模式,是指对创业感兴趣的群体进行教育培养,综合各种资源,通过创业项目和创业计划提高创业意识。创业教育是对商业活动的各种因素进行有效整合。高校创业教育应该将创业教育融入专业教育全过程,琼斯(Jones)认为创业教育不仅要包括创业管理、创办企业等,还应该涉及诸如金融学、会计学和管理学等传统商业课程。总而言之,创业教育大概可以分为四种类型:第一,创业意识教育,树立积极创业态度,加强创业知识,提升大学生创业意愿;第二,初创企业教育,在于迎合那些已经有了创业想法和需要解决问题的个体经营者之继续教育;第三,创业活动教育,聚焦于那些已经成为企业家还想要在公司初创阶段提升动态创业行为的教育;第四,企业家继续教育,即一种终身学习计划,主要针对有经验的创业家。

可见,对创业教育的定义,学者们的观点也是莫衷一是,暂未达成一致观点,但是从上述学者的定义来看,创业教育的内涵主要包含了三层紧密联系的含义:(1)创业教育是当今高校新的教育功能,即所谓的"第三本教育护照",它是在大学素质教育的基础上融入创业素质教育,是具有独特功能和体系的教育,是发展创业型大学的题中之意;(2)通过创业教育,提高创业者的创业意识、创业能力、创业技能和创业心理素质,从而更加成功地进行价值创造;(3)创业教育是教育学、创业学、经济学、管理学和心理学的交叉,创业教育的过程无不体现着这几个学科的融合。

结合我国大学教育的特点,高校创业教育是近年来我国大学教育和学生工作中的重点和难点,是21世纪大学新的功能。开展高校创业教育的目的在于激发大学生开创热情,增进学生创业知识,提升其创业意愿、创业精神、创业心理素质、创业能力等方面的教育。国内外学者对高校创业教育也提出了不同的观点。

我国学者张昊民指出:"高校创业教育是以高校为主体、政府为主导,综合利用社会各方资源,以培养创业人才、服务经济与社会发展为目标,形成创业教育生态系统。通过商业知识传授、人文知识熏陶和组织运作技能训练,培养和开发学生的机会识别能力、创造新机会的能力、领导和决策才能,以及组织运作能力从而自主开发新的工作岗位、创造自我价值。"彭云飞曾提过:"高校创业教育是一个复杂的系统工程,涉及教育的全过程,涉及社会的方方面面,包括教育理念、管理体制、运行机制、培养计划、教学内容、教学方法、教育环境、教育氛围。"显然,学者们都是从创业教育的主体、形式、目标等进行界定。结合学者们的观点,本研究认为高校创业教育是继通识教育、素质教育之后的新型教育,其主要目标在于提升大学生创业意愿、创业能力和创业精神。高校创业教育不仅是为了培养学生创业意识、促进大学生就业创业,也是为了培育创业文化、发展创业型大学。因此,本研究的高校创业教育因素主要从创业知识教育、创业实践教育和创业文化培育三个层面进行解释。

四、创业文化

1.文化的概念与内涵

"文化"一词在我国古代就已经出现。《周礼》中记载,"观乎人文,以化天下",这应当是"文化"一词最早的来源。西汉以后,"文"与"化"方合成一个整词,如"圣人之治天下也,先文德而后武力。凡武之兴,为不服也。文化不改,然后加诛"(《说苑·指武》),"文化内辑,武功外悠"(《文选·补之诗》)。这里的"文化",指的是文治和教化,这种理解一直保持到近代。我们现在所使用的"文化",源自于西方的解释,来源于拉丁文 cultura,原意是指农耕及对植物的培育。19 世纪中叶,文化概念作为专业术语,开始被人类学家和社会学家广泛使用,英国人类学家泰勒是现代第一个界定文化的学者。泰勒于 1871 年发表《原始文化》一书,提出:"文化或文明,就其广泛的民族意义来说,即是一种复杂丛结之全体。这种复杂丛结的全体包括知识、信仰、艺术、法律、道德、风俗,以及任何其他的人所获得的才能和习惯。"这个定义是侧重于文化精神方面的界定。在我国学术界对于文化概念的界定,一般分为广义和狭义两种:广义的文化表现的是历史发展过程中人类的物质和精神力量所达到的程度和方式;①狭义的文化专指人类精神创造及其结果,如语言、文学艺术等精神产品。

文化是由各种元素组成的一个复杂的体系。这个体系中的各部分在功能上互相依存,在结构上互相联结,共同发挥社会整合和社会导向的功能。

文化的要素主要包括:

(1)精神要素,即精神文化。它主要指一个群体的世界观、价值观,与其他文化要素所构成的复杂的互动关系。其中以价值观念最为重要,是精神文化的核心。价值观念是指社会个体的评价行为,以及从各种可能的目标中选择合意目标的标准。

(2)伦理道德。作为社会调控的手段,伦理道德与法律规定共同构成了人们的行为规范,在文化结构中,伦理道德有重要的现实功能。

(3)规范体系。规范是人们行为的准则,有约定俗成的如风俗等,也有明文规定的如法律条文、群体组织的规章制度等。各种规范之间互相联系,互相渗透,互为补充,共同调整着人们的各种社会关系。规范体系具有外显性,了解一个社会或群体的文化,往往是先从认识其规范开始的。

(4)语言和符号。在人类的交往活动中,语言和符号都起着沟通的作用,二者还是文化积淀和贮存的手段。人类只有借助语言和符号才能沟通,只有沟通和互动才能创造文化。而文化的各个方面也只有通过语言和符号才能反映和传授。能够使用语言和符号从事生产和社会活动,创造出丰富多彩的文化,是人类特有的属性。

(5)社会关系和社会组织。社会关系是上述各文化要素产生的基础。这些社会关系既是文化的一部分,又是创造文化的基础。社会关系的确定要有组织保障。社会组织是实现社会关系的实体。一个社会要建立诸多社会组织来保证各种社会关系的实现和运行。家庭、工厂、公司、学校、教会、政府、军队等都是保证各种社会关系运行的实体。社会组织包括目标、规章、一定数量的成员和相应的物质设备,既包括物质因素又包括精神因素。社会关系和社会组织紧密相连,成为文化的一个重要组成部分。

(6)物质产品。经过人类改造的自然环境和由人创造出来的一切物品,如工具、器皿、服饰、建筑物、水坝、公园等,都是文化的有形部分,它们凝聚着人的观念、需求和能力。

2.大学文化的概念与内涵

---

① 韩明涛.大学文化建设[M].济南:山东人民出版社,2006.

大学文化是大学在长期办学实践中，通过历史的积淀、自身的努力和外部环境的影响逐步形成的深厚文化底蕴，是一种独特的社会文化形态。它以大学人为主体，以课程知识及其学科专业为其核心和基础，以素质、教学和科研三大阵地为载体，反映着大学人在价值取向、办学理念、思维方式、行为规范和物化环境上有别于其他社会群体并具有大学特色的一种团体意识和精神氛围，是与时俱进的大学精神力量。[①]

关于大学文化的内涵，学术界有很多种不同的观点，其中包括二分说、三分说、四分说和五分说。二分说的观点是，大学文化分为科学文化和人文文化两个部分。三分说，即大学文化分为大学精神文化、大学制度文化和大学物质文化。四分说的代表是王冀生先生，认为大学文化是大学在长期办学实践的基础上，经过历史的积淀、自身的努力和外部环境的影响，逐步形成的一种独特的社会文化形态，主要凝聚在大学拥有的深厚的文化底蕴之中，是大学精神文化、物质文化、制度文化和环境文化的总和。五分说则认为大学文化具体包含价值理念及其大学精神、大学形象、发展目标、规章制度和大学环境。本书主要采用的是大学文化的三分说，即大学文化分为大学精神文化、大学制度文化和大学物质文化。

大学精神文化是大学文化的灵魂与核心，是大学文化主体长期实践经历的积淀、选择、凝练、发展而成的，高度成熟并为大学成员一致认同的深层次的主体文化。[②] 大学精神文化主要包括校风、教风、学风、师生员工的精神状态、群体意识、集体舆论、价值观念、人际关系、品德修养、传统作风等。大学精神的核心是主要是指一所大学的办学理念。如北京大学的办学理念"兼容并包，学术自由"，哈佛大学的办学理念"促进学术、使之永恒、造福子孙，培养政治领袖和学术领袖"等，都体现了一所大学的精神文化。

大学制度文化的载体是领导体制、组织机构、规章制度等管理模式与运行规则，它对教育教学活动以及员工职业行为提出要求并加以规范，达到并保持学校传统和内部一体化，使员工在观念权力、管理、奖惩等方面具有共同的认识。[③] 它一方面约束大学的行为，是大学建设的基础，是人才培养的保证；另一方面又为大学的生存发展提供制度保障，促进大学物质文化和精神文化的

[①] 赵修渝，王庆，汤洪棉.大学文化在学科建设中的重要作用[J].改革，2006增刊.
[②] 睦依凡.关于大学文化建设的理性思考[J].清华大学教育研究，2004(2):11-17.
[③] 张智，宗明华.大学文化及其基本价值观[J].昆明理工大学学报(社会科学版)，2004(2):1-5.

协调发展,并将其转化为高效有序行动的保证。

大学物质文化指大学文化的外部表现形式,内涵十分丰富,主要是大学的校园建筑、教学设施,如教学楼、图书馆;生活设施,如宿舍楼、餐厅等;文娱体育设施,如运动场、游泳场等;校园环境,以及花卉、树木、草坪、园林、雕塑等自然人文景观等。大学物质文化是大学文化的物质形态,这些物质成果非同于社会上其他物质成果,都是有文化内涵的,它既是大学精神文化的物质基础,也是大学综合实力的重要标志。

3.创业文化的概念与内涵

文化与人们的创业活动相互渗透和作用,便产生出了创业文化。创业文化是指人们在追求财富、创造价值、促进经济发展过程中所形成的思想观念、价值取向和心理意识,是一种与创业有关的特定群体心理素质以及社会意识形态和文化氛围。如美国硅谷的文化是以鼓励冒险、宽容失败、崇尚创业为明显特征的。世界上成功的创业文化所共同具有的基本内涵,主要包括:鼓励创新,推崇技术创新、管理创新和文化创新;开拓进取,富于冒险的勇气和奋斗激情;宽容失败,失败者不气馁,成功者帮助失败者重新开始;竞争开放,致力于全球范围内竞争的与整合;团队精神,忠于集体牺牲自我;不断超越,永无止境的学习、奋进精神;科学发展,把科学精神与市场效益相结合,通过知识的发掘和市场运作来实现创业目标。

4.大学创业文化的概念与构成

本书将大学创业文化定义为:以大学为载体,以师生为主体,在大学这一特定的文化氛围里,全体师生在长期的鼓励创新创业活动中所共同创造和形成的精神财富、文化氛围以及承载这些精神财富、文化氛围的活动形式和物质形态。

大学创业文化主要包括以下几个方面的内涵:

第一,创业意识和创业精神。

大学创业意识主要是指,在校师生对创业的态度,它支配着创业的行为。学生是否具有进取心、事业心与意志力,是否具有团结合作精神、冒险精神与创新精神,教师是否愿意帮助学生创业,这些都是大学创业文化的一部分。对于在校大学生来说,创业精神的培育也非常重要,热爱所从事的行业、敢于冒险的精神与搏击风浪的勇气、切合实际的理性、坚定的毅力和百折不回的执着信念,都是大学创业文化需要传递给学生的。

第二,创业技能。

创业技能主要是指在校师生的创业技能。拥有了创业的理想与激情,还必须掌握创业所需要的各种能力。首先需要掌握的是专业能力,这是大学生创业的前提能力,包括自身技术的水平等;其次是捕捉市场机遇的能力、分析与决策能力、控制协调能力、创造能力等,这些都是创业过程中需要的工作方法;最后是核心能力,包括人际交往能力、谈判能力、合作能力、应变能力等。只有学生创业者自身的素质提高了,创业活动的成功率才能提高。哈佛大学拉克教授讲过这样一段话:"创业对大多数人而言是一件极具诱惑的事情,同时也是一件极具挑战的事。不是人人都能成功,也并非想象中那么困难。但任何一个梦想成功的人,倘若他知道创业需要策划、计划及创意的观念,那么成功已离他不远了。"所以创业技能的培养是大学创业文化中重要的一部分。

第三,创业环境。

这里的创业环境是指大学所形成的鼓励冒险、允许失败的文化环境和大学设立的创业服务体系。近些年我国陆续出台了一些鼓励大学生创业的政策,这正是我国创业环境好转的表现。同样,大学作为大学生的主要培育基地,创业环境也十分重要,给学生营造一个开放、自由的创业环境,同时提供各种创业服务,使小规模创业的氛围变化大范围创业的气候,这也是大学创业文化所要达到的目标。大学创业文化最为典型的是美国的硅谷文化,斯坦福大学带动的美国的"高科技圣地"硅谷有一种创业的传统,只要敢于冒险,社会将永存。斯坦福大学有专门的机构指导学生创业,雅虎、思科等企业的创办人都是斯坦福大学的师生。硅谷的逻辑就是,任何人只要有能力有抱负,都可以在硅谷施展才华,创业发家。

第四,创业机制。

大学为师生创业搭建平台,定期举行各种创业讲座,包括有关的投资银行、金融机构、咨询服务、会计师行、律师行等众多中介机构都可以为师生的创业活动提供专业的服务支持;给学生安排实践基地,在校内或学校所在地区举行创业计划大赛,给学生展现才华的舞台;学校为师生创业提供资金支持等,这些都是师生创业的保障机制,也是大学创业文化的一个层面。

综上所述,从宏观角度研究大学创业文化,会使我们在思想上认识到大学创业文化的重要性。然而教育者的任务不仅是要思考大学创业文化,更重要的是建设大学创业文化,使之发挥应有或更大的作用。正如文化的定义难以把握,要从其外延去理解一样,笔者在这里倾向于利用已有的研究结论,把大学创业文化建设框定为大学创业精神文化建设、大学创业制度文化建设和大学创业物质文化建设。

大学创业精神文化建设包括大学创业教育、大学创业思潮、大学创业文化主体的精神面貌和大学创业活动等内容,是学校在长期的演化中对各种优秀创业文化要素的选择、抽象、积淀和文化构建,是师生员工共同的价值体系、目标追求、道情感、思维方式、人生态度、政治观念等。笔者认为,大学创业文化建设的精髓在于精心培育大学创业精神。因为,大学创业精神是大学创业文化的核心,是大学创业文化的灵魂和精神支柱,在大学创业文化培养和发展中起着至关重要的作用。

大学创业制度文化建设主要是指大学创业文化建设的指导机构和学校,为保障大学创业文化的健康发展而制定形成的各种科学化、规范化的校规、校纪和具体政策措施及其实践。它属于一种硬性规定,是学校组织管理工作的内在要素,也是大学创业精神文化的外在反映,对大学创业文化主体起到约束、引导和规范作用。大学创业制度文化建设应重视以人为本的管理理念。

大学创业物质文化建设是大学创业文化得以生存、发展、正常运行的基本条件,是大学创业文化的空间的物态形式,它既是大学创业制度文化和大学创业精神文化发展的基础,又是大学创业制度文化和大学创业精神文化创造的结果。比如走进斯坦福大学,土黄石墙、土红屋顶、拱廊相接、棕榈成荫、风情别具,给人恬静典雅、美丽如画的精神享受,让人流连忘返。漫步于这样的大学环境中,其学子怎能不爱上自己的大学并使其为自己的精神家园?在斯坦福大学首任校长乔丹看来,大学的建筑也将对学生的培养教育起到积极作用,每一块砌墙的石头都势必会给学生以美和真的熏陶。

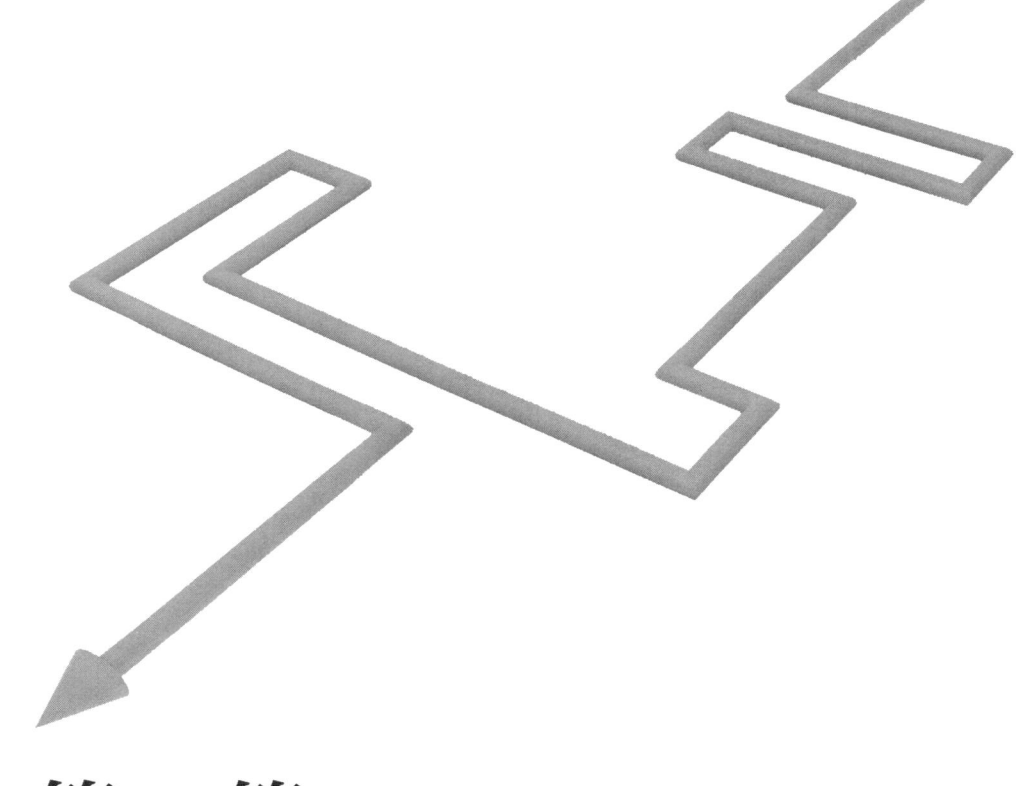

第一篇

大学的发展
——走创业型大学之路

第五章
创业型大学建设模式概述

第一节 创业型大学建设模式的内涵阐述

一、建设模式的定义

　　模式是由"模型"推演而来的,模式涵盖模型的含义,在内涵上更为宽广。本书所指的模式是借助一定载体来达到目标的方法或方案。所谓建设模式,是在一个事物从兴起到发展成熟整个过程中,如何规划和实施才能让事物发展起来的方法论。建设模式的形成能为各个主体提供一个参考和模仿的范本,在此范本的基础上各主体依自身所具条件来实现战略目标。

　　本书认为大学建设模式属于方法范畴,是指大学在建设过程中为实现战略目标,对符合自身特点的建设路径和方法的选择。大学建设模式在大学发展中处于战略性地位,在很大程度上决定了大学的办学特色和水平,考虑学科专业设置、人才培养以及科学研究知识生产等因素,又要结合大学组织机构和校园文化的建立与创新,甚至包括对社会需求和区域经济发展的服务进行思考,因此大学建设模式对各所大学而言,具有浓厚的战略性和普适性特质。

二、创业型大学建设模式的含义

　　相对于其他大学建设模式而言,创业型大学建设模式具有两个明显的特性。其一,为适应社会和经济的发展对高校提高办学水平的要求,创业型大学的建设过程是较为复杂、庞大的系统工程。其二，创业型大学的建设注重大学与政府、产业界的互动。因此，基于创业型大学的定义，探究创业型大学建设模式，实质就是对政府、大学、产业"三螺旋"互动合作关系的深入研究，并使之成为可以有效解决高校发展矛盾的范式，这一直是我国高等教育研究者长期追求的目标。

本书认为创业型大学建设模式是指在创业型大学建设中，根据"三螺旋"互动合作关系建立起一种科学操作和科学思维的方法，注重创业型大学在建设过程中所需的要素及需要理顺的各利益主体间相互关系的一种形式化结构，这种模式静态上描述了一所大学建设的规模、结构和水平，动态上反映了一所大学体系生成和演化的生态互动轨迹。其内涵包括以下三点：

第一，创业型大学建设模式蕴含了各主体横向资源整合利用的建设理念。任何资源在一定的时空条件中都具有有限性特征，创业型大学建设模式的主体所占有资源区别度高，大学拥有知识、人力和技术等创新驱动力的核心资源，产业对市场信息获取和知识产业化有绝对优势，政府对资金、政策和信息网络的保障力更是不可忽视。为提升大学竞争力，优化资源利用，创业型大学建设模式提供了灵活的处理方案，三方主体在保持相互间独立性的基础上，寻求三者的合作互动，在"三螺旋"互动合作关系的每条螺旋线上都获得更强的实力，以此解决创业型大学建设过程中存在的困难和矛盾。因此，创业型大学建设模式对资源整合的效率性和知识创新的实用性，提供了充分的指导和支撑作用。

第二，创业型大学建设模式还包含三方主体纵向生态链条螺旋上升的发展理念，这是政府、大学、企业三者对于教育利益的诉求。从创业型大学建设过程看，创业型大学道路的认定、建设措施的制定、建设方案的落实，整个过程都体现了三者在教育领域利益的角逐和博弈。创业型大学建设模式正是为平衡各方利益、合理分配教育资源和解决合作难题提供参照性的选择路径，"政府—大学—企业"关系中的行政链条、生产链条和科技链条，发挥各自优势进行互动合作、产生交叉影响，形成螺旋上升的发展态势，最终达到该模式各参与主体协同发展的目标。

第三，创业型大学建设模式旨在政府、产业、大学新型合作关系的形成。大学是创新系统的知识库，是从事知识创新、技术开发与传播的主体；产业界是创新系统的中心，是技术创新、知识应用的主体；政府是创新系统宏观层面的管理力量，是制度创新、政策支持的主体。通过重点把握建设模式的实质要素和内在规律，进行结构性调整和制度性设计来实现大学、产业、政府在创新体系建设过程中的密切合作、相互作用,以此来加强资源分享与信息沟通,建立高度互惠的联系,并创造性地构建相互支持的知识资本化创新组织机构和三边网络,最终达到三方持续发展的共赢目标。

三、创业型大学建设模式的特点

第一,创业型大学建设模式具有整体优化性,包含了时代性、普适性、多样性等内涵。只有具备整体优化性,才能达到高校建设中"人无我有,人有我优"的创新性。创业型大学建设模式必然要具有鲜明的时代特色,才能从时代进步的洪流中不断吸取养分,适应环境的不断变化,证明自身价值,展现对于人类文明进步不可替代的作用。创业型大学建设模式具有普适性。无论是在创业型大学建设的起步阶段,还是到了中期建设阶段,创业型大学建设模式应具有不受时空局限的相对稳定性,不论内外部环境如何变迁,其模式内核都能存续。同时,由于大学内外部条件的不一致性,创业型大学建设模式的实现方式也具有多样性。

第二,创业型大学建设模式具有可操作性。创业型大学建设模式具有可操作性主要表现为:一是必须客观地反映高校走创业型大学之路中的主要矛盾,为高校建设主体制定建设方案提供必要的依据;二是创业型大学建设模式的建构是以参与高校建设的各主体达成共识为基础,这样建设模式才能够得到有效的执行;三是创业型大学建设模式使创业型大学建设过程趋于程序化和规范化,必须保证高校建设中的各要素在制度上得到确认,降低因利益分配不均而导致的摩擦,保证创业型大学建设的质量和可行性。

第三,创业型大学建设模式具有异质性。与同质化相对,自然的异质性能使得物种进化进而为整个物种的有机发展提供广阔前景,大学的异质性则可以使得学校呈现出更新的景象。创业型大学建设模式必须有特色鲜明的性质,不与传统大学模式趋同化,其特色既可以反映在办学目标与办学方式上,也可以反映在办学定位、办学风格、管理方式与运行机制上。比如其在技术转移机构设置和运行机制中必须具有创业特色,基础与应用并重,强调为区域和社会提供技术服务,满足中小企业的技术需求,为社会经济发展提供高效的技术支持;不同层级和类型的高校在科研发展定位中必须把区域内企业的技术需求作为科研重点。

第四,创业型大学建设模式的另一个重要特征是其具有生态性。创业型大学是政府—大学—产业的知识经济圈中的活跃因素,这种大学建设模式拥有最高的学术水平、最大的社会影响和尽可能广泛的包容性。创业型大学在与政府、产业界的协作中共同发展，它需要一个有益且稳步发展的生态圈作为其发展的保障，当这条生态链的发展达到共赢时，就能更好地取得目标所向的经济利益，满足发展要求，实现资源使用率的最大化，并且提供给大学建设一个良好的生态环境。在此生态环境中，三方主体的互动、交叉、重叠和融合则演变出各式的关联模式和组织结构，并反馈于各主体，从而使得整个生态系统不断进行着螺旋上升式发展。

第二节 创业型大学建设模式的构成要素

如图 5-1 所示，我们综合考虑创业型大学建设模式的内涵和特点，基于创业型大学建设过程的复杂性，主要从目标要素、结构要素、体制要素、机制要素及环境要素五个方面来阐述，旨在明确创业型大学建设模式所需要注意和跟进的主要构成要素。

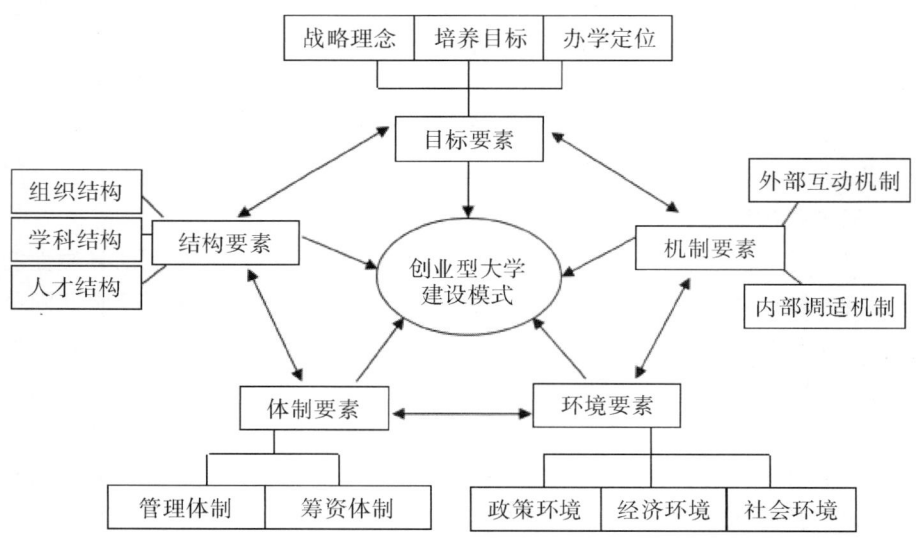

图 5-1 创业型大学建设模式的构成要素示意图

一、目标要素

目标要素是针对大学建设全过程的事件做出目标确认和选择的判断因素。创业型大学的最终目标是作为知识创新的主体,通过促进政府、大学、产业界三方形成"三螺旋"新型互动协作关系,实现促进社会经济发展和提升国家竞争力的使命。因此,围绕该最终目标的实现,创业型大学建设模式的目标贯彻可以从战略理念、培养目标、办学定位三个方面入手。

(一)战略理念

战略理念是指大学战略规划中对大学未来发展的理性认识、理性追求以及办学观念和教育理念的表述。创业型大学建设的战略理念有三个主要特点:首先,融入市场化生存的理念;其次,着力发展具有科研价值和实践价值的研究领域;最后,服务社会经济、实现创新创业与培养人才、科学研究处于同等重要地位。从这三个基点出发,结合高校实际发展情况,将建设创业型大学的战略理念通过各建设渠道在校园内为全校师生所认同,凝聚为一种信念,践行一个整体战略计划。

(二)培养目标

大学的培养目标决定着大学的决策和行为。创业型大学建设模式的培养目标既要能有效体现对教育受众群体利益的维护,又要符合公共服务的要求,只有这样才能促进大学的长足发展。因此,必须注意对学生的培养目标、对教师的培养目标以及对科研团队的培养目标三方面进行细化分析。第一,创业型大学对学生的培养必须主要放在提升学生的综合能力,集中力量进行创新创业能力训练上,以实现人才培养与市场需求的顺利对接。第二,创业型大学的教授可以成为分饰多种角色的学者,创业型大学要为教师提供更加宽广的平台来实现自身价值。第三,针对科研团队,要注重培养其对市场信息的敏感度,通过研究团队发展大学与企业的良性合作关系,协助产业界推进社会经济发展,在此过程中提高自身的学术水平。

(三)办学定位

一方面,创业型大学通过独树一帜的运营机制,不仅推进了学术实力的提升,还挖掘了社会经济的潜在实力,成为高等教育领域的新生力量。因此,将创业型大学在整个高等教育系统中定位为高水平教育机构是顺理成章的。另一方面,鉴于创业型大学对社会和经济的责任和使命,通过知识创新带动区域创新,通过技术转移实质性地促进社会经济发展,创业型大学借以生存的创新创业职能获得了普遍肯定,将创业型大学在国家创新体系中定位为主要创新驱动源也是情理之中的。综合以上两点,创业型大学的办学定位应该是:高水平的教育机构,致力于为国家战略利益和社会发展做贡献。

二、结构要素

创业型大学建设模式是一个整体系统,将内部各方阵都引向同一个理想彼岸。然而要使内部各方阵很好地规划合成,达到"1+1>2"的效果,就必须理清结构要素的内容。本书从大学建设内部着手,将创业型大学建设模式的结构要素划分为大学的组织结构、学科结构和人才队伍结构三方面进行阐述。

(一)组织结构

在知识经济背景下,创业型大学承担着新的使命,创业型大学建设模式必须在组织结构上进行重新设置,以期与外部发展环境相衔接,新的组织结构显示出扁平化、柔性化、服务化的特征。首先,创业型大学打破传统的科层制、事业部制的大学组织架构模式,削减大学组织层次,规范学院建制,强调学科建设,去除大学组织中职能重叠的部门以及实效性较小的部门。其次,创业型大学强调创办项目组、课题组、科研团队、创业团队等形式的跨院系的柔性组织,这些组织能根据特定的社会需求来组织科研工作,不同学科背景的科研人员常被组织在一起,共同合作解决科研项目和技术难题,在学术组织结构上显得更具弹性。最后,创业型大学的服务组织机构的设置,不仅要维持学校的正常运行,还必须把服务学生、服务老师、服务科研人员作为工作的重点,支持各个创业主体的创业活动,并利用知识转移服务中介机构,丰富创业型大学服务社会经济和创业职能的形式。

(二)学科结构

学科结构是大学办学定位和培养内容中最明显的体现。创业型大学建设模式突破传统大学模式的纯学术性的单一学科研究导向,创建富有实用性的跨学科研究导向的学科结构,以学科结构的创新来适应社会发展的需要。首先,合理规划学科布局,科学设置学科体系是创业型大学建设模式中学科结构形成的第一环节。要避免学院设置过多、学科分割严重的现象出现,要注重特色学科和支撑学科的建设。其次,跨学科的综合性创业科研团队的组建,是创业型大学学科结构创新的必然要求。要通过争取科研项目和创业合作计划来实现科研和创业的结合,整合不同学科间的资源,达到资源重组的目的,并以此为契机,探索大学科研创新的新途径。发挥这些特色学科、创业项目及跨学科科学研究的领军作用,激活基层学术心脏带的积极性和创造性,就能更好地激发创业型大学的创新创业活力。最后,将学科水平纳入学科设置的评估,构建优势学科的研究基地,集中资源投入优势学科,以此来提高大学竞争力。

(三)人才队伍结构

完善人才队伍结构的建设是创业型大学建设的主要驱动力。第一,跨学科研究体系人才队伍超越传统的系别或学院,组建各类以研究项目为导向的跨学科机构,集中来自不同学科背景的科学家从事研究工作,是大学各科系科研人才资源的集成与合作,通过分支发展和整合发展,突出展示了创业型大学的学术心脏地带的作用。第二,教师队伍是创业型大学建设工作的严 承担者,教学人员队伍的质量关系到创业型大学建设的质量。创业严   激发学生内在的创新潜力,在通识教育基础上实施创业教育,
体系,通过创业相关课程、社团实践、课外活动来培养创业精神
科研工作输送富有潜力的创新创业型人才,为科研系统注入新鱼
在以提高知识应用能力、解决技术创新难题为导向的教师和科研
造体系中,鼓励教师和科研人员积极参与是大学科研资源转向市场   重要环节,这样才能有效实现科研资源的经济效益,与社会需求实现良好对接。

三、体制要素

创业型大学建设模式的各项活动能正常运作需要体制的保障,否则就会出现病态或停滞不前。本书主要从校内管理体制和筹资体制两方面来剖析创业型大学建设模式体制保障的关键性。

(一)管理体制

创业型大学整体优化性需要大学在管理体制上下功夫,协调好行政权力和学术权力的关系,创建迅速、准确、高效的信息交流空间,构建起创业型大学所需的民主、科学、公平的管理体制。

其一，在领导决策方面，形成强有力的核心领导班子。在核心领导班子建设中需要注意两个问题：首先要调节好管理价值与传统学术精神的结合；其次要实现建立机制和权威责任间的平衡，防范学术权力行政化，确保创业型大学建设方向不偏离。创业型大学的领导者在能力上除了要具备较强的政治理论素质外，还要求大学组织的决策领导者能够充分利用相应的决策知识，掌握现代化的决策技术手段，变主观随意决策为客观科学决策，通过加强领导层或决策者的职业化培训管理，使得大学更好地把握创业机遇。

其二，在层级管理上，简政放权，使管理重心向学院下移，规范学院建制，强调学科建设，给予院系更多的自主权利，既要不影响学术人员从事科研、教学等学术工作的积极性，充分发挥学术权力的作用，也要充分调动学院的办学和创业的主动性，使学院真正成为相对独立的办学实体，成为创业的主体。

其三，建立评价考核体制。要采用量化绩效考核，建构创业指标评价体系，把内部行政部门和学术单位的工作数量、质量和效率等进行量化，并纳入对社会发展贡献率的比较，进行动态评价考核，这有利于创业主体的创业激情，保证创业型大学内部管理的责任、权力、利益的统一，是创业型大学内部良性竞争和有效运转的激励体制。

（二）筹资体制

筹资体制是大学建设模式的财力支持体系，拥有高效的筹资体制必然能够占有更多的可支配资源，增强大学建设的灵活性和自主性。由于创业型大学承担使命的变化，经费压力要求其"面对市场"来为教学与研究的基本任务筹集资金，教授的角色也发生了巨大变化，学校教师和管理者筹集资金的能力往往决定了大学的成败。

1.财政拨款

各国政府在高等教育上的拨款投入，可以有效缓解高等教育面临的不确定风险和危机。创业型大学建设模式的建设经费来源，同样强调政府财政拨款。各级政府的支持，能为创业型大学的建设提供一定保障，使其建设不至于一遇到困难就中止前进的脚步，也为新建的创业型大学提供基本的生存保障。对于创业型大学的建设来说，财政拨款是创业型大学建设模式最为基础的资金保障。

2.科研基金

一方面，产业对大学科研的资金资助占的份额越来越大，从而导致产业和大学两个主体互相渗透。另一方面，政府拨款对持续的科研工作仍有举足轻重的作用,不仅有利于促使高校科研工作更好地服务于国家利益,调整高校的发展方向,根据国家社会经济的战略需要拟定科研任务,扶植国家所需项目,增强国家宏观调控的能力;而且有利于高校利用政府科研经费来提升自身科研水平。通过吸纳产业界和政府的科研基金,深化了三螺旋主体间在核心科技环节中的合作发展。

3.第三渠道资金收入

第三渠道所得的办学经费是创业型大学得到发展的重要支撑,这也正是创业型大学建设模式与其他大学建设模式在资金来源上最显著的区别。在创业型大学的建设中,校企间的项目合作资金、大学捐赠基金、科技成果转化盈利、培训咨询业务收入等,都是创业型大学凭借自身的实力逐步建设第三渠道的收入。创业型大学建设模式的资金运作强调这一渠道的建设,它不仅减轻了政府的财政压力,缓解创业型大学对政府的依赖,也促进了创业型大学自身运营能力的提升,促进创业型大学的健康成长,为自身争取了更多的自主权。

四、机制要素

机制要素是建设模式各构成要素间相互联系、相互作用的互动方式,是建设模式中不可缺少的动力要素。创业型大学建设模式的机制要素,决定着创业型大学的生态链能否在不断变化的环境中良性运行,是创业型大学最终成型并步入正常运行轨道的体现。根据机制指向对象,本书将创业型大学建设模式的机制要素分为外部互动合作机制和内部自我调适机制。

(一)外部互动合作机制

1.政产学良性循环合作机制

在创业型大学内部建设技术转移机构和基地组织的过程中,政府也越发重视对高校知识产权和科技成果专利的保护,很多国家通过出台多项支持大学与商业之间更加紧密联系的政策来鼓励研究。由政府主导创办的科技园区更是为创业型大学的营运提供了广阔的天地。不论研究课题来自企业,还是校企合作、政产学研合作,都为建设创业型大学提供了良好的环境。在与政府、产业界的资源交换中,创业型大学实现政产学研的紧密结合,并在政产学研良性循环合作机制中发挥着重要作用,而不断完善的外部互动合作机制已然成为创业型大学建设模式的保护伞,推动着政府—大学—产业界互动合作的创业型生态系统不断发展。

2.科研技术成果转化机制

技术转移是实现高校科研成果成功转化为社会生存生产力的关键途径,因此,对创业型大学建设模式而言,技术转移机制的形成具有革命性的意义。技术转移机构和组织呈现多种形式,可以是高校内部设立科技成果转移服务办公室,供高校和外部环境的信息整合、沟通及匹配;也可以是大学科研咨询办公室,主要负责接收对外的技术咨询、评估和传递供求信息等工作;还可以是孵化器,直接或间接地转化为校办企业,为创业型大学建设一流的创业平台和机构,实现科技成果转化的效益。通过任一渠道将高校的研究成果转移给市场,为市场提供适合的科学技术和成果服务,帮助产业的创新发展,企业也将市场信息传达到高校,高校和企业密切合作,共同致力于科研技术成果转化机制,使创业型大学外部互动合作机制突显出强大的优越性和效益性。

(二)内部自我调适机制

1.自我发展机制

创业型大学在明确建设目标和办学定位的基础上,整合校内办学部门、管理部门、人力资源部门、财务部门等机构资源,协调内部分工,使之形成促进自我发展的共同利益追求,形成资金、技术、人才及信息资源共享的校内平台,打破各部门各学科之间的封闭状态,推动校内可支配资源的流动,以资源要素的融合推动自我发展机制的有效运行。

2.自我调控机制

自我调控机制的形成是大学为谋求自身的生存与发展,在充分了解社会需求的基础上,不断调整大学建设的计划、结构和功能,合理发挥自身自主性和独立性的行为。自我调控机制的形成可以化解众多的阻力,使得高校在运行中利用市场化方式,实现自我调控机制畅通化,在激烈的竞争中寻求生存发展。

3.创业文化建设机制

创新校园文化,锤炼校园精神,是保持创业型大学建设模式活力的中坚力量。创业型大学建设模式所需的创业文化机制包括创业精神的熏陶、创业文化制度的建设以及承载创业文化的物质体现。要倡导创新理念和企业家精神,重视创业精神熏陶的作用;要重视师生从事科技成果转化的制度建设,从创业文化制度上推动创业主体将创业行为转化为自觉行动;要借助形象化、标志性的物质载体,来表达创业文化的理念和精神,构建创业型大学品牌识别的物质承载系统。

五、环境要素

(一)政策环境

来自于国家与政府的公共政策的变化,也是创业型大学建设与发展的显著驱动力。高等教育的大众化发展导致大学的办学经费日趋紧张,政府、市场与大学平衡模式出现变更,高等教育机构开始考虑更多地通过市场等渠道获取财政保障。政府对待大学的方式越来越接近于政府对待企业的方式,大学也为"赚钱"而从事各种研究和教学活动,政府作为大学发展的主要受益者,愿意释放对高等教育的严格控制,提供相对宽松的政策环境。[①]

市场法规的颁布是确保创业型大学顺利建设的制度基础,是政府宏观调控大学的重要手段,各国政府已逐步出台法律法规来加强创业型大学与社会联系的枢纽,以期顺利推进创业型大学的建设过程。法规涉及"教育服务法""拨款研究项目知识产权管理条例""高等教育经费管理办法""专利使用或转让"等影响到创业型大学管理和运行规范的内容,形成大学知识产权管理与运作的制度保障,促进大学更好地服务于政府与产业,实现创业型大学的社会经济服务使命。

(二)经济环境

经济发展水平在任何时候都是高等教育发展与大学建设模式选择的强大动因。经济发展的要求和新的就业机会的出现强烈地激发了高等教育的扩张,投入教育的经费也相应增加,为创业型大学建设提供了一定的财力保障,而有效利用国际资本也是一种新型教育投入方式。

市场经济体制对大学建设的影响是不言而喻的。在市场经济体制中,资源的分配是以竞争力为主轴的,大学的建设需要考虑市场规律的作用,需要充分考虑市场需求,学会利用市场规律来建设大学,更要考虑经济社会发展对人才需求的影响。创业型大学建设模式依赖于市场机制,市场化模式的经营和管理,符合经济发展的规律,更能直接或间接地影响市场行为和经济成果。

---

① 甘永涛.论创业型大学研究的理论架构[J].科学学研究,2011,29(11):1619-1624.

（三）社会环境

随着全球化和知识经济时代来临，信息与传播技术的发达缩短了大学与外界社会的距离，现代大学毫无选择地被卷入全球竞争中。首先，在后工业社会的今天，社会对人力资源的要求不断提升，社会上各类组织对人力资源有了更多样化、更高素质的要求。多样化、高素质的培养目标对创业型大学建设模式提出了更高的要求。其次，在知识经济时代，科技创新和知识产权已成为经济发展的撬动点，知识的吸收、运用、转换及创新成为这个时代的关键竞争力。随着社会环境的不断变化，高等教育系统必然面临改革契机，高校间通过人才、科研资源、社会服务的竞争，将日益形成良好的政府—大学—产业型新型关系建设环境。

第六章

国外创业型大学建设模式构建的经验借鉴

在实践中,从创业型大学的兴起、演变和形成中,可以看到创业型大学建设模式的构建是多样化的,并不存在单一的建设路径,只与各国国情、转型高校实际情况相关。基于各国创业型大学建设中的资源禀赋和主要驱动力,本书将选用美国、英国和巴西三个国家构建创业型大学建设模式的情况来阐述各自的主要做法,展现其构建创业型大学建设模式的要素支持,为构建我国创业型大学建设模式提供经验借鉴。

第一节 美国创业型大学建设模式构建的实践经验

一、主要做法

(一)环境要素建设

1.社会、经济环境支撑

20世纪80—90年代,美国州政府和联邦政府对高等教育的资金资助持续压缩,在财政压缩期间,大多数教育机构采取的应对措施就是推迟对校舍及设施的维护和修建,提高学费,推动全面的成本降低。高等教育机构不得不对学习课程、教员的聘用等做出长期的调整和压缩,并主动寻求大学生存和发展的出路,美国创业型大学因此得到迅速发展。美国作为世界上唯一的超级大国,在经济方面拥有雄厚的实力,市场体制发展成熟,国内的高等教育水平也处于世界前列,美国大学走出象牙塔,置身于创新体系中,促进了知识带动产业的良性发展,这使得创业型大学建设模式受到市场的认可,美国高等教育质量也在市场选择和需求的激发下发展得越来越好。

2.政策环境支撑

美国联邦政府通过法律法规为创业型大学建设模式构建保驾护航。美国于1980年颁布《贝尔法案》,这是政府对创业型大学建设模式构建的一大贡献。此部法律是解决关于咨询、专利和公司形成过程中的矛盾和冲突的产物,它关注专利权转移制度化,并致力于管理因大学研究引发的技术市场交易。这部法案为大学技术转移起了强大的调节作用,法案的规定涵盖发明和专利的所有权归属判定及收入分配规则等,为高校知识产权的使用、转让和出售等提供了制度保障,对创业型大学建设起到了革命性的促进作用。在美国创业型大学建设模式构建过程中,《贝尔法案》能处理潜在的利益冲突,成为知识资源有效转移给公众的实用工具,符合多元知识经济主体的利益,是高校融入市场、刺激创业激情和研究热情的制度支撑。大学作为知识产权拥有者,与产业、社会各界的联系更加紧密,在高校内建设技术转让办公室、孵化园和科技园等,通过技术转移和创业活动等,使得高校和外界取得双赢,不断实践着创业型大学服务社会的使命,政府—大学—产业界互动合作关系也逐步形成,是美国创业型大学建设过程中浓墨重彩的一笔。

进入21世纪,尽管美国已是当今世界科技最发达的国家,但美国联邦政府依然重视创业型大学的发展,《国家创新教育法》和《领导力检验美国高等教育未来指向》等法规政策的发布,显示出美国政府在高等教育中对创新能力培养的提倡和维护,这有利于美国创业型大学的发展,保障国家创新能力在世界的领先地位。

(二)体制要素建设

1.自主权的扩大——领导体制支撑

美国联邦政府的教育立法如《高等教育法》及《联邦法典》,提及最多的是对高校的经费资助和贷款,在宏观上进行指导、监督,而不介入管理和运营,这给予了美国高校范围较宽的自主权利。在拥有一定的自主权时,一个强有力的领导核心,实施高水平的领导和管理,是一所大学能跻身一流高校的重要条件。高校的领导核心若能适时发现变革机会,并能够把握机会,出台和落实战略规划,对创业型大学建设模式构建将起到不可替代的推动作用。美国创业型大学的建设强调核心领导班子,校长和董事会的影响力对创业型大学建设模式构建影响极大。校董事会是大学行政系统的最高权力机构,主要负责筹集资金、监督财政管理制度,保持学校与政府、社会的联系。校长不仅要在制定学校的发展方针上发挥实际作用,还要权衡政府等外界各方以及对高校内部分权进行协调。美国高校普遍采用学术权力与行政管理权力相分离的管理方式。教授掌控学术权力,董事会和校院部门只有行政管理权力。这样的分权并非高度分权,而是在集权下的分权,以期能达到领导班子内部的权力平衡,这更突显了美国模式中,领导核心对创业型大学建设的支撑作用。

2.第三渠道创收取得成效——筹资体制支撑

在美国创业型大学建设模式构建过程中,多渠道筹措教育经费是一条有效且应长期坚持的途径。美国创业型大学建设不依赖于政府财政拨款,而是在政府财政拨款外,注重社会资助和第三渠道的创收,特别是第三渠道收入来源的打通。不断增加第三渠道收入占据的比重,能促进高校具有超强的经营能力和自主权力。在美国大学中,明显突出的是捐赠基金的成功运作、利用科研专利筹措经费以及通过校企合作获取资金。捐赠基金的运作对美国创业型大学建设的影响越来越重要,其占高校收入总额的比例保持在8%左右,私立院校则具有更高占比。为了保持此条筹资渠道畅通,美国高校在创业型大学的建设过程中制定了严格的制度,并成立正式的捐赠基金会来管理来自社会各界的捐赠。一些科研实力强、技术成果多的大学,利用科研成果转让或出售而获利的进展步伐飞速,为学校带来了不菲收入。比如麻省理工学院每年利用科研成果筹措的经费占学校总收入的比例超过50%,不仅保证了高校建设中的科研经费,还缓解了创业型大学整体建设的经费压力。校企合作同样是第三渠道中的有效途径,在美国政府的政策支持下,美国高校主动与市场企业进行合作,直接从事产品的开发与生产,不仅推动了创业型大学的科研队伍发展壮大,更是增加了学校的办学利润。美国创业型大学坚持多渠道筹资,不仅解决了办学经费紧缺的困境,还提高了高校内部资源的利用率和收益,为创业型大学建设模式构建提供了资金保障。

（三）机制要素建设

1.实用理念促发创业文化——文化机制支撑

美国的历史较短,国家社会和经济的发展都根植于市场氛围中,实用理念和敢于创新的市场化理念深入人心,创业之风和市场影响力推进着高校前沿研究能力不断发展。当市场经济越来越明显地渗透到高校科研领域时,美国创建创业型大学的实力和环境依托也在不断增长。对于大学的研究人员而言,美国传统上就将其当作市场的一分子。在美国高校遇到财政危机而试图转型时期,教师已经创建了基金会,并用基金会的基金资助他们的研究项目。但是在这些基金会建立的初期,并不能获得很好效益,这些教师也就转向创建自己的公司,希望通过公司运作的成功来奠定研究基金的基础。逐渐地,大学也被称为知识产权的出售者和衍生公司的风险资本家,其创业活动的焦点在于科研与经济发展之间的关系,师生一起参加创业,技术转移机制和孵化器设施通常分别由创业培训项目发展而来,这就充分展现了美国高校由内而外的市场化生存能力。

美国创业型大学有浓厚的创业文化气息。美国高校创业文化建设使科学精神与实用性价值观相互融合并达到统一。这里所指的统一并非单纯累加,而是一种不同属性的文化在传承中不断渗透和交融。从传统意识出发,实用性价值观具有功利性,对知识的创造和研究需要在一种应用的情境中进行,研究成果的产出与使用密切联系;而科学精神追逐的是自由学术研究,由研究者依据自身的学术兴趣来主导研究的方向和项目,研究成果的产出和实用程度没有直接挂钩。在美国创业型大学的建设中,提倡科学精神与实用性价值观的融合,将具有市场意识的实用性价值观渗入高度的科学探寻精神,将科学精神发扬成充满实用性的学术探究精神,不断适应美国社会经济发展的形势,用独具商业风格的创业文化来培养新风貌创业型人才,让科学精神与实用性价值观共存于高校建设中。正如斯坦福大学文化建设中强调的:创业是科学知识价值的终极体现,发展和提高生产力才是科学知识的最终价值表现。有此风气,创业型大学才能逐步萌芽并发展壮大,美国高校两种价值观相互融合是推进美国创业型大学建设的重要环节。

2.完善政产学研合作组织建设——科技成果转化机制支撑

美国创业型大学建设模式的平台支撑包括:创业教学平台的建设、技术转化平台的建设以及创业孵化平台的建设。在创业教学平台的建设中,美国高校注重将创业理念渗透到各个学科,在课程设置上系统地呈现创业教育,通过课堂教育和社会实践相结合,全方位进行创业教育,提升学生创业能力。技术转化平台是美国创业型大学建设的核心驱动器之一,如专利申请与许可办公室、技术转让办公室等都为科技成果转化工作立下汗马功劳。能否建立成功的技术转让办公室影响到商业孵化器和科技园区的建设成败,而在实验室的科研成果是否符合市场需求,是否能在市场运作中收到成效,更是离不开技术转让办公室。图6-1是美国创业型大学技术转移平台建设的组织分类。美国创业型大学的平台架构强调更高的商业化程度,创业孵化平台包括风险基金、创业孵化园和创业科技园区的建设,利用风险基金提供创业项目的启动资金,鼓励创业主体的创业行为,最大限度地避免创业失败给大学带来的负担与危机;孵化园和科技园区的建设,创新了大学创业服务社会的形式,使之成为新创技术公司与衍生公司产生的平台,不断加强高校和产业界的联系和互动。

斯坦福大学建立的"技术许可办公室"(英文缩写为OTL),迄今运营四十年,为斯坦福大学的建设立下了赫赫功勋,成为美国创业型大学平台支撑建设的"黄金标准"。美国高校主动地设立创业教学、技术转移和成果转化孵化园等平台,以期作为大学联系政府、企业和社会的纽带,它们在大学专利技术转让、项目信息搜寻及合同约定服务等方面发挥了巨大的作用;具有中介性质的技术转移和创业孵化平台本着公益或者营利的目的,同样利用自身的优势,成为联系政府、企业协助大学创业活动的推动力量。

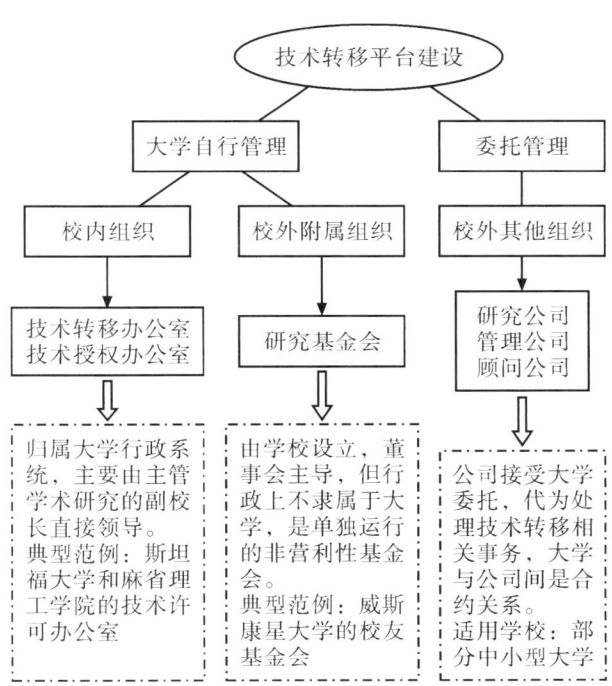

图6-1 美国创业型大学技术转移平台的组织分类图

二、总体评价

美国创业型大学的建设社会支撑条件相对成熟,其中包括学术参与者的身份和思想的转变、政府法案的颁布、高校自身的资源和条件、分而治之的美国式教育等,都对美国创业型大学的建设起了重要作用。这些要素支持着美国创业型大学的实现倾向于采用一个由基础研究到应用生产的线性过程,如麻省理工、斯坦福等研究型大学是美国最富代表性的建设成果,科研实力是最激进的促进因素,依托科研实力打造大学与政府、产业界新型互动合作关系,能根据社会的变化而进行不断调整,设计出适合自身长足发展的战略规划,在世界大学体系中处于领先地位,为创业型大学建设模式的构建提供了很好的借鉴。

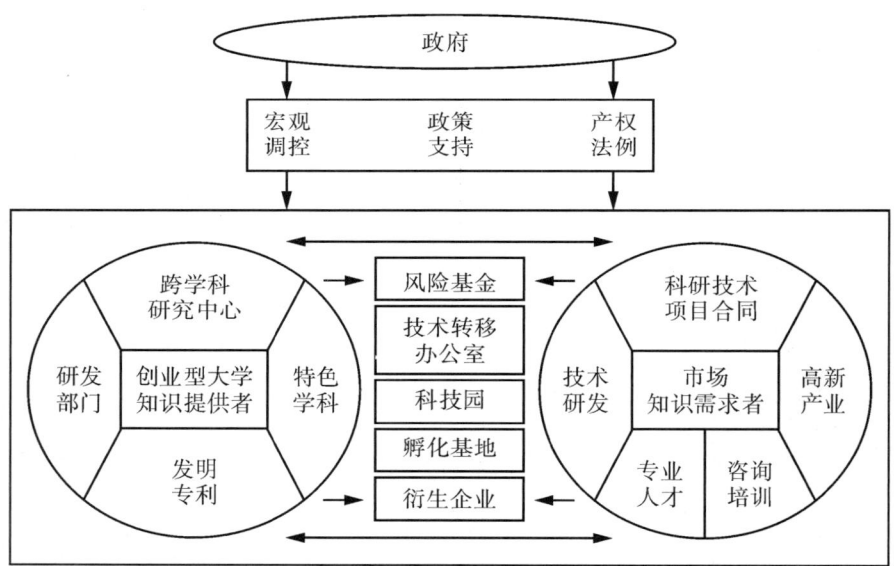

图 6-2 美国创业型大学建设模式示意图

第二节 英国创业型大学建设模式构建的实践经验

英国是现代教育系统形成最早的国家之一,因其悠久的教育实践历史和丰富的改革经验而备受世界其他国家瞩目。英国创业型大学具有与美国创业型大学相似的目标,即促进区域经济社会发展和增加对大学研究及其他活动的经济回报。但英国创业型大学大多是通过大学教学使命的扩展而产生的,注重学生创业能力的提升,用制度规范形式确保建设方案的科学性和民主性,从组织上进行变革,进而维护教学过程各参与主体的利益。

一、主要做法

(一)结构要素建设

1.领导组织支撑

英国创业型大学的建设注重学生创业能力的提升,其作用是双向的,不仅促进学生自身就业,同时对于提升高校在创业训练知名度方面还具有重要作用,需要领导组织的支撑。

在英国的高校中,校长是属于荣誉职位,不负责校务管理和学校经营。由副校长牵头形成强有力的驾驭核心,可以为一所大学勾画出美丽的蓝图。如英国沃里克大学在初创期,领导核心就提出"进军名校之列"的办学理念。以副校长巴特沃斯为核心的领导班子,在与大学拨款委员会、大学规划委员会、当地工业领袖等多方讨论后,结合学校的地域优势、现实发展状况和现有资源等因素综合考虑,最后确定了建设目标为:以学科为中心,适应时代需要,建设学术与创业兼顾的创业型大学。

在领导体制方面,英国创业型大学有多种结构形式,如沃里克大学除副校长外,还有一个委员会,实行学校中心和系两级结构;其他大学如华威大学有很强的学院或学部一级结构。管理层次较少,可准确及时地发现信息做出决策;上级对下级控制放松,有利于主动性和创造性的发挥。这些结构形式都趋向于扁平化运作,有利于形成学校领导核心班子,及时调整组织要素及其相互关系,适应环境变化,集中力量迅速完成任务,为创业型大学建设规划的执行提供了坚定的有效引导。从英国的创业型大学建设中可以得出结论:形成强有力的领导核心,把握时机敢于尝试新的办学和管理模式,是坚持创业型大学建设之路的关键环节。

2.学科结构支撑

有特色的学科优势和带头型研究领域是英国创业型大学建设的基石。欧洲创业型大学多为不知名的中小型大学,在组织的发展上不具备知名大学所具有的学术实力和影响力,因此它们更加注重大学内部的学术能力和水平的提高,以此来为创业型大学的发展打好基础。根据自身的特色学科优势和带头性研究领域,院系积极投入自主创新创业活动,发挥各自在不同领域科研上的作用,并努力在基础理论研究和能够收益而不损害自己学术价值的应用性研究之间寻求平衡点,为创业型大学建设模式中的学术源带来活力,并增强其创造力。在这个过程中,将大学和产业两者紧密联系起来,这是英国高校在构建创业型大学建设模式路上的重要因素。值得一提的是,英国高校将"会议中心"作为学术心脏地带的一个重要枢纽,使得高校科研学术中心、商学院与企业、制造商的联系更加频繁和紧密。很多企业都将会议中心看作是"管理培训中心",可以吸收创新前沿的方法和技术,虽然只是短暂的交流,却为参与者带来了可观的效益,因此会议联合体也就成为典型的英国创业型大学学术心脏传输带和展示区。

(二)体制要素建设

1.质量评价体制建设

英国的边缘性大学为实现政府—大学—产业的新型合作关系,必然面临着质量管理方面问题,因而向商业世界证明其成功性是要靠质量评估、质量认证等方式进行质量管理的。英国通过改组拨款委员会,制定严格的质量评估制度,通过建立科学的政策和程序来保证评估过程,检验创业型大学的项目是否能在资金投入后体现出价值,在此质量评定过程中,创业型大学会持一种商业态度,向社会和市场证明大学有能力整合资源进行有质量的教学和科研活动,也能够争取更多的客户进行项目合作让自己生存下去。正如沃里克大学,以企业化方式管理教学过程,由市场作为最终的检验系统,将创业型大学的建设成果视为商品,吸收市场资源、获得市场份额,以期更好地推动创业型大学面向市场的建设进程,保证所担负的服务社会经济责任,这也是大学在政府—大学—产业界互动中的发展初衷。

2.筹资体制支撑

英国政府通过一系列评估和质量控制措施、改组大学拨款委员会,严格控制高等教育财政拨款,迫使大学向创业型大学转型,将英国高校引入市场机制中,使之成为"产业的需要",让大学直面市场,直视社会需求,要求给更广泛的消费者提供服务,特别是企业领域应成为大学研究、咨询和人员培训的主要消费者。

不同于美国,英国并非是公立高校与私立高校并存的国家,绝大多数英国高校都是公立院校,所以国家财政拨款一直是英国高校办学经费的主要来源。英国设立教育科学部,负责制定英国高校的办学方向和拨款原则,而具体执行拨款程序的是拨款基金会或者委员会。在英国创业型大学建设模式中,开设创业课程、坚持创业教育的资金80%是来源于公共资源。在大学生的创业教育上,设有高等教育创新基金和科学创业挑战基金,前者是关注大学科技成果转化的基金,而后者则是建立了12个科学创业中心,支持创业教学,推进大学和企业间的联系。随着撒切尔政改的推进,英国创业型大学的建设也积极推进。面对缩减财政拨款的办学经费压力,英国高校在建设创业型大学进程中,积极拓宽收入来源的第三渠道,争取来自企业、市场、公益基金会的资助与知识产权收入,技术咨询服务收入、学费、校友集资与远程教育、继续教育和海外教育收入等,使得学校的财政资助多元化,逐步建设着大学与市场的互动关系。

(三)机制要素建设

1.外部互动合作机制支撑

在英国创业型大学的建设中,学术心脏地带需要被激活,并不断予以刺激,促其发展。正因如此,对发展外围的拓宽是与学术心脏地带相互配合的一个支撑要素。作为新型大学建设模式,创业型大学比传统的高校建设模式更容易跨越大学的边界,与校外的组织和群体联结起来,从事知识转化、工业联系、知识产权开发、继续教育、资金筹措以及校友事务。同时还便于以跨学科研究项目为重点,走出校门兴办研究中心,解决经济和社会发展中的重大实际问题。[1] 1986年,英国成立了工业和高等教育委员会,以促进高校和市场的合作,科学工业园的建立将政府—高校—产业三者紧密结合在

---

[1] 刘力.产学研合作的沃里克模式和教学公司模式——英国的经验[J].外国教育研究,2005,32(10):39-43.

一起,而这种合作带来的多方共同受益的效果,让科学工业园区的概念从此在全国范围内迅速传播,同时也传递了创业型大学的校园文化和创业精神。科学工业园是联系学术心脏和发展外围的中枢,能够提升创业型大学建设模式的发展张力。

2.文化建设机制支撑

英国创业型大学的建设为校园文化的传播注入了新的色彩。英国创业型大学里的创业文化不只是一种软文化,将它称作是一种渗透了管理制度而被强化的校园文化一点也不为过。企业家精神可以说是这种校园文化的本质特性。将企业家精神带入高校,意味着用企业家精神来改造高等教育领域;将市场机制引入高校,也意味着高校内开始出现竞争的市场特征。正如英国沃里克大学从吸引人才开始,把主要精力放在研究和制定有利于学术自由、平等竞争、人尽其才的教学政策上,积极为学者们提供一个具有充分自由发展空间的舞台。在教学实践中,通过企业家精神的传播和培养,激励吸引来的学者和学生在打好科研实力的基础上,结识创业伙伴,培养创业能力,寻求创业信息,了解创业途径,为创业实践打下基础,减少创业的盲目性和风险性。

二、总体评价

英国实现创业型大学建设的情况不同于美国,英国大学主要是为了争取生存的需要而进行转型,建设成效明显的是英国二流院校,如沃里克大学、华威大学等,设定的目标多倾向于通过组织变革促进自身的发展(如图 6-3 所示)。学校里的科学家因传统观念束缚,不会以企业家身份创建企业,而是更愿意把商业技能训练和创业活动作为他们所教授课程的组成部分,鼓励毕业生进行创业。同样,英国大学拥有其发展的支撑条件:有特色的学科优势和带头性研究领域作为基础;多元化的建设资金来源渠道日趋畅通;充分动用广泛的人际资源,主动寻找对接企业和项目。英国创业型大学建设模式最初的动力和执着的坚持,都在于学校经费的获取,经济创收带动了英国大学组织上的五大根本性变革,最终成为了推动科研进步的驱动力。

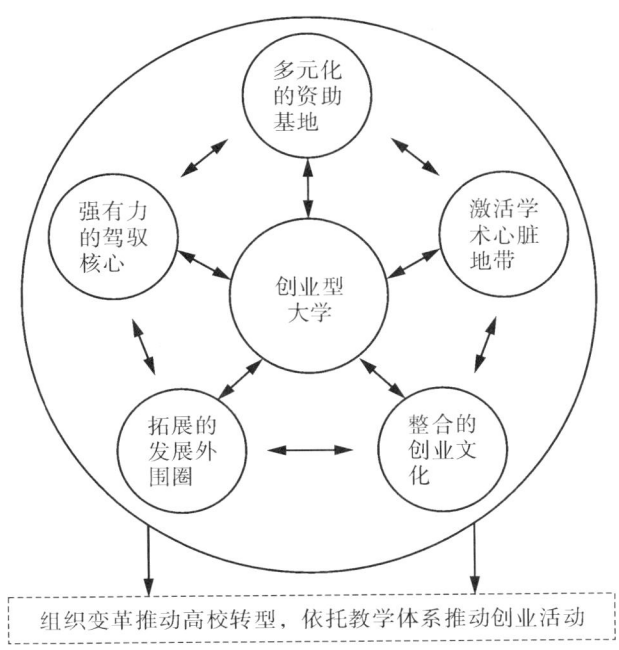

图 6-3　英国创业型大学建设模式示意图

第三节　巴西创业型大学建设模式构建的实践经验

巴西创业型大学是发展中国家构建创业型大学建设模式比较成功的范例,不但发展良好,而且在运行机制、校园文化、科研转化等方面都颇具特色。

一、主要做法

(一)目标要素建设

1.战略、办学定位

十几年前,巴西政府对高等教育领域的建设提出了"创业型大学支撑区域经济发展"的政策,从此巴西高校加快了转型发展的步伐。巴西创业型大学建设时间虽短,但其取得的成效和富有自身特色的成功做法,仍是值得我们探讨与学习的。巴西创业型大学建设模式虽然模仿了美国的孵化器概念,但不同之处是美国的创业型大学是基于雄厚的科研实力转变而来,巴西创业型大学的建设是将创新创业活动作为一种生存方式。作为发展中国家,巴西的创业型大学的建设使命就是发展地方经济,为地方经济和社会服务,这些大学专注于解决国家经济、社会发展的问题,以此来解决巴西社会严重不平衡的地方问题。

2.培养课程的目的性明确

巴西创业型大学重视隐性知识、专业技能和互动创新的教学,尽可能使所教授的知识能直接应用到技术公司、科学研究所和金融机构等单位的实践中。在自然科学及其相关领域,巴西创业型大学专注特色办学,以生物、物理、化学等强势学科为特色,重视在基础知识学习、深层次知识研究及社会语境知识应用三个方面的综合培养,强调扎实专业知识基础,追求与社会的互动,将知识灵活应用于产品改良、技术创新等方面。

巴西创业型大学的课程设计可以说是服务于多样性的经济、政治和社会的产物。如巴西政府认为在社会政局较为稳定的当前,科学技术的进步是推进生产进步、经济发展的最佳途径,而知识的迅速更新给巴西的大学提出了更高要求。巴西创业型大学抓住转型时机,制定新的课程标准,摆脱传统模式,建立起跨学科的课程模式,在自然科学领域、社会科学领域及两者的交叉领域,建立了跨学科研究,如将生物与人类历史相联系、物理与精神建筑相联系、化学与社会政治文化相联系等。

(二)结构要素建设

在巴西构建创业型大学建设模式的过程中,组织结构的支撑是必不可少的。巴西的大学注重服务意识,服务对象和内容的扁平化发展是组织结构建设的主要特征。一方面,巴西创业型大学建设模式构建注重将创业教育作为重要的组成部分,使得更广泛的人群都富有创业精神,不仅涉及理工科的应用,还对人文社科专业有了重要影响。另一方面,在服务的对象上,不只是针对高新技术产业,还涵盖了高技术风险公司和其他经营公司,从促进这些服务对象的合作中,培育发展专业组织来扩展各类社会项目,将知识运用和创新创业精神传播到非大学人群中,发挥了强大的培训和孵化的服务功能。

(三)机制要素建设

巴西创业型大学发展最为成功的经验就是企业孵化器的建设。如图6-4所示,巴西将企业孵化器创建为一个动态的生态系统,将高校的科系、实验室,与国家政府、联邦机构的政策相结合,将创新形式带入到小商业机构和各行业企业。每个公司所支持的企业孵化器有自己的需求和特性,而创业型大学就作为为公司输出技术、培养人才、输送人才的对接口。①

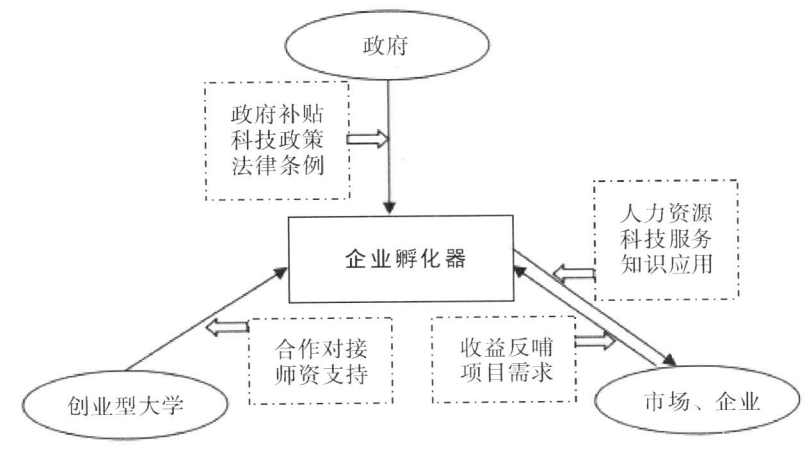

图6-4 巴西企业孵化器运作示意图

(四)环境要素建设

1.创新创业政策环境支撑

巴西政府极力倡导建立与企业具有伙伴关系的创业型大学。在《大学改革法》的基础上,巴西于1996年颁布的新的《教育法》、新世纪初制定的《巴西2001—2010十年规划》等,保证了巴西高等教育与社会联系的不断加强;《巴西工业产权法》《巴西商业法》《巴西税收补充法律》等法例,对专利许可和转让、技术支持(技术援助和专门技术服务)、商标转让及许可、技术供应等方面提供保障。有了政策的支撑,创业型大学坚定地培养有创业精神和创新理念

---

① Sergio R.Yates. Accelerating technology-Based ventures in a university bussiness incubator in Brazil—a view on methodologies and processes[C]. the 9th Triple Helix International Scientific and Organizing Committees,2011.

的人才,并且不断输往所在地区;对于需要技术创新的行业,鼓励其与高校合作。近年来,巴西政府颁发新的《创新法》《微小和小型企业法》《竞争法》等相关创新创业的法律,涵盖了重要科研方向,高校与企业之间的合作,共享实验室、公共研究机构,为企业提供研发服务,促进创新区域系统的长足发展等有关内容。

2.社会环境支撑

组织协会在巴西创业型大学建设模式构建中是一个重要元素,各类型组织协会为巴西创业型大学的建设做好协调和交流工作,为高校社会化和国际化提供了很好的交流平台。巴西大学校长委员会、联邦高等教育管理者协会、巴西州立和市立大学校长协会堪称优秀代表,其中工作成效最显著的是巴西大学校长委员会。20世纪60年代以来,巴西大学校长委员会先后与德国大学校长委员会、葡萄牙大学校长委员会、佛罗里达大学系统等签署了一系列合作协议,为巴西高校的师生争取更多与国际一流大学交流和学习的机会。其间还成立了佛罗里达—巴西学院,进一步强化同美国大学在学术、文化和科学方面的合作关系。[①] 一些区域性组织协会也在积极推动巴西高等教育的国际化水平,如伊比利亚美洲大学协会,为高等教育和区域经济的合作进行沟通和协调,促进高校带动地区经济发展的步伐,为巴西高校的科研发展和学术交流起到有力的带动作用。

二、总体评价

巴西创业型大学建设模式构建的突出特征就是"服务性"。巴西作为发展中国家,急需的是经济发展,如果单纯地依靠传统经济,在激烈的全球竞争中,必然处于不利的境地。而大学如果失去了国家经济的支撑,必然在教学、科研以及未来发展等各方面举步维艰。幸运的是,巴西大学的掌舵者看到了为社会和经济服务是大学自身发展和促进经济发展的良药。在联邦政府的鼓励下,各大学向创业型方向转型的目的几乎都是发展巴西社会经济,以输送人才和解决科研难题为途径来服务经济社会发展。

---

① 王正青.高等教育国际化:巴西的因应策略与存在的问题[J].复旦教育论坛,2008,6(3):82-85.

第四节 国外创业型大学建设模式构建对我国的启示

本章节介绍了美国、英国和巴西三个国家的大学在创业型大学建设模式构建上的主要做法,可以看出,虽然各国的建设起点、所依靠的要素禀赋、构建路径都不尽相同,但经过长时间的发展和不懈的变革,都逐渐形成了政府、大学、产业三者的互动合作关系,为创业型大学建设模式的进一步研究提供了丰富的素材,也为我国大学实现创业型大学建设模式提供了经验借鉴。在我国打造世界一流大学的征途中,要居安思危,紧跟国际高等教育发展的浪潮,充分借鉴已有的建设案例,审视我国高校的发展现状,把握好创业型大学建设模式的精髓和特性,将国外创业型大学建设模式构建的启示转化为我国高校实现跨越式发展的可行之道。

一、树立创业型大学建设目标理念

不论各国模式倾向于以哪股力量为核心驱动,都可以看出创业型大学的建设是与目标理念息息相关的。因此,大学确定发展方向、创新建设理念显得尤为重要。创业型大学的运作范围必须由内而外逐步扩展,经营理念也必须转变为注重成本效益分析,并积极地承担风险。因此,我国大学需在其使命与愿景的引导下,在不违反教育本质的前提下,建构符合时代要求的我国创业型大学新理念,审视自身的组织能力与文化,通过策略性经营与资源配置,来创造最大的社会和经济效益,并将此作为高校建设的长期目标。

二、大力推进创业型大学的组织建设

在创业型大学建设模式构建中,组织建设是关键一步。通过转变大学组织发展理念,整合大学组织资源,变革大学组织的建构形式,拓展大学组织的行为方式,世界各国的创业型大学成功地完成了大学的组织转型。要变被动接受政府财政拨款为主动寻求机会多渠道自筹资金,从而解决大学发展所需的组织资金问题;要通过对大学组织进行外扩,重视多方合作的作用,拓展发

展外围联系圈;要组建一支高效的驾驭核心团队,进行策略性的资源配置,把握好正确的战略规划与发展方向。对于我国的大学组织来说,实施组织变革的阻力和困难较大,对我国大学传统的组织运行管理模式进行改革将会遭遇来自各个方面的挑战,但"顽疾需猛药",要想从根本上提升我国大学的实力水平,就必须从我国大学组织的变革入手,以创业型大学的组织发展要求为准绳,变革大学组织。

三、重视科研水平和学术实力

学术能力的大小以及学术能力的再生可能性,从根本上决定着一所大学的实力与发展的潜力。新时代背景下创业型大学建设要取得突破,必须提高科研水平,夯实学术实力,以此提升大学的市场竞争能力和经济贡献能力。我国大学发展层次不一,学术实力参差不齐,从总体上来看,我国大学的科研水平同国外创业型大学还有不小的差距。要想实现大学的创业,学校自身的科研实力是基础,没有学术科研能力为支撑的大学创业将会成为"无源之水,无本之木",因此必须明确创业活动的本质还是为了繁荣大学学术,只有当大学的灵魂带着象牙塔精神走出象牙塔的时候,大学才能走得更好。

四、积极参与区域社会经济建设

从其他国家创业型大学建设模式中可以看出,要想实现大学创新创业的建设目标,高校参与区域经济建设是必然要求。构建创业型大学建设模式必须十分重视与所在地区的联系,带动区域企业的发展和高新技术开发区的形成,为区域经济的发展做出贡献。换句话说,大学与社会的交换能力越强,其对社会和经济发展的作用就越大。要想达到这种状态,实现向创业型大学的转型,就要求我国大学以创新创业的理念,扩展大学的知识运作方式,"走出校门",加强大学和企业、政府的合作,探索科技成果转化路径,投身区域经济建设,在服务区域经济社会发展的同时,争取更多的资源,为向创业型大学转型提供有力支持。

第七章

我国创业型大学建设现状与模式构建

创业型大学是欧美高等教育机构转型的产物,对于我国高等教育发展来说,创业型大学是一个舶来品。伴随着国内学者对创业型大学的建设理论研究兴趣越来越浓厚,我国创业型大学建设实践逐渐增多。近年来,我国相继提出走创业型大学之路的有福州大学、浙江农林大学、浙江万里学院、湖北经济学院等地方院校,在建设动力、管理体制、组织形式和文化建设等方面,已有一定的实践基础。

第一节 建设基础

国内多所地方高校紧紧围绕建设创业型大学的建设目标,充分发挥领导核心班子的作用,全力投入大学的转型建设,一心一意谋求大学的生存和发展,为创业型大学建设模式的形成打下了坚实基础,逐渐显示出政府、大学、产业、科研院所合作共赢新型关系的建设成效。

一、建设动力:就业难题催生创业教育理念

将学生就业难的现实困境与教师的教育理念紧密联系,是我国高校向创业型大学转型的显著特色。福州大学、浙江农林大学等投身转型建设的大学通过宣传政府、大学、产业新型互动合作关系的理念以及举办创业计划大赛等方式来增强教师和学生的创业带动就业的意识,培养富有创业意识的教师,奖励师生的创业行为,切实转变和更新教育理念和就业观念,树立适合创业型大

学需要的价值观和实践观,形成理论联系实际的氛围,对提高学生创业就业的竞争能力、解决大学生"毕业即失业"的问题发挥了积极作用。各高校也通过加强教学改革,结合地区经济发展的实际来调整学科结构,创业课程、创业咨询、创业培训、创业实践等一系列项目逐渐进入课堂和社会实践活动。

二、管理体制:内外部管理体制创新逐步推进

随着高等教育管理体制的发展,权力的集中程度逐步减弱,政府不再过多地干预高校的内部事务,而是宏观管理,为创业型大学的建设提供略显宽松的建设环境。在政府政策支持上,各省市根据自身实际情况和发展趋势,制定出一系列支持创业型大学建设的政策。如《浙江省高等教育"十二五"发展规划(2011—2015年)》明确提出,要积极开展创业型大学建设试点,以此鼓励和促进高校主动参与、服务浙江省"创业创新"总战略,浙江农林大学、浙江万里学院等7所院校均被列为浙江省首批创业型大学建设试点。为加快创业型大学建设,浙江省教育厅成立"浙江省大学生创新创业教育和文化素质教育教学指导委员会",并着力开展国家级大学生创新创业训练计划等相关工作。向创业型大学转型的高校也进一步推进内部管理体制改革,力求形成强有力的核心领导班子,致力于在纷繁复杂的环境中调整发展蓝图;践行校院两级管理,将权力适当下放,以便更好地调动学院创业积极性和主动性;处理好内部学术权力和行政权力,用制度来保证教授治学;建设节约型校园是大学开源节流、注重效益的创新举措。

三、组织形式:开启技术转移机构和基地的运作

技术转移是实现高校科研成果成功转化为社会生存力的关键途径,在我国创业型大学的建设实例中,已有高校通过创新组织形式,开始技术转移机构和基地的运作。提供技术咨询和服务、专利发明、技术转让等形式参与校企合作,甚至通过创业孵化基地应用高技术兴办企业,能有效发挥科技和人才的综合优势,直接推动科学技术转化为现实生产力。比如福州大学成立的科学技术开发部和福州大学资产经营公司,为学校与企业的技术转移搭建沟通的桥梁,为企业的技术改造和技术升级提供有力支撑,使福州大学逐渐形成服务地方的品牌。

四、文化建设：创业文化得到有力传播

不论是大学战略规划、办学理念的制定，还是科研技术创新平台、创业服务体系的建设，创业文化已经悄然走进大学校园。创新创业精神通过学校领导倡议、创新平台建设、老师创业教育和学生创业活动等多种渠道共同传播，推进了创业文化氛围的营造。创业文化是创业型大学所具有的独特文化，联系着社会经济，因此大学校园创业文化融入了社会，在带动社会整体的创新创业行为中也起到了重要作用。

第二节　存在的问题与制约因素分析

目前，我国高校已逐步开展创业型大学建设试点工作，在微观层面初步形成具有自身特色的创业型大学建设实践经验。但从总体来看，我国创业型大学的建设还处于摸索时期，与严格意义上的创业型大学建设模式还相去甚远，存在着诸多问题与制约因素。

一、存在的主要问题

（一）大学职能与服务经济社会发展需求脱节

目前，高校较为倾向于人才培养和科学研究两项职能，与服务社会经济职能严重脱节，创业职能更是无从谈起，这是实现创业型大学建设模式的重要障碍。一方面，大学科研评价指标和考核制度仍是机械化阶段，职称评级和科研考核屡见不鲜，忽视科技成果转化，大学内尚未形成师生参与企业的风气，与社会交流不足，主动迈向市场的动力不强；企业对风险高、投入大的技术项目需求并不迫切，倾向于用有限的资金购买成熟的技术，阻碍了企业与大学的技术研发合作，加剧了大学科学研究与服务社会职能脱节，制约着创业型大学的能量发挥。另一方面，学校举办创业大赛通常流于形式，较少有指导老师致力于创业项目的应用推广，制约着创业职能的发挥。

(二)创业教育系统不完善

讲授创业课程的教师缺乏创业经历和实践,只能开设介绍性的选修课程,在讲述创业课程时也难免陷入"纸上谈兵",无法深入精髓。同时,目前的创业教育是与学科专业教育相分离的模式,属于"业余教育",没有融合于学校整体育人体系中,致使创业教育不系统,毕业生没有信心走上创业带动就业之路。

(三)建设评价和反馈体制尚未形成

当大学开始面临市场的选择和评判时,大学自身乃至整个高等教育系统都需要对其所建设的教育机构进行质量评审,这是大学在建设过程中对政府、产业界的责任体现,也是商业文化在象牙塔中的直接反映。但目前系统的建设评价和反馈体制尚未形成,对大学成果的输出质量也难以判断,项目合作中对资金、信息和成果应用没有在科学的管理体制下进行,不免会影响项目进度和合作效率,从而也影响社会各界对大学价值和可靠性的评估,直接影响大学、政府、产业间关系的维系和发展,直接制约创业型大学建设模式的形成。

(四)外围互动合作机制生态程度不高

一方面,在科技成果转化的机构和平台建设上,资金投入不足、缺乏制度配套及专业工作人员等,导致了形式化、低效率现象出现,影响了科技贡献率和社会服务水平。科研实力的不足,校内外科技项目对接面临难题,与产业间的横向耦合能力有待进一步提高,导致创业型大学的建设难以发挥出科技驱动经济发展的能量。另一方面,大学科技园、孵化器等创业型组织的建设,因定位不明确、企业化运行机制未完善、创新性研究成果资源不足、政府—大学—企业知识经济圈未形成等问题,尚未发挥出应有的作用。创业型组织没有稳步发展的整体生态圈作为大学建设保障,无法实现资源使用率的最大化,影响创业型大学建设的生态环境。

二、制约因素分析

(一)传统观念束缚严重

传统就业观念偏向单一的稳定闲适岗位,大学毕业生不愿意到应用型技术岗位,在一定程度上制约着学校向社会输送人才的口径。传统教育观念也指向"木秀于林,风必摧之"的保守作风,与创业型大学建设提倡的创造精神、创新理念、敢闯敢拼的教育理念存在明显矛盾,教师的教学方案和培养人才模式得不到突破,导致创业型大学建设目标与实践的断层,不利于创业教育系统的建设和创业文化的传播。传统管理理念在一定程度上束缚了高校领导者的发展思路和开放思维,没有领导者和管理层的积极推动,创业型大学的推进步履艰难。

(二)资金和科技的支撑能力有限

近几年来,各级政府不断加大对高等教育的支持力度,但涉及的范围较窄,资金数额有限,地方性大学难以获得财政的支持,导致无法承担改造设施设备、研发相关技术、引进相应人才的高额费用;科研实力不强,科研创新平台与技术转移平台尚不健全,大学与高新技术企业、科研院所的合作不够紧密,尤其是地方性院校的高层次创新人才对接率和科技成果贡献率相对偏低。资金和科技的支撑能力有限,是阻碍创业型大学建设的关键因素。

(三)办学自主权不足,行政权力泛化

我国社会处于转型时期,高校办学自主权的实现面临困境,无法形成核心领导班子为学校的发展承担责任,直接影响学校内部每个成员的积极性和创造性。同时,大学被动地与周围环境不断进行信息、能量的交换,难以自主参与关键资源的竞争,管理出现失衡,这就影响了高校建设中的应变能力,出现生存危机,使得创业型大学建设的推动力不足。大学内部行政权力泛化,使得高校在规划和执行上有行政指令的刚性化倾向,与社会需求的直接联系不足,缺乏资金、信息、人才在政府、大学、企业间交流的畅通性,突显了大学运行机制的开放性和互动性不足。

(四)政府调控机制和法律体系不健全

政府调控机制与法律体系不健全是制约创业型大学建设构建的主要原因。集中表现为:政府引导机制缺失,给高校的自主权利不大;政府对政府—大学—产业界的互动平台构建缺乏相关配套管理完善措施,生态性协同创新机制尚未建立起来;教育、财政、科技、税务、金融、产业等相关部门缺乏统一协调机制;部分政策措施缺乏可行性与可操作性,政策执行过程中存在偏差或执行不彻底;相关的规范高校师生创新创业行为、知识产权转移和科技成果转化等法律体系不完善,都制约着创业型大学的建设。

第三节 构建我国创业型大学建设模式的基本原则

我国创业型大学建设模式的形成是一个庞大的系统工程。政产学研互动合作关系的建设过程不仅涉及我国高等教育体系如何发展的问题,而且需根据现有大学建设情况设计出转型中大学的改进对策;同时创业型大学建设与外部环境紧密联系,必须将外部因素纳入其中。

一、坚持理念指导与因地制宜相结合原则

构建我国创业型大学建设模式需要以实现国家创新体系建设为目标,以三螺旋理论和协同创新理论为指导,立足于各高校的学科特点、师资队伍、区域经济发展等实际情况,分析各高校的知识传播系统、知识创造系统、知识应用系统的运行状况,高效整合创业型大学建设的目标要素、结构要素、体制要素、机制要素和环境要素,逐步构建起符合地方和高校发展特色的创业型大学建设模式,以实现高校人才培养、科技创新与地方经济社会发展的协调统一。

二、坚持重点突破与整体推进相结合原则

以创业型大学建设模式为抓手,突出重点大学、重点学科、重点项目建设,加快建成一批高起点、高效益、高效率的创业型大学示范工程。充分发挥示范试点对象的表率和带动作用,整体推进我国创业型大学建设。将大学的职能作用融入经济社会发展的各个领域,提高产业创新意识,从整体上动员我国高等教育领域主动变革,积极参与到国家创新体系建设中。模式构建坚持协同创新理念,依靠科技创新、人才支撑,由点带面,带动社会全面发展,做到统筹规划、突出重点、整体推进,妥善处理好局部与整体的关系。

三、坚持人才培养与社会需求相结合原则

构建创业型大学建设模式必须紧密结合政府政策支持、产业发展实际、区

域科技创新能力等众多因素,是"三螺旋"模式的实践过程,不再封闭于"象牙塔"内,需要始终坚持人才培养与社会需求的有机结合,将人才培养目标与市场、社会等发展外围圈紧紧联系在一起,培养、输出更多符合社会需求的人才,不断影响着产业界、区域乃至国家经济的发展。

四、坚持实施主体与支撑要素相结合原则

由于创业型大学既要与外围圈保持联系,又要确保自身有独立的发展空间,因而创业型大学建设模式的构建必须要以现有的建设条件和周边环境为基础,落实到大学建设的具体环节中,也需要政府、科研机构、产业界等有关组织的有力配合,确保与政企间合作的有效进行;同时,创业型大学建设模式的实现需要有目标、组织、资金、人才、制度、机制等要素的强有力支撑,共同推进我国创业型大学的建设。

第四节　我国创业型大学建设模式的总体框架

在清华大学百年校庆大会上,胡锦涛总书记提出了"协同创新"理念。2012年3月,教育部、财政部就实施"高等学校创新能力提升计划"(简称"2011计划")联合发布文件,明确了"需求导向、全面开放、深度融合、创新引领"的基本原则,显示出我国政府在宏观层面积极引导政府—大学—产业间建立政产学研协同创新关系,要求充分发挥高校多学科多功能优势、探索构建协同创新平台和模式、建立协同创新机制与体制。创业型大学与社会、产业联系紧密,以培育企业家精神、促进技术转移和科技成果转化、推动区域经济发展为突出特色,是贯彻"协同创新"理念的中坚力量。我国构建创业型大学建设模式,必须坚持"政产学研协同创新"理念,破解长期困扰科研开发项目的体制机制障碍,通过理顺政府、学校、科研院所、产业界等方面的关系,激发不同创新主体的生机活力。只有这样,我国高等教育机构才能形成真正意义上的大学、政府、产业三螺旋互动合作关系,成为国家创新、区域创新、技术创新的主力军。

我国高校构建创业型大学建设模式的总体框架包括两部分:互动主体模块和要素支撑模块(如图 7-1)。在互动主体模块中,试图协调影响创业型大

学建设模式的参与主体,并形成新型合作平台,营造适合创业型大学发展的外部环境和外围互动机制;在要素支撑模块,主要剖析我国创业型大学建设模式中校园内部建设的关键要素,为创业型大学的建设提供内部基础配套,充分支持参与主体的活动运作,有效发挥内部驱动力的作用。

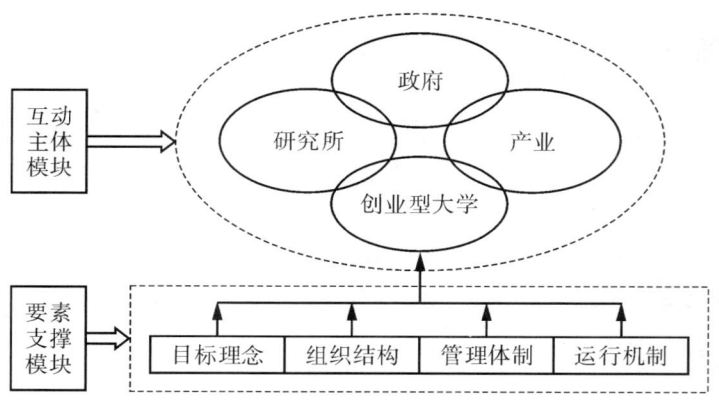

图 7-1　我国创业型大学建设模式总体框架

一、互动主体模块

如图 7-2 所示,在互动主体模块中,呈现出政府、产业、创业型大学和科研机构协同创新的运行方式,是对三螺旋互动关系的应用和延伸。政府作为高等教育与市场经济的宏观规划主体,承担着指导人才发展、高等教育事业发展和社会经济发展等相关战略,制定优惠政策,完善市场运行和知识产权法律体系,参与模式互动等职责,既向学术机构提供激励诱因,又履行政府的服务、管理、监督职能。产业界是知识应用和经济发展的中坚力量,是推动科技成果产业化、提高自主创新能力的主体力量,企业还可以扮演大学的角色,开展高水平的培训和技术研究活动。创业型大学不同于传统的建设使命,除了进行知识再生产和科学创新外,更注重以服务社会经济、参与国家创新体系建设为己任,担负的责任主要有:社会所需求的人才培养和输送;知识系统的生产、传播和应用;系统进行创业教育;建立技术转移服务组织;创立创新创业平台;营造创业文化氛围等,全方位贯彻创业型大学的发展战略,为知识系统和经济体系的发展贡献力量。科研机构在我国是具有雄厚科研实力的实体组织,在我国创新体系中占据重要分量,是我国创业型大学建设的合作伙伴。科研院所与创业型大学的知识联盟是强强联合的展现形式,可以为企业技术创新提供知识成果,还可以直接将自己的成果产业化,催生大批科技型和知识型企业,为实现国家重大科技项目的研发和激发经济活力提供有效途径。"政产学研协同创新"是一个参与主体互动合作形成的有机整体,在协同创新中相互促进,形成互动联合体,不能偏废其一;同时,各主体有自身的具体任务,在落实职责中有步骤地推进整个系统向前发展。

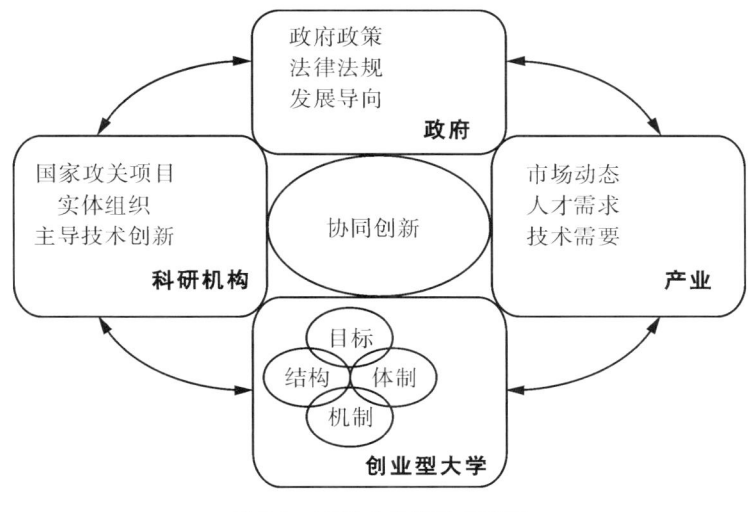

图 7-2　互动主体模块示意图

二、要素支撑模块

如图 7-3 所示,在支撑要素模块中,按照构建创业型大学建设模式的步骤,可以分为起步时的规划阶段、初建时的调整阶段、建设中的发展阶段和形成期的优化阶段。这四个阶段分别对应的核心任务是目标要素确认、结构要素转型、完善体制要素和形成运行机制。目标要素的确认是创业型大学建设模式的灵魂内容,为其余三个构成要素提供指导方向。其主要任务是在分析大学现状的基础上,规划大学发展的未来前景,并依据现实条件判断大学转型的时机,将创业理念根植于创业型大学的建设,从社会变化、大学治理和市场氛围中寻求创业方向。结构要素的转型是构建创业型大学建设模式的基点,对整个模式如何有序建设、高效运作等提供组织保障;通过组织结构的建设,构建技术转移和创新创业服务平台,有效地整合现有的知识资源,从独特的竞争优势中系统落实创业教育,将创业方式与创业信息相联系,形成合理有效的组织系统、学科结构和人才队伍结构。完善体制要素是构建创业型大学建设模式的关键,主要涉及领导决策体制、信息交流体制和评价激励体制等,构建起创业型大学所需的民主、科学、开放的管理体制,吸引风险投资,争取政府、银行、社会团体和产业界等多方投资主体的资源,保障创业型大学的正常运转。形成运行机制是实现创业型大学建设模式的核心体现,政府—大学—产业—科研院所的互动机制形成,将大学职能和培养任务与社会需求、市场需求相对接;形成自我发展调控机制和创业文化机制,发挥校内软实力的作用,不断提高创业型大学建设模式的运行效率。

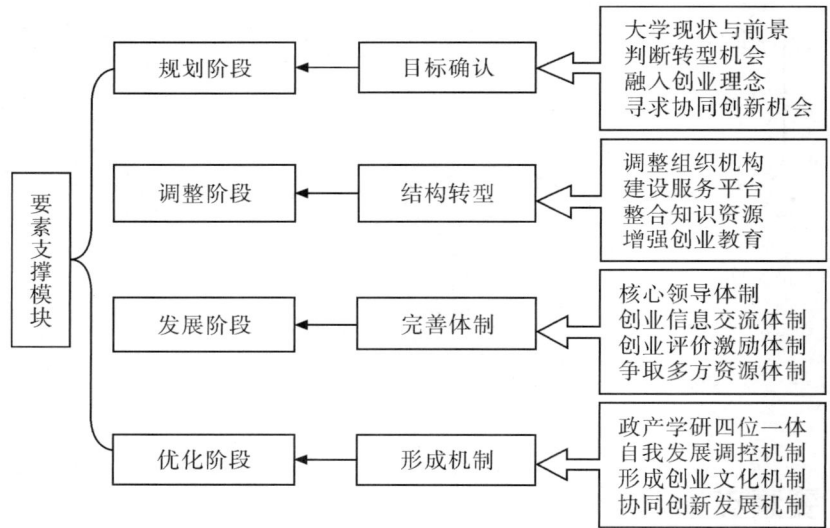

图 7-3　要素支撑模块示意图

第八章

我国创业型大学建设模式的实证分析

自国家创新体系目标提出后,我国政府多次发布相关政策文件,以推进我国高水平大学的建设和创新能力的提升。一些省份和院校积极响应国家号召,如福建省出台《关于进一步支持高校加快发展的若干意见》《关于深化科技体制改革加快创新体系建设的若干意见》和《关于实施福建省高等学校创新能力提升计划的意见》等文件,福州大学抢抓转型时机的利好政策环境,提出创业型东南强校的建设目标,经过五年的建设取得了一定成效。浙江省在《高等教育"十二五"发展规划(2011—2015年)》中明确提出积极开展创业型大学建设试点的要求,教育厅还成立"浙江省大学生创新创业教育和文化素质教育教学指导委员会",以此鼓励和促进高校主动参与、服务"创业创新"总战略。浙江农林大学、浙江万里学院作为浙江省首批创业型大学建设试点,先后提出创业型大学建设目标。但是,目前三所学校建设中尚未形成富有自身特色的创业型大学建设模式,因此本书选取福州大学、浙江农林大学和浙江万里学院为研究对象,以创业型大学建设模式的基本原则和总体框架为切入点,深入探讨如何构建三所大学的创业型大学建设模式,推进我国政产学研协同创新体系建设。

第一节 福州大学创业型东南强校建设模式

一、建设基础

福州大学是一所以工为主、理工结合,多学科协调发展的国家"211工程"

重点建设高校。2008年,福州大学紧紧围绕"建设成为具有较强学科相对优势、体现教学研究型办学特色和开放式办学格局的创业型东南强校"的战略目标,推进学校教育质量工程建设,培养学生创新创业能力,提升区域社会经济贡献率和科技创新能力,将创业型大学理念全面贯彻实施。①

(一)建设科技开发与校企合作服务机构

福州大学先后成立科学技术开发部和校企合作委员会,主要负责科技成果转化等相关工作,开展与省、市、地区各行业的横向科技合作。目前,福州大学已与福建省9地市形成校地科技合作工程共建格局、与8个县级政府建立全面协作关系、与多个大型产业集团共建高端行业科学技术合作平台52个、与84家企业(单位)建立产学研联盟9个,逐步形成省(行业)、市、县三级联动的新型政、产、学、研技术转移体系。如表8-1所示,近年来福州大学科技立项数和立项经费有了一定发展,其中横向课题的增长,凸显出福州大学服务海西的巨大能量,对促进海峡西岸经济区经济、社会的全面进步具有重要作用。

表 8-1 福州大学 2008—2012 年科技立项情况

年份	科技立项总数合计		横向课题		
	立项数(个)	资助经费(万元)	立项数(个)	立项经费(万元)	立项经费增长率
2008	663	14 180.05	—		
2009	856	12 399.94	288	3890.92	—
2010	911	15 764.01	335	5679	45.96%
2011	961	15 065	375	6 509	14.62%
2012	1 000	20 974.1	369	6 858	5.36%

数据来源:《2008—2012 福州大学年鉴》。

(二)逐步完善配套管理制度

福州大学注重内部管理制度的配套建设,涵盖了领导、执行、援助等多个方面内容,各套制度相辅相成,逐步形成福州大学创业型大学建设的制度保障体系。

第一,在强有力的领导核心下,进行管理体制的创新,是福州大学创业型

---

① 福州大学网站,http://www.fzu.edu.cn/html/index.shtml。

大学建设的一个重要举措。福州大学选择建立以学院制为支撑、以学部制改革为核心的大学内部管理制度；建立完善学术委员会、学部委员会制度，开展学院教授委员会试点工作，积极发挥教授治学作用；重视管理重心的下移，不断推进学院制度改革，完善校院两级管理制度，以此调动各个学院的积极性、创新性，为创业型大学建设良性的发展环境。

第二，《福州大学科技人员服务企业行动方案》《福州大学关于促进科技服务区域经济建设管理办法（试行）》和《福州大学横向科技项目经费管理办法》等文件的颁布实施，以及"科技项目联络人"和"科技特派员"制度的建立，为福州大学服务社会提供了制度保障，推进了产业项目对接和科技人才对接，有利于激发福州大学科技人员对外服务，提高参与区域社会经济建设的热情度和积极性。

第三，为了帮助毕业生实现创业梦想，福州大学制定《福州大学大学生创业基金管理暂行条例》，为毕业生和在校大学生设立创业基金和创业启动金，并坚持履行创业基金专款专用的原则。在学生创业初期给予资金扶持，有助于鼓励青年开展创业创新活动，激发青年创业创新热情，弘扬青年创业创新精神。

（三）大力营造创业文化氛围

为实施校园文化建设"十二五"专项规划，进一步整合校园文化资源，福州大学特制定《福州大学 2012—2013 学年校园精品文化建设专项计划》，着力激发全校师生的创业创新精神，打造"创新、创意、创业"文化精品。截至 2012 年，福州大学开展了形式多样、内容丰富的创业文化建设活动（见表 8-2），有助于推进学校创业精神传播和创业文化建设，为建设创业型东南强校提供精神支持。

表 8-2　福州大学创业文化建设活动情况汇总

创业文化建设形式	创业文化建设内容
创业社团	大学生 KAB 创业俱乐部、创业实践中心、宏飞创业协会等
创业竞赛	"挑战杯"大学生课外学术科技作品竞赛、全国"挑战杯"大学生创业计划大赛大学生创业计划大赛，2012 年福建省首届大学生"创业之星"评选、福州大学十佳创业项目和十佳创业之星评选、项目管理案例大赛等
创业展示活动	大学生创业论坛、科技作品展览、创新创业横幅宣传、创业信息宣传栏等

续表

创业文化建设形式	创业文化建设内容
创业教育	商业精英班(300人/年)、青年就业创业见习基地、创业路公共选修课程(《创造学》《创新思维训练》《创业学》)、职业辅导课程增设创业模块、大学生KAB创业教育、SIYB创业培训引进等
创业训练	入围福建省大学生创新创业训练计划立项项目86项

(四)加强产学研合作,构建多样化人才培养模式

福州大学经不断探索,确定了为社会培养应用型、复合型、创业型人才的培养目标。根据该目标为导向创新推出"预就业培养模式""新楚创业助力工程""紫金模式""预创业培养模式"等多样化的人才培养新模式。

第一,大力完善"紫金矿业"模式。由福州大学与紫金矿业集团联合创办的紫金矿业学院,是以"企业支撑办学建设、企业参与办学过程、企业检验办学成效"为特点的新型办学模式。紫金矿业学院确定了"特色鲜明、国内知名"创业型矿业学院的中长期办学发展目标,采用理事会管理学院事务,创新选用企业高级工程技术人员作为"双师型"老师参与人才培养,以紫金矿业集团为实践基地,帮助学生在学习和实践中培养创造性思维。紫金矿业学院以其较强的学科优势,打造校企合作办学特色的人才培养通道,为紫金矿业集团和社会输送了大批专业性、应用型人才,实现了专业教学与职业训练、就业选择的无缝对接。

第二,着力探索"预创业模式"。福州大学"预创业模式"是响应政府"以创业促就业"的重大举措。模式坚持"兴趣驱动、自主实践、重在过程"原则,开辟出校内创业孵化基地和3个校外创业孵化基地。模式通过创业讲座、创业文化宣传,铺设大学生的创业理念、培养其创业意识;通过创业实践大赛、职业生涯规划大赛等活动,评选出优秀的创业项目意向,进行创业元素孵化;通过学习创业课程、听取创业指导、见习创业实践,提升学生创业综合素质;通过校内外创业辅助计划的支持,引导学生开展创业实践,体验创业过程。据统计,福州大学在校生及近年的毕业生,共注册公司31家,参与创业项目运作的学生达400多名。"预创业模式"的运作,不仅有利于提升福大教师的创业服务意识和创业教学能力,更有利于激发学生的创业动力、挖掘创业潜能、培养创新创业型人才。

二、模式构建的总体思路

福州大学要紧紧依靠科研实力,建设科技创新平台,开展大学与政府、产业界、科研院所间的信息交流和资源共享,为政产学研四个主体共建跨领域、高水平的协同创新中心提供有力支撑。一方面,通过科学研究协同创新中心的建设,紧密结合区域经济和社会发展的重大战略需求和国家重大重点需求等"顶层"科研目标,提高产学研合作规模、层次和水平,引领科技发展方向;另一方面,依托科技园区或者学术联盟,以产业链为基础,打造高新技术产业集群的企业标准联盟、技术联盟和产业联盟,引导支持各类主体协同创新活动,鼓励产业链骨干企业开展竞争前的战略性关键技术和重大装备研发。依托特色学科的科研优势,着力构建协同创新平台,最终实现创业型东南强校的建设目标。

三、模式构建重点:着力构建协同创新平台

如图 8-1 所示,福州大学以"创业型东南强校"为建设目标,在资金、信息、人才、机制等要素支撑下,依托科技创新平台的建设,实现福州大学与政府、产业界和科研机构的协同创新。

第一,坚持交叉集成的知识集群发展,在海西环境与能源光催化等 4 个协同创新中心的基础上,大力建设"福州大学国家级科技园区",以期更好地开展协同创新工作,使之成为福州大学培养高层次创新人才、解决社会经济重大问题、实现技术转移和成果转化的重要科技基地。福州大学需要利用国家级高新科技园区的聚集优势,拓展出更多的科技园业务范围、集合更为强大的协同中心,不断加强与全国其他高等院校形成校际联盟合作关系,更加关注与各级科研机构实现强强联合,逐步完善与高科技企业建立的校企合作体系。依托科技园区,可以充分调动福州大学的产业化积极性,使之增强与其他主体的合作交流,呈现出四个互动主体螺旋式上升的发展趋势,努力打造政产学研协同创新示范科技园区,为海峡西岸经济区的发展贡献力量。

第二,福州大学应开拓国际视野,面向国际学术前沿,加快学科交叉融合,创建多学科融合交叉的大平台。探索面向国际学术前沿的科研方向,从国际学术交流中寻求跨学科研究突破,谋求"大学科工程"的建立,为更加广泛的协同奠定基础。

第三,继续深化与地方政府、科研院所、产业界的合作,是福州大学实现与

外界共建科技创新平台的核心方案。包括达成资源共享协议,与地市共建研究所;开展跨机构多项目协作,完善互动主体间的利益分配机制;设计行业科技创新平台,推进大学与产业界的密切联系。人才层次多样化流动和政产学研科技项目合作,将加速福州大学政产学研协同创新体系建设,充分体现着福州大学教学、科研、服务和创业职能的深度配合。

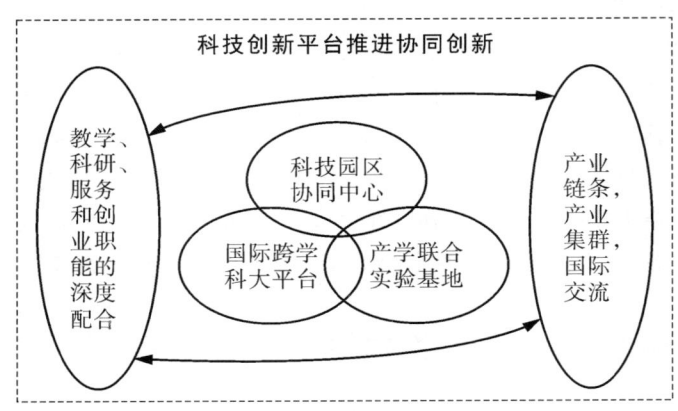

图 8-1　福州大学建设科技创新平台示意图

第二节　浙江农林大学生态性创业型大学建设模式

浙江农林大学是一所具有本科和研究生办学层次的多科性大学。2010年7月,中共浙江农林大学第一次党代会提出"到2020年把学校初步建设成为国内知名的生态性创业型大学"的发展目标,正式揭开其创业型大学建设模式构建的篇章。

一、建设基础

(一)制定明确的战略目标与实施方案

浙江农林大学通过翔实的战略规划,明确了学校学科发展等建设目标,这是浙江农林大学提高创业型大学办学水平的有益探索。一方面,2011年12月浙江农林大学在《中长期发展规划纲要》中明确提出要建设生态性创业型大学的战略目标,将此目标的实现分为两个阶段:至2015年成为综合实力较强的生态性创业型大学;至2020年成为国内知名的生态性创业型大学。通过宣传和学习学校中长期发展规划纲要要求,浙江农林大学汇聚全校师生的智慧和力量,呈现出上下一心、共同跨步、朝着建设国内知名的生态性创业型大学的战略目标阔步前进的局面。

另一方面,浙江农林大学制定"1030"战略发展重点,即10个重点领域、30个优先主题。这是对学校中长期战略目标和发展主题的深化与拓展,更加突出了学校发展的重点,有利于集中力量实施重点突破、实现重点跨越。既充分传承了浙江农林大学在人才培养、科学研究、社会服务和文化传承创新方面的特色与优势,又有效融合了国家、地方经济社会发展,尤其是生态文明建设、现代农业发展的需求点与着力点,打造出浙江农林大学"内涵发展、特色发展、创新发展、和谐发展"的新道路,让战略目标具有切实操作内容。

(二)初步形成社会服务组织体系

在组织结构建设方面,浙江农林大学注重社会服务组织体系的创建,先后成立创业管理处、社会合作处,为其拓展社会服务职能和创业职能提供了组织支撑。如表8-3所示,该组织体系不仅能整合浙江农林大学校内外分散的信息和资源,提升项目衔接率,而且能为学校科技政策、科技计划的制定提供实践依据,为科技评价体系的建立提供依据。

表8-3 浙江农林大学社会服务组织体系介绍

机构名称	情况介绍
创业管理处	首个国内高校创业管理处,负责师生创业管理;制定创业发展规划和创业政策,并组织实施;开展创业宣传工作和技能培训;搭建创业平台等
社会合作处	代表校方推进校地合作、争取社会资源,负责开拓与地方合作交流渠道;科技特派员、农村工作指导员的派出管理以及新农村建设等相关工作;制定有关政策,支持各学院、研究机构及广大教师参与服务地方工作;学校涉外科技研究项目合作等

(三)逐步建立外部合作交流机制

浙江农林大学有极强的战略对接意识,制定《浙江农林大学新农村发展研究院研究中心管理办法》,对研究中心的管理强调科学研究的现实问题导向,集中全校相关学科力量组建跨学院、跨学科的科学研究平台,积极将学科集群与产业集群相结合,以寻求与政府、产业界的合作,实现成果转化。

在平台搭建上,结合全国《农业科技发展"十二五"规划》和《全国现代农业发展规划(2011—2015年)》等文件要点,建立10个研究中心,稳定持续投入科研经费,扶持跨学院、跨学科科研团队的组建与发展,以技术链对接产业链,强调面向"三农",为"三农"发展提供科技支撑,注重为经济社会发展和生态文明建设做出贡献。以新农村发展研究院为例,组建了由国内知名专家、政府管理专家组成的学术委员会,构建责权利明确、机制灵活、运行高效的研究中心管理体制和运行机制,并在人力、物力、财力等方面给予重点支持和保障。

在人才交流机制上,建立和完善农业科技联合协作制度,促进跨学科、跨行业、跨部门、跨区域的单位和科研人员之间开展联合协作,实施"领域带头人计划""百名优秀博士引才计划"和"企业家引智计划",这是政府—大学—产业界在人力资源和智力资源交流工作的重要举措。通过专家学者的教学、指导和项目参与,提升大学的科技创新能力,对建设浙江农林大学学术中心有着重要意义。

二、模式构建的总体思路

浙江农林大学的政产学研结合能力日趋增强,以学科建设、管理制度改革、技术转移体系完善、创业孵化平台建设、文化气氛营造为重点建设任务,推动了大学人才培养质量、科学研究能力和创新创业能力的不断提升,利用大学多学科、多功能的综合优势,建设生态性校园环境,并大力开展与地方政府、产业界和科研机构的深度合作。浙江农林大学以大力推进系统完善为突破口,调动各方面的积极性,更加有效地整合高校内部师生以及社会各界的创新力量和优质资源,最终形成政府、大学、科研机构与产业界协同创新的建设模式。

三、模式构建重点:大力推进协同创新组织变革与系统完善

浙江农林大学成立"协同创新管理委员会"这一领导组织,突破现有组织框架,建立矩形交叉式组织结构,整合现有的职能部门和学院科系,完善大学组织系统,为浙江农林大学生态环境建设、科研资源共享、信息交流和校内外联系搭建高效竞争的平台,是将大学职能部门、学院科系与横纵向项目组织有机结合的创新方式,有利于生态性创业型大学实施规划的落实(如图8-2所示)。

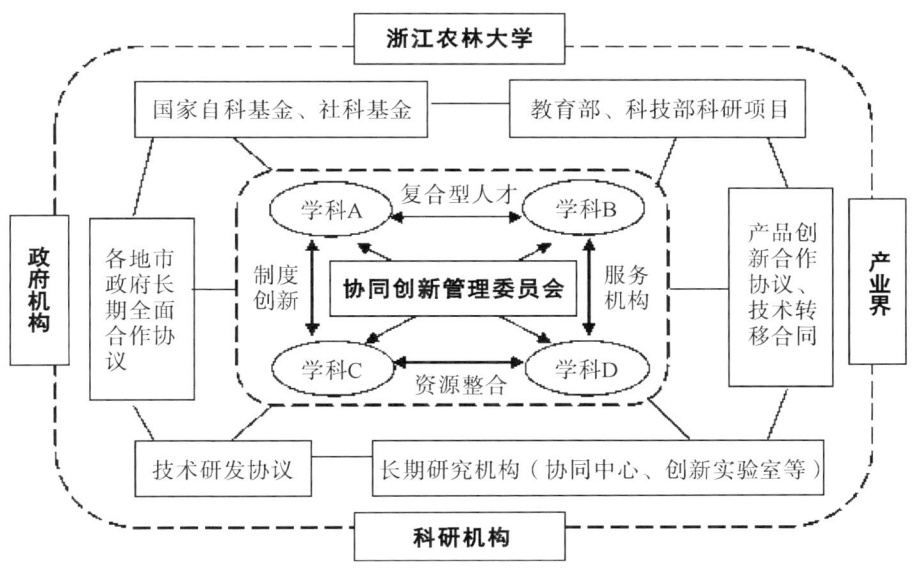

图 8-2 浙江农林大学组织创新示意图

第一,完善协同创新组织结构,明确职责权限。在浙江农林大学协同创新管理委员会的领导下,由各学院科系主要负责课堂教学的人才培养工作,实施学院负责人制度,以培养复合型人才为目标,强化特色学科的优势,注重理论与实践相结合,适时调整教学内容和教学方式,将创业教育融入专业教育,提升浙江农林大学人才培养的综合水平。

第二,浙江农林大学通过协同创新管理委员会,将科研项目活动的管理更加规范化。科研项目活动中,纵向课题的科研活动等工作由学院、教师以及科技开发部门协同组织,实行项目负责人制度,形成较稳定的跨学科组织实体,带动硕士生、博士生共同参与,使得科学研究和学科教育能够有机融合;横向课题的科研活动和以横向课题为依托的重大科研活动,由科技开发部负责,在传统科研管理职能基础上,拓展出课题外联、课题发布、课题招标、课题验收等系列职能,协调学科间的科研人员派遣工作,全面负责课题管理的组织和协调工作,努力实现浙江农林大学与政府、产业、科研院所的互动合作关系。

第三,协同创新管理委员会作为浙江农林大学进行政产学研协同创新建设的顶层组织,是完善对校内外协同的组织。委员会要设有专人负责联系企业、政府等外界组织,谋求双方合作的契合点,不断提高协同创新的层次与效果;委员会需建立有效的信息网络平台,向校内外提供协作信息,配备专员负责科研成果的专利申请、成果转化等工作,不断提升科技成果产业化程度;委员会还需要制定配套的协同创新管理制度和评价制度,实现科研工作的考核科学化。

第三节　浙江万里学院应用性创业型大学建设模式

作为浙江省创业型大学建设试点院校,浙江万里学院创新地朝应用性方向发展,以"育创新性人才、建创业型大学"为建设理念,提出了将学校建设成"鲜明的办学特色和创建特色鲜明的一流应用性创业型大学"的发展目标,逐步开展创业教育活动,努力提升科技创新能力和国际合作办学能力。

一、建设基础

(一)设立弹性的创业组织

浙江万里学院为落实创业教育理念和创业教育计划,设立创业教育领导小组,成立名为创业教育学院的虚拟学院,负责在基础层面和操作层面全面推进创业教育。创业教育学院通过整合校内外创业教育资源,制定创业教育的年度工作计划并组织实施,支持相关专业教师、具有丰富实践经验的校外经营管理人员和专家学者承担创业教育工作,开展创业活动;建设企业家培训基地、创新创业基金、创新创业中心、博远大学生创业公司、大学生创新创业实践基地等,积极发展与外围的衔接,显示出了创业教育学院的服务化特征,将服务师生、服务社会作为工作重点。

(二)形成多元化的培养系统

完善本科教育、继续教育、国际交流合作教育以及国际化合作办学等多种培养形式,多管齐下,加强学校的特色专业建设,以合作性学习为抓手,推进创新型、应用型人才建设。其中,浙江万里学院与英国诺丁汉大学合作创建的宁波诺丁汉大学,是我国设立的第一家引进世界一流大学优质教学资源、具有独立法人资格和独立校区的中外合作大学。① 宁波诺丁汉大学将英国诺丁汉大学的优势学科与中国社会经济发展实际所需相结合,引进一系列具有国际一流水准的学位课程,使中国学生能以较低的成本获得世界优质高等教育,着力培养具有国际化思维与事业的高水平、高层次人才,对浙江万里学院培养既具有较强的专业学科技术背景,又熟悉商业运作规律的高层次创新型、应用型人才有重要意义。

(三)重视创业文化建设

其一,普遍开展创业活动。浙江万里学院举办了"挑战杯"创业计划竞赛、"甬商论坛""新苗人才计划"和"领导—接班人"创新创业训练营项目等创业活动,让大学生体验创业环境感受,激发在校学子的创业激情,有助于培养大学生对创业项目的理性思考能力。浙江万里学院于2011年起推出的"创业新秀"评选活动,是表彰大学生创业的最高奖励,为万里学院挖掘"创业学子典型"、引导和激励学生自主创业有重要作用,有利于万里学院形成以创业带动就业的良好氛围。

其二,逐步发展创业俱乐部。创新创业英才俱乐部是浙江万里学院的品牌项目,以"践行万里创新创业精神、涵育万里创新创业文化、培养万里创新创业英才"为俱乐部建设宗旨,帮助学生拓展专业应用能力,提升创新创业能力,将专业知识和实践活动紧密结合。值得一提的是,2008年浙江万里学院获批为"KAB创业教育拓展计划"全国首批试点高校,该计划支持KAB学生建立KAB创业俱乐部,在优秀教师的指导下积极引进各种社会资源,通过阵地化建设、项目化运作,积极开展技能培训、企业服务、项目承办和模拟企业经营等创业教育活动,帮助学生在实践中认识创业活动,培养学生的创业精神和创业能力,提高学生的职业规划和就业能力,推进应用性创业型大学的建设工作。

(四)积极寻求外部互动合作

浙江万里学院积极寻求外部互动合作,重视发展地市共建的宁波青年创业学院和政产学研共建创业战略联盟,在为地方社会经济服务的同时,实现了资源共享、要素整合的协同创新态势,夯实应用性创业型大学建设的基础。

宁波青年创业学院是校地共建项目的典范。为解决社会人才需求和青年

---

① 宁波诺丁汉大学网站,http://edu.163.com/10/1022/00/6JIFMP1300294IMN.html.

能力培养不尽适应的矛盾,宁波青年创业学院涵盖创业教育培训、创业研究成果推广、创业资源交流、创业项目推介等四大业务领域,搭建青年创业教育培训平台、青年创业研究平台、青年创业资源交流平台、青年创业项目供应平台、青年创业教育工程联动平台等五大功能平台,组建了包括政府官员、成功企业家、专家学者等人员在内的"宁波青年创业创新导师团",帮助和支持青年创业者走向成功。目前,宁波青年学院已建立100个市级青年创业创新实践基地,开展了"KAB青年创业基础"专题培训、"青年创业训练营"等培训项目,为青年吸收创业思想、提高创业能力、实现自我价值提供了重要帮助。

2009年成立的"宁波市食品加工产业技术创新战略联盟",整合了地方行政部门、龙头企业、大学、科研机构和其他组织机构行业的优势科技资源、先进制造能力和产业优势人才,推进产业共性技术的研发与应用,建立在产业技术创新价值链基础之上的契约式协作机制和多样化、多层次的自主研发与开放合作并存的创新模式,构建技术集群和产业集群相结合的创新合作体系。该项目是浙江万里学院进行政产学研合作的标志性项目,对于扎实推进创业型大学建设有重要意义。

二、总体思路

宁波市在"十二五"规划中,明确提出建设智慧型城市,并且利用国家强港优势发展经济。浙江万里学院的学科优势与地方经济、产业发展的联系较为紧密,因此,万里学院应用性创业型大学建设模式要以服务地方(区域)的社会经济发展或者产业的专门需求为切入点。通过建设省级、市级等多层次的政产学研协同创新中心,紧贴地方(产业)发展需要,形成地区优势、地方特色,提升内涵建设,实现政产学研协同创新。结合地方发展方向,利用地方优势争取与政府、产业的合作机会,增强大学服务社会经济发展的能力;通过校企合作,不仅能为万里的师生提供就业机会和创业舞台,而且还能促进学校技术成果转化、提升企业技术创新能力。凭借整合大学与地市政府、企业的优势资源,切实将高等教育融入地方或行业的需求,赢得大学与社会经济、产业界的共同发展。

三、模式构建重点:以紧密结合地方经济发展需求为目标理念

浙江万里学院以紧密结合地方经济发展需求为目标理念,从人才培养方式协同、大学与产业(企业)协同和大学与城市建设协同三个方面共同建设应用性创业型大学(如图 8-3 所示)。

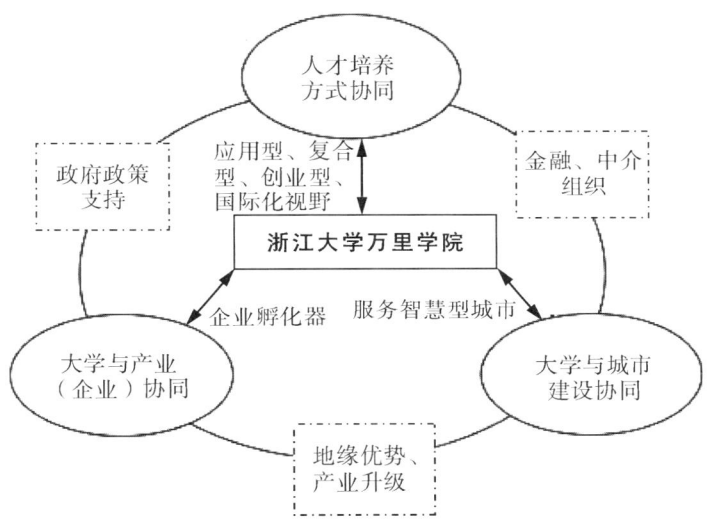

图 8-3 浙江万里学院协同创新示意图

其一,本科人才培养方式协同创新。浙江万里学院需要创新多样化的培养人才方式,利用其办学系统的多元性,加强不同类型人才培养的力度,显示出不同培养模式的异质性特点。在培养人才过程中有意识地加强理论教学与实践应用结合力度,以面向市场需求为导向,培养应用型、复合型、创业型人才,开拓其国际视野,有利于为学生解决就业难题,也为校内外、国内外的合作实现了共赢局面。

其二,为地方需求提供技术和人才支撑。如依托国际强港来经营海洋产业经济的发展,促成浙江万里学院与海洋经济产业龙头企业的长期合作,并有效利用国际合作办学的优势,主动参与技术研发、改进和制定人才培养方案等环节,使得学校的专业知识领域有了极大的拓宽,为地方产业发展提供了人力、智力和技术资源的支撑。

其三，结合宁波市智慧型城市的发展要求，推进政产学研协同创新。以协同创新为引领，主动提升办学质量，提高教育质量；积极探求与校外各方的协同，服务于智慧型城市建设成为浙江万里学院突破传统局限、增强自身社会印象里的有效途径。浙江万里学院不仅可以承接政府规划项目、提供技术交流平台，还可以创办企业以拉动当地的就业市场需求。在服务宁波智慧型城市建设的同时，实现了资源共享、要素整合的协同创新态势，促进了自身更好的发展。

第九章

实现我国创业型大学建设模式的政策保障

一、鼓励大学迈出改革步伐

为促进我国高等教育的发展、推进我国创新体系建设,政府必须积极引导和鼓励国内大学构建创业型大学建设,向国家和社会输出更多的知识、人才、智力和技术资源,这对我国高等教育服务社会经济发展、提升国家创新能力、实现国家战略目标有重要作用。

一方面,政府要加强在高等教育界的宣传,明确提出创业型大学建设模式的理念,将创业型大学的建设融入"协同创新精神"的贯彻,正确引导高等教育学界对创业型大学建设模式的解读,这将有助于引起我国高等教育工作者的高度关注,并理解创业型大学建设模式对高等教育发展的重要作用。

另一方面,政府要配套实现创业型大学建设模式的鼓励政策,出台财政拨款保障政策、税收优惠政策、产业合作政策、金融政策、宣传教育政策、科技园区支持政策等,保证政府提供稳定的财政教育经费和资助,鼓励多层级协同创新项目建设,激励科技成果转移和创业行动,以培育更多的政产学研协同创新建设试点和示范院校,积极引导大学与政府、产业、科研院所形成互动合作的共赢局面。

二、加大科技资金支持力度

夯实科研实力,提高创业的学术含量是创业型大学建设模式的立身之本。从其他国家的成功经验中可以看出,要想实现创业型大学的转型,学校自身的科研实力是基础,没有学术科研能力为支撑,创业型大学建设将会成为"无源之水,无本之木"。政府应加大大学研发经费投入,从科技资金上支撑大学提升自主创新能力,积极引导政产学研协同创新战略联盟的建立;要制定严格、规范的科研经费管理制度,坚持以追求卓越质量为拨款标准,激发科研工作的效率和成就最大化;要筛选淘汰收效甚微或无意义研究项目,进一步激发大学的创业精神和竞争意识;要有意识地提升大学内部学科间的协同创新能力,挖掘大学内部各学科的发展空间,熔铸大学办学特色,实现大学内涵式发展。

政府应支持大学完善学校建设的多渠道筹资体制,突破大学建设资金来源单一化的局面,开拓多渠道的建设资金来源,在财政支持的基础上,帮助大学谋求社会、市场和个人的支持和资助,并注重开展形式多样的国际交流与合作,开拓国际援助渠道,争取利用国际资金和技术援助及优惠贷款,为我国创业型大学建设模式的构建提供充足的资金保证。

三、推进大学去行政化进程

基于协同创新的建设理念,政府要为学校提供科学、民主的组织行政环境。行政化的大学组织结构是创业型大学建设模式构建的障碍,缺少开放性的大学组织运行也无法满足大学同企业、社会联系的条件,要想实现向创业型大学的成功转型,就必须实施大学的组织变革。

第一,政府赋予高校真正的独立实体地位,取消大学的行政级别设置。通过减少政府对大学的直接控制和干预,避免大学成为政府的附属物,使各个大学能够以独立的身份更好地参与社会服务,实现大学的自我发展、自我管理。大学行政级别设置的取消将使得大学能够以平等身份参与教育资源的分配,推动大学间竞争机制的形成,为大学知识技术、高科技研究成果转化为现实生产力提供了更好的机会,有利于形成一批具有竞争力的创业型大学。

第二,为大学内部管理体制的调整提供宽松的政策环境。大学可利用政府赋予的自主权,变集权式大学领导管理模式为民主分权式的管理模式。一方面要给予各院各系科更多的自主权,保持集中控制和系科自治之间的平衡,做到"集中的分权",打破校—院—系的直线型机构设置和权力分配模式;另一方面则是要扩大科研人员及老师在学校决策中的知情权、参与权,使得学术权力获得应有尊重,拥有现实效力。

第三,帮助大学搭建院系改革的平台,借力信息网络技术实现学校内部组织建构的扁平化、网络化,增强学校适应社会变革的弹性。除了利用课题组、学术团队、项目组等形式为纽带建立新型的矩阵式科研组织机构以外,要充分发挥信息网络技术的作用,组建网上虚拟学院;同时利用与企业合作的机会,积极推进跨学校、跨地区的网上创业科研平台,并探索基于网络的国际科研创业合作。

四、支持创业型组织系统建设

要构建完善的创业组织系统,政府需配合创业型大学内部管理、运营管理、知识创造、成果转化及孵化创业新平台等,积极引导社会中介、服务组织的建立。

第一,政府要支持大学完善技术转移组织体系。设立知识产权办公室,负责知识产权申请、评估和转让过程中的咨询服务任务,加强知识产权维护,保障技术转移的前提;统筹规划校企合作研究中心、技术转移中介机构和衍生企业孵化机构等科技成果转化组织体系,通过科技成果转化组织体系加强大学校内外的联系,实现资源共享、信息交流等,形成技术转移规范化的平台。

第二,政府要重视社会创新创业载体建设。比如成立跨学科研究中心、产业研究所、各级协同创新中心等以知识创造为核心的创新创业平台。鼓励有关部门协同大学、科研院所与产业界,以项目为牵引,围绕区域经济社会发展战略,形成跨学科、跨领域的协同创新新局面;以关键技术突破为主导,围绕产业发展,实现科研开发链与市场产业链的衔接,提升行业整体创新水平;以鼓励创业为宗旨,提供启动资金、实验设施、创业场地、社会关系网络、注册事项咨询服务等方面的支持,增强创业热情和积极性。

五、推动政产学研协同创新机制形成

第一,支持创新创业平台机制的建设。从政府调控市场的角度而言,创新创业平台机制是参与创业型大学建设的互动主体活动的重要平台。以各级别创业活动为载体,通过创业设计大赛等,评选出优质的创业项目,推荐参加省级、国家级乃至国际上的竞赛,以此为政府、大学、科研院所与产业界带来更多的合作机会等;政府组织大学科技园、创业孵化基地等实践场所的建设,提供社会关系网络和信息对接平台,为大学吸引产业界、金融界的投资,促进高校科技成果产业化,使得大学在服务区域经济发展上也更具灵活性。

第二,鼓励大学积极培育创业文化。任何一所大学的建立都离不开文化的影响,创业型大学建设模式构建则需要创业文化的营造。政府通过引导文化传承及创新职能的发挥,鼓励创业精神和大学办学理念的结合,将自强不息的精神、敢闯敢拼的胆略、兼容并蓄的心态和报效桑梓的价值取向,融入我国创业型大学建设模式的创业文化建设中;鼓励大学将创业教育和创业服务体系纳入创业文化培育和营造,整合创业资源,建设创业服务站,重视创业文化潜移默化的作用,切实在创业型大学建设实践中培植创业文化,形成有中国特色的创业型大学文化。

第三,推动政产学研协同创新整体运行机制的建立。政府应推动创业型大学内部的协同创新和自我调节机制建设,鼓励大学以培养人才职能对市场做出回应,以科学研究提升创新创业能力,以服务社会经济职能促进国家和区域社会经济发展,以创业职能促进大学与市场的和谐发展,最终实现创业型大学建设模式。

六、加快完善法规体系和配套体制

其一,政府应进一步加强法规体系建设,及时出台涵盖相关配套法律、规章等促进创业型大学建设的政策法规体系。以《高等教育法》和《国家中长期教育改革和发展规划纲要(2010—2020年)》《教育部 财政部关于实施高等学校创新能力提升计划的意见》为导向,从协同创新视角出发,加快出台《协同创新促进法》《创业型大学建设条例》等,并完善《专利法》《促进科技成果转化法》《技术合同法》等。切实维护创业型大学建设中的各主体的合法权益,构建公平高效的市场竞争平台,为我国创业型大学建设模式的构建奠定法律基础。

其二,完善考核评价机制和激励机制。在我国创业型大学建设模式构建中,对建设情况的考核和评价是必不可少的。政府要引导大学制定一套完整的创业型大学建设情况考核评价机制,适时调整具体实施方案,保证不偏离创业型大学建设方向,坚持服务国家、社会经济发展;制定支持大学师生、科研工作者参与创业活动的相关制度,引导和激励大学师生、科研工作者开展创业行动,在经费、时间、设备上给予实际支持,允许大学教师、工作者转变多种身份,增进师生的创业体验。

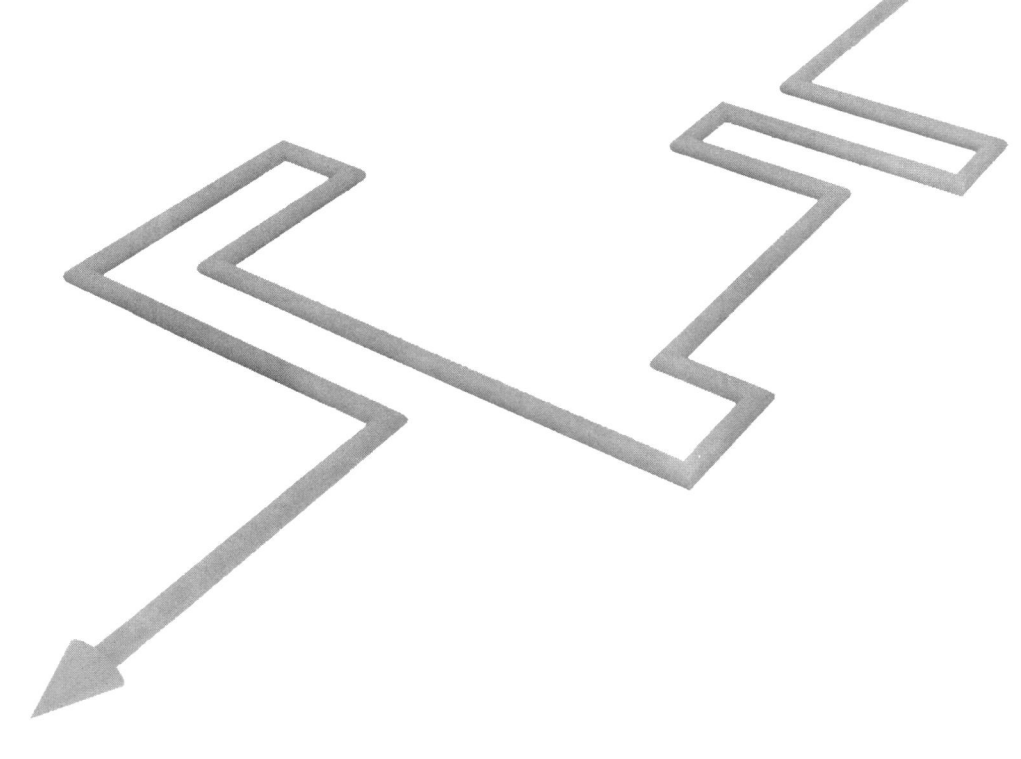

第二篇

大学的创新
——支撑区域创新体系建设

第十章

三螺旋理论视角下高校支撑区域创新体系建设的理想模式

一、三螺旋理论视角下区域创新体系的内涵

根据三螺旋理论和区域创新体系的概念,可以得出"三螺旋"理论视角下的区域创新体系是指区域内参加科学研究的以企业、高校为主体,并有中介组织介入和政府参与的通过政治、经济、文化联系而形成的一个的彼此联系相互作用的创新系统。其功能是通过实现现有资源有效整合,推动新技术的产生、使用,从而强化区域竞争优势,并能以系统的关联性,帮助区域内落后地区实现跨越式发展。区域创新体系的运转包含四个子系统:

(1)知识创新系统。知识创新系统在区域创新体系中具有重要功能,它主要是通过开展R&D基础研究和R&D应用研究,为本区域的经济社会进步提供知识储备,在本地区优势领域为区域创新体系提供相应的服务。

(2)技术创新系统。技术创新系统主要是在利用国内外先进科研成果的基础上,不断试验和从事应用活动,从而产生新技术、新方法、新产品,形成发明专利。它是提升区域创新水平的重要环节,也是区域创新体系建设的核心。

(3)应用转化系统。应用转化系统的基础是知识创新系统和应用转化系统。在区域创新体系中,应用转化系统的主要职能就是为了促进知识与技术的成果转化,开展各项活动,为经济社会发展提供有力的支撑。

(4)传播系统。传播系统是在前三个子系统的基础上,为科技成果转化提供服务。如:对科技企业员工进行教育培训、为科技成果转化提供信息咨询服务、为知识产权保护提供法律援助、为产权交易提供市场服务等。

作为核心的四个系统,是层层递进的关系。知识创新系统和技术创新系统是应用转化系统和传播系统的基础,应用转化系统和传播系统必须以知识

创新系统和技术创新系统为前提。这四个系统都离不开高校,高校是保证这四个系统得以有效运转的关键。因此,高校是区域创新体系建设中的灵魂,是提升区域创新体系建设的关键。①

二、三螺旋理论视角下的大学

20世纪初,美国威斯康星大学校长范海斯提出:"大学要走出围城,必须把大学的知识和技术优势推向社会,播撒在社会,让大学中的专家学者直接参与社会生产,实现大学与社区、社会的一体化。"②这一理念顺应了时代对大学的要求,并在美国高等教育系统中得到了广泛的响应。随着这一理念在世界高等教育实践中不断推广,大学产生了服务社会的第三功能。进入20世纪60年代,随着高等教育功能和高校职能的不断拓展,从源头上转变了世人对高等教育的传统看法。高校不仅开始从过去的"象牙塔"向社会的动力站转化,而且还从纯粹的科研机构向高新技术的"科学园"转变。这些改变正使得高校由社会的边缘走向了社会的中心,成为仅次于政府的社会主要服务者和社会改革的主要工具,它是新思想、新观念、新知识的起源、推动者和倡导者。③ 1997年10月,英国《经济学家》杂志把大学称作"知识工厂",认为大学不仅是知识的创新源、人才的培养库、文化的传播者,也将是知识的增长源,④大学作为社会的一个子系统,真正发挥了"社会轴心机构"的作用。这种走出"象牙塔"后的大学模式正是"三螺旋"视角下的大学。这种范式的大学在区域创新体系建设中起着至关重要的作用。

培养人才、科学研究和服务社会是高等教育的三大职能,更是"三螺旋"视角下大学的主要职能。从历史发展来看,大学的职能经历了一个不断发展的过程,从最开始的单纯培养人才到近现代培养人才与科学研究并重,再到服务社会的三大职能。大学不再是过去的象牙塔,不再仅仅关心培养人才和科学研究,更重要的是服务社会,推动区域经济的发展。大学对社会的贡献除了通过输送人才间接推动经济社会发展外,大学的社会服务功能提升到前所未有

---

① 张伟.区域创新体系中产学研合作行为与微观机制研究[D].武汉:武汉理工大学,2009.
② 程广文.创业型大学:走出象牙塔后的范式[J].泉州师范学院学报(社会科学),2010(5):80-84.
③ 施晓光.大学:三种意义上的释读[J].北京大学教育评论,2006(3):109-116.
④ 林学军.基于三重螺旋创新理论模型的创新体系研究[D].广州:暨南大学,2010.

的高度,需要通过新知识应用直接推动社会经济发展。可以说,服务社会是大学直接推动区域创新体系建设成为社会三螺旋中的主轴心的标志。①

美国埃茨科维兹(Etzkowitz)教授的三螺旋理论认为:随着知识经济的发展,区域正在由地理、政治和文化实体转变为由公司、大学和政府部门网络组成的三螺旋创新空间。要振兴区域经济、促进社会发展,必须加强大学—产业—政府之间的三螺旋关系。他认为:创造一个以知识为基础、能跨越技术范式自我更新的、拥有各种机构范围和高技术产业集团的三螺旋区域的充分必要条件,是一个在它的核心拥有一所有能力跨越特定的技术范式,通过起源于其大学研究的新技术与新公司自我更新的大学。② 随着大学使命的不断扩展,大学的教学职能从培养个体发展为培养群体组织,科学研究从个别师生间的关系转变为团队式的网络关系。总而言之,大学的使命随着时间的推移不断地发生扩展,在区域中的作用越来越大,在与产业和政府互动的过程中形成了区域创新的三螺旋模式。③

传统大学更多地倾向于教学和培养人才。三螺旋模式中的大学并不是传统意义上的大学。三螺旋理论视角下的大学有五个组织要素:强有力的驾驭核心、广阔的发展外围、多元化的资金来源、活跃的学术中心和整合的创业文化。除了具备组织要素之外,克拉克还提出了五个特征:

(1)知识资本化。知识的创造和传播,不仅是为了学科发展,更重要的是为了应用,推动经济和社会的发展。

(2)相互依存性。三螺旋理论视角下的大学不再是象牙塔的传统印象,而是要与其他机构和环境,包括产业、政府等密切联系,相互作用,相互依存,共同存在于社会环境之中。

(3)相对独立性。三螺旋视角下的大学虽然与产业和政府等具有相互依存性,但同时具有相对独立性,具有自己的独特特征,既不在政府控制之下,又不在产业控制之下,不隶属于任何机构。

(4)混合形成性。三螺旋视角下的大学是社会三螺旋中的一方,与其他两者既要相互依存,又要相对独立。要达到这种平衡状态,只有生成一些混合组

---

① 陈和平.创业型大学与区域经济发展[J].吉林省教育学院学报,2011(6):19-20.
② 陈静.基于三螺旋理论的区域创新体系研究——兼论创业型大学的建设意义与途径[D].北京:北京交通大学,2008.
③ Henry Etzkowita,Chunyan Zhou. Regional Innovation Initiator:the Entrepreneurial University in Various Triple Helix Models[C].Singapore Triple Helix Vl Conference Theme Paper,Singapore,2007-05.

织形式,如孵化器。这些混合组织形式具有较强的灵活性和弹性,能依靠自己的张力处理好社会三螺旋的关系。

(5)自我反应性。作为社会三螺旋中的一方,大学有其自身的发展特征和规律,也有其自我调整和自我适应的能力。当它与企业和政府之间的关系发生转变,当经济和社会环境发生变迁时,大学自身有一个持续不断的更新和适应。

埃茨科维兹教授的三螺旋模式说明大学是相对独立而又与其他两者相互依存,共同形成平衡状态。克拉克教授则从大学的内部组织和外部特征方面说明了大学的独特性和依存性,两位教授的观点是一致的。

三、三螺旋理论视角下高校对区域创新体系建设的作用

现代高等教育的三个职能反映了高校在区域创新体系建设中的地位。它成为为区域创新体系培育人才的摇篮、科技成果转化的主要阵地、推动区域经济社会发展的主要力量。现代高等教育的职能更是三螺旋视角下大学的主要职能,三螺旋视角下的高校对区域创新体系建设的作用主要表现在以下三个方面:

(一)科技人力支撑

人才资源是区域创新体系建设中的第一资源,它是区域发展的活力之源、强大之基。三螺旋理论视角下的福建高校正是完成这一使命的关键所在。

(1)拥有大批创新人才。高校是人才最密集的地方,特别是创新人才集聚的地方。例如:两院院士、外籍院士等顶尖人才大部分都集中在高校,同时,高校每年都会引进"长江学者""百千万人才工程"等优秀科技人才和特聘教授等领军人才。因此,高校是人才密集、创新思想活跃的场所,也是从事创新科学研究的最佳场所。

(2)培养大批创新人才。三螺旋理论视角下的大学,注重创新人才的培养。培养创新人才在区域创新体系建设中处于重要位置,三螺旋理论视角下的高校是培养各种创新型高层次、专门性人才的集中地,是各行各业顶尖人才成长的摇篮,为社会输送了大批人才,这些人才素质的高低在一定程度上影响到"人才强省、人力资源强省"战略的实现。

(3)形成人力资本。三螺旋理论视角下大学的一个基本特征就是具有高流动率学生的人力资本,这使得它成为特别合适的创新场所。舒尔茨在20世

纪 60 年代提出了人力资本理论,该理论的主要观点为:人力资本投资的作用大于物质资本投资;教育投资是人力资本的核心,教育投资比物力投资更有利,会带来更多的利润;教育投资的增长速度远远超过物力投资资本的增长速度;资本积累的重点应从物力资本转移到人力资本。所以,教育是形成人力资本的主要途径,高校是承担教育的载体,三螺旋视角下的高校有助于增强系统各创新主体的创新能力。

(二)科技财力支撑

高等教育是科学知识再生产、发展以及使科学技术转化为直接生产力的主要途径。教育具有传承、积聚、发展和再生产创新技术的功能;教育具有使科学技术转化为生产技术中介环节的功能;教育又是科学知识再生产和科学知识转化为生产技术最有效的形式。[①] 随着时间的推移和科学技术的不断进步,教育的这些功能将变得越来越凸显。

三螺旋视角下的大学在促进经济增长中起着关键作用。未来的经济增长是社会福利的基础,在以知识为基础的社会里,没有相当数量和质量的人才为基础,将难以实现经济的增长。人力资本的开发和利用对社会经济的发展起着关键作用,是拉动经济社会发展的基础。拥有人才等于拥有了财富。三螺旋视角下的大学更加注重人才培养的经济效益,随着社会多元化发展,我们既要培养一批满足高新技术开发要求的人才,还要培养一批适应内涵式的科技企业发展、满足企业技术更新和产业升级换代的需要的人才。各级各类人才都为社会和谐发展服务,为经济社会协调发展奠定基础。因此,三螺旋理论视角下的大学对促进经济增长起着关键作用。

三螺旋视角下的大学具有知识资本化的特征。知识资本化是因知识生产机构本身的内在动力产生的,知识资本化意味着知识被转化为资本,也意味着实现这个转化采取的方法与途径。同时,三螺旋视角下的大学具有多元化的资金来源,这是我国高校解决经费问题的有效途径。利用多样化且实用性极强的筹资渠道,有利于化解高校的财政危机、解决高校的发展经费问题,也为我国高校的发展提供了更为广阔的空间,间接地为区域创新体系的建设提供财力支撑。

---

① 萨日娜."四位一体"建设视阈下的教育方式研究[D].山东:中国石油大学(华东),2011.

(三)科技成果支撑

三螺旋理论视角下的高校是区域创新体系中 R&D 成果最重要的密集源之一。高校是知识生产的源头,是 R&D 基础研究的场所,它不但能为社会培养出卓越的创新型人才,又能为社会广泛而深远的发展提供创新性成果。三螺旋视角下的高校在知识创新中发挥了源头的作用,是基础研究的主要执行机构。在区域创新体系建设中,三螺旋理论视角下的大学是创新活动中传承知识的桥梁,担负着将知识生产与应用相联系,并将其迅速地转入应用的重任。

三螺旋视角下的高校是知识创新中知识产出的核心。具体表现在几方面:第一,高校是传承人类文明和生产知识的场所。从古至今,人类的重大科技成果 80% 以上都来源于高校,高校既拥有各领域的顶尖人才,又拥有大型的实验室、先进的仪器设备;同时,不同学科领域之间还可以相互交流,智慧的火花经过相互碰撞,又将促进新思想新知识的产生,这些为社会提供了强有力的创新源,推动人类社会的进步与发展。第二,高校承担促进区域发展的重大课题。高校通过承担自己所在区域的重大课题项目和研究计划项目,通过完成课题展开调研,通过理论与实践的结合,获取新知识,形成新观点、新思想,探索新规律,形成新理论、新思维和新方法。①

---

① 赵雷康.高校融入区域科技创新体系建设探析[J].华中农业大学学报(社会科学版),2009(3):72-76.

第十一章

福建高校支撑区域创新体系建设的评价研究

党的十八大报告提出:"提高自主创新能力,建设创新型国家。这是国家发展战略的核心,是提高综合国力的关键。"[①]因此,科学地评价高校支撑区域创新体系建设,不仅对促进我国高等教育大发展起着重要的导向作用,而且对科教兴国战略的实施以及提高高校在区域创新体系中的地位有着重要的意义。目前国内外在这方面的评价还没有一个公认的系统方法,本书在参照已有的国内外评价的基础之上,根据指标的特点,运用熵权法来进行评价分析。如今,高校支撑区域创新体系建设的指标体系已经越来越引起学术界的广泛重视,本章以"三螺旋"理论为指导,在总结前人指标体系建立的基础上,结合高校和区域的实际情况,设立了科技人力支撑、科技财力支撑以及科技成果支撑三大指标体系。

第十章论述了"三螺旋"视角下的高校在区域创新体系建设中的地位和作用,为本章的指标设计提供了理论指导。因此本章从一些客观数据入手,尝试构建指标体系,深入分析高校对区域创新体系的贡献度,为进一步评价高校支撑区域创新体系建设的能力,具体测算高校对区域创新体系的贡献奠定一定的基础。

第一节 研究方法与分析步骤

高校支撑区域创新体系建设是一个综合性的指标。但是各个指标存在权

---

① 万钢.提高自主创新能力,建设创新型国家[J].求是,2007(23):56-58.

重不一样的问题，而目前确定权重的方法主要有主观经验赋值和客观赋值两种。主观赋值依据以往的经验或专家的主观评判来设定各指标所占的权重，从而确定每个指标的得分，最后计算出每个单位的总得分并将它们进行排序。这种方法不可避免地增加了指标的随意性，缺少客观性。客观赋值法包括因子分析、主成分分析、熵权法等等。由于因子分析和主成分分析对样本的要求非常严格，通常样本要多于指标值的很多倍才能使用，并且要求指标的相关性KMO检验必须大于0.8才可以使用。熵权法则不需要大量的样本数据，同时又避免了主观评价的随意性，评价结果较为客观，因此本书选取了熵权法来进行分析。首先对26个三级指标（见表11-1）进行分类分析，从而得到高校科技人力支撑、科技财力支撑以及科技成果支撑的评价值，再对这3个二级指标进行分析，从而得出高校支撑区域创新体系建设的综合得分，再对这些评价值进行排序，以此来作为分析的依据。

"熵"是来源于热力学方面的专有名词。在热力学中，用"熵"来度量一个体系的混乱程度，熵值越大，体系就越混乱，所包含的信息量也越小。近年来，人们不断把这个概念引入多元统计方法的应用当中。熵权法通过计算指标间的差异程度来决定指标权重，它是一种科学的处理数据方法，目前已经应用到经济学、心理学以及工、农、林、商业和金融等各个领域，在社会科学和自然科学领域中都发挥了重要作用。它具有以下特征：

熵权法首先将原始数据进行标准化处理，消除了由于数据分布不同和本身差异以及单位不同而造成不可比性，从根本上确保了评价的准确性。

熵权法既避免了分析的主观性，又避免了对指标的限制性。该方法从数据间的差异来判断指标的权重，它是在数学变换的基础上生成的，并随着样本容量的变化而变化，是不能够主观调整的。

熵权法可以简便、快捷地得出结果。在运用熵权法分析时，采用Excel软件，全计算过程都是由电脑来完成的，这样既节约了宝贵的时间，又保证了评价结果的准确性，大大提高了评价效率。

第二节 分析思路与设立指标体系

本书从三个方面对三螺旋理论高校支撑区域创新体系建设进行评价：一是科技人力支撑，就是看高校各个人力方面的指标占区域各个人力指标的比重;二是科技财力支撑,即高校和科技方面有关的支出占区域的比重;三是科技成果支撑,主要从项目课题、发表论文、出版专著、发明专利方面进行评价。

高等教育与区域经济社会发展密切相关。按照经济区域划分,我国可以分为三大经济带,即东部经济区、中部经济区和西部经济区。东部经济区包括辽宁、河北、北京、天津、山东、江苏、上海、浙江、福建、广东、海南等11个省(市)。由于直辖市带有特殊性,因此本书在指标选取上,把北京、天津、上海去掉,此外在东部沿海11个省(市)中,海南省的经济情况比较特殊,因此把海南省也从指标体系中去掉,对余下7个省份进行对比分析。

本书将搜集到的数据进行整理,形成了26个指标,评价指标数据均来源于2009—2011年的《中国统计年鉴》《中国科技统计年鉴》《高等学校科技统计资料汇编》以及各省市的统计年鉴。为了真实反映各指标对区域做的贡献,选择熵权法对其进行评价。大致思路为:

(1)由于每个指标单位各不相同,在进行熵权法分析前要先对数据做标准化处理,即无量纲化处理,从而使它们具有可比性。使其能够在[0,1]这个区间内,标准化的方法有很多种,本书采用max-min方法来进行数据标准化,具体公式为:$Y_{ij}=\dfrac{X_{ij}-\min X_j}{\max X_j-\min X_j}$。其中,$Y_{ij}$为第i行第j列指标标准化后的值,$X_{ij}$为i行j列各指标原始值,$\max X_j$为第j行的最大值,$\min X_j$为第j行的最小值。

(2)在获得各指标的标准化值后,计算各指标所占比重:$P_{ij}=\dfrac{Y_{ij}}{\sum\limits_{i=1}^{n}Y_{ij}}$。

(3)计算各指标的信息熵值:$H_j=-k\sum\limits_{i=1}^{m}P_{ij}\ln P_{ij}$。其中$k=\dfrac{1}{\ln m}$,$H$的取值范围是$0\leqslant H\leqslant 1$,当$H=1$时,系统全部处于混乱状态,此时效用值$G$为0。

(4)计算效用值:$G_j=1-H_j$,对于同一个系统来讲,G的值越大,效用越大,对应的权重也就越大。

(5)计算各指标的权重:$W_j=G_j/\sum\limits_{i=1}^{n}G_j$,其中$0\geqslant W_j\leqslant 1$,$\sum\limits_{j=1}^{n}W_j=1$。

本书选取的26个三级指标见表11-1。

表 11-1 高校支撑区域创新体系建设评价指标体系

一级指标	二级指标	三级指标	编号
高校支撑区域创新体系	科技人力支撑 A	高校 R&D 人员占区域 R&D 人员的比重	A1
		高校 R&D 全时人员占区域 R&D 全时人员的比重	A2
		高校 R&D 全时人员(博士毕业)占区域 R&D 全时人员(博士毕业)的比重	A3
		高校 R&D 人员全时当量占区域 R&D 人员全时当量的比重	A4
		高校 R&D 基础研究人员全时当量占区域 R&D 基础研究人员全时当量的比重	A5
		高校 R&D 应用研究人员全时当量占区域 R&D 应用研究人员全时当量的比重	A6
		高校 R&D 实验发展研究人员全时当量占区域 R&D 实验发展研究人员全时当量的比重	A7
		高校 R&D 课题投入人员全时当量占区域 R&D 课题投入人员全时当量的比重	A8
	科技财力支撑 B	高校 R&D 经费支出占区域 R&D 经费支出的比重	B1
		高校 R&D 基础研究经费支出占区域 R&D 基础研究经费支出的比重	B2
		高校 R&D 应用研究经费支出占区域 R&D 应用研究经费支出的比重	B3
		高校 R&D 实验发展研究经费支出占区域 R&D 实验发展研究经费支出的比重	B4
		高校 R&D 日常性支出占区域 R&D 日常性支出的比重	B5
		高校 R&D 人员劳务费支出占区域 R&D 人员劳务费支出的比重	B6
		高校 R&D 经费资产性支出占区域 R&D 经费资产性支出的比重	B7
		高校 R&D 资产性支出中仪器设备支出占区域 R&D 资产性支出中仪器设备支出的比重	B8
		高校 R&D 经费来源于政府资金占区域 R&D 经费来源于政府资金的比重	B9
		高校 R&D 经费来源于企业资金占区域 R&D 经费来源于企业资金的比重	B10
		高校 R&D 经费来源于国外资金占区域 R&D 经费来源于国外资金的比重	B11
		高校 R&D 课题投入经费占区域 R&D 课题投入经费的比重	B12

续表

一级指标	二级指标	三级指标	编号
	科技成果支撑 C	高校 R&D 项目课题数占区域 R&D 项目课题数的比重	C1
		高校 R&D 专利申请数占区域 R&D 专利申请受理数的比重	C2
		高校 R&D 发明专利申请数占区域 R&D 发明专利申请受理数的比重	C3
		高校 R&D 有效发明专利数占区域 R&D 有效发明专利数的比重	C4
		高校发表科技论文篇数占区域发表科技论文篇数的比重	C5
		高校出版科技著作数占区域发表科技著作数的比重	C6

第三节　设计原则

一、可操作性原则

可操作性原则就是评价指标体系的设计应坚持可操作性的原则,具体内容包括:

(1)数据的可获取性,即数据的选取要尽可能通过统一口径来取得。本书数据就选取来自《国家统计年鉴》《区域统计年鉴》《科技统计年鉴》《高等学校科技资料统计汇编》等各种专业年鉴,因此统计标准口径一致,可以用来作分析。

(2)数据的可量化性,即尽量避免使用定性指标和经验数据,保证数据真实可靠。

(3)指标尽可能简化,不要过于复杂。进行统计分析是为了把复杂的数据分析简单化,如果把分析过程做得过分复杂,是完全没有必要的。

二、可比性原则

可比性原则是指在研究工作中,为了保证评价结果能够进行综合对比分析,要明确指标体系中每个指标的内涵、统计口径、时间、地点和适用范围,从而更好地了解和掌握各个省份的实际水平和变动趋势。在进行高校支撑区域创新体系建设的评价时,为了保证可比性,指标的选取尽可能选用相对指标,少选用绝对指标。

三、科学性原则

科学性原则是指在设立评价指标体系的过程中,应采用科学的方法,运用科学的理论,端正态度,做到尊重客观实际,尽量能够准确反映高校支撑区域创新体系的实际情况。注重数据的准确性,同时还要注意数据的使用方法、使用范畴和适用范围。注意数据在时间上和空间上的一致性,对数据进行选取和加工。

四、系统性原则

根据"三螺旋"理论,高校对区域的支撑体现在科技人力支撑、科技财力支撑、科技成果支撑三个子系统综合集成。这三个子系统能够充分反映高校对区域创新体系建设的支撑,而不是简单地进行指标数据的堆集。系统性原则意味着评价工作既能保证全面性,又能保证数据的独立性,尽可能减少各指标的相关性,从而综合地评价高校对区域创新体系建设的支撑力度。

第四节 二级指标与一级指标熵权分析

在对数据分析上,本书对科技人力、科技财力和科技成果逐一进行分类熵权分析。

一、二级指标熵权分析

(一)科技人力支撑

科技人力指标主要反映在 R&D 人员、R&D 全时人员、R&D 全时人员(博士毕业)、R&D 全时人员当量、R&D 基础研究人员全时当量、R&D 应用研究人员全时当量、R&D 实验发展研究全时当量和 R&D 课题投入人员全时当量几个方面(指标解释见表 11-1)。

对科技人力支撑情况的分析,首先是对区域和高校 R&D 人员情况进行分析,进而得出高校占区域的比重,并将他们标准化,用熵权法得出各指标的权重,得出综合评价值,从而得出科技人力的排名。

1.区域 R&D 人员

首先对区域 R&D 人员情况做分析,原始数据见表 11-2 所示:

表 11-2　沿海七省区域科技人力原始数据

	R&D 人员(人)	R&D 全时人员(人)	其中博士毕业(人)	R&D 人员全时当量(人年)	其中基础研究人员全时当量(人年)	应用研究人员全时当量(人年)	试验发展研究人员全时当量(人年)	项目(课题)人员全时当量(人年)
辽宁	126 393	78 788	9 007	84 654	7 666	13 109	63 884	68 417
河北	91 794	48 238	3 057	62 305	3 808	10 581	47 919	47 480
山东	275 360	176 314	9 900	190 329	9 481	20 070	160 777	142 152
江苏	406231	244766	14512	315831	8519	17 213	290 109	233 418
浙江	286 751	159 869	9 295	223 484	5 943	10 783	206 766	177 370
福建	101 374	62 717	3 764	76 737	3 435	8 090	65 218	55 469
广东	446 579	333 995	13 329	344 692	9 273	20 499	314 925	253 362

从表 11-2 中可以看出,在区域科技人力的各项指标中,福建省在七个省份中都是最低的,江苏省在 R&D 人员、R&D 全时人员、R&D 全时人员当量、试验发展研究人员全时当量以及项目课题人员全时当量中排名第一,山东省的基础研究人员全时当量排名第一,广东省的应用研究人员全时当量排名第一,与此同时,浙江省在各项指标中也处于领先位置。

2.高校 R&D 人员

高校科技人力方面的原始数据见表 11-3:

表 11-3　沿海七省高校科技人力原始数据

	高校 R&D 人员(人)	其中 R&D 全时人员(人)	其中博士毕业(人)	R&D 人员全时当量(人年)	基础研究人员全时当量(人年)	应用研究人员全时当量(人年)	试验发展研究人员全时当量(人年)	R&D 课题人员全时当量(人年)
辽宁	30 407	15 320	6 462	15 665	6 357	8 068	1 243	15 657
河北	16 842	6 433	2 267	7 388	2 981	4 092	319	7 385

续表

	高校 R&D 人员（人）	其中 R&D 全时人员（人）	其中博士毕业（人）	R&D 人员全时当量（人年）	基础研究人员全时当量（人年）	应用研究人员全时当量（人年）	试验发展研究人员全时当量（人年）	R&D 课题人员全时当量（人年）
山东	27 130	13 999	5 506	14 634	7 159	6 692	782	14 500
江苏	35 792	16 700	8 900	17 513	7 221	8 327	1 971	17 508
浙江	31 158	10 588	6 281	13 000	5 519	6 675	809	2 991
福建	12 290	5 504	2 579	5 892	1 556	3 798	543	5 889
广东	33 865	14 888	8 437	16 169	7 018	8 280	874	16 083

从高校科技人力情况来看，江苏省高校R&D各项指标都排名第一，辽宁、浙江和广东省的各项指标仅次于江苏省，排名比较靠前，福建省除了试验发展研究人员全时当量排在河北省前面外，其他各项指标都排名最后。

3.高校R&D人员占区域R&D人员的比重

把高校的R&D数据除以区域相对应的R&D数据，作为高校对区域的贡献度，计算结果如表11-4所呈现：

表11-4 沿海七省高校科技人力占区域科技人力的比重

	A1	A2	A3	A4	A5	A6	A7	A8
辽宁	0.2406	0.1944	0.7174	0.1850	0.8292	0.6155	0.0195	0.2288
河北	0.1835	0.1334	0.7416	0.1186	0.7828	0.3867	0.0067	0.1555
山东	0.0985	0.0794	0.5562	0.0769	0.7551	0.3334	0.0049	0.1020
江苏	0.0881	0.0682	0.6133	0.0555	0.8476	0.4838	0.0068	0.0750
浙江	0.1087	0.0662	0.6757	0.0582	0.9287	0.6190	0.0039	0.0732
福建	0.1212	0.0878	0.6852	0.0768	0.4531	0.4695	0.0083	0.1062
广东	0.0758	0.0446	0.6330	0.0469	0.7568	0.4039	0.0028	0.0635

从表11-4可以看出，在科技人力的各项指标中，辽宁省和河北省在科技人力的各项指标中，高校对区域的贡献度排名处于领先地位，特别是在A1（高校R&D人员占区域R&D人员的比重）、A2（高校R&D全时人员占区域R&D全时人员的比重）、A3（高校R&D全时人员中博士毕业占区域R&D全时人员博士毕业的比重）、A4（高校R&D全时人员当量占区域R&D全时人员当量的比重）和A8（高校R&D课题投入人员全时当量占区域R&D课题

投入人员全时当量)这几大指标中表现尤为突出。但是,浙江省在指标 A5(高校 R&D 基础研究人员全时当量占区域 R&D 基础研究人员全时当量的比重)和 A6(高校 R&D 应用研究人员全时当量占区域 R&D 应用研究人员全时当量的比重)中排名第一,广东省各项指标都比较靠后,福建省处于中间位置,但是指标 A5(高校 R&D 基础研究人员全时当量占区域 R&D 基础研究人员全时当量的比重)和 A4(高校 R&D 全时人员当量占区域 R&D 全时人员当量的比重)排名很靠后。

但由于各指标所包含的信息量是不一样的,这就使得各指标所占的权重也是不同的,因此仅仅这些还不能完全反映各省市的排名情况,需要一种客观赋权的办法来决定各指标的权重。熵权法着重在于通过数学计算得出各指标有效的信息量,从而决定每个指标的权重,使得分析评价结果具有客观性和准确性。

4.科技人力支撑权重的确定

用公式 $Y_{ij} = \dfrac{X_{ij} - \min X_j}{\max X_j - \min X_j}$ 将以上 A1、A2、A3、A4、A5、A6、A7、A8 这 8 个指标作为科技人力支撑的 8 个指标进行标准化处理,即无纲量化处理,处理结果如表 11-5:

表 11-5 沿海七省科技人力标准化数据

	A1	A2	A3	A4	A5	A6	A7	A8
辽宁	1	1	0.8698	1	0.7910	0.9874	1	1
河北	0.6534	0.5924	1	0.5188	0.6933	0.1866	0.2327	0.5567
山东	0.1378	0.2324	0	0.2170	0.6350	0	0.1251	0.2329
江苏	0.0745	0.1578	0.3081	0.0618	0.8296	0.5264	0.2409	0.0697
浙江	0.1993	0.1445	0.6449	0.0815	1	1	0.0682	0.0590
福建	0.2756	0.2881	0.6958	0.2162	0	0.4764	0.3327	0.2581
广东	0	0	0.4143	0	0.6386	0.2468	0	0
合计	2.3405	2.4152	3.9330	2.0954	4.5875	3.4236	1.9995	2.1765

从标准化后的数据可以看出,数值都落在[0,1]之间,并在此基础上计算各标准化后的指标所占比重,运行结果如表 11-6 所示:

表 11-6 人力支撑标准化后各指标所占比重

	A1	A2	A3	A4	A5	A6	A7	A8
辽宁	0.4273	0.4140	0.2212	0.4772	0.1724	0.2884	0.5001	0.4594
河北	0.2792	0.2453	0.2543	0.2476	0.1511	0.0545	0.1164	0.2558
山东	0.0589	0.0962	0	0.1036	0.1384	0	0.0626	0.1070
江苏	0.0318	0.0653	0.0783	0.0295	0.1808	0.1538	0.1205	0.0320
浙江	0.0851	0.0598	0.1640	0.0389	0.2180	0.2921	0.0341	0.0271
福建	0.1177	0.1193	0.1769	0.1032	0	0.1392	0.1664	0.1186
广东	0	0	0.1053	0	0.1392	0.0721	0	0

根据表 11-6 的运行结果计算各指标的信息熵值：$H_j = -k \sum_{i=1}^{m} P_{ij} \ln P_{ij}$，其中 $k = 1/\ln(m)$，计算 H_1 的熵值为：$H_1 = -k \sum_{i=1}^{8} P_{i1} \ln P_{i1}$，其中 i＝1,2,3 …8，m＝8，则：

$$H_1 = -\frac{1}{\ln 8}(0.4373 * \ln 0.4273 + 0.2792 * \ln 0.2792 + 0.0589 * \ln 0.0589 + \cdots\cdots + 0)$$
$$= 0.7010$$

同理可得：

$$H_2 = -\frac{1}{\ln 8}(0.4140 * \ln 0.4140 + 0.2453 * \ln 0.2453 + 0.0962 * \ln 0.0962 + \cdots\cdots + 0)$$
$$= 0.7384$$

$$H_3 = -\frac{1}{\ln 8}(0.2212 * \ln 0.2212 + 0.2543 * \ln 0.2543 + 0 \cdots\cdots + 0.1053 * \ln 0.1053)$$
$$= 0.8278$$

……

……

$$H_8 = -\frac{1}{\ln 8}(0.4594 * \ln 0.4594 + 0.2558 * \ln 0.2558 + 0.1070 * \ln 0.1070 \cdots\cdots + 0)$$
$$= 0.6762$$

根据公式效用值 $G_j = 1 - H_j$ 可得出各指标的信息效用系数：

$$G_1 = 1 - H_1 = 0.2990$$
$$G_2 = 1 - H_2 = 0.2616$$
$$G_3 = 1 - H_3 = 0.1722$$

……
……

$G_8 = 1 - H_8 = 0.3238$

将 G_1、G_2、G_3……G_8 带入公式 $W_j = G_j / \sum_{i=1}^{n} G_j$，再根据可得到科技人力指标中的客观权重，可得到 A1、A2、A3、A4、A5、A6、A7、A8 的各指标权重为 14.56％、12.74％、8.38％、15.95％、7.05％、10.56％、15％、15.76％。见表 11-7：

表 11-7 科技人力各指标权重

单位:％

二级指标	三级指标	编号	权重
科技人力支撑 A	高校 R&D 人员占区域 R&D 人员的比重	A1	14.56
	高校 R&D 全时人员占区域 R&D 全时人员的比重	A2	12.74
	高校 R&D 全时人员（博士毕业）占区域 R&D 全时人员（博士毕业）的比重	A3	8.38
	高校 R&D 人员全时当量占区域 R&D 人员全时当量的比重	A4	15.95
	高校 R&D 基础研究人员全时当量占区域 R&D 基础研究人员全时当量的比重	A5	7.05
	高校 R&D 应用研究人员全时当量占区域 R&D 应用研究人员全时当量的比重	A6	10.56
	高校 R&D 实验发展研究人员全时当量占区域 R&D 实验发展研究人员全时当量的比重	A7	15
	高校 R&D 课题投入人员全时当量占区域 R&D 课题投入人员全时当量的比重	A8	15.76

由表 11-7 可以看出，在科技人力指标中，A4 所占的权重最大，说明高校 R&D 人员全时当量占区域 R&D 人员全时当量的比重在科技人力指标中的影响因素最大；A5 权重最小，说明高校 R&D 基础研究人员全时当量占区域 R&D 基础研究人员全时当量的比重在科技人力指标中起的影响作用相对较小。

5.科技人力支撑结果分析

用权重乘以各相对应标准化后的值可以得出各省份、各指标的相对应得分，结果如表 11-8 所示：

表 11-8　沿海七省科技人力支撑各指标的评价得分

	A1	A2	A3	A4	A5	A6	A7	A8
辽宁	0.1456	0.1274	0.0729	0.1595	0.0558	0.1042	0.1500	0.1576
河北	0.0951	0.0755	0.0838	0.0828	0.0489	0.0197	0.0349	0.0878
山东	0.0201	0.0296	0	0.0346	0.0448	0	0.0188	0.0367
江苏	0.0108	0.0201	0.0258	0.0099	0.0585	0.0556	0.0361	0.0110
浙江	0.0290	0.0184	0.0541	0.0130	0.0705	0.1056	0.0102	0.0093
福建	0.0401	0.0367	0.0583	0.0345	0	0.0503	0.0499	0.0407
广东	0	0	0.0347	0	0.0450	0.0261	0	0

将七个省份的各指标求和,得出综合得分,并将它们排名,结果如表 11-9 所呈现。从排名中可以看出,辽宁省和河北省综合得分最高,福建省 A5(高校 R&D 基础研究人员全时当量占区域 R&D 基础研究人员全时当量的比重)得分最低,说明在福建省从事基础研究的人员比例偏少。我省在科技人力方面要重视并加强对基础研究的建设与投入,鼓励更多的高校科研人员从事基础研究。对 2009 年、2010 年的数据分析采取同样的方法(过程略),结果见表 11-9:

表 11-9　沿海七省 2009、2010 年科技人力支撑综合评价得分及其排名

	2009 年		2010 年	
	分数	排名	分数	排名
辽宁	0.9825	1	0.9730	1
河北	0.4185	2	0.5284	2
山东	0.2336	4	0.1845	6
江苏	0.1451	6	0.2278	5
浙江	0.2853	3	0.3101	4
福建	0.2169	5	0.3105	3
广东	0.0925	7	0.1058	7

由表 11-9 可以看出,辽宁省和河北省科技人力支撑排名领先;广东省靠后,这是由于广东省高科技企业较多,高校人才比例相对就偏少,相对高校对区域的贡献度偏低;福建省由靠后的位置上升到了中游水平,这和福建省不断引进人才到高校有直接关系。

(二)科技财力支撑

科技财力指标主要反映在R&D经费支出、基础研究支出、应用研究支出、试验发展支出、日常性支出、人员劳务费、资产性支出、仪器设备支出、项目课题经费支出、来源于政府的资金、来源于企业的资金、来源于国外的资金。对科技财力的分析同样也是先进行区域科技财力状况分析,然后对高校的科技财力状况进行分析,进而分析高校对区域科技财力的贡献度。

1.区域科技财力情况

首先,从R&D占GDP的比重来看(如表11-10所示),2010年全国R&D支出占GDP的比重为1.76%,在所选取的七个省份中江苏省的比重最大,福建省和河北省比重最低,且均低于全国平均水平。

表11-10 沿海七省R&D占GDP的比重

单位:%

全国	辽宁	河北	山东	江苏	浙江	福建	广东
1.76	1.56	0.76	1.7	2.1	1.8	1.2	1.8

区域科技财力状况如表11-11所呈现,从R&D经费支出总额来看,江苏省和广东省支出总额较大,且江苏省各项分指标都位居第一,广东省的人员劳务费支出远远高于沿海其他省份;河北省和福建省的R&D支出总额最低,其中福建省的基础研究经费和应用研究经费为沿海省份最低,河北省的试验发展支出、日常性支出包括劳务费支出、资产性支出包括仪器和设备支出都是最低的。

表11-11 沿海七省区域科技财力原始数据

单位:万元

	R&D经费支出	其中基础研究支出	应用研究支出	试验发展支出	R&D经费日常性支出	其中人员劳务费
辽宁	2 874 703	73 012	361 569	2 440 124	2 512 699	471 477
河北	1 554 492	52 822	230 886	1 270 778	1 251 688	300 663
山东	6 720 045	132 841	366 053	6 221 155	5 807 270	1 351 814
江苏	8 579 491	225 144	532 269	7 822 086	7 292 419	1 846 520

续表

	R&D经费支出	其中基础研究支出	应用研究支出	试验发展支出	R&D经费日常性支出	其中人员劳务费
浙江	4 942 349	113 365	302 541	4 526 437	4 323 623	1 456 286
福建	1 708 982	41 885	94 875	1 572 226	1 377 018	427 112
广东	8 087 478	167 218	373 207	7 547 056	6 957 660	2 864 269
	R&D经费资产性支出	其中仪器和设备	项目(课题)经费支出	R&D经费来源于政府资金	来源于企业资金	来源于国外资金
辽宁	362 005	303 856	1 653 117	655 922	2 143 293	6 402
河北	302 804	224 358	1 054 107	273 894	1 220 159	540
山东	912 779	805 258	4 168 861	588 821	6 001 743	28 443
江苏	1 287 075	1 130 353	6 017 313	1 145 377	7 105 992	115 463
浙江	618 723	587 852	3 614 896	479 955	4 354 470	32 672
福建	331 964	321 024	1 076 230	176 073	1 484 503	13 798
广东	1 129 817	1 032 952	5 709 707	657 617	7089 332	213 405

从R&D经费来源上来看,江苏省来源于政府和企业的资金总额都是最大的,福建省来源于政府部分的资金总额最低,河北省来源于企业的资金最低,广东省来源于国外的资金最高并且遥遥领先沿海其他省份。

2.高校科技财力情况

从高校的科技财力情况上分析,江苏、浙江、广东的高校R&D支出总额较高,相对基础研究支出、应用研究支出、日常性支出、人员劳务费、资产性支出、仪器设备支出、课题投入经费也都较高。其中浙江省高校的人员劳务费最高,福建省的各项指标较低(见表11-12)。

从经费来源上看,江苏、浙江、广东省来源于政府的资金较多,辽宁、江苏、浙江来源于企业的资金较多,而浙江省和广东省来源于国外的资金更多。福建省在来源于政府和国外的资金略高于河北省,来源于企业的资金最低。

表 11-12 沿海七省高校科技财力原始数据

单位:万元

	高校R&D经费支出	基础研究支出	应用研究支出	实验发展支出	R&D日常性支出	其中人员劳务费
辽宁	244 612	40 327	157 623	46 664	218 697	31 901
河北	74 597	27 030	41 076	6 486	55 748	10 555
山东	205 308	72 644	109 126	23 540	173 901	34 839
江苏	556 570	192 988	273 034	90 556	390 130	66 918
浙江	345 508	99 047	215 785	30 670	305 835	71 231
福建	69 418	18 195	43 066	8 160	50 899	10 349
广东	285 790	110 826	153 886	21 083	234 070	39 397
	R&D经费资产性支出	其中仪器和设备支出	高校R&D课题投入经费	高校R&D经费来源政府资金	来源企业资金	来源国外资金
辽宁	25 916	25 377	188 488	103 511	126 995	898
河北	18 849	13 698	54 999	39 915	29 337	80
山东	31 410	28 552	146 452	133 273	61 621	700
江苏	166 444	135 615	407 975	312 225	214 942	1 418
浙江	39 671	39 161	262 310	197 931	109 909	3 780
福建	18 518	17 137	60 518	48 481	13 261	238
广东	51 720	45 015	196 287	194 043	68 237	3 954

3.高校科技财力占区域科技财力的比重

我们把高校的科技财力数据对应除以区域相对应的科技财力数据,作为高校在科技财力方面对区域的贡献度,计算结果如表 11-13 所呈现:

表 11-13 沿海七省高校科技财力占区域科技财力的比重

	B1	B2	B3	B4	B5	B6	B7	B8	B9	B10	B11	B12
辽宁	0.0851	0.5523	0.4359	0.0191	0.0870	0.0677	0.0716	0.0835	0.1578	0.0593	0.1403	0.1140
河北	0.0480	0.5117	0.1779	0.0051	0.0445	0.0351	0.0622	0.0611	0.1457	0.0240	0.1481	0.0522
山东	0.0306	0.5469	0.2981	0.0038	0.0299	0.0258	0.0344	0.0355	0.2263	0.0103	0.0246	0.0351
江苏	0.0649	0.8572	0.5130	0.0116	0.0535	0.0362	0.1293	0.1200	0.2726	0.0302	0.0123	0.0678
浙江	0.0699	0.8737	0.7132	0.0068	0.0707	0.0489	0.0641	0.0666	0.4124	0.0252	0.1157	0.0726
福建	0.0406	0.4344	0.4539	0.0052	0.0370	0.0242	0.0558	0.0534	0.2753	0.0089	0.0173	0.0562
广东	0.0353	0.6628	0.4123	0.0028	0.0336	0.0138	0.0458	0.0436	0.2951	0.0096	0.0185	0.0344

在 B1—B12 这 12 个指标中,辽宁省除 B9(高校 R&D 经费来源于政府资金占区域 R&D 经费来源于政府资金的比重)和 B10(高校 R&D 经费来源于企业资金占区域 R&D 经费来源于企业资金的比重)排名靠后,其余指标都排在前面,其中 B1(高校 R&D 经费支出占区域 R&D 经费支出的比重)、B4(高校 R&D 实验发展研究经费支出占区域 R&D 实验发展研究经费支出的比重)、B5(高校 R&D 日常性支出占区域 R&D 日常性支出的比重)、B6(高校 R&D 人员劳务费支出占区域 R&D 人员劳务费支出的比重)和 B12(高校 R&D 课题投入经费占区域 R&D 课题投入经费的比重)这五个指标排名第一。河北省只有 B11(高校 R&D 经费来源于国外资金占区域 R&D 经费来源于国外资金的比重)排在第一位,其余都比较靠后。山东省各项指标排名都比较靠后。江苏省除 B9(高校 R&D 经费来源于政府资金占区域 R&D 经费来源于政府资金的比重)和 B11(高校 R&D 经费来源于国外资金占区域 R&D 经费来源于国外资金的比重)外,其余都在前三位,其中 B7(高校 R&D 经费资产性支出占区域 R&D 经费资产性支出的比重)和 B8(高校 R&D 资产性支出中仪器设备支出占区域 R&D 资产性支出中仪器设备支出的比重)排名第一。浙江省的所有指标都排在前三位。福建省只有 B3(高校 R&D 应用研究经费支出占区域 R&D 应用研究经费支出的比重)和 B9(高校 R&D 经费来源于政府资金占区域 R&D 经费来源于政府资金的比重)排到了第三位,其余都排在后面。广东省除 B9(高校 R&D 经费来源于政府资金占区域 R&D 经费来源于政府资金的比重)排到了第二位外,其余指标都排在后面。

4.科技财力支撑权重的确定

用公式 $Y_{ij}=\dfrac{X_{ij}-\min X_j}{\max X_j-\min X_j}$ 将以上 B1、B2、B3……B12 这 12 个指标作为科技财力支撑的 8 个指标进行标准化处理,即无纲量化处理,处理结果如表 11-14 所呈现,各指标经过标准化后的值在[0,1]之间,这样便于对其进行评价分析。

表 11-14 沿海七省科技财力标准化数据

	B1	B2	B3	B4	B5	B6	B7	B8	B9	B10	B11	B12
辽宁	1	0.2684	0.4820	1	1	1	0.3917	0.5686	0.0453	1	0.9420	1
河北	0.3197	0.1760	0	0.1415	0.2556	0.3961	0.2933	0.3029	0	0.3003	1	0.2235
山东	0	0.2560	0.2246	0.0606	0	0.2229	0	0.3023	0.0265	0.0907	0	0.0094
江苏	0.6293	0.9624	0.6259	0.5379	0.4125	0.4171	1	1	0.4757	0.4236	0	0.4197

续表

	B1	B2	B3	B4	B5	B6	B7	B8	B9	B10	B11	B12
浙江	0.7216	1	1	0.2439	0.7145	0.6522	0.3130	0.3687	1	0.3241	0.7611	0.4795
福建	0.1846	0		0.5156	0.1468	0.1229	0.1943	0.2252	0.2121	0.4861	0	0.0368	0.2744
广东	0.0877	0.5198	0.4379	0		0.0648	0	0.1198	0.0961	0.5600	0.0138	0.0460	0

在此基础上,计算各指标所占的权重,计算结果如表 11-15 所呈现:

表 11-15 科技财力支撑标准化后各指标所占比重

	B1	B2	B3	B4	B5	B6	B7	B8	B9	B10	B11	B12
辽宁	0.3398	0.0843	0.1467	0.4693	0.3891	0.3469	0.1672	0.2231	0.0158	0.4789	0.3275	0.4156
河北	0.1086	0.0553	0		0.0664	0.0994	0.1374	0.1252	0.1188	0	0.1438	0.3476	0.0929
山东	0	0.0804	0.0683	0.0285	0		0.0773	0	0.1053	0.0127	0.0315	0.0039
江苏	0.2138	0.3024	0.1905	0.2524	0.1605	0.1447	0.4268	0.3924	0.1658	0.2028	0	0.1744
浙江	0.2452	0.3142	0.3043	0.1145	0.2780	0.2262	0.1336	0.1447	0.3485	0.1552	0.2646	0.1992
福建	0.0627	0		0.1569	0.0689	0.0478	0.0674	0.0961	0.0832	0.1694	0	0.0128	0.1140
广东	0.0298	0.1633	0.1333	0		0.0252	0	0.0511	0.0377	0.1952	0.0066	0.0160	0

计算各指标的信息熵值:$H_j = -k \sum_{i=1}^{m} P_{ij} \ln P_{ij}$,其中 $k = 1/\ln(m)$,计算 H_1 的熵值为:$H_1 = -k \sum_{i=1}^{12} P_{i1} \ln P_{i1}$,其中 $i = 1, 2, 3 \cdots 12, m = 12$,则:

$$H_1 = -\frac{1}{\ln 12}(0.3398 * \ln 0.3398 + 0.1086 * \ln 0.1086 + 0 + \cdots\cdots + 0.0298 * \ln 0.0298)$$
$$= 0.6281$$

同理可得:

$$H_2 = -\frac{1}{\ln 12}(0.0834 * \ln 0.0834 + 0.0553 * \ln 0.0553 + \cdots\cdots + 0.0298 * \ln 0.0298)$$
$$= 0.6410$$
$$H_3 = -\frac{1}{\ln 12}(0.1467 * \ln 0.1467 + 0 + 0.0683 * \ln 0.0683 \cdots\cdots + 0.1333 * \ln 0.1333)$$
$$= 0.6849$$

……
……

$$H_{12} = -\frac{1}{\ln 12}(0.4156 * \ln 0.4156 + 0.0929 * \ln 0.0929 + 0.0039 * \ln 0.0039 \cdots\cdots + 0)$$

$=0.5960$

根据公式效用值 $G_j=1-H_j$ 可得出各指标的信息效用系数：

$$G_1=1-H_1=0.3719$$
$$G_2=1-H_2=0.3590$$
$$G_3=1-H_3=0.3151$$
$$……$$
$$……$$
$$G_{12}=1-H_{12}=0.4040$$

将 G_1、G_2、G_3……G_{12} 带入公式 $W_j=G_j/\sum_{i=1}^{n}G_j$，再根据可得到科技人力指标中的客观权重，可得到 B1、B2、B3……B12 的各指标权重。见表 11-16：

表 11-16 科技财力各指标权重

单位：%

二级指标	三级指标	编号	权重
科技财力支撑 B	高校 R&D 经费支出占区域 R&D 经费支出的比重	B1	7.98
	高校 R&D 基础研究经费支出占区域 R&D 基础研究经费支出的比重	B2	7.71
	高校 R&D 应用研究经费支出占区域 R&D 应用研究经费支出的比重	B3	6.76
	高校 R&D 实验发展研究经费支出占区域 R&D 实验发展研究经费支出的比重	B4	9.23
	高校 R&D 日常性支出占区域 R&D 日常性支出的比重	B5	8.64
	高校 R&D 人员劳务费支出占区域 R&D 人员劳务费支出的比重	B6	7.34
	高校 R&D 经费资产性支出占区域 R&D 经费资产性支出的比重	B7	7.92
	高校 R&D 资产性支出中仪器设备支出占区域 R&D 资产性支出中仪器设备支出的比重	B8	7.95
	高校 R&D 经费来源于政府资金占区域 R&D 经费来源于政府资金的比重	B9	7.75
	高校 R&D 经费来源于企业资金占区域 R&D 经费来源于企业资金的比重	B10	9.95
	高校 R&D 经费来源于国外资金占区域 R&D 经费来源于国外资金的比重	B11	10.10
	高校 R&D 课题投入经费占区域 R&D 课题投入经费的比重	B12	8.67

由表 11-16 可以看出,除 B11 在各指标中所占权重最大,B3 所占权重最小外,其余各指标所占比重相差不多,大部分指标都在 7% 以上,这说明各个指标在科技财力方面影响因素基本相同,这表明高校 R&D 经费来源于国外资金占区域 R&D 经费来源于国外资金的比重所占相对其他指标在科技财力方面有较大影响,高校 R&D 应用研究经费支出占区域 R&D 应用研究经费支出的比重影响较小。

5.科技人力支撑结果分析

用权重乘以各相对应标准化后的值可以得出各省份、各指标的相对应得分,结果如表 11-17 所示:

表 11-17 沿海七省科技财力支撑各指标得分

	B1	B2	B3	B4	B5	B6	B7	B8	B9	B10	B11	B12
辽宁	0.0798	0.0207	0.0326	0.0923	0.0864	0.0734	0.0310	0.0452	0.0035	0.0995	0.0952	0.0867
河北	0.0255	0.0136	0	0.0131	0.0221	0.0291	0.0232	0.0241	0	0.0299	0.1010	0.0194
山东	0	0.0197	0.0152	0.0056	0	0.0164	0	0	0.0234	0.0026	0.0092	0.0008
江苏	0.0502	0.0742	0.0423	0.0497	0.0357	0.0306	0.0792	0.0795	0.0369	0.0422	0	0.0364
浙江	0.0576	0.0771	0.0676	0.0225	0.0617	0.0478	0.0293	0.0293	0.0775	0.0323	0.0769	0.0416
福建	0.0147	0	0.0349	0.0135	0.0106	0.0143	0.0178	0.0169	0.0377	0	0.0037	0.0238
广东	0.0070	0.0401	0.0296	0	0.0056	0	0.0095	0.0076	0.0434	0.0014	0.0046	0

从表中可以看出,福建省 B2(高校 R&D 基础研究经费支出占区域 R&D 基础研究经费支出的比重)和 B1(高校 R&D 经费来源于企业资金占区域 R&D 经费来源于企业资金的比重)得分最低,表明福建省高校对基础研究的支出和来源于企业的资金相对沿海其他省份是最低的,因此,加大对基础研究的投入,加强企业和高校的合作,拓宽高校的经费来源渠道显得尤为重要。

将每个省份 B1 到 B12 相加,得出科技财力支撑综合得分并将它们排序(结果见表 11-18),用同样的方法对 2009 年的数据进行熵权分析(过程略),综合得分和分析结果见表 11-18:

表 11-18 沿海七省 2009、2010 年科技财力支撑综合评价得分及其排名

	2009 年		2010 年	
	得分	排名	得分	排名
辽宁	0.5869	1	0.7463	1
河北	0.3764	4	0.3009	4

续表

	2009 年		2010 年	
	得分	排名	得分	排名
山东	0.1907	7	0.0929	7
江苏	0.5067	3	0.5567	3
浙江	0.5627	2	0.6167	2
福建	0.1931	6	0.1879	5
广东	0.2217	5	0.1488	6

从表 11-18 可以看出,辽宁、浙江、江苏三省连续两年位居前列,山东、福建、广东排名靠后,但福建省 2010 年比 2009 年排名有所提升。

(三)科技成果支撑

科技成果支撑主要反映在项目课题数、专利申请受理数、发明专利、发表论文以及出版科技著作上。对科技成果支撑情况的分析,首先是对区域和高校科技成果情况进行分析,进而得出高校科技成果占区域的比重,并将他们标准化,用熵权法进行赋权得出综合评价值,从而得出科技成果支撑能力的排名。

1.区域科技成果

区域科技成果情况如表 11-19 所示。江苏省项目课题数、专利申请受理数、发明专利受理数、发表科技论文和出版科技著作总数在所选取的省份中都位居第一;广东省的有效发明专利数位居第一,并且遥遥领先其他省份;浙江省的各项指标也比较靠前;福建省各项指标都靠后。

表 11-19 沿海各省区域科技成果原始数据

	项目(课题)数(项)	专利申请受理数(件)	其中发明专利(件)	有效发明专利(件)	发表科技论文(篇)	出版科技著作(种)
辽宁	29 032	34 216	9 884	8 155	56 930	2 683
河北	18 135	12 295	3 270	3 122	40 425	917
山东	44 251	80 856	17 259	11 080	72 662	2 528
江苏	65 224	235 873	50 298	19 682	112 987	3 190
浙江	62 145	120 742	18 027	17 955	56 012	1902
福建	21 771	21 994	5 117	3 295	26 111	800
广东	64 554	152 907	40 866	41 891	77 615	2 500

2.高校科技成果

高校科技成果情况数据如表 11-20 所示。浙江省高校 R&D 课题数最多；江苏省高校专利申请数、有效发明专利、发表科技论文数以及出版科技著作最多；广东省高校课题数和发表论文篇数也比较多；福建省各项指标都排名靠后。

表 11-20　沿海七省高校科技成果原始数据

	高校 R&D 课题（项）	高校专利申请数（件）	其中发明专利申请数（件）	有效发明专利（件）	高校发表科技论文（篇）	出版科技著作（种）
辽宁	20 876	4 363	1 655	5 034	43 629	2 536
河北	13 301	937	430	2 290	30 426	743
山东	22 810	3 256	1 668	4 420	48 926	1 690
江苏	35 481	12 694	6 047	13 483	90 125	2 017
浙江	38 269	7 950	3 436	13 086	46 236	1 549
福建	15 925	963	776	1 935	18 137	706
广东	35 749	3 427	2 332	5 253	60 176	1 991

3.高校科技成果占区域科技成果的比重

把高校的科技成果数据除以区域相对应的科技成果数据，作为高校对区域的科技成果贡献度，计算结果如表 11-21 所呈现：

表 11-21　沿海高校科技成果占区域科技成果的比重

单位:%

	C1	C2	C3	C4	C5	C6
辽宁	0.7191	0.1275	0.1674	0.6173	0.7664	0.9452
河北	0.7334	0.0762	0.1315	0.7335	0.7527	0.8103
山东	0.5155	0.0403	0.0966	0.3989	0.6733	0.6685
江苏	0.5440	0.0538	0.1202	0.6850	0.7977	0.6323
浙江	0.6158	0.0658	0.1906	0.7288	0.8255	0.8144
福建	0.7315	0.0438	0.1517	0.5873	0.6946	0.8825
广东	0.5538	0.0224	0.0571	0.1254	0.7753	0.7964

从表 11-21 得知，辽宁省 C2（高校 R&D 专利申请数占区域 R&D 专利申请受理数的比重）、C3（高校 R&D 发明专利申请数占区域 R&D 发明专利申请受理数的比重）、C6（高校出版科技著作数占区域发表科技著作数的比重）比较大；河北省 C1（高校 R&D 项目课题数占区域 R&D 项目课题数的比重）、

C2(高校R&D专利申请数占区域R&D专利申请受理数的比重)、C4(高校R&D有效发明专利数占区域R&D有效发明专利数的比重)比较大;浙江省C3(高校R&D发明专利申请数占区域R&D发明专利申请受理数的比重)、C4(高校R&D有效发明专利数占区域R&D有效发明专利数的比重)、C5(高校发表科技论文篇数占区域发表科技论文篇数的比重)比较大;江苏省由于科技总量比较大,高校占区域的比重显得就没那么突出;福建省C1(高校R&D项目课题数占区域R&D项目课题数的比重)和C6(高校出版科技著作数占区域发表科技著作数的比重)比较大;广东省和山东省的各项指标排名都比较靠后。但是由于各指标间存在一定的相关关系,还不能完全反应各省市的排名情况。因此需要我们用降维的方法来转化为少数几个不相关变量且仍保留原数据绝大多数信息。

4.科技成果支撑权重的确定

将以上C1、C2、C3、C4、C5、C6这6个指标作为科技成果支撑的6个指标进行标准化处理,即无纲量化处理,处理结果如表11-22:

表11-22　科技成果支撑标准化数据表

	C1	C2	C3	C4	C5	C6
辽宁	0.9341	1	0.8266	0.8089	0.6115	1
河北	1	0.5119	0.5574	1	0.5214	0.5687
山东	0	0.1699	0.2964	0.4498	0	0.1158
江苏	0.1308	0.2988	0.4730	0.9203	0.8172	0
浙江	0.4603	0.4132	1	0.9923	1	0.5820
福建	0.9910	0.2034	0.7083	0.7595	0.1398	0.7996
广东	0.1758	0	0	0	0.6703	0.5244

运用标准化数据,计算标准化后的指标所占比重,计算结果如表11-23所示:

表11-23　科技成果支撑标准化后各指标所占比重

单位:%

	C1	C2	C3	C4	C5	C6
辽宁	0.2530	0.3850	0.2140	0.1640	0.1626	0.2785
河北	0.2709	0.1971	0.1443	0.2028	0.1387	0.1584
山东	0	0.0654	0.0768	0.0912	0	0.0322
江苏	0.0354	0.1151	0.1225	0.1866	0.2173	0

续表

	C1	C2	C3	C4	C5	C6
浙江	0.1247	0.1591	0.2590	0.2012	0.2659	0.1621
福建	0.2684	0.0783	0.1834	0.1540	0.0372	0.2227
广东	0.0476	0	0	0	0.1783	0.1461

计算各指标的信息熵值：$H_j = -k \sum_{i=1}^{m} P_{ij} \ln P_{ij}$，其中 $k = 1/\ln(m)$，计算 H_1 的熵值为：$H_1 = -k \sum_{i=1}^{8} P_{i1} \ln P_{i1}$，其中 $i = 1, 2, 3 \cdots 6, m = 6$，则：

$$H_1 = -\frac{1}{\ln 6}(0.2530 * \ln 0.2530 + 0.2709 * \ln 0.2709 + 0 + \cdots\cdots + 0.0476 * \ln 0.0476)$$
$$= 0.8804$$

同理可得：

$$H_2 = -\frac{1}{\ln 6}(0.3850 * \ln 0.3850 + 0.1971 * \ln 0.1971 + 0.0654 * \ln 0.0654 + \cdots\cdots + 0)$$
$$= 0.8967$$

$$H_3 = -\frac{1}{\ln 6}(0.2140 * \ln 0.2140 + 0.1443 * \ln 0.1443 + 0.0768 * \ln 0.0768 + \cdots\cdots + 0)$$
$$= 0.9625$$

……
……

$$H_8 = -\frac{1}{\ln 6}(0.2785 * \ln 0.2785 + 0.1584 * \ln 0.1584 + \cdots.. + 0.1461 * \ln 0.1461)$$
$$= 0.6762$$

根据公式效用值 $G_j = 1 - H_j$ 可得出各指标的信息效用系数：

$G_1 = 1 - H_1 = 0.1196$

$G_2 = 1 - H_2 = 0.1033$

$G_3 = 1 - H_3 = 0.0375$

……

……

$G_6 = 1 - H_6 = 0.0685$

将 G_1、G_2、G_3……G_6 带入公式 $W_j = G_j / \sum_{i=1}^{n} G_j$，再根据可得到科技成果

支撑各指标的客观权重,结果如表 11-24 所示:

表 11-24　科技成果支撑各指标的权重

单位:%

二级指标	三级指标	编号	权重
科技成果支撑 C	高校 R&D 项目课题数占区域 R&D 项目课题数的比重	C1	29.47
	高校 R&D 专利申请数占区域 R&D 专利申请受理数的比重	C2	25.45
	高校 R&D 发明专利申请数占区域 R&D 发明专利申请受理数的比重	C3	9.25
	高校 R&D 有效发明专利数占区域 R&D 有效发明专利数的比重	C4	4.01
	高校发表科技论文篇数占区域发表科技论文篇数的比重	C5	14.94
	高校出版科技著作数占区域发表科技著作数的比重	C6	16.88

从表 11-24 可以看出,C1(高校 R&D 项目课题数占区域 R&D 项目课题数的比重)和 C2(高校 R&D 专利申请数占区域 R&D 专利申请受理数的比重)所占的权重最大,占到了一半以上,说明项目课题数和专利申请数对科技成果支撑的影响因素最大;C4(高校 R&D 有效发明专利数占区域 R&D 有效发明专利数的比重)有效发明专利数的权重最小,说明其对科技成果支撑的影响因素最小。

5.科技成果支撑结果分析

用各指标权重乘以各相对应标准化后的值可以得出各省份、各指标的相对应得分,再将它们求和,得出各指标综合得分,结果如表 11-25 所示:

表 11-25　沿海七省科技成果支撑各指标得分

	C1	C2	C3	C4	C5	C6
辽宁	0.2753	0.2545	0.0764	0.0324	0.0914	0.1688
河北	0.2947	0.1303	0.0515	0.0401	0.0779	0.0960
山东	0	0.0432	0.0274	0.0180	0	0.0195
江苏	0.0386	0.0761	0.0437	0.0369	0.1221	0
浙江	0.1357	0.1052	0.0925	0.0398	0.1494	0.0982
福建	0.2921	0.0518	0.0655	0.0304	0.0209	0.1350
广东	0.0518	0	0	0	0.1002	0.0885

从表 11-25 可以看出，辽宁省和河北省的各项指标都比较靠前，福建省 C5（高校发表科技论文篇数占区域发表科技论文篇数的比重）、C6（高校出版科技著作数占区域发表科技著作数的比重）两项指标均为倒数第二，这表明福建省高校发表科技论文和出版科技著作方面有待加强。

将每个省份 C1 到 C6 相加，得出科技成果支撑综合得分并将它们排序（结果见表 11-26），用同样的方法对 2009 年的数据进行熵权分析（过程略），综合得分和分析结果见表 11-26：

表 11-26　沿海七省 2009、2010 年科技成果支撑综合评价得分及其排名

	2009 年		2010 年	
	得分	排名	得分	排名
辽宁	0.9574	1	0.8988	1
河北	0.6684	3	0.6905	2
山东	0.2188	7	0.1082	7
江苏	0.5803	4	0.3173	5
浙江	0.7065	2	0.6207	3
福建	0.5142	5	0.5956	4
广东	0.2615	6	0.2405	6

由表 11-26 可以看出，辽宁、浙江、河北的科技成果支撑连续两年排名领先，福建、广东、山东排名靠后，表明，这几个省份科技成果支撑能力较弱。

二、一级指标熵权分析

通过上述科技人力、科技财力和科技成果支撑的综合得分的排名，我们可以看出福建省的排名总体是中下水平，但略有上升的趋势。但是仅仅这些还不能完全用来说明福建高校支撑区域创新体系的强弱，因此需要再对二级指标进行客观赋权，进而能够得出一级指标的综合评价值（详细过程略），得出权重如表 11-27：

表 11-27　二级指标权重表

单位:%

一级指标	二级指标	权重
高校支撑区域创新体系	科技人力支撑 A	28.45
	科技财力支撑 B	32.54
	科技成果支撑 C	41.63

由表 11-27 可以看出,在各个二级指标中,科技成果支撑所占权重最大,科技人力支撑所占权重最小,这表明,科技成果在区域创新体系建设中的影响因素最大,科技人力在区域创新体系建设中的影响因素最小。按照权重,我们算出了高校支撑区域创新体系建设的综合得分,见表 11-28:

表 11-28　高校支撑区域创新体系建设综合得分及其排名

	2009 年		2010 年	
	分数	排名	分数	排名
辽宁	0.8919	1	1.0263	1
河北	0.5362	3	0.5489	4
山东	0.2154	6	0.0258	7
江苏	0.5596	4	0.3812	3
浙江	0.8165	2	0.5978	2
福建	0.1967	7	0.3711	5
广东	0.3074	5	0.0975	6

由表 11-28 可以看出,辽宁、浙江高校支撑区域创新体系排名靠前,福建、广东较靠后。这是由于广东省由于高科技企业众多,因此高校对区域创新体系建设的作用相对没那么明显;而福建不同,福建省本身高科技企业就偏少,高校的作用也不是特别明显,但上升的趋势明显。

第十二章

高校支撑区域创新体系建设的典型案例

第一节 美国模式

一、主要措施

被称为"硅谷之父"的斯坦福大学副校长特曼曾这样认为,"高校不单是寻求知识的场所,它们对于一个国家工业的发展,工业的布局、人口的密度和所在地区的声望,都可以发挥巨大的经济影响"。[1] 美国从19世纪开始就非常重视高校与企业合作,从那时起,高校的许多科研成果就开始得到了企业的支持。成立于1885年的斯坦福大学位于加利福尼亚地区,是美国著名的大学,2010年在《美国新闻与世界报道》中,斯坦福大学在美国大学综合排名中位居第5位。在美国流行着这样的说法:斯坦福大学是硅谷一个巨大的母公司。1995年,美国一项调查显示,"硅谷"地区的高科技企业共获得了850亿美元的巨大利润。[2] 在这些企业中,62%的企业创立者都和斯坦福大学有着密切的关系。斯坦福大学有着独具特色的"学术—技术—生产力"的办学理念,这使得斯坦福大学在加快学术资本化市场化方面得到了显著的效果。

---

[1] 周少南.斯坦福大学[M].长沙:湖南教育出版社,1991:77.
[2] 李国.产学研合作办学对高等学校的意义[J].西北师范大学学报,2006(2):131-136.

20世纪50年代,随着高新技术不断发展,美国工商界和政府部门为了利用高校的科研力量,开始把从事高新技术研究的实验室设在大学周围。通过有效的资源整合,形成了科技工业园区。例如:以斯坦福大学为依托的硅谷科技园,促进了整个斯坦福地区经济的繁荣,加速了美国西海岸高技术产业的发展,为硅谷的崛起奠定了基础。除了设在高校周围的科技园区之外,还有许多设立在科研院所周围的科技工业园区,如波士顿128号公路高技术园区。麻省理工学院对该园的建设起了推动作用,为美国经济的腾飞做了不可磨灭的贡献。总之,以大学的研究力量为依托,不仅创造了巨大的经济价值,促进了区域创新体系的建设,同时也为美国经济的腾飞做出了巨大的贡献。

20世纪70年代,为了迎合小企业发展的需要,美国又创建了企业孵化器。美国的企业孵化器划分为四种类型:第一种是由地方政府或非营利组织主办。建立这种类型的孵化器可以为本地区创造更多的就业机会,扩大税收来源,促进本地区经济朝多元化的方向发展。二是由高校或科研机构主办。创立这种类型孵化器的目的是提高高科技产品的竞争力,并快速推广科研成果。三是由私营企业主办,这种类型的孵化器通常是由风险投资公司、种子基金投资公司主办,也有大企业和房地产经营者合办的。四是公私合营的孵化器。这类是由政府等非营利机构和私营企业共同创办的。创办这种类型的孵化器的目的是创新企业和技术密集型企业,通过提供各种类型的配套服务来降低小企业的失败风险,并经过实践的锻炼,培养大批量经得起实践检验的高素质企业家。

1980年,美国联邦政府颁布了《专利商标法修订案》。该项法案对受政府资助的研究课题的专利权问题做了规定:一是接受政府资助的由企业或高校所承担的科研项目形成的一切所有科研成果,由原先归政府所有,改为归企业或享有资助的人所有;二是在研究政府资助项目的过程中,高校或企业所产生的发明创造,高校或企业有权利保留;三是合同项目和享受津贴项目须享受平等的待遇。很明显,这些新规定有助于推动高校科研机构的科技研发工作,鼓励并促进了创新型企业的形成与发展,有利于实现美国经济的快速增长。除了专利权以外,技术转让是促进新知识流动的另一重要手段。美国为了进一步促进科技成果的转让,加速高校、科研院所以及实验室研究成果顺利地转化,美国联邦政府建立了一个庞大的技术转让网络,该网络的覆盖面涵盖整个美国,包括美国所有的高校、科研机构及其实验室的研究成果,并借助这个网络平台将科研成果向企业界发布,加快成果转化的速度。很多高校也陆续创立了专门的综合服务机构,以便协助高校教师等想要做项目的科研人员了解可能存在潜在效益的项目,同时,再把技术发明转让给企业。

高校是联邦政府从事科研活动的主要场所。高校既要负担起培育高科技人才的重任,又要接受来自政府或企业的委托做好科研工作。在美国,主要承担科研任务的高校集中在哈佛大学、斯坦福大学、麻省理工学院、普林斯顿大学、哥伦比亚大学、康奈尔大学等,这些高校可以享受到美国国家科学基金会(NSF)资助,在高校内部成立了工业—大学合作研究中心、工程研究中心和科学技术中心等。

此外,美国实施高技术企业发展模式,即把高技术企业从高校科研机构中剥离出来。实践表明,剥离是科学知识从实验室走向市场的又一个重要通道。所以,知识流动率的高低可以用高科技企业的多少来判断。高技术企业的成立与发展概括起来包括四种途径:一种是风险创业型,它是指发明科技成果的人员以风险投资的形式来创办高科技企业,生产开发高技术产品,这是高技术企业成立最典型的方式。当今全球大部分高技术企业都是凭借这样的途径发展起来的。这种途径能够促使科研成果转换为高技术产品、科学家转换为企业家。二是产学合作型,这种途径是由校企双方密切合作来完成的,这种途径是由企业提供生产条件(如仪器设备、劳动力和生产场所等),高校、科研机构提供高技术成果,双方构成了一个利益共享、风险共担的联合体,组成方式既可以以企业为主,又可以高校和科研机构为主。三是技术植入型,这种途径的含义就是高校、科研机构把自己的科研成果或发明专利以有偿的发方式直接转让给企业。四是外力嫁接型,这种途径的含义是借助引进先进技术和大量资金与企业的生产相结合,运用嫁接的形式,发展高技术企业,使得技术更加先进,风险投资能力更强。[①]

二、对我国的启示

经过总结分析,美国高校支撑区域创新体系建设的模式对我国有良好的借鉴意义。表现为:

第一,政府积极为区域创新体系建设创造良好环境。在美国,政府不直接干预高校与企业合作,而是为二者的合作创造良好的外部环境,这使得从1958年到1874年间,硅谷从政府手中获得十亿的订单。

第二,高校对区域创新体系的贡献显著。今天的硅谷之所以成为科技圣

---

① 肖元真.全球科技创新发展大趋势[M].北京:科学出版社,2000:71-72.

地,斯坦福大学功不可没,斯坦福大学不断地为硅谷输送人才、科技成果,据统计,硅谷地区60%以上的公司是由斯坦福大学的老师和学生创办的。加上周围有众多的州立大学和社区大学,为硅谷的发展奠定了基础。

第三,高校与政府联系密切。美国政府每年都会选派大批人才到政府部门任职,政府部门的官员也可以参与到高校的课题当中,退休人员可以到高校任教,高校和政府的互动也促进了科技成果的转化。

第四,风险投资发挥了重要作用。从20世纪中期开始,风险投资开始成为硅谷地区的主要资金来源,在风险资本的投资下,微软、苹果等世界著名品牌在这里成长。

第二节 日本模式

一、主要措施

早在20世纪60年代,日本政府就开始鼓励高校参与区域创新体系建设。20世纪80年代中期,日本政府提出了"科技立国"的口号;90年代后,日本政府积极支持高校、科研单位和企业的科研力量相联系,利用多种方式进行实用技术攻关。尽管90年代以来,日本遭遇了十年的经济萧条历程,但没有动摇日本在经济实力和创新能力上的世界领先位置。进入21世纪以来,日本政府采取了一系列举措,如:把企业委托高校进行项目研究的资金作为高校的奖学金处置,高校在使用这部分资金时,根据相关有关法律规定,不用其他部门审批,可由校长直接审核决定,但必须建立严格的监督制度,防止资金滥用。同年,日本政府颁布了《产业技术力强化法》,该法律规定,高校教师可以接纳企业的顾问费,并且在将自己的科研成果转向企业的过程中,可以在企业担任职务;得到承认的技术转移机构允许无偿使用公办高校的设施。2001年,日本开始重视支持中小企业,引导中小企业与高校及其科研院所的研究人员开展合作,政府对充满前景的项目给予相应资助。2003年,日本又发起了"产业技术研究培育事业"。凡是企业有望在高校和科研机构开展课题研究的年轻人员、年轻人员为企业出谋划策提出了有价值的可行性意见、年轻人愿在校企合作中组建科研团队等,都将得到政府的资助或补贴。由此,日本新增专利数急剧增长（约 20 万件/年），专利增长数目连续数年位居世界前三。①

在日本，高校早已突破了陈旧的封闭式科研模式。1983 年，文部省创立了"国产学校与民间等共同研究制度"。目的是促进高校与企业开展交流与合作。该制度规定，支持公立高校接受来自企业或民间的研究人员，并且高校教师可以与来自企业或民间的科研人员签订合同进行合作研究；在资金分配上，公立高校应负责进行科学研究所需的各种仪器设备以及维修管理费用，企业应该负担科学研究工作所需的差旅费、消耗品等直接经费，除此之外，企业应该向公立高校交纳相应的科研经费。其中，因研究需要所用共同研究经费所购买的仪器设备，归公立高校所有。双方合作研究的成果，企业在研究工作结束之日起 7 年内可以享受优先实施的待遇，高校教师单独发明的所有专利权，企业同时也享受优先 7 年内实施的优厚待遇。以筑波大学为例，筑波大学与国内外高校、科研机构和社会职能部门展开密切交流与合作，加快了科研成果转化，培育了数以万计的各类创新型的人才，促进了校园学术文化的形成与发展。筑波大学在教学、科研和管理体制等方面都表现出了开放型大学的精神。截至 1999 年底，日本拥有 27 个科技城，这些科技城以高校为依托，使得科研成果迅速实现产业化。此外，日本政府还创立了中介机构，这些中介机构的主要职能就是促使科技成果顺利地市场化，转化为生产力。例如：日本政府在高校和科研机构比较集中的地方建立"高科技市场"；在高校内建立经政府批准设立的技术转让机构，该机构的组织形式采取财务股份公司制、财团法人制或为高校单独出资。

二、对我国的启示

经过分析总结，日本高校支撑区域创新体系建设的模式对我国有良好的借鉴意义。主要表现在：

1. 建立信息资源共享网络。

日本拥有完善的跨区域、跨部门的信息网络，这使得科技信息和各类创新动态得以顺畅的流通。如：1985 年成立的科技信息中心，它通过搜集海内外各种科技方面的信息来达到日本振兴科技的目的。

2. 政府为高校支撑区域创新体系建设提供了良好的外部环境。

---

① 刘彦.日本以企业为创新主体的产学研制度研究[J].科技政策与管理，2007（2）：36.

自二战开始,日本政府学习美国,鼓励高校服务区域经济社会,重视法律的效力,将高校服务经济社会纳入法律体系,为高校服务社会提供法律保障。

3.创办中介机构。

日本政府为促进科技成果转化,积极创办中介机构,为科技成果转化活动提供信息和资助服务,帮助科技人员申请专利,减少科技成果转化障碍,降低科技成果转化风险。

4.重视知识产权保护。

日本政府要求高校建立知识产权保护机构,机构人员由法律专家、科研机构人员以及企业人员构成,而且分工明确。

第三节　英国模式

一、主要措施

在英国,由政府部门发起的"联系计划"和"法拉第合作伙伴计划"是高校支撑区域创新体系建设的典型。"联系计划"是由英国政府 12 个部门及各研究理事会参加,重点鼓励和支持高校、科研机构与企业在市场化方面的合作研究开发。该计划需要由高校或科研机构与企业共同申请,合作承担,政府和企业各付一半的研究资金。截至 1999 年,"联系计划"实施顺利,并取得了良好成果,其中有 58 个已完成或在进行的计划,获得政府资助的项目达一千多个,项目经费超过了四亿英镑。"法拉第合作伙伴计划"是由英国贸工部和工程与物质研究理事会共同发起的,该计划的规模要求较大,它不仅仅停留在支持单个高校与单个企业进行简单的合作,而是要成立由多所高校、科研机构、企业以及金融机构组成的合作集团。例如:Intersect 法拉第合作伙伴,以开发传感技术为重点,它由国家物理研究所和希腊(Sira)公司牵头,由 13 个公司、12 所高校和 8 家中小企业参与,现有 4 个项目正在进行中。

以沃里克大学为例,1965 年,该校积极把学术成果推向市场,使得学术资本化,加强与社会各界的联系,致力于建设具有企业家精神的大学。[①] 虽然这种模式遭到争议,原因是将大学变成了"商业大学""有限公司",但学校仍然坚定自己的办学体制,排除众议,先后成立了为企业和社区提供有偿服务的商学院(1967)、艺术中心(1974)、沃里克制造业集团(1980)和沃里克大学科学园有限公司(1984)等等,并继续开拓联系范围,密切高校与社会各界特别是企业界的关系,使得办学资金的来源渠道朝着多元化的方向发展。以沃里克大学商学院为例,从1967年建立之初就非常重视与地方企业和政府合作,乃至在全球范围内展开跨国合作,该学院把培养人才、科学研究、服务企业三者间紧密结合起来,积极拓宽各类业务往来。为了提升品位,该学院把工商界、企业界以及社会享有名气的专家学者聘请到学院任教,在全国的科研水平评估中居首位,因此享有"欧洲哈佛商学院"的美称。其中来自70多个国家的三千多名学生涉及本科至博士各个层次,[②] 所有这一切为学校带来了巨额的资金收入和科研回报,为学校的发展提供了良好的经济基础,并促进了国际交流与合作,提升了国际影响力。

1994年,沃里克大学还与考文垂市议会、沃里克郡议会以及中西部企业集团联合创立了沃里克科学园区。其中,沃里克大学占35%的股份,考文垂市议会占47%的股份,沃里克郡议会占10%的股份,中西部企业集团占8%的股份。沃里克园区内的企业大部分与沃里克制造业集团有密切的合作,其中,从事计算机软件开发业务所占比重最大(约40%),此外,机械制造、电气工程、医药与生物技术、通讯等行业也是该园区所从事的重要行业。[③] 该科学园被称为"沃里克大学科学园有限公司",董事会由出资各方担任,该公司完全实行独立管理和经营,它的主要目的是为了培育高科技中小企业,特别是具有创新能力的中小企业。该公司充分发挥了沃里克大学的作用,特别是在培训员工与科技产品开发上,沃里克大学起到了与企业界相联络的桥梁作用,同时,也为沃里克大学的毕业生提供就业渠道。该园区除主园以外,还建立了两个卫星园:一个是沃里克科技园创业中心,该园是1997年创办的,占地面积6英亩,主要功能是为高技术企业创造良好的环境;另一个是商业创业中心,该

---

① 夏仕武.学术研究与创收经营两位一体的大学发展研究——来自沃里克大学的成功实践[J].辽宁教育研究,2006(1):27-30.
② 冯学华.国内外产学研合作动力机制面面观[J].科技导报,1997(2):26-28.
③ 王玲、张义芳等.日本官产学合作经验之探究[J].世界科技研究与发展,2006(2):91-95.

园是2001年建立的,占地面积2.5英亩。正如美国教育家伯顿·克拉克所言,在致力于转型的过程当中,沃里克大学在达到作为一所综合型大学的强大实力和高层地位的标准的同时,又积极从拓展工业领域中获得了更大的发展空间。因此,转型以来,沃里克大学的办学水平排名跃入了英国高校的前列,获得了2010年《卫报》全国大学综合排名第四名和《泰晤士报》大学综合排名第六名的成绩,成为全英国最受欢迎的大学之一。沃里克大学创造出的将企业家思想融入办学理念的"沃里克模式",引起国际社会的广泛关注。

二、对我国的启示

英国高校支撑区域创新体系建设对我国的借鉴意义表现在:

1. 高校拥有自己的公司。

英国政府支持和鼓励高校拥有自己的研发公司,所有权归高校,并且可以占有部分股份。据了解,英国大部分高校都拥有自己的公司,并且数量在不断增多。

2. 鼓励企业在高校建立实验室。

英国政府鼓励企业在高校建立实验室,这不仅使高校和企业的关系日益紧密,也给高校带来了便利。

3. 加强知识产权保护。

英国是世界上最早进行知识产权保护的国家,也是知识产权保护制度最完善的国家。如:ARM公司等以知识产权为竞争力授权企业进行生产。

第十三章

提升福建高校支撑区域创新体系建设能力的对策建议

要促进海峡西岸经济区快速发展,建立特色突出、成果显著的区域创新体系迫在眉睫。从第十一章的分析可以看出:福建高校支撑区域创新体系建设三项指标排名靠后,这就意味着福建省高校在支撑区域创新体系建设方面还存在许多问题。本章先是分析福建高校支撑区域创新体系建设的现状,然后依然从人力、财力、科技三大方面提出"三螺旋"理论视角下提升福建高校支撑区域创新体系建设的对策。

第一节 福建高校支撑区域创新体系建设的问题分析

一、高校结构不合理,支撑区域创新体系建设能力弱

改革开放以来,我省高等教育发展势头猛烈。截至 2011 年底,全省普通本科院校数量有 35 所,高职高专院校有 56 所,①(见表 13-1)但高校结构不合理,主要表现在:

一是老本科高校较少,新办本科院校较多。进入 21 世纪后,新组建了许多本科院校,这些学校大都是由原来的专科、高职或中专合并升格形成的。这就使得这些院校存在创办时间短、师资队伍整体比较弱、专业设置不合理、管

---

① 福建省教育厅网站,http://www.fjedu.gov.cn/html/links_fjgx.html。

理体制和人才培养不够健全等问题。这些学校支撑区域创新体系建设的能力弱。

二是高校集中在经济发达地区。如表13-1所示,福州和厦门、漳州、泉州这4个地区高校多,占全省高校总数近86%,南平、三明、龙岩三地区高校只有9所。高等教育的发展还不能够适应经济欠发达区域创新体系建设的需要。

表13-1 截至2011年底福建省各地高校数量统计表

单位:所

	福州	厦门	泉州	漳州	南平	三明	龙岩	莆田	宁德	合计
本科学校（含独立院校）	18	6	5	1	1	1	1	1	1	35
高职高专（含民办高职）	20	11	12	5	3	2	1	1	1	56
合计	38	17	17	6	4	3	2	2	2	91

三是学科结构不合理。近年来,电子、机械、石化已经成为我省的三大主导产业,这三大主导产业对规模以上工业增加值增长贡献率已超过40%。但2011年,福建省工科在校研究生数6 945人,占研究生总在校人数的20.49%,本科生工科在校生数120 593人,占本科生在校总人数的30.44%。这与经济发展是不协调的。近年来,福建省提出了石化、钢铁、汽车、船舶、装备制造等14个重点振兴的产业,并提出了实施方案,推进落实950多项总投资5 800多亿元的产业调整振兴重点项目,需要一大批高层次的专门人才作为支撑。但福建省的人才队伍建设仍然与经济发展存在一定的差距,这与工科类人才偏少,人才结构分布不合理有着密不可分的关系。

四是师资队伍结构不合理。福建省高校师资队伍结构不合理,具体表现为高层次顶尖人才贫乏,学科骨干力量偏少等现象。两院院士、长江学者、闽江学者等高科技领军人才匮乏,特别是工程技术方面的教师缺乏,缺少高水平的学术科研队伍,这些状况严重制约了福建高校高层次人才的培养。

二、高等教育管理机制不完善,产学研结合程度不高

一方面,行政直接管理、控制、干预过多,教育资源和权力较多集中在教育行政部门中,政府与市场的良性互动关系尚未建立,鼓励创新的政策体系不够完善,高校严重缺乏自主权;另一方面,在高校内部,"以生为本""教授治校"等理念尚未真正实现,行政权力代替学术权力的现象还比较严重。此外,在我省

高校中,存在着部属院校、省属院校、省市共管、以市为主院校、市属院校等多种不同管理体制的高校,这种管理方式虽有一定合理之处,但容易加剧教育资源分布的不平衡,使高校之间的差距逐步加大,形成非良性循环。

长期以来,科研成果评价体系往往是以获得经费多少、发表论文数量、参与人学术地位高低等因素来确定。许多科技成果都单纯以追求学术价值为目的,不重视市场价值,导致科研成果与实际相脱节。不少科研成果,无法转化为生产力,更毫无经济效益可言。高校没有成为新知识新技术的原发地,无法给企业提供所需要的新技术支撑。此外,福建省缺乏高水平的科研机构,重点院校数量较少,大学研究机构、科研院所市场化运作程度不高,技术发明的产业化、市场化的过程比较缓慢,尚未与企业建立起长期稳定的合作关系,科研机构、高校的研究成果往往不能符合市场的需求。政府缺乏对各创新主体及创新活动有效的协调与引导,现行管理机制不够科学,中介组织没有发挥应有的作用。这些因素都影响了我省区域创新体系的建设。

三、科技支出不足,缺乏系统稳定的金融支持

2010 年,福建省 R&D 经费投入占 GDP 的比重仅为 1.16%,低于全国 1.75% 的平均水平。而按创新型社会的标准,研发投入占 GDP 的比例一般要达到 2% 以上,福建省要成为海峡西岸创新型省份,在这一目标上还有较大的差距。福建省基础研究投入在 R&D 投入中仅占 2.84% 的比重,低于全国平均的 8.2% 的水平,而发达国家这一指标通常会达到 20% 以上。由此说明福建省在科技论文、专利等科技活动产出水平及科技成果市场化方面和其他省份相比存在较大差距。

目前,我省技术密集型和资金密集型企业偏少,劳动密集型企业和中小企业偏多,而且这些企业注重追求眼前利益,希望能迅速见到经济效益,对研究周期比较长,技术含量比较高的项目不感兴趣。除了少数大型企业外,我省中小企业普遍存在技术创新能力薄弱的问题,大多数企业的发展还是依靠"拿来主义",缺乏拥有自主知识产权的技术和品牌。2010 年,全省规模以上工业企业创办研究机构仅仅比 2009 年增长 0.78%,这样算起来,每 18 个企业才拥有一家研究机构。2010 年,专利授权量前十名的省份中,福建不在其中。这些问题必须靠产学研用结合来解决,但由于多数的校企合作项目具有高风险性的特点,而金融机构又非常重视风险防范,这就导致合作项目从基础性研究到中试再到产业化各个环节都存在严重的金融支持不足问题。近年来,银行等

金融机构虽然创新了许多业务模式,但由于内部风险控制的约束,新运作模式还有待进一步推广。

第二节 提升福建高校支撑区域创新体系建设能力的对策建议

一、人力支撑方面

(一)提高办学质量,培养适应经济社会发展需要的高素质人才

近年来,随着高等教育的迅猛发展,中国成为世界第一大高等教育大国,但"大"不等于"强"。如美国加州理工学院,在校学生仅仅 2 000 人左右,却培养了众多诺贝尔奖获得者,其中的航空航天专业在美国属一流水平。因此,在新时期,全面提高我国高等教育办学质量,使我国由高等教育大国变为高等教育强国,已经迫在眉睫。

全面提高高等教育办学质量,应当坚持高等教育适度超前于经济社会发展,这样才能够更好地适应经济社会发展的要求。如英国为改变北部经济落后的局面,北部五所高校组成联盟,发挥知识创新优势,以各自特长和资源为依托,创建了科技园、研究中心等机构,以教育科技带动人才培养,为企业培养高素质人才,改变了东北部经济落户的局面,提高了就业率,促进了英国北部经济的发展。邓小平同志曾经强调指出:"我们发展教育事业,不能单看近期的需要,更要重视长远发展的需要,我们不仅要根据生产力发展要求,而且还要适当预测准确把握教育的未来发展趋势。"高等教育是培养高层次人才的基地,对经济社会发展的作用日益凸现。高等教育的发展不仅要适应经济发展的现有水平,更要根据未来经济社会发展趋势,适度超前发展,但不能脱离社会经济发展。一方面,这是由教育的滞后性所决定的。由于培养人才、科学研究的周期性较长,高等教育对区域经济社会发展的贡献不会立竿见影,因此,只有适度超前发展,才能追得上经济社会发展的脚步。另一方面,高等教育只有适度超前于经济社会发展,才能够与区域经济实现良性互动。过度超前不但会导致教育资源的闲置和浪费,而且大量高层次人才不能得到合理的利用,

这也是经济发展的主导地位所决定的。

(二)建立激励机制,提高高校科技人员的积极性

目前,福建高校科研工作中重学术、轻应用的问题和职称评定时强调论文、课题、著作、获奖等的现象普遍存在,导致科技成果转化率不高。必须充分调动高校科研人员的积极性,才能够真正促进科技的进步与发展,提高科技成果的转化率。如美国斯坦福大学允许教授脱离岗位一到两年去从事研究工作或者去硅谷地区创办企业,并保留其在高校的职位。江苏省为促进高校服务区域创新体系建设,专门设立"企业创新岗",鼓励省内外高层次人才到企业兼职,聘任企业家到高校担任"产业教授",积极推行产学研培养研究生的"双导师制",实行科技分类评价制度。基础研究实行同行评价,应用研究实行企业与专家评价,发挥科技社团的作用,建立健全的第三方评价机制。辽宁省鼓励高校教师和科研人员携带科研成果创办企业,或者以入股的形式进入企业,三年内保留原职,档案工资正常晋升。

因此,福建高校必须制定政策,提高职称与科技成果转化工作的关联度,实施荣誉激励与物质激励并重的激励机制。应该设立科技成果转化奖、应用奖、推广奖,对科技成果转化做出重大贡献的科研人员给予激励。在奖励制度的制定上,应把科技成果的开发应用及取得的经济效益列入考核范围;对产生重大经济、社会效益的科技成果研究者,在考核、评定、奖励方面给予肯定与倾斜。

(三)拓宽引进人才渠道,利用侨乡优势引进海内外优秀人才

福建省应当积极拓宽引进人才渠道,以市场为导向,通过政府牵头,以项目和品牌吸引海内外高层次创新人才来福建创业。如辽宁省实施"十百千高端人才引进工程",重点围绕支柱产业和优先发展产业,引进人才可享受20万~500万元资金扶持及其他优惠待遇。浙江省实施"海鸥计划"等举措,吸引海内外人才来浙发展,组织部分企事业单位人员赴美国硅谷等城市开展民营资本与海外人才对接活动。杭州市政府在海外留学人员集中地如美国、欧洲等国家设立杭州海外人才联络处,进一步拓展了海外联络渠道。

通过借鉴其他省份的经验,福建省应当以海峡西岸经济区为契机,利用侨乡优势和国家政策支持,加强与海外留学人员及侨民的联系与交流,通过举办海外专场招聘会等形式,吸引海外高层次创新型人才,特别是吸引与三大主导产业相关的人才及其科技团队回国工作。要在制度设计上下功夫,做到"环境

留人、事业留人、感情留人、待遇留人"。

二、财力支撑方面

(一)拓宽资金来源渠道,实现高等教育投入主体多元化

投入主体多元化的实施有利于实现高等教育资源的充分使用,从而提高资源利用率。由于社会各方群体的介入,打破了政府对高等教育的垄断,从而推动了高校之间的竞争,为高校的发展注入了不竭的动力。如美国密歇根大学非常重视学校的筹资工作。在学校机构设置中,分别设立了分管政府关系和分管发展的副校长。分管政府关系的副校长专门负责向政府方面筹集资金,分管发展的副校长专门负责向社会各界争取资金。日本高等教育方面的经费主要来源于政府拨款、学费和其他方面收入。欧洲国家学生不需交学费,政府拨款逐年减少,要求高校对所获资金负责。

福建省可以在厦门、泉州、漳州等经济发达地区,尝试利用企业组团参与高校专业设置与管理。要鼓励大企业参与地方高校办学,一方面利用企业的资金改善办学条件;另一方面,在专业设置上,为企业培养其需要的人才,实现地方办学为地方社会服务的宗旨。此外,福建省还应该牢牢抓住闽台合作的优势,鼓励闽台合作办学,促进两岸交流与合作,充分利用台湾的优质高等教育资源,提高福建省高等教育水平。

(二)政府需加大对高等教育的投入,特别是高校基础研究的投入

长期以来,我国教育经费支出未达到《教育法》规定的占GDP总量的4%,福建省还不到3%。因此,要推动福建经济的发展,需要政府加大对高等教育的投入。如日本在改革中提倡效率优先,对国立高校的支持力度远远大于其他发达国家,将80%的经费都投入到国立高校中,始终倡导"国立为国家所需"的理念。结果证明,这一举措对日本科技的发展和提高国际竞争力有重要的促进作用。福建省作为海峡经济的先行区,在条件允许的情况下,甚至应该超过全国平均水平,这样才能够从根本上保证教育的优先发展地位。如可继续加大对我省9所重点省属高校的资金投入,加大对大学城的建设和发展的投入等。

基础研究是一个地区可持续发展的动力源,从第十一章的数据分析可以看出,福建省无论是在区域基础研究支出、高校基础研究支出、高校基础研究

支出占区域基础研究的比重,还是通过客观赋予权重后得出的高校基础研究占区域基础研究比重的综合得分,都远远落后于沿海其他省份。因此,政府应加大科技投入,特别是基础研究的投入。科技主管部门在将科技资源往企业倾斜的同时,应加强对高校基础研究的财政投入,重点支持重大成果转化等项目,不断强化以政府投入引导社会投入的功能;应加强对科技创新与成果转化工程的监督检查,跟踪分析工程执行情况和资金使用情况,对于以企业作为申报单位、高校教师为技术负责人的课题项目,项目批准单位必须监督企业按协议约定及时足额将经费拨付给高校教师,并以实际到账的经费凭证作为企业申领政府资助经费的条件。

(三)完善促进科技进步的财税政策

继续加大税收的优惠力度。如辽宁省政府规定,凡是大学科技园内的高科技企业销售其自行开发的软件产品和集成电路产品,按17%征收增值税后,对其实际税负分别超过3%和6%的部分实行即征即退政策。高科技企业开发新产品、新技术、新工艺,对其所发生的各项费用,年增长幅度在10%以上(含10%)的,经税务机关审核批准后,可再按实际发生额的50%抵扣当年度应纳税所得额。对符合政策要求的科技企业孵化器,对其降低营业税、房产税和所得税。

福建省可以借鉴辽宁省的税收优惠政策,对企业等社会力量资助高校的研究开发经费,可按一定的比例在计税所得额中扣除;对技术转让、技术开发和与之相关的技术咨询、技术服务的收入,经登记后给予免征营业税,同时避免对某些环节的重复征税;适当减免科研人员从事科技研究的收入所上缴的个人所得税,提高科研人员从事科学研究所获得收入的起征点,并给予适当减免额。要密切高校与金融机构的合作,发挥金融机构的作用,实现高校资助主体的多元化,改造或扩建高校科学研究的基础设施。政府要出台相关政策支持、鼓励和引导个人、企业或社会团体对高校的资助,并对这些个人、团体或企业免征企业所得税和个人所得税。要尽快制定捐赠法等,促进高校建立灵活而富有活力的多元化办学体制。

(四)建立风投体系,加速项目和资金的对接

应加大政府风险投资资金对高校重大科技成果转化领域的投资。如辽宁省鼓励银行对重大科技成果转化项目提供贷款支持,并且政府给予贴息;鼓励商业银行与中小企业建立稳定的关系。设立创业风险基金,对超过五亿规模

的,政府出资一千万作为引导基金,制定《创业投资企业管理暂行办法》,为创业风险投资提供法律保障,在法律允许的范围内,允许保险公司和证券公司投资风险投资企业。在有条件的地区,政府扶持成立产权交易市场,用以拓宽风险投资的投资渠道。

福建省也应当支持和鼓励私人风投的发展,建立私人风险投资网络,为投资机构和转化机构牵线搭桥,设立科技风险补偿基金或科技贷款担保基金,鼓励保险机构推广科技投入的投保理赔险种及科技贷款保险险种,分散投资风险。加速项目和资金的对接。引导企业运用现代的管理运营模式,加强营销队伍建设,并引进专业公司对其进行包装。对技术先进、有良好前景的科研项目进行投资;在资金投入的同时,将现代化的先进管理理念和运营模式注入企业,使得该企业在得到资金的基础上,进一步提升自身的管理水平和运作能力,从而增强市场竞争力。

三、科技支撑方面

(一)加强平台建设与管理

近年来,福建陆续建设了一批创新平台,但这些平台大都属于传统产业的领域,其科技研发能力、成果转化能力等方面与新兴产业存在很大差距。许多部门和研发机构热衷于要求政府投入大量资金新建平台,而对如何为企业提供共性技术及服务、核心技术研发等考虑较少。如何加强平台的建设与管理,是一个十分重要的问题。① 以浙江省大学科技园管理为例,浙江省大学科技园管理有一个较为完善的组织机构,该园区下设领导小组办公室、管理委员会、浙江大学科技园发展有限公司等机构。领导小组办公室负责协调园区的建设与发展。科技园发展有限公司负责园区内管理,为技术转让、招商引资、中介服务、公共服务、法律咨询、税务登记等提供全方位服务。管理委员会专门负责园区的发展规划、项目审批、项目考核以及协调政府、企业和高校关系等工作。这些为高校和企业创新提供了良好的平台,促进了产业集群和区域经济的发展。再如辽宁省自2012年起,组织专家每年对平台建设情况进行年度考核和验收工作,如连续两年未达标,将撤销其平台资格。

因此,福建高校为更好地支撑区域创新体系建设,必须将平台建设与为企

---

① 郑佳.福建创新平台建设现状及对策措施[J].海峡科学,2012(2):53.

业服务有机地结合起来。现有平台的整合难度较大,许多平台依托高校或科研院所建设,受原有体制的束缚,市场化竞争难以实现。因此应当尽快出台省级创新平台管理办法,将省级工程研究中心、工程实验室、公共服务平台等纳入管理范围,并在主要任务、申报条件、审批程序、扶持标准等方面做出规定,不断提高平台支撑区域创新体系建设的水平。此外应完善平台为企业服务的相关指标,从重技术、重研发逐步转向重为企业提供技术服务。要加强对平台在技术转移、经济效益、创新能力等方面情况进行考核,并以此为依据,优胜劣汰,对平台实行动态管理。

(二)加强闽台交流与合作

福建与祖国宝岛台湾隔海相望,不仅距离最近,语言相通,而且80%台湾居民的祖籍都在福建。截至2011年6月30日,福建省实有台资企业3 849个,占全省外商投资企业总户数的21.4%,累计投资总额93.94亿美元,注册资本55.82亿美元,外方认缴额49.13亿美元,对福建经济的发展起到了至关重大的作用。[1] 福建应牢牢抓住机遇,加强两岸在人员、资金、技术和产业等方面的交流合作,促进优势互补,共同发展。

在两岸交流与合作中,福建省应当结合我省需求,有计划、有目的、有重点地引进创新资源与先进技术成果,从而实现资源重组,优化资源配置;同时要加强对引进资源的消化吸收,使台湾的各项资源能够真正融入并根植在其中,甚至内化在我省的区域创新体系建设中。高校在构建两岸创新平台与科技交流合作平台方面起着至关重要的作用,要鼓励台湾高校和我省高校合作建立研发中心,打造闽台科技合作基地,为实现两岸科技产业的深度对接打下基础,使得两岸高校真正组成战略联盟,促进海峡西岸经济区的腾飞。

(三)完善大学科技园建设

福建省在大学科技园建设方面相对滞后。目前,国家大学科技园只有厦门大学一个,因此应当多借鉴其他省份大学科技园的建设经验。如我国最早的大学科技园——东北大学科技园成立二十多年以来,采取了科技园、创业园、产业园联动发展的特色模式,使得该地区利用科技园区发展起来的高科技企业达100多家,为辽宁省培养了大批量人才,新增两万多个就业岗位,为辽宁省区域经济社会发展做出了巨大贡献。

---

[1] 张志群.基于高校闽台合作办学的若干思考[J].赤峰学院学报,2011(12):253.

我省目前启动了福州地区大学新校区科技园南园的建设步伐,推动与清华大学共建福州地区大学新校区科技园北园,使其能够成为我省高校自主创新的基地。因此在建设大学科技园时要高度重视发挥大学科技园的教育功能,通过在园区建设大学生实习、实训、实践基地和创业孵化基地等,建构人才培养工作新平台,加强对学生创新创业能力的培养。充分发挥闽台血缘、地缘、商缘、文缘、法缘"五缘"优势,借助台商的社会资本网络,充分整合闽台互补性要素,加强两岸的经济合作,鼓励、支持台商投资大学科技园区,加速两岸高科技产业的对接,以促进福建省区域创新体系的发展。

(四)鼓励校际交流,共享信息资源

当前,我省各高校之间联系不够紧密,因此应该引导鼓励校际交流和合作。要创建福建高校科技信息网,与社会和企业进行更多的沟通和联系,共享信息资源,探寻科技成果转化的新模式。这样既了解企业的最新需求,又可以防止因不了解信息而产生重复研究的现象,同时,还可避免由于知识产权体系不完善所造成的各种法律纠纷,有利于实现科研成果的顺利转化。如江苏省南京大学、南京师范大学、南京中医药大学、南京邮电大学、南京财经大学五所大学,形成了学分互认、教师互聘、学生互派、课程互选、资源共享的机制。浙江省加强对省内欠发达地区的人才开发与投入,推进长三角一体化,并加强与珠三角、环渤海湾、港澳台地区的对接,构建人力资源共享机制。杭州市为办好基础性人力资源市场,与长三角各个城市和全国250多所高校实现网络信息共享,加快了人力资源数据库建设的步伐。

目前福州地区大学新校区内的9所高校已经实现了信息资源共享,希望政府围绕区域产业发展的重点,出台相关政策,拨出专款,通过共建实验室和信息网络平台等方式,促进福州地区大学校区与厦门集美大学城、长三角地区高校、珠三角地区高校,甚至东南亚以及国外的高校实现资源共享,提高我省区域创新体系建设的水平。

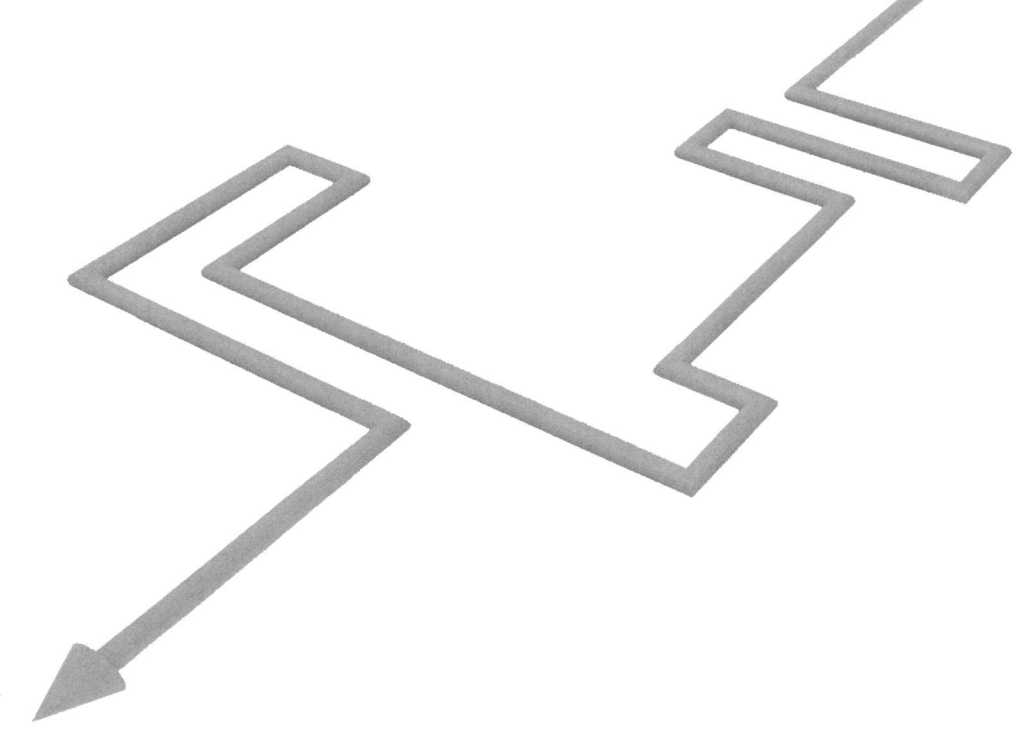

第三篇

大学的创业教育
——提升大学生的创业意愿

第十四章

福建省高校创业教育现状分析

第一节 调查背景及样本描述性统计

一、调查背景

在我国,创业教育起步较晚。1998年清华大学举办的第一届大学生创业计划竞赛标志着我国高校创业教育的开始。2002年4月,清华大学等九所高校被教育部确定为普通高等学校创业教育试点院校,自此,政府开始高度重视创业教育,探索具有中国特色的高校创业教育方法和模式。目前,我国的创业教育已逐渐涵盖高职、本科、研究生等多个层面,但是开设创业教育的高校在教育级别、培养目标、创业师资、创业教育体系、创业基金等存在较大差异。为了深入研究我国创业教育的具体实施情况,探索我国特色的创业教育发展模式,本研究以国家自然科学基金课题"三螺旋创新视角下创业型大学运行机制及对策研究(71173040)"作为选题来源,自2014年3月15日到7月1日,对福建省10所高校开展了深度调查,访谈了各高校分管创业教育的领导和老师,为接下来的研究奠定了良好的基础。问卷设计方面,关于省域创业教育现状调查的研究已有不少学者进行探索,本书主要借鉴熊素兰[①]的研究设计,结

---

① 熊素兰.创业教育对大学生创业的影响研究:意愿与能力[D].南京:南京农业大学,2010.

合福建省的情况进行再设计。

作为海峡西岸经济区的龙头,福建省历来是全国创业活动最为活跃的省份之一,这主要得益于省政府领导和高校对大学生创业教育的高度重视、活跃的区域创业文化及"爱拼才会赢"的福建创业精神。2011年8月24日,省政府办公厅出台了《关于进一步扶持高校毕业生自主创业的意见》的文件,从工商注册、税收优惠、资金扶持、创业场所、完善服务等方面,进一步鼓励扶持更多的高校毕业生自主创业,充分发挥创业带动就业的倍增效应。① 目前,福建省已经构建了完善的大学生创业绿色通道。据最新统计,2014年福建省高校毕业生达21万人,比上年增加1.6万人。为进一步鼓励自主创业,省委、省政府和各有关部门以落实优惠政策为抓手,为大学生创业创造更好条件。经过3年筹建,面积达3000平方米的福州地区大学新校区大学生创业基地于2014年5月4日建成开放。同时,团中央中国创业国际计划(Youth Business China,YBC)福建办和当地有关部门还定期派员到大学生创业基地开展服务。在创业政策的引导下,福建省大学生创业呈现上升势头。截至2013年底,福建省已建立大学生创业园(孵化基地)33个,完成孵化项目353个;发放《高校毕业生自主创业证》942份;全省应届高校毕业生自主创业人数约3 000人,占大学生就业人数的1.5%,比2012年的0.7%有大幅提升。②

2013年,福建省还在高校开展大学生创新创业训练计划,福州大学、福建师范大学等22所高校被列入国家级大学生创新创业训练计划。省级财政投入1300万元,完成对1万多名大学生的创业培训;福州大学、福建师大、泉州理工职业学院等30多所高校在新校区建设中专门规划建设大学生创业园区。2014年,团省委、省教育厅等部门还举办了首届"创青春"全省大学生创业大赛,并组织成功大学生进行创业巡回演讲,在校园里形成推崇创新、尊重创业、创业光荣的环境。

二、样本描述性统计

本研究共选取10所重点高校作为调查对象,分别为厦门大学、福州大学、

---

① 福建省大中专毕业生就业工作领导小组办公室.关于进一步扶持高校毕业生自主创业的意见[EB/OL](2011-11-28)[2015-01-15].http://www.fjbys.gov.cn/jxjb/bysgzjb/201111/t20111128_18119.htm.

② 我省构建大学生创业绿色通道(福建日报)[EB/OL].(2014-5-23)[2015-01-15].http://www.clssn.com/html/Home/report/99743-1.htm.

福建师范大学、福建农林大学、福建工程大学、福建医科大学、福建中医药大学、华侨大学、集美大学、泉州信息工程学院。其中,属于"985""211"本科院校类型和普通"211"本科院校类型的各有1所,属于省属普通本科院校的有7所,属于高职院校的有1所。院校类型分布为综合类3所,理工和医药类各2所,农林类、师范和高职院校各1所。

第二节 福建省创业教育实施基本情况

一、开展时间及实施主体

(一)创业教育开展的起始时间

福建省高校创业教育起步比较晚,在此次调查的10所高校中,大部分高校均已开展创业教育,开展率接近100%。其中,最早开展创业教育的高校是厦门大学,自2003年至今已有15年。福州大学也是较早开展创业教育的高校之一,2008年福州大学把建设"创业型大学"纳入学校的发展规划之中,仅经过6年,现在福州大学已经大步向创业型东南强校发展。2014年全国就业创业工作视频会议上,福州大学还作为全国高校创业教育典型在大会上做了专题报告。对比发现,省内"985"和"211"高校开展创业教育时间较长,而其他本科高校和高职院校大都时间比较短。由此可见,福建省重点大学对创业教育的重视程度要比其他普通本科院校和高职院校高,这与普通本科院校和高职院校的师资力量不足,专项资金匮乏,重教学和技能导向、轻就业创业指导等有关。总体而言,福建省高校创业教育已经在各大高校纷纷开展,取得了较大进步。

(二)创业教育的实施主体

福建省的高校创业教育体制是在省教育行政部门的统一管理和指导下,高校等相关部门通力合作,组织开展各项创业教育课程和实践活动。一般而言,高校创业教育的主管部门和组织单位通常包括团省委、教育厅、人力资源社会保障厅、省公务员局等政府组织;实施主体主要有教务处、学工处、招生办、就业指导中心、校团委等。从调研的 10 所高校看,普通本科院校和高职院校的创业教育实施主体比较固定,即学工处统一负责开展,而学工处、教务处、共青团组织是"985"高校、"211"高校和省重点大学创业教育实施的三驾马车。

二、福建省创业教育的主导方式

被调查的 10 所高校中,有 2 所高校对建设创业型大学"非常重视,并致力于创业型大学建设",其他 8 所高校表示"支持并做了一些相关工作"。已开展创业教育的高校中,厦门大学是一所综合导向型创业教育高校,它主动关注各要素的互动,成立了埃塞克斯创业教育中心,创建创新创业教育示范区,是福建省开展创业教育程度最高的高校。此外,福州大学也是综合导向型创业教育高校,政府和高校联合互动培养大学生创业,在党委领导下致力于向创业型大学转型;福建农林大学、福建医科大学和福建中医学院是融入型的创业教育高校,这些高校结合专业特色,努力将农林、医学等专业特色融合到创业教育中;其他几所普通本科院校都是社会导向型高校,主要关注社会环境,开展创业培训,创建实习、实践、创业、就业的"双实、双业"基地,创业教育开展卓有成效。福建省高校创业教育在全国属于后发创业教育模式,以上高校均发挥后发优势,朝着综合性、创新性方向发展,由以往的开始创业教育选修课程和零星式的创业培训向着创建创新创业孵化基地、创业示范区等更注重项目实践的培养方式转变。

三、福建省大学生自主创业情况

据中国社会科学院发布的《社会蓝皮书》的数据显示,2007 届大学毕业生自主创业的比例是 1.2%,而 2008 届则降到了 1%,其中"985"和"211"高校为 0.54%,非"211"普通本科院校 0.73%,高职高专院校为 1.36%。麦肯思研究院也发布了《2011 中国大学生就业报告》,报告显示近几届高校毕业生自主创业人数略有上升,2010 届达到了 1.5%,比 2008 届(1.0%)高出了 0.5 个百分点。高职高专院校毕业生自主创业比例(2.2%)远远高于本科毕业生(0.9%)。

从以上两项报告数据显示来看,全国高校毕业生自主创业率虽然呈现上升趋势,但是总体水平比较低,高校创业教育质量有待提升。同时,作为创业教育中心的本科院校,虽然其创业教育比较成熟、师资力量雄厚、创业基金比较多,但是其自主创业率却远远落后于创业教育体系较弱的高职高专院校,可见,本科院校的大学生创业意愿有待进一步激发和提升,这也是下一章研究的重点。

在本研究调查的福建省10所高校中,大部分高校对该项数据没有做过详细的统计,只有3所高校反馈了该组数据。根据已有数据发现,福建省高校毕业生创业率比较低,而且不太稳定。以本研究调研的高职院校为例,2013年的自主创业率为0.46%,而2014年也仅增至0.68%。根据厦门大学就业指导中心的统计,从2001年到2005年,五届高校毕业生中有24人选择了自主创业,创办了17家企业。[①] 福州大学自2010年开始,有400多名大学生参与创业项目运作,累计注册公司30家,年产值高达270万元,带动就业人数100多人;2014年,大学生自主创业率达2.36%。[②] 2013年,福建省参加创业的大学生有3 000人,占毕业生人数的2.3%,这已经超过全国平均水平。从以上数据来看,福建省的高校创业教育质量在不断提高。

第三节　福建省创业教育活动开展情况

我国高校最早开展创业计划大赛的高校是清华大学。1998年,清华大学举办第一届学生创业计划大赛。次年,清华大学承办了首届"挑战杯"中国大学生创业计划竞赛,大赛汇集了全国120余所高校近400件作品。大赛在全国高校掀起一翻创业热潮,极大地推动创业教育的开展。被调查的10所高校每年均组织开展创业计划大赛,其中最早的是厦门大学,厦大从1998年就开始组织开展创业计划大赛。此外,福州大学、福建农林大学等高校也比较早开展,并把它列入一年一度的创业文化节。

值得关注的是,2004年,厦门大学举办了第四届"挑战杯"中国大学生创业计划竞赛,来自全国的276所高校的603件作品参加了竞赛,台湾地区首次派队参加,香港和澳门的大学也应邀观摩,参加观摩的媒体、企业、投资等各界

---

① 木志荣.中国大学生创业研究[D].厦门:厦门大学,2006.
② 中国创业榜样——走进福州大学[EB/OL].(2014-05-09)[2015-01-15].http://jingji.cntv.cn/2014/05/09/VIDE1399638601086808.shtml.

人士达 2 000 余人，这使得创业计划竞赛达到了四年来空前的规模，这也是福建省创业教育的历史性转折点，此后福建省各大高校纷纷重视创业教育。2008 年，福州大学把"创业型大学理念"纳入学校的发展规划，出台福建省高校首个大学生创业引领计划，每年投入 1 000 万元，用于学生创业能力培训、专业创新创业实验室以及研究生创业平台建设。2014 年，"创青春"全国大学生创业大赛在厦门大学嘉庚学院落下帷幕，此次创业大赛包括福建省第三届大学生"创业之星"评选、第八届"挑战杯"福建省大学生创业计划竞赛和首届福建省大学生公益创业赛三类比赛，福建省各大高校齐聚厦门展开竞赛，大赛是福建省高校创业教育进入了崭新阶段的标志。除了开展各种创业竞赛之外，福建省大部分高校都成立创新创业相关的学生社团，组织开展创业夏令营活动，以及开展大学生党员创新创业项目活动，这些创业教育活动是高校创业教育成效的缩影，极大地提高学生的创业能力，促进大学向创业型大学转型。

第四节 福建省创业教育教学开展情况

一、创业班级建设有待探索

清华大学于 1998 年在管理学院为 MBA 专业学生率先开设了"创新创业管理"方向。作为学习的"第三本护照"，创业教育已在我国开展近 20 年，虽然取得了不少成绩，但是还存在一些问题。当前大多数高校的创业教育还是停留在举办创业竞赛、创业文化活动等层面。班级是创业教育教学的基本单位，也是开展创业教育的载体。2008 年，浙江大学首先开设了创新与创业管理强化班；2009 年，上海理工大学设立了"创业学"本科专业；2010 年，上海交通大学创业学院设置了旨在培养创业"种子选手"和未来产业巨子的创业培训班。此外，北京航空航天大学也成立创业管理培训学院，黑龙江大学成立了创业教育学院。目前，高校创业教育正由创业活动竞赛、课程向创业班级、专业以及学院方向逐步推进。

福建省高校创业班级建设几乎还在起跑线上，在被调查的 10 所高校中，均没有成立专门的创业学院，在本科层次也没有开设创业相关专业，有 5 所高校正在或曾经开设过创业培训班,但是培训班采用的是精英式创业教育,只有少部分优秀的学生才能参加。其中开展创业培训较早的高校是厦门大学和福州大学。厦门大学以KAB创业培训模式为载体,开设"南强创业骨干培训班""创业实践先锋班",两年来,培养了1 200名创业骨干。福州大学从2007年开始联合福建省经贸委、福建省人力资源和社会保障厅先后主办了"福州大学新楚创业助力工程"以及"闽台合作大学生创业培训圆梦工程",每年邀请台湾20位著名大学教授、知名企业管理人员以及创业成功人士,为全校千余名有创业意愿的大学生进行60学时的创业基础知识培训。同时,学校还与福州市劳动保障局、淘宝大学联合举办了4期"网上开店创业培训班"。目前,福州大学已经开办了创业基础班、创业提升班和创业精英班。2014年,福州大学还开设了创业管理专业硕士点。此外,福建农林大学、福建师范大学、华侨大学、集美大学等高校也纷纷开设了创业培训班,培训对象包括本科生、研究生以及校外在职人员等,但是总体上,福建省创业班级建设有待进一步探索。

二、创业相关课程正在推进

1947年,梅斯(Mace M.)教授在哈佛大学商学院开设了第一门创业课程——"新企业管理",这是世界创业教育的开端。目前,国内外开设的代表性创业课程有:创业的基础、小型企业咨询、创业与小型企业构建、创业公司的法律政策、产品创新、创业学、创业计划、KAB创业培训、大学生创业就业指导等课程。在被调查的高校中,开设创业教育课程的高校有10所,开设率达到了100%。开设创业课程最早的是厦门大学和福州大学,厦门大学从2003年起就在MBA开设创业管理课程,2005年又推出"大学生创业计划与实践"的全校性选修课程。近年来,厦大还聘请专业教师开设"创业基础""创业投资"和"创业管理"等一批高质量的选修课。福州大学针对学生不同层次的需求,分别开展普及性的创业教育和系统性的创业教育,即面向全体学生开设16个学时的就业与创业必修课,同时开设"大学生KAB创业基础"校选课。福州大学管理学院面向经管类专业的学生开设了"创业管理""市场营销""财务管理"等部分创业类专业课程。此外,福州大学每年投入300万专项经费支持学生创业,吸引学生参与教师的科研活动,在学校教学中安排20门跟专业创业相关的选修课,来提高学生创业知识。同时还设立1 000万元"创业种子基金"和"贫困生创业基金",为学生创业提供无息贷款。学校每年筛选10个优秀创业项目,为其提供项目开发、融资服务、孵化扶持等"一条龙"服务。从总体上看,福建省高校的创业教育课程主要是近几年才开设的。从授课对象看,各学校的安排不同,有的创业课程是全校性的选修课,有的只面向单一学院或单一专业的学生开设;从课程性质看,大部分都是选修课;授课老师大部分是副教授以上职称的老师。总体上看,福建省高校创业课程建设取得较大进步,在今后的课程建设上,我省高校还必须借鉴国外创业型大学和国内创业试点院校的成功做法。

三、创业教育师资力量不足

被调查的高校中,配有创业教育专职教师的高校只有厦门大学,由132名本校教师担任,教师中具有创业经验的达100多人,而且大部分教师都参加过北京航空航天大学创业管理培训学院的学习,32名讲师熟练掌握了KAB创业教育的基本方法和技巧,成为一批能长期承担创业教育工作的稳定力量。厦门大学的创业教师队伍建设是福建省做得比较成功的,其他被调查高校均没有专职的创业教师,而是聘请本校教师担任兼职老师,大部分创业老师并没有创业经验,主要是来自经济或管理专业相关的老师。受访调查的就业指导中心老师表示,我省开展创新创业教育所面临最大的问题是创业师资的严重不足,虽然各大高校都投入几百万,甚至上千万的资金开展创业教育,但是创业师资缺乏是最大的难题。

第五节 福建省创业文化与创业环境建设情况

一、创业文化建设情况

大学创业文化是指在大学特定文化氛围里,全校师生在长期的鼓励创新创业活动中,所共同创造和形成的精神财富、文化氛围,以及承载这些精神财富、文化活动的形式和物质形态。大学创业文化包括创业精神、创业制度、创业物质文化等。在被调查高校中,大部分高校都十分注重校园创业文化的培育,如厦门大学每年都会开展创业计划竞赛、创业讲座、企业家论坛、创业者沙龙和企业参访等活动,推出"企业家进校园""南强之约"访谈、"心连心"创业成长训练营等众多品牌活动。福州大学则以创业型大学理念为指导,把创业教育纳入大学发展规划,构建了一套特色鲜明的创新创业教育模式。

对被调查的10高校中的476名学生进行问卷调查显示,52.1%的学生认为,"学校为了创造创业校园文化氛围,经常会对成功创业典范进行宣传"。54.21%的大学生认为,"大学会经常邀请创业教育专家、企业家或成功创业学长开展创业知识讲座,分享成功创业经验"。39.49%的学生认为,"大学图书馆能满足学生对创业知识的需求"。47.68%的学生认为,"学校经常利用校报、校园网、微博、宿舍宣传栏等宣传阵地宣传与创业相关的政策或内容",只有14.92%认为这不太符合。54.84%学生认为,"学校对大学生创业者给予了精神奖励或物质支持"。41.38%的学生认为,"大学老师都积极鼓励学生去追求自己的创业理想"。综合以上调查,高校都十分重视创业文化培育,学生具有较高的创业意识和创业精神。

二、创业环境建设情况

创业教育环境是高校创业教育的重要组成部分。以被试调查高校中的厦门大学和福州大学为例,厦门大学建立了埃塞克斯创业教育中心(Xiamen-Essex Center for Entrepreneurial Learning)专门统筹创业教育工作,建立了54个"青年就业创业见习基地",为大学生和企事业单位搭建沟通的桥梁。此外,还依托国家大学科技园,专门成立"大学生创业孵化中心",为入驻的大学生创业企业提供服务,促进大学生创业项目成功孵化。福州大学也建立了多个创业孵化基地,如与远东电机集团、福建省科技厅创业中心、中国海峡人才市场等单位洽谈,陆续建立了福州大学远东电子商务预创业人才孵化中心、福建省科技厅大学生创业孵化中心、中国海峡人才市场大学生创业园区等多个校外创业孵化基地,怡山校区一万多平方米的大学生创新创业园也正在建设当中。此外,还鼓励各个基层学院积极建设六个学院创业实验室、创业工作室,依托院系、结合专业为在校学生创业提供创业指导、办公场所和办公设备。其他被调查的高校中,福建工程学院至2014年也建立了3个创业基地和242个实习、实践、就业基地。据统计,截至2013年底,福建省已建立大学生创业园(孵化基地)33个,完成孵化项目353个,建成面积达3000平方米的福州地区大学新校区大学生创业基地,并于2014年正式开放。值得一提的是,2014年福建省在平潭设立了台湾大学生创新创业基地,台湾学生将享受多项优惠政策。

本研究列举了11项具有代表性的指标,对10所高校的创业教育环境进行统计分析(如表 14-1 所示)。其中"校级领导支持创业教育""学校为学生提供创业孵化设施""学校支持创业师资培训""学校实施了'大学生创新实验计划'"四项获得肯定回答的比率最高,达到 100％,可见各高校领导都十分重视创业教育、创业师资培训以及为大学生提供硬件服务支撑。"学校设有专门机构为学生提供创业指导与服务""院级有推动创业教育活动的具体措施,如创业研究或预创业实践等"两项的肯定率也比较高,达到 60％以上。肯定率比较低的是"创业型大学建设纳入大学发展计划之中""学校设立了 KAB 创业教育培训项目""学校设立了创业教育创新实验区"和"学校有教师申请过教育部关于创业教育研究的国家课题"。因此,在今后的高校创业环境建设中,各高校应该加强这几方面的建设。

表 14-1　创业教育环境建设情况

创业教育环境情况	认同高校数	所占比率
1.校级领导支持创业教育	10	100％
2.学校为学生提供创业孵化设施	10	100％
3.学校设有专门机构为学生提供创业指导与服务	7	70％
4.学校支持创业师资培训	10	100％
5.创业型大学建设纳入大学发展计划之中	4	40％
6.二级学院有推动创业教育活动的具体措施,如创业研究或预创业实践等	6	60％
7.学校设立了 KAB 创业教育培训项目	3	30％
8.学校设立了创业教育创新实验区	3	30％
9.学校实施了"大学生创新实验计划"	10	100％
10.学校有教师申请过教育部关于创业教育研究的国家课题	2	20％
11.学校曾获得创新创业教育奖项和荣誉	5	50％

第六节　福建省高校创业教育存在的主要问题

高校创业教育能够有效地提升大学生创业知识和技能,培养大学的创业精神。截至 2013 年底,福建省参加创业的大学生约有 3 000 人,占毕业生总数的 2.3%,虽已超过全国平均水平(1%左右),但与欧美发达国家相比,仍存在巨大差距。考夫曼基金会对中美大学生进行创业调查,调查结果显示,美国大学生中有 70%的学生有创业意愿,实际创业人数占 20%,而我国的大学生中有创业意愿的虽然有 80%,但是真正成功创业的只有 0.01%,我国大学生创业成功率远远低于发达国家的 20%～30%。

福建省高校创业教育开展越来越深入,大学生创业精神和创业热情不断高涨,却只有少数人将创业想法付诸实际行动。除了福建省资本市场相对落后、市场环境不佳、社会关注和支持度不够、创业项目难以付诸实践等客观原因之外,主要还是由于大学生自身社会经验不足、创业能力低、缺乏创业团队精神,以及福建省高校创业教育观念定位偏差、创业师资队伍建设滞后、创业教育体系不完善等造成的。通过以上对福建省的创业教育现状调查分析,本研究对目前福建省高校创业教育存在的问题总结如下:

一、政策层面,高校创业教育观念定位存在偏差

目前,福建省大部分高校比较重视通识教育和素质教育,而对于创业教育的定位,却存在着许多偏差,如课程性质偏差、目标定位模糊。这主要表现在以下几点:其一,许多高校的创业教育培训向极少数学生干部、学习成绩优秀的大学生倾斜,这颇具有选拔性质,存在着学习成绩优秀意味着具有创业潜质等创业人才培养误区,导致许多真正有创业意愿的学生难以接受创业教育。其二,目前福建省高校创业教育主要由各高校的就业指导中心、学工处和教务处来推动,将创业教育作为就业层面的一个教育环节和指标,目的在于解决就业难和评优评先,明显陷入"就业观""功利观"的窠臼。其三,当前高校创业教育体系缺乏系统性和针对性。许多高校创业教育的课程性质属于选修范围,课程设置仅仅在一些经管类课程或就业指导课程中涉及部分创业教育内容,而学校开设的创业讲坛和培训则鲜有学生积极参加,因此,设置合理的创业教育课程体系,发展创业管理学科是当前高校有效开展创业教育的重要举措。其四,大多数高校普遍把开展创业教育作为缓解就业压力的手段,片面追求指标增长,忽略创业型人才培养的本质,未把创业教育当成是一种新型的创新创业型人才培养模式和教育理念。许多高校的创业教育仅仅停留在学生就业指导和创业技能层面的培养,没有明确的创业教育目标。

二、实践层面,高校创业教育理论与实践相脱节

　　福建省高校创业教育实践活动主要包括创业计划大赛、创业讲座、创业论坛、创业计划书大赛、创业社团、创业文化节等活动,而目前只有少数高校成立专门的创业教育中心和创业园区孵化基地,并创办实体企业。目前,大学生创业项目大部分属于生存型企业,技术含量较低,集中在社会服务业等低门槛行业,并没有很好地将专业教育紧密结合起来,未体现出大学生的专业优势,而且大部分创业实践活动都局限于创业计划书和商业计划的简单描述层面,好的创业项目难以真正付诸实践,这源于许多创业项目没有考虑到实际的社会背景和市场环境,出现了理论知识与现实情形、专业知识与创业项目相脱节的情况,许多学生无法将知识和专业技能融入创业实践中去。尤其是高职院校,其创业教育仅仅停留在创业技能的培训,创业环境较差,创业教育忽视创业技能和专业技能的有机结合。

三、师资层面,高校创业师资队伍建设相对滞后

　　据调查,福建省高校创业师资大部分是兼职老师,具有副教授资质的创业教师甚少。各高校创业教育课程和培训的老师大部分是经管类和法学类的专业老师,也有部分是兼职的政工干部。虽然开设了不少创业相关课程,但教师大多数没有接受过创业学专业教育,更鲜有创业经历,创业课程的教学方式与传统的学科教育没什么区别,技能性实践操作很少,对学生的创业指导成效有限。在省内高校中,福州大学的创业教育走在了前列,设立了创业研究中心,开设创业管理硕士点,设有专门的教师管理全校的创业教育实施。目前,国家对高校创业教师有专门的培训基地,基地设在北京航空航天大学,一般 KAB 课程老师都要求参与。然而我省高校的 KAB 课程老师大部分是思政辅导员或其他行政人员兼任,由于他们缺乏较深厚的专业知识,平时忙于学生工作事务,并没有足够的时间和精力从事创业教学和研究,可见,福建省高校创业教育的师资质量有待进一步提升。

四、支撑层面,高校创业教育支持体系尚不完善

　　目前,福建省高校开展的创业教育难以获得企业和政府的长期合作和资

助,政府出台的许多创业政策在许多高校并没有得到很好的落实,虽然在一些企业建立了创业实践基地,但是产生的成效有限,高校并无法获得企业和政府的长久合作和有力支持。特别是对于省内非重点高校,这些学校在区域经济圈内的知名度不是很高,很少受到企业的青睐,因此,产学研互动比较少,很难获得开展创业教育所需的相关资源,如实习基地、创业讲座、创业孵化基地、风险资本等,而高校创业教育需要领导、制度、文化、资金与平台等支撑体系的有力支持,这些支撑都要靠大学、企业和政府的通力合作来获得。从目前我省创业教育实施成效来看,我省高校创业教育还需要大学、企业和政府三者联动、协同合作。大学不仅要发挥主体性作用,还应主动参与区域经济创新创业体系建设,为大学的发展获得更多的支持。

五、文化层面,高校创业文化氛围有待加强培育

高校创业文化包括精神文化、制度文化和物质文化三方面。在创业精神文化中,大学生创业存在非理性趋势。一项关于福建省大学创业文化的调查统计显示,在有意愿创业的学生中,约68.6%的学生没有参加过任何创业培训,33.7%没有参加过创业实践活动,83.6%没有参加过创业计划大赛。[①] 因此,我们不难想象其中存在着不少的非理性因素。在创业制度方面,我省创业教育还处于初始阶段,创业顶层制度设计还不完善。在创业物质文化方面,许多高校校园环境没有突出创业特色,图书馆提供的创业教育资源还比较匮乏。此外,校园宣传阵地作用没有得到很好地发挥,仅有个别学校定期开展校园创业文化节,且即使有计划地开展创业文化节,学生的参与度也不是很高,不少学生是在辅导员的硬性安排下参与的。显然,今后我省大学创业文化建设必须与区域创新创业文化有机融合起来,并在大学的主导下,定期地举行创业文化节,提升学生的参与意愿,在校园内形成浓厚的创业文化氛围,而非停留于形式主义和跟风效仿。

---

① 何文婷.福建省大学创业文化建设研究[D].福州:福州大学,2011.

第十五章

高校创业教育对大学生创业意愿影响的实证模型构建与研究设计

第一节 大学生创业意愿实证模型的理论设定

综观国内外创业相关研究,当前创业研究集中在创业意愿、创业教育、创业能力、创业心理等方面。其中关于个体将来的创业倾向性——创业意愿,是一个新的研究热点。许多创业研究学者从创业者个体因素,如创业态度、创业自我效能感等角度研究创业意愿的影响因素,并解释创业行为及其过程。虽然当前有许多学者从内外部因素来研究创业意愿的影响因素,然而关于创业意愿影响因素的研究仍欠深入。"计划行为理论"和"创业事件模型"是20世纪90年代国外最广为流行的创业模型。Ajzen 的计划行为理论将个体执行某一行为的信念、态度、意愿与其实际行为联系起来,该理论成功地应用到了创业研究领域。Shapero 的创业事件模型将创业看成是一件包含主动性、能力、管理、自主性、冒险性等交互作用的事件。本书第四章已经对这两个理论进行详细的介绍,这些理论为解释大学生如何决策创业提供理论依据。

本章是以这两个理论为基础建构概念模型。首先,我们扩充了大学生潜在创业者的自身因素。尽然学者们已经对创业自我效能感发挥的重要作用进行深入研究,然而创业者的前瞻性人格、冒险性倾向、成就需求在其中发挥的作用仍未得到清晰阐述。其次,创业者的外部因素对个体的创业意愿也有着重要的作用,本章同时探讨创业教育关键解释变量的影响作用,因而结合计划行为理论和创业事件模型的优点,并基于这些理论构建创业教育、人格特质、

第十五章 高校创业教育对大学生创业意愿影响的实证模型构建与研究设计

主观规范、创业自我效能感、人口统计特征变量的理论模型。为了探究高校创业教育关键因素对创业意愿的影响,本章建立高校创业教育因素与创业意愿之间的 Probit 模型,同时加入人格特质等变量,以探索高校创业教育因素与创业意愿之间的相关关系,了解何种因素会对创业意愿产生显著影响。具体变量含义与预期作用方向见表 15-1。

同时,根据本章的研究目标和前人的研究成果,设定大学生创业意愿模型如下:大学生是否有创业意愿=f(创业实践教育、创业知识教育、创业文化培育、前瞻性人格、冒险性倾向、成就需求、创业态度、主观规范、创业自我效能感、大学生个体特征变量)。

表 15-1 各变量的定义及对大学生创业意愿影响的预期作用方向

定 义	变量名	预期方向
年龄(周岁)	AGE	－
性别(0=女,1=男)	GENDER	＋
学生干部(0=否,1=是)	POSITION	＋
在新创企业兼职(0=否,1=是)	PART_JOB	＋
生源地(0=农村,1=城市)	HOME	＋
专业所属门类(0=理工类,1=经管类,2=人文类,3=医学类,4=其他)	MAJOR	＋
受教育年限(年)	EDUYEARS	－
目前就读高校类型(0="985"院校,1="211"院校("985"高校除外),2=省属非"211"本科院校,3=高职院校)	UNIVERSITY	＋
父母受教育年限(年)	PAR_EDUYEARS	－
父母工作性质(0=都是挣工资者,1=有一位是企业家或自我雇佣)	PAR_JOBTYPES	＋
父母月收入合计(元)	PAR_INCOME	＋
父母是否有创业经历(0=否,1=是)	PAR_ENTRE	＋
创业知识教育	ENTRKONW	＋
创业实践教育	ENTRPRAC	＋
创业文化培育	ENTRCUL	＋

续表

定　义	变量名	预期方向
前瞻性人格	PROPER	＋
冒险性倾向	RISK	＋
成就需求	NEEDACHI	
创业态度	ATTENTR	＋
主观规范	SUBNORM	＋
创业自我效能感	SELFEF	＋
创业意愿（0＝否，1＝是）	EI	

第二节　大学生创业意愿计量模型

一、Probit 模型

基于以上实证模型的理论设定和概念模型构建，本研究选择 Probit 模型进行分析。Probit 模型是由诺贝尔经济学家丹尼尔·麦克法登（Daniel Mcfadden）提出的基于效用理论或行为选择理论为依据进行估计的离散选择模型。

$$Y^* = \beta_0 + \beta X + \varepsilon \qquad 公式(1)$$

令 Y^* 是一个由公式（1）中决定的不可观测的潜变量，假定 ε 是独立于 X，且服从标准正态分布的误差项。假设第 i 个学生决定大学毕业或未来是否选择创业，由一种不可直接观测的效用指数 Y^*（即有创业意愿和无创业意愿的效用水平之差）决定的，而效用指数 Y^* 又由某些解释变量 X 决定的。Y＝1 表示第 i 个学生有创业意愿（$Y^* > 0$），Y＝0 表示第 i 个学生选择直接就业，而无创业打算（$Y^* \leqslant 0$）。因此，根据以上假设，影响大学生创业意愿的二元离散选择模型可以表示为：

第十五章 高校创业教育对大学生创业意愿影响的实证模型构建与研究设计

$$\text{Prob}(Y=1|X_1,X_2,\cdots,X_k) = \text{Prob}(Y^*>0|X_1,X_2,\cdots,X_k)$$
$$= \text{Prob}(\beta_0+\beta_1X_1+\beta_2X_2+\cdots+\beta_kX_k+\varepsilon>0|X_1,X_2,\cdots,X_k)$$
$$= \text{Prob}([\varepsilon>-(\beta_0+\beta_1X_1+\beta_2X_2+\cdots+\beta_kX_k)]|X_1,X_2,\cdots,X_k)$$
$$= 1-\varphi[-(\beta_0+\beta_1X_1+\beta_2X_2+\cdots+\beta_kX_k)]$$
$$= \varphi(\beta_0+\beta_1X_1+\beta_2X_2+\cdots+\beta_kX_k)$$

$$\text{Prob}(Y=1|X_1,X_2,\cdots,X_k) = \text{Prob}(Y^*>0|X_1,X_2,\cdots,X_k)$$
$$= \text{Prob}(\beta_0+\beta_1X_1+\beta_2X_2+\cdots+\beta_kX_k+\varepsilon>0|X_1,X_2,\cdots,X_k)$$
$$= \text{Prob}\{[\varepsilon>-(\beta_0+\beta_1X_1+\beta_2X_2+\cdots+\beta_kX_k)]|X_1,X_2,\cdots,X_k\}$$
$$= 1-\Phi[-(\beta_0+\beta_1X_1+\beta_2X_2+\cdots+\beta_kX_k)]$$
$$= \Phi(\beta_0+\beta_1X_1+\beta_2X_2+\cdots+\beta_kX_k) \text{Prob}(Y=1|X_1,X_2,\cdots,X_k)$$
$$= \text{Prob}(Y^*>0|X_1,X_2,\cdots,X_k)$$
$$= \text{Prob}(\beta_0+\beta_1X_1+\beta_2X_2+\cdots+\beta_kX_k+\varepsilon>0|X_1,X_2,\cdots,X_k)$$
$$= \text{Prob}\{[\varepsilon>-(\beta_0+\beta_1X_1+\beta_2X_2+\cdots+\beta_kX_k)]|X_1,X_2,\cdots,X_k\}$$
$$= 1-\Phi[-(\beta_0+\beta_1X_1+\beta_2X_2+\cdots+\beta_kX_k)]$$
$$= \Phi(\beta_0+\beta_1X_1+\beta_2X_2+\cdots+\beta_kX_k) \quad\quad 公式(2)$$

公式(2)中,因变量是二值响应的,即要么有创业意愿,要么没有创业意愿。其中 Φ 为 $\varepsilon\varepsilon$ 的标准正态累积分布函数,且 $\varepsilon\sim N(0,1)\varepsilon\sim\varepsilon\sim$,而 $x_1,x_2,\cdots,x_k$ 为回归变量。Probit 系数估计是用极大似然估计法进行估计,这种估计方差最小,也最有效。此外,由于二值响应模型的回归系数 $\beta_0,\beta_1,\beta_2,\cdots,\beta_k\beta_0,\beta_1,\beta_2,\cdots,\beta_k$ 的经济解释比较困难,因此,威廉·H.格林(William H. Greene)认为利用各自变量的边际变化对选择概率的边际影响的偏效应,可以为回归系数提供更为合理的解释,即模型最好用概率预测和回归变量的变化效应来解释。各自变量对因变量概率的边际效应可表示为:

$$\frac{P(Y=1|X)}{X_k} = g(\hat{\beta}+\hat{\beta}_kX)\times\hat{\beta}_kX \quad\quad 公式(3)$$

公式(3)中, $g(\hat{\beta}_0+\hat{\beta}_kX)g(\hat{\beta}_0+\hat{\beta}_kX)$ 为标准正态分布密度函数, $\hat{\beta}_kX$ $\hat{\beta}_kX$ 为估计参数。简而言之,当模型中给定 $X_1,X_2,\cdots,X_kX_1,X_2,\cdots,X_k$ 时,$Y=1$ 的概率预测值可以通过计算 Z 值,即 $Z=\beta_0+\beta_1X_1+\beta_2X_2+\cdots+\beta_kX_kz=\beta_0+\beta_1X_1+\beta_2X_2+\cdots+\beta_kX_kz=\beta_0+\beta_1X_1+\beta_2X_2+\cdots+\beta_kX_k$,然后查正态分布表得到。回归变量的效应三个步骤进行计算得到:首先,计算回归变量初值时的概率预测值;其次,计算回归变量取新值或变化后值时的概率预测值;最后,将二者做差而得到效应。

二、大学生创业意愿的实证模型构建

(一)影响大学生创业意愿的主要因素

本研究定义具有创业意愿的大学生样本 j 赋值 Y_j,我们关心概率 Probit $(Y_j=1|X)$,并试图探索影响这一概率的变量。影响大学生创业意愿的因素很多,本研究主要选择创业教育作为关键解释变量,从高校创业教育角度出发,研究创业教育在多大程度上对大学生的创业意愿产生影响。此外,本书也把大学生的人格特质、创业态度、主体规范以及创业自我效能感作为考察变量,而大学生的个人因素和家庭因素是影响大学生创业的控制变量,其具体的变量阐释见表15-2,以下我们将对这些变量进行界定。

1. 创业教育

创业教育包括创业知识教育、创业实践教育、创业文化培育三个变量。学生接受创业知识教育程度越高,对公司的运作管理、市场营销、创办公司流程等就越熟悉,在某种程度上能够提高其创业自我效能,最后提升创业意愿。同样,如果学生参加过高校的创业实践教育,那么其创业能力和创业想法能够获得付诸实践,一定程度上锻炼了学生的创业技能和创业品质,其毕业就业选择就越有可能选择创业。通过创业教育培训,大学生创业素质将得到拓展,即具备了诚实守信、领导素质、知识、创新力,再去创业会减少很多不必要的挫折。最后,高校的创业文化越浓厚,越能提升学生的创业意愿。因此,假设创业教育对大学生的创业意愿具有正向的影响。

2. 人格特质

人格特质包括前瞻性人格、冒险性倾向、成就需求。前瞻性人格是把个体主动改变环境的行为视为一种相对稳定的个人特质或行为倾向的结果。学者们研究表明,前瞻性人格对工作绩效、工作态度、领导行为、学习动机、新进员工适应性、创业、创新等都有积极影响。具有前瞻性人格的大学生其创业态度往往会比较积极,其更有可能选择创业;具有冒险性倾向的人往往不会害怕困难,也不逃避风险,而是积极主动应对各种风险,因而具有冒险性倾向的学生往往容易产生创新和创业的想法。Sexton 和 Bowman 研究认为潜在的创业者更具有冒险性倾向,因此大学生的冒险性倾向对创业意愿具有正向影响;成就需求与创业可行性密切相关。具有成就需求的学生往往内心深处具有较高的做事动机,能够提高创造力,并能够进行自我决定。因此,本书假设成就需求对创业意愿具有正向的影响。

3.创业态度

个体的创业态度是由其对行为结果的期望和信念所决定的。作为潜在创业者的大学生对创业态度与其将来是否选择创业有必然联系。本研究假设大学生创业态度越积极,其创业意愿越高。

4.主观规范

这一变量是测量大学生的家属、朋友、老师、同学等重要个体或群体对其创业行为的期望。主观规范在某种程度上会对学生选择创业具有重要的影响。因此,本书假设主观规范会对大学生创业意愿产生正向的影响。

5.创业自我效能感

感知创业行为控制即自我效能感,它在创业意愿的解释中具有重要的作用。学者们一致认为,创业自我效能感对创业意愿具有正向的作用。本书假设创业自我效能感越强,大学生的创业意愿就越强,其将来更有可能选择创业。

6.个体特征变量

大学生的人口学特征变量包括个人因素和家庭因素两部分,个人因素指大学生的年龄、性别、专业、在学期间社会工作、有无创业经历,而家庭因素包括其父母的工作性质、父母学历、父母创业经历、父母收入合计等。模型的变量解释见表 15-2,研究假说见表 15-3。

表 15-2　本研究所需变量及其解释

变量名	变量解释
因变量	在高校创业教育的培养下,大学生未来是否有意愿参与创业,二元变量,若正在创业或未来几年有创业意愿,则 $Y_i=1$;反之,$Y_i=0$
解释变量	本研究的目标在于研究创业教育对大学生创业意愿的影响,因此把创业教育纳入主要考察变量,高校创业教育因素主要包括创业知识教育、创业实践教育、创业文化培育。此外还加入人格特质(前瞻性人格、冒险性倾向、成就需求),以及创业态度、主观规范、创业自我效能感等作为关键解释变量
控制变量	控制变量主要包括个人因素(年龄、性别、专业、在学期间社会工作、有无创业经历)、家庭因素(父母的工作性质、父母学历、父母创业经历、父母收入合计等因素)

表 15-3　本章关键解释变量的研究假说总结

序号	假说内容
假设 1	创业知识教育对大学生创业意愿具有正向影响
假设 2	创业实践教育对大学生创业意愿具有正向影响
假设 3	创业文化培育对大学生创业意愿具有正向影响
假设 4	前瞻性人格对大学生创业意愿具有正向影响
假设 5	冒险性倾向对大学生创业意愿具有正向影响
假设 6	成就需求对大学生创业意愿具有正向影响
假设 7	创业态度对大学生创业意愿具有正向影响
假设 8	主观规范对大学生创业意愿具有正向影响
假设 9	创业自我效能感对大学生创业意愿具有正向影响

（二）大学生创业意愿模型

综合前文的文献综述，以及计划行为理论、创业事件模型、人格特质理论，以及创业教育等理论，我们将模型设定为：

$$\text{Probit}(Y_j=1|X) = \varphi(\beta_0 + \beta_1 \text{AGE} + \beta_2 \text{GENDER} + \beta_3 \text{MAJOR} + \beta_4 \text{HOME} + \beta_5 \text{POSITION} + \beta_6 \text{PART\_JOBS} + \beta_7 \text{EDUYEARS} + \beta_8 \text{UNIVERSITY} + \beta_9 \text{PAR\_EDUYEARS} + \beta_{10} \text{PAR\_JOBTYPES} + \beta_{11} \text{PAR\_INCOME} + \beta_{12} \text{PAR\_ENTER} + \gamma_1 \text{ENTRKNOW} + \gamma_2 \text{ENTRPRAC} + \gamma_3 \text{ENTRCUL} + \gamma_4 \text{PROPER} + \gamma_5 \text{RISK} + \gamma_6 \text{NEED} + \gamma_7 \text{ATTENTR} + \gamma_8 \text{SUBNORM} + \gamma_9 \text{SELFEFF} + \varepsilon)$$

公式（4）

模型中 $Y_j=1$ 表示大学生具有创业意愿。模型包括两类变量：人口学统计特征变量和创业教育等关键解释变量，这两类变量的定义和命名与表 15-1、表 15-2 一致。

第三节　高校创业教育对大学生创业意愿影响的研究设计

一、问卷设计

数据的收集工作是本研究的关键步骤,获取数据的质量直接关系到研究的可靠性和有效性。本书的研究对象是不同高校、不同学历、不同专业背景的大学生群体,属于个体层面的研究,因此采用问卷调查的方式来收集数据。

为了设计一份较为科学、准确的问卷以尽可能地实现因变量、关键解释变量以及控制变量的测度可靠性和有效性,本研究主要采用以下三种方法设计问卷:(1)大量阅读国内外文献。国内关于创业意愿的实证研究虽然不多,但是国外的创业意愿研究已经相对比较成熟,其研究方法主要以实证方法为主,因此,本书梳理国外相关文献基础上,选择了信度和效度较高的题项为本书的变量测度提供参考。(2)与创业成功的大学生进行访谈,通过访谈设计并提炼问题。(3)与学校相关领域的老师开会讨论。在文献阅读和访谈的基础上,初步设计出本研究的问卷,此外,研究计量经济学的资深教授对该问卷的设计和修改提出了许多宝贵的意见。(4)预实验。在问卷定稿前,选择50位大学生受访者进行预测试,根据他们的反馈和建议,对一些测度问题的表达方式进行修改,最后形成最终问卷。

本书的问卷设计采用李克特五级量表法(Likert scale),从"非常不符合""不符合""不好说""符合""非常符合"分别给予1分、2分、3分、4分、5分。分数越高表示对题项描述的情况认同度越高;反之,分数越低表示对该题描述情况越不认同。测量所用量表包括人口学特征变量、创业教育关键变量、人格特质、创业态度、创业能力、主观规范等其他关键变量,其中因变量测项共4题;创业教育关键变量包括创业知识教育、创业实践教育、创业文化培育三部分共18题;人格特质包括前瞻性人格、冒险性倾向、成就需求三部分共17题;创业态度测项6题;主观规范测项4题;创业自我效能感测项8题。人口学特征变量包括个体因素和家庭因素两部分。个体因素包括年龄、性别、专业、在学期间社会工作、有无创业经历等共8题;家庭因素包括父母的工作性质、父母学历、父母创业经历、父母收入合计共 4 题,最终形成的定稿的问卷。

二、变量操作化定义

研究基于理论,而理论常常充满抽象的概念,如何将抽象概念转化成问卷形式,必须使问卷内容具有可观察性与比较测量,这一过程即为变量的操作化,而一个抽象的变量也经常需要多道问卷题目才能符合其理论意涵。变量操作化定义,就是将抽象的变量转化为可观察的具体指标的过程,是通过事物的关系来说明变量所涉的经验意义,或依据实践(测量)的方式来考察其所指涉的经验。本研究的变量操作化定义见表 15-4。

表 15-4 变量的操作化定义

构面	子构面	说明	题项数	资料来源
创业意愿	行为意愿自我预测	参考 Lüthje & Franke(2003)和 Krueger et al.(2000)的量表,从行为意愿、自我估计、希求性视角对二元因变量进行问卷设计	4 项	Lüthje & Franke(2003);Krueger et al.(2000)
创业教育	创业的知识、实践教育和创业文化培育	参考 Autio et al.(2001)的研究测项,结合本研究的实际,从创业知识、实践和文化角度进行测量	18 项	Autio et al.(2001)
前瞻性人格	单一维度	参考 Kickul & Gundry(2002)中信度和效度较高的测项进行设计	6 项	Kickul & Gundry(2002)
冒险性倾向	单一维度	对 Hisrich & Peters(2002)的测项进行翻译,并结合本书的研究进行设计	5 项	Hisrich & Peters(2002)
成就需求	单一维度	根据余安邦和杨国枢(1987)的研究量表中的 30 个条目进行筛选,设计了六道题进行测量	6 项	余安邦,杨国枢(1987)
创业态度	内生态度外生态度	内生态度是学生自己对创业的看法和偏好,主要是从个体职业生涯发展角度思考;外生态度是从个体发展的外在驱动力考虑	6 项	Carayannis, Evans & Hanson(2003);Lüthje & Franke(2003);Autio et al.(2001)

续表

构面	子构面	说明	题项数	资料来源
主观规范	学校、学院、同学(朋友)、家人	该变量主要是根据 Autio et al.(2001)的研究,从学校、学院、同学(朋友)、家人4个方面对创业进行评价,改为李克特五分量表	4项	Autio et al.(2001)
创业自我效能感	单一维度	根据 Autio et al.(2001)和张志芸(2012)的研究,设计了8个测项	8项	Autio et al.(2001);张志芸(2012)

三、数据编码

指标的确定是数据分析的前提,也是采集数据的基础。我们将创业教育问卷量表的18个指标、人格特质17个指标以及创业态度、主观规范、创业自我效能感等18个指标,分别编码如下:

表 15-5 自变量和因变量问卷结构与编码表

子维度	题号	编码
ENTRKONW(创业知识教育)		
ENTRPRAC(创业实践教育)	A1-A18	$entredu_1$ — $entredu_{18}$
ENTRCUL(创业文化培育)		
PROPER(前瞻性人格)		
RISK(冒险性倾向)	B1-B17	$perstrait_1$ — $perstrait_{17}$
NEEDACHI(成就需求)		
ATTENTR(创业态度)	E1-E6	$attentr_1$ — $attentr_6$
SUBNORM(主观规范)	F1-F4	$subnorm_1$ — $subnorm_4$
SELFEF(创业自我效能感)	G1-G8	$selfeff_1$ — $selfeff_6$

四、数据来源及有效性控制

问卷数据收集是获得可靠数据来验证实证模型的重要手段,其有效性和可靠性直接影响研究模型的拟合度,从而决定研究结果的科学性。为了平衡性别和大学生各年级比例,我们在大学各年级采取了分层随机抽样(stratified random sampling)的方法,在抽样时采取非概率抽样。这种抽样方法不但可以减少工作量,而且可以提高估计的精确度,其抽样误差也比随机误差小。

对象控制和过程控制方法可以保证问卷数据的有效性、可靠性和科学性。

(一)对象控制

被调查对象的多元化直接决定了调查结果的说服力。本研究尽可能地选择不同高校类型、不同层次的大学生,从学历层次、学科类别、专业类别、生源地等各方面进行对象控制,力争获得多元化、多层次的调查对象。被调查对象包括参加创业课程的和未参加创业课程的大学生;高校涉及综合、理工、师范、医药、工程等类型;学历从本科到研究生;专业包括理工、人文、经管、医学等;生源地包括各省市的农村和城市,以使样本数据尽可能地满足正态分布要求。

(二)过程控制

过程控制中的数据收集方法是采取两段集体抽样(Two-stage cluster sampling)方法进行抽样。两段集体抽样是指第一阶段先在福州地区抽出一部分集体(Primary sampling unit),即先抽出高校;然后在下一阶段自中选的集体抽出第二阶段的集体(Secondary sampling unit),即再抽出学院;其次,在最后阶段抽出学生样本个体,这一阶段按照年级分配具体样本数进行随机抽样。具体在第一阶段抽取了5所高校,其中福州大学300份、福建医科大学100份、福建农林大学70份、福建师范大学60份、福建工程大学70份;第二阶段在各所大学中的二级学院中抽取24个学院,包括经济与管理学院、外国语学院、人文学院、医学院、环境与资源学院、石化学院、化学学院等;最后,在各院方的辅导员老师协助下,按年级和班级进行随机抽样,共发放600份问卷,有效问卷476份,回收率为79.33%。

鉴于本研究的问卷设计存在一定的主观性,不少问题是建立在主观评价上,因此,主观数据可能会造成事实与研究结论的偏差。在社会调查中,有三个原因可能会导致问卷应答者对题项做出不准确的回答:其一,受调查者与问卷题目存在信息不对称,受访者可能没有完全明白所提问的问题;其二,受访者可能由于时间的限制对问题主观随意地回答,没有回忆所提问问题答案的相关信息;其三,受访者有时会有意地回避一些问题。尽管没有方法能够完全消除以上三个因素对问卷质量的影响,但还是可以采取一些策略来较少这些因素的影响。本研究主要采取以下措施来尽量减少偏差出现的可能。

首先,本问卷是关于教育和创业研究调查,没有过多的专业性词汇,同时,

第十五章　高校创业教育对大学生创业意愿影响的实证模型构建与研究设计

在借鉴和翻译国外学者的研究问卷时,进行了前测并修改,此外,问项都是针对学生个人情况进行提问的,故基本上不存在第一种原因;其次,问卷所提问问题都是个人基本情况和评价性问题,需要应答者回忆的问题并不多;对于第三种原因,本研究的问卷都是通过高校辅导员布置发放的,所以几乎不存在漏答问题;最后,本研究在形成问卷之前对50名学生进行了前测,已经对不能理解或存在疑问的问项进行了删除和修改。样本的分布情况详见表15-6。

表 15-6　样本分布情况

人口学特征变量		频数	有效百分比	累计百分比
调研高校	福州大学	260	54.62	54.62
	福建农林大学	52	10.92	65.54
	福建师范大学	38	7.99	73.53
	福建工程大学	41	8.61	82.14
	福建医科大学	85	17.86	100.00
专业类别	理工类	135	28.36	28.36
	经管类	93	19.54	47.90
	人文类	169	35.50	83.40
	医学类	77	16.18	99.58
	其他	2	0.42	100.00
学历	本科	425	89.26	89.26
	研究生	51	10.74	100.00
性别	男	254	53.36	53.36
	女	222	46.64	100.00
生源地	城市	186	39.08	39.08
	农村	290	60.92	100.00
年龄	18～19岁	51	10.71	10.71
	20～23岁	302	63.47	74.17
	24～27岁	120	25.21	99.38
	28～30岁	3	0.63	100.00

第十六章

高校创业教育对大学生创业意愿影响的实证分析

第十五章从理论上证明了大学生创业意愿与创业教育、大学生人格特质、创业态度、主观规范、创业自我效能感以及大学生个体特征变量等因素有关,在此基础上构建了计量模型,然后对模型进行估计。本章在前一章分析的基础上,首先,对抽样调查的数据进行描述性分析;其次,对模型估计结果进行解释,确定哪些创业教育因素影响大学生的创业意愿提升,以及其他控制变量对学生创业意愿的影响,各变量的影响程度及方向如何,并得出本章的主要结论。

第一节 样本描述性统计分析

本研究按照第十五章的问卷设计于 2014 年 3—6 月对福州地区 5 所高校、24 个院系、115 个班级进行实地调查,重点收集了参加过创业教育第二课堂的大学生样本 124 份。本次调查采取两段集体抽样(Two-stage cluster sampling)方法抽取大学生样本。共发放问卷 600 份,回收有效问卷 476 份,以下是大学生个体变量的特征构成(表 16-1)。

表 16-1 大学生个体特征变量的描述性统计

变量符号	变量名称	极小值	极大值	均值		标准差
		统计量	统计量	统计量	标准误	统计量
AGE	年龄(周岁)	17	29	22.08	0.092	1.997
GENDER	性别	0	1	0.53	0.023	0.499

续表

变量符号	变量名称	极小值 统计量	极大值 统计量	均值 统计量	均值 标准误	标准差 统计量
POSITION	主要学生干部	0	1	0.68	0.021	0.465
PART_JOB	企业兼职经历	0	1	0.28	0.021	0.448
HOME	生源地	0	1	0.39	0.022	0.488
MAJOR	专业学科类别	0	4	1.41	0.049	1.077
EDUYEARS	受教育年限(年)	13.0	19.0	15.181	0.0678	1.4786
UNIVERSITY	就读高校	1	2	1.45	0.023	0.498
PAR_EUDYEARS	父母受教育年限(年)	0.0	18.0	10.034	0.1760	3.8404
PAR_JOBTYPES	父母工作性质	0	1	0.30	0.021	0.462
PAR_INCOME	父母月收入合计(元)	1 000.0	200 000	8 163.6	683.8	14 918.1
PAR_ENTRE	父母创业经历	0	1	0.38	0.022	0.485

一、调查高校创业教育情况

本问卷共收集有效样本476份,在受访的222名女生中,21.62%选修过该校与创业教育相关的课程,比如高级商务创业、小微企业管理、创业实践课等;78.38%没有选修过任何与创业相关课程。而在受访254名男生中,有26.05%受访者表示有选修过创业教育课程;73.95%学生没有选修过创业课程(表16-2)。从这一数据显示,选修过创业相关课程的比率男生比女生高,男生参与创业课程的热情比女生高。同样,在创业培训和创业竞赛中,222名女生中有43名表示参加过创业培训和竞赛,而254名男生中有67名参加过(图16-1)。总体上看,大部分学生没有参加过任何创业培训和创业竞赛,学生参与创业课程、创业培训和创业竞赛等活动的意愿和热情有待进一步提升,而不是仅仅在小范围内搞"精英式"创业教育。

表 16-2 学生选修创业课程情况

		人数(人)	比重(%)	累计百分比(%)
女生 (222 名)	选修过创业课程	48	21.62	21.62
	未选修过创业课程	174	78.38	100.00
男生 (254 名)	选修过创业课程	76	29.92	29.92
	未选修过创业课程	178	70.08	100.00
男生+女生 (476)	选修过创业课程	124	26.05	26.05
	未选修过创业课程	352	73.95	100.00

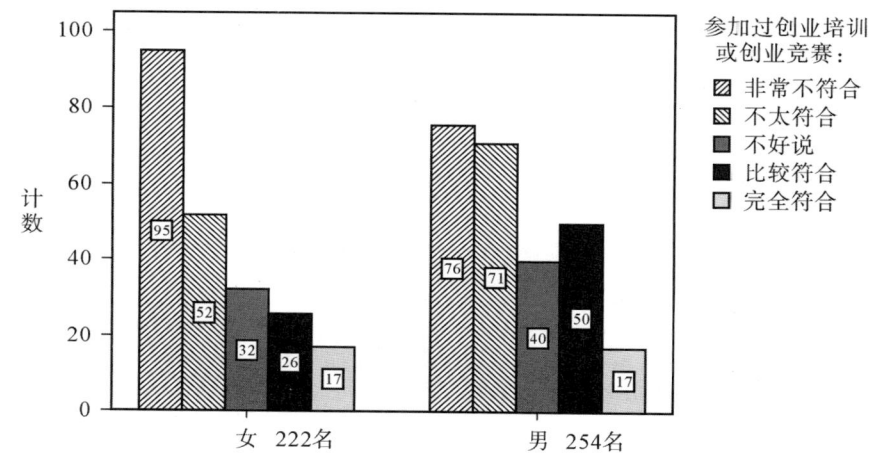

图 16-1 受访学生中参加创业培训或创业竞赛情况

二、受访大学生创业意愿构成

(一)大学生自身及其父母的创业情况

在受访的 476 名学生中,有 86 人有过创业经历,占受访者比重 18.1%,而 81.9%的受访学生没有创业经历(表 16-3)。这项数据说明,随着创业教育的深入开展,当前有不少学生(18.1%)在大学期间就开始尝试创业,这些创业尝试也会影响周围的同学将来的创业意愿。

调查大学生的父母创业情况中显示,父母曾经或正在创业的占 37.6%,人数 179 人;父母没有创业经历的占 62.4%,共 297 人(表 16-4)。调查结果显示,62.4%的学生没有家庭创业背景,这有可能会影响学生毕业后的创业选择,这在接下来的实证模型中将进一步分析。

表 16-3 大学生创业经历调查

	人数(人)	比重(%)
有创业经历	86	18.1
没有创业经历	390	81.9
合 计	476	100.0

表 16-4 父母创业经历调查

	人数(人)	比重(%)
父母曾经或正在创业	179	37.6
父母没有创业经历	297	62.4
合计	476	100.0

(二)大学生创业意愿情况

在 476 名受访学生中,有 124 名参加过创业教育,352 名没有参加过创业教育。首先,在未参加过创业教育受访学生中,40%的学生大学毕业后有可能会选择创业,而 48.9%的学生明确表示直接受雇佣于企业,并无打算创业;未来五年选择创业的概率为 76%～100%的仅 17 人,占受访学生 4.8%,而概率为 0～50%的有 271 人,占 77%(表 16-5)。这说明没有参加过高校创业教育的学生中,其创业意愿并不高。其次,在参加过创业教育受访学生中,54.8%的学生大学毕业后有可能会选择创业,这比没有参加创业教育受访学生高(40%),受过创业教育学生中,仅 6 名学生明确表示不可能选择创业;34.7%的学生未来五年选择创业的概率为 51%～100%(表 16-6)。

表 16-5　未参加过创业教育受访学生的创业意愿构成

创业意愿		人数（人）	有效百分比（%）
大学毕业后的创业可能	不可能	39	11.1
	不太可能	172	48.9
	可能	125	35.5
	很有可能	16	4.5
	合　计	352	100.0
未来五年选择创业的概率	0～25%	143	40.6
	26%～50%	128	36.4
	51%～75%	64	18.2
	76%～100%	17	4.8
	合　计	352	100.0

表 16-6　参加过创业教育受访学生的创业意愿构成

创业意愿		人数（人）	有效百分比（%）
大学毕业后的创业可能	不可能	6	4.8
	不太可能	50	40.3
	可能	54	43.5
	很有可能	14	11.3
	合　计	124	100.0
未来五年选择创业的概率	0～25%	30	24.2
	26%～50%	51	41.1
	51%～75%	31	25.0
	76%～100%	12	9.7
	合　计	124	100.0

第二节 高校创业教育对大学生创业意愿影响的测度

一、大学生创业意愿影响因素的因子分析过程

因子分析(factor analysis)是从众多的原始变量中构造出少数几个具有代表性的因子,它要求原始变量之间应该具有较强的相关性。因此,在进行分析前需要运用 KMO 统计量和 Bartlett 球形检验法,检验数据是否适合做因子分析。KMO 取值范围在 0~1 之间,KMO 值越接近 1,则变量间的相关性越强,越适合做因子分析。依据 Kaiser 的观点,做因子分析时,KMO 值至少要在 0.6 以上,而当 KMO≥0.90 时,就非常适合做因子分析。Bartlett 球形检验用于检验各变量是否各自独立,如果近似卡方值较大且对应的统计值显著性概率 sig<0.5,则说明变量之间存在相关关系,并且具有良好的结构效度,适合做因子分析。

在进行因子分析前,先对影响大学生创业意愿的相关影响变量的题项进行 KMO 和 Bartlett 球形检验,结果如表 16-7 所示。

表 16-7 KMO 和 Bartlett 的检验

取样足够度的 KMO 度量		0.900
Bartlett 的球形度检验	近似卡方	10 678.039
	df	1378
	Sig.	0.000

依据以上数据可知:影响大学生创业意愿的自变量量表的 KMO 得分为 0.900,大于 0.6 要求,表明该问卷体系的各题项相关性很强,极适合做因子分析;另外,Bartlett 的检验的值为 10 678.039(自由度为 1378),显著性概率为 0.000,说明总体的相关矩阵有共同因子存在。因此,适合进行下一步因子分析。

在 KMO 检验和 Bartlett 球形检验的基础上,运用 SPSS 20 对数据进行因子分析,依据主成分分析法提取共同因子,在抽取项内设置特征值大于 1 作

为因子提出的阈值以提取特征值大于 1 的因子，得到旋转后的因子负载矩阵表，如表 16-8 所示：

表 16-8　自变量问卷的因子旋转成分矩阵

指标	成分								
	1	2	3	4	5	6	7	8	9
$entredu_{11}$	0.758	0.049	0.062	0.048	0.100	0.001	0.017	0.041	−0.245
$entredu_{13}$	0.746	0.075	0.020	0.007	0.022	−0.023	0.103	0.130	0.010
$entredu_{12}$	0.728	0.061	0.080	−0.048	0.049	0.041	0.131	0.129	0.047
$entredu_{14}$	0.704	0.088	0.034	0.080	0.031	0.042	0.005	0.028	0.125
$entredu_{15}$	0.658	0.176	0.066	−0.033	0.025	0.080	0.059	0.054	0.331
$entredu_{16}$	0.649	0.303	0.002	0.034	0.033	−0.022	0.034	0.056	0.267
$entredu_{9}$	0.524	0.230	−0.045	0.047	0.081	0.079	0.063	−0.019	0.203
$entredu_{10}$	0.504	0.134	0.025	0.059	0.032	0.106	0.023	0.002	−0.033
$perstrait_{15}$	0.124	0.740	0.125	0.091	−0.016	0.013	−0.039	0.162	0.058
$perstrait_{17}$	0.159	0.733	0.131	0.085	0.032	0.027	−0.009	0.094	−0.014
$perstrait_{12}$	0.188	0.723	0.058	0.078	0.007	0.072	0.061	0.244	−0.056
$perstrait_{14}$	0.115	0.683	−0.061	0.126	0.008	0.084	0.033	0.206	−0.040
$perstrait_{16}$	0.075	0.635	0.124	0.188	−0.019	0.056	0.076	0.061	0.152
$perstrait_{2}$	0.162	0.615	0.026	0.010	−0.103	0.384	0.125	−0.002	0.043
$perstrait_{1}$	0.159	0.544	0.145	0.004	0.027	0.332	0.093	0.061	0.047
$selfeff_{2}$	−0.012	0.141	0.702	0.268	0.062	0.130	0.079	0.083	−0.201
$selfeff_{8}$	0.050	0.083	0.640	0.039	0.080	0.154	0.075	0.185	0.143
$selfeff_{5}$	0.084	0.126	0.634	0.050	0.235	0.118	0.145	0.078	0.052
$selfeff_{1}$	0.045	0.103	0.592	0.266	0.035	0.044	0.029	0.181	−0.206
$selfeff_{6}$	0.145	0.178	0.587	0.087	0.164	0.183	0.004	0.017	0.132
$selfeff_{3}$	−0.067	−0.194	0.585	0.163	0.091	0.127	0.146	0.074	−0.086
$selfeff_{7}$	0.137	0.360	0.528	0.066	0.098	0.258	0.039	0.077	0.171
$attentr_{5}$	0.026	0.091	0.186	0.785	0.105	0.027	0.086	0.010	−0.001
$attentr_{2}$	0.059	0.105	0.161	0.711	0.134	0.080	0.118	0.265	−0.001
$attentr_{4}$	0.004	−0.034	0.233	0.701	0.172	0.034	0.066	0.185	0.013
$attentr_{3}$	0.019	0.134	0.142	0.629	−0.005	0.141	0.191	0.096	−0.051

续表

指标	成分								
	1	2	3	4	5	6	7	8	9
$attentr_6$	0.074	0.254	0.058	0.614	0.019	0.168	0.180	0.058	0.113
$attentr_{31}$	0.026	0.091	0.186	0.785	0.105	0.027	0.086	0.010	−0.001
$entredu_3$	0.133	−0.015	0.068	0.074	0.802	0.049	0.043	0.057	−0.067
$entredu_1$	0.040	0.014	0.086	0.059	0.783	−0.016	0.082	0.086	−0.031
$entredu_2$	0.048	−0.111	0.215	0.140	0.754	0.110	0.044	0.028	−0.052
$entredu_4$	0.025	0.077	0.147	0.130	0.730	0.183	−0.008	0.004	0.078
$perstrait_4$	0.022	0.228	0.085	0.095	0.087	0.733	0.021	0.197	−0.015
$perstrait_5$	0.022	0.076	0.230	0.165	0.175	0.721	−0.001	0.146	0.012
$perstrait_3$	0.156	0.240	0.174	0.019	0.029	0.630	0.040	0.024	0.020
$perstrait_6$	−0.008	−0.040	0.289	0.108	0.100	0.608	0.079	0.199	0.078
$subnorm_2$	0.121	0.061	0.151	0.172	0.081	−0.020	0.800	0.062	−0.002
$subnorm_3$	0.132	0.028	0.072	0.170	0.039	0.091	0.776	0.113	0.097
$subnorm_1$	−0.012	−0.047	0.159	0.209	0.087	−0.051	0.650	0.052	0.100
$subnorm_4$	0.201	0.260	0.071	0.071	−0.034	0.154	0.622	0.001	−0.043
$perstrait_{10}$	0.107	0.072	0.228	0.270	0.147	0.095	0.051	0.678	−0.025
$perstrait_7$	0.025	0.182	0.252	0.063	0.103	0.125	0.161	0.644	0.018
$perstrait_8$	0.124	0.291	0.050	0.124	−0.018	0.233	0.037	0.639	0.093
$perstrait_{11}$	0.095	0.306	0.042	0.198	0.095	0.142	0.031	0.585	−0.053
$perstrait_9$	0.203	0.378	0.069	0.057	−0.092	0.108	0.048	0.506	0.061
$entredu_{18}$	0.360	0.061	0.045	0.107	−0.091	0.062	0.093	0.017	0.683
$entredu_{17}$	0.562	0.135	0.024	0.096	−0.013	0.043	0.129	0.049	0.590
特征根	4.753	4.649	3.587	3.425	2.869	2.589	2.469	2.430	1.551
解释方差(%)	8.968	8.771	8.769	8.463	8.414	7.885	7.659	7.585	6.927
累计解释方差(%)	8.968	17.739	26.508	34.971	43.385	51.27	58.929	66.514	73.441

注:提取方法为主成分分析法;旋转法为具有 Kaiser 标准化的正交旋转法;旋转在 12 次迭代后收敛。

由上表可知,自变量的问卷测项总共提取了 9 个公因子,被提取的 9 个公因子的特征值分别为 4.753、4.649、3.587、3.425、2.869、2.589、2.469、2.430、

1.551，累计方差贡献率为 73.441%，这表明提取的 9 个公因子解释了 73.441% 的方差，能较好地反映原始变量的大部分信息。但是为了更好地解释公共因子的实际意义，我们还要对公共因子进行旋转，采用方差最大旋转法，求得因子载荷矩阵，观测因子载荷值。

因子的抽取是考虑旋转后因子载荷量数值较大的那些变量，即因子载荷量至少大于 0.50 的那些变量。如果大于 0.50，则说明收敛效度好，符合此条件的题项越多，变量的区别效度就越高，而小于 0.50 的变量必须删除，被删除的题项有：$entredu_5$、$entredu_6$、$entredu_7$、$entredu_8$、$perstrait_{13}$、$selfeff_4$。通过观察表 16-8 中因子负载值，我们将抽取的共同因子进行命名如表 16-9 所示：

表 16-9　变量共同因子的抽取及命名

因子项目	指标	问卷题项	因子载荷量	旋转平方和载荷累积变异量	因子命名
因子1	$entredu_{11}$	您所在学校设有大学生创业孵化基地	0.758	8.968	创业实践教育（ENTRPRAC）
	$entredu_{13}$	您所在学校设有创业基金支持学生创业	0.746		
	$entredu_{12}$	您所在学校配有专业的创业教育师资团队	0.728		
	$entredu_{14}$	您所在大学经常会组织学生参加全国性的创业竞赛	0.704		
	$entredu_{15}$	您所在学校经常利用校报、校园网、微博、宿舍宣传栏等宣传阵地宣传与创业相关的政策或内容	0.658		
	$entredu_{16}$	您所在学校会对大学生创业者给予精神奖励或物质支持	0.649		
	$entredu_9$	您所在大学会经常邀请创业教育专家、企业家或成功创业学长开展创业知识讲座，分享成功创业经验	0.524		
	$entredu_{10}$	您所在的大学图书馆能满足您对创业知识的需求	0.504		

续表

因子项目	指标	问卷题项	因子载荷量	旋转平方和载荷累积变异量	因子命名
因子2	perstrait$_{15}$	不管别人怎么想,只要我认为有价值的事,我就会尽力去做	0.740	17.739	成就需求(NEEDACHI)
	perstrait$_{17}$	为了完成一件自己喜欢而有成就的事情,我会竭尽全力,甚至熬夜来完成它	0.733		
	perstrait$_{12}$	不管事情有多么困难,只要自己认为值得去做,我会尽力而为	0.723		
	perstrait$_{14}$	当我圆满完成一件工作时,即使没有人知道,我也会觉得很有成就感	0.683		
	perstrait$_{16}$	只要有价值的东西,我都很想努力去获得	0.635		
	perstrait$_2$	看到自己的想法变成现实是一件令人激动的事情	0.615		
	perstrait$_1$	我能够正视自己的想法并克服现实生活中的挫折	0.544		
因子3	selfeff$_2$	如果我创业的话,我相信我将会取得成功	0.702	26.508	创业自我效能感(SELFEFF)
	selfeff$_8$	我自身创造力强	0.640		
	selfeff$_5$	我善于分析外部环境发现机会和潜在问题	0.634		
	selfeff$_1$	自主创业对我而言并非难事	0.592		
	selfeff$_6$	我经常主动与别人交流	0.587		
	selfeff$_3$	我认为自己已经掌握能够成功创业的技能	0.585		
	selfeff$_7$	我喜欢多角度思考问题,灵活解决问题	0.528		

续表

因子项目	指标	问卷题项	因子载荷量	旋转平方和载荷累积变异量	因子命名
因子4	$attentr_5$	与受雇于其他公司相比，自主创业是更好的职业选择	0.785	34.971	创业态度（ATTENTR）
	$attentr_2$	自主创业对我而言是非常有吸引力的	0.711		
	$attentr_4$	与成为现有公司的经理相比，我更愿意选择自主创业	0.701		
	$attentr_3$	与大企业相比，中小企业更有利于经济与社会的发展	0.629		
	$attentr_6$	我认为自主创业是非常好的，对此我持积极态度	0.614		
	$attentr_1$	我认为自主创业对大学生而言是个理想的职业选择	0.785		
因子5	$entredu_3$	我参加过创业培训或创业竞赛	0.802	43.385	创业知识教育（ENTRKNOW）
	$entredu_1$	我选修过与创业相关的课程，比如高级商务创新、小微企业管理、创业实践课等	0.783		
	$entredu_2$	我非常熟悉创办公司的具体流程	0.754		
	$entredu_4$	我经常参加与创业相关的讲座	0.730		
因子6	$perstrait_4$	我喜欢做具有挑战性的事情，而不安于现状	0.733	51.27	前瞻性人格（PROPER）
	$perstrait_5$	我能够先于他人发现好的机会	0.721		
	$perstrait_3$	我能够很好地识别机会	0.630		
	$perstrait_6$	无论在哪里，我都是推动建设性变革的强大力量	0.608		
因子7	$subnorm_2$	朋友或同学在很大程度上影响我是否选择创业	0.800	58.929	主观规范（SUBNORM）
	$subnorm_3$	学校创业氛围在很大程度上影响我是否选择创业	0.776		
	$Subnorm_1$	学院领导或老师在很大程度上影响我是否选择创业	0.650		
	$subnorm_4$	父母或亲戚在很大程度上影响我是否选择创业	0.622		

续表

因子项目	指标	问卷题项	因子载荷量	旋转平方和载荷累积变异量	因子命名
因子 8	$perstrait_{10}$	我愿意在未来 6 个月里承担大的风险	0.678	66.514	冒险性倾向（RISK）
	$perstrait_7$	我愿意承担投资所带来的风险，比如股票等投资	0.644		
	$perstrait_8$	旅游时，我愿意走不同寻常的路线	0.639		
	$perstrait_{11}$	整体而言，只要有可能成功，我愿意付出额外的努力放手一搏	0.585		
	$perstrait_9$	我愿意尝试不一样的美食、去陌生的地方以及感受新的体验	0.506		
因子 9	$entredu_{18}$	大学里，老师都积极鼓励学生去追求自己的创业理想	0.683	73.441	创业文化培育（ENTRCUL）
	$entredu_{17}$	为创造创业校园文化氛围，学校经常会对成功创业典范进行宣传	0.590		

为了对变量各维度分别进行综合评价，我们根据成分得分系数矩阵（见表 16-10）给出的系数和原始变量的标准化值，可以计算出各因子的得分函数，最终通过该因子得分函数求得各因子综合得分。因子得分的计算是将每一个变量的观测值的标准化值乘以其系数（因子载荷量），再将这些值加总求得。例如受访学生 1 的得分是：在创业实践教育因子上的得分为 1.7046，在成就需求因子上的得分为 0.260，在创业自我效能感因子上的得分为 0.628，在创业态度上的得分为 1.880，在创业知识教育因子上的得分为 0.098，在主观规范因子上的得分为 1.352，在冒险性倾向因子上的得分为 -0.150，在创业文化培育因子上的得分为 -0.250。依此类推，可以计算所有受访者在各项因子上的得分，获得这些得分我们便可以在 STATA 软件上进行 Probit 分析。

表 16-10 自变量问卷各项指标的成分得分系数矩阵

指标	成分								
	1	2	3	4	5	6	7	8	9
$entredu_1$	-0.037	0.044	-0.055	-0.053	0.319	-0.074	0.018	0.021	-0.012
$entredu_2$	0.020	-0.015	-0.013	-0.019	0.288	0.013	-0.019	-0.027	-0.023
$entredu_3$	0.019	0.016	-0.073	-0.019	0.339	-0.019	0.017	-0.009	-0.050

续表

指标	成分								
	1	2	3	4	5	6	7	8	9
$entredu_4$	−0.034	0.041	−0.044	−0.004	0.304	0.036	−0.032	−0.062	0.077
$entredu_9$	0.066	0.016	−0.045	0.009	0.001	0.024	−0.031	−0.055	0.045
$entredu_{10}$	0.140	−0.010	−0.013	0.018	−0.036	0.034	−0.045	−0.048	−0.127
$entredu_{11}$	0.286	−0.052	0.008	0.030	0.000	−0.010	−0.020	−0.031	−0.318
$entredu_{12}$	0.211	−0.063	0.017	−0.052	−0.019	−0.008	0.020	0.047	−0.084
$entredu_{14}$	0.221	−0.062	−0.005	−0.006	−0.021	−0.029	0.017	0.045	−0.118
$entredu_{15}$	0.204	−0.059	0.000	0.056	−0.004	0.009	−0.033	−0.030	−0.017
$entredu_{16}$	0.148	−0.025	0.022	−0.031	0.009	0.001	−0.013	−0.005	0.157
$entredu_{17}$	0.144	0.033	0.003	−0.002	0.022	−0.068	−0.031	−0.013	0.106
$entredu_{18}$	0.071	−0.043	−0.002	0.011	−0.012	−0.014	−0.016	0.012	0.369
$perstrait_1$	−0.013	−0.056	0.015	0.020	−0.057	0.004	−0.046	0.012	0.470
$perstrait_2$	−0.024	0.136	0.009	−0.045	0.010	0.079	0.040	−0.080	−0.016
$perstrait_3$	−0.028	0.151	−0.039	−0.028	−0.038	0.139	0.060	−0.121	−0.039
$perstrait_4$	0.040	−0.001	−0.020	−0.039	−0.033	0.306	−0.015	−0.088	−0.034
$perstrait_5$	−0.020	−0.035	−0.108	0.003	−0.006	0.372	−0.005	0.009	−0.040
$perstrait_6$	−0.006	−0.080	−0.052	0.026	0.004	0.365	−0.043	−0.020	−0.011
$perstrait_7$	−0.023	−0.116	−0.004	−0.006	−0.026	0.303	0.008	0.042	0.051
$perstrait_8$	−0.054	−0.023	0.023	−0.092	0.001	−0.066	0.049	0.342	0.029
$perstrait_9$	−0.041	−0.028	−0.071	−0.035	−0.046	0.037	−0.033	0.334	0.059
$perstrait_{10}$	0.000	0.027	−0.018	−0.058	−0.055	−0.028	−0.013	0.253	0.018
$perstrait_{11}$	0.026	−0.084	−0.005	0.007	0.009	−0.050	−0.041	0.361	−0.004
$perstrait_{12}$	−0.002	0.002	−0.077	0.015	0.033	−0.012	−0.003	0.284	−0.041
$perstrait_{14}$	−0.023	0.086	−0.045	−0.054	0.035	0.036	0.041	−0.048	0.035
$perstrait_{15}$	−0.037	0.189	−0.067	−0.011	0.021	−0.034	−0.010	0.027	−0.075
$perstrait_{16}$	−0.042	0.222	0.049	−0.039	0.014	−0.111	−0.058	−0.005	0.015
$perstrait_7$	−0.051	0.187	0.032	0.004	0.010	−0.063	−0.009	−0.065	0.086

续表

指标	成分								
	1	2	3	4	5	6	7	8	9
$attentr_1$	−0.017	0.230	0.047	−0.034	0.032	−0.103	−0.035	−0.056	−0.052
$attentr_2$	−0.074	0.106	−0.076	0.183	0.040	−0.080	−0.023	−0.048	−0.012
$attentr_3$	0.017	−0.048	−0.055	0.263	−0.005	−0.017	−0.038	0.054	−0.023
$attentr_4$	0.000	−0.025	−0.045	0.260	−0.057	0.039	0.034	−0.056	−0.050
$attentr_5$	0.035	−0.073	−0.007	0.255	0.010	−0.026	−0.073	0.027	0.077
$attentr_6$	0.013	−0.022	−0.020	0.320	−0.023	−0.013	−0.066	−0.106	0.115
$subnorm_1$	−0.018	0.011	−0.080	0.229	−0.038	0.063	−0.002	−0.075	0.151
$subnorm_2$	−0.047	−0.020	0.003	−0.023	−0.001	−0.059	0.288	0.006	−0.090
$subnorm_3$	−0.012	0.001	−0.014	−0.034	0.009	−0.052	0.402	−0.020	−0.141
$subnorm_4$	0.002	−0.037	−0.062	−0.041	−0.001	0.032	0.380	0.023	0.045
$selfeff_1$	0.022	0.045	−0.038	−0.064	−0.028	0.073	0.315	−0.076	−0.127
$selfeff_2$	0.034	0.006	0.218	0.019	−0.087	−0.088	−0.073	0.019	−0.318
$selfeff_3$	−0.006	0.028	0.255	0.017	−0.089	−0.053	−0.046	−0.066	−0.084
$selfeff_5$	−0.033	−0.017	0.169	0.055	−0.051	−0.051	−0.008	−0.076	−0.017
$selfeff_6$	0.014	0.031	0.236	−0.082	0.060	−0.069	0.041	−0.042	0.157
$selfeff_7$	0.020	0.025	0.221	−0.027	0.037	−0.008	−0.032	−0.089	0.106
$selfeff_8$	−0.020	0.073	0.187	−0.058	0.007	0.013	−0.026	−0.067	0.369

注：提取方法为主成分分析法，旋转法为具有 Kaiser 标准化的正交旋转法。

二、大学生创业意愿问卷的信度分析

信度分析目的在于考察问卷的可靠性、有效性及问卷是否具有较高的内部一致性，所以，在对问卷做进一步的数据分析之前，必须考察问卷的内在信度，以确保得出结论的精确性。通常检验问卷内在信度采用 Cronbach α（Alpha）系数检验。Cronbach $α \geqslant 0.70$ 时，为高信度；$0.35 \leqslant$ Cronbach $α < 0.70$ 时，属于尚可；而 Cronbach $α < 0.35$，则为低信度。由以上对各变量维度进行因子分析，我们得出影响大学生创业意愿的九大影响因子，接下来，我们对各变量内部进行信度检验，结果如下表16-11所示：

表 16-11　各变量维度内部信度分析

变量	因子1	因子2	因子3	因子4	因子5	因子6	因子7	因子8	因子9
Cronbach α	0.854	0.856	0.809	0.832	0.818	0.756	0.766	0.775	0.731
题项数	8	7	7	6	4	4	4	5	2

从表 16-11 中可以看出各因子的 Cronbach α 值都大于 0.70，且变量问卷总体量表的 Cronbach α 为 0.921，说明问卷量表总体信度和各维度测量信度良好，因此，本研究的问卷调查所用数据具有良好的内部一致性及可靠性。

第三节　高校创业教育对大学生创业意愿影响的实证分析

一、变量描述性统计

模型选择的变量及各变量的含义具体见第十五章表 15-1 和表 15-2，各变量的基本描述性统计见表 16-12。

表 16-12　相关变量的基本描述和统计

	参加过创业教育样本	未参加过创业教育样本
AGE	22.37(0.146)	21.99(0.112)
GENDER	0.60(0.044)	0.51(0.027)
POSITION	0.78(0.037)	0.65(.025)
PART_JOB	0.40(0.044)	0.24(0.023)
HOME	0.40(0.044)	0.39(0.026)
MAJOR	1.35(0.102)	1.43(0.056)
EDUYEARS	15.169(0.1166)	15.185(0.0820)
UNIVERSITY	1.47(.045)	1.45(0.027)
PAR_EDUYEARS	9.766(0.3721)	10.119(0.1987)

续表

	参加过创业教育样本	未参加过创业教育样本
PAR_JOBTYPES	0.30(0.041)	0.29(0.025)
PAR_INCOME	8801.6129(1658.13723)	7917.5483(718.05540)
PAR_ENTRE	0.45(0.045)	0.35(0.025)
ENTRKONW	0.95365(0.071887)	−0.33769(0.044478)
ENTRPRAC	0.14769(0.084609)	−0.04900(0.054361)
ENTRCUL	0.02275(0.086666)	−0.00670(0.054011)
PROPER	−0.04787(0.078574)	0.01540(0.055510)
RISK	0.15504(0.091293)	−0.05629(0.052756)
NEEDACHI	0.06573(0.078347)	−0.02792(0.055711)
ATTENTR	0.03809(0.082731)	−0.01806(0.054770)
SUBNORM	0.06286(0.092467)	−0.02023(0.052847)
SELFEF	22.37(0.146)	−0.04687(0.053729)
EI	0.60(0.044)	0.46(0.027)
观测样本	124	352

注：( )中数字表示标准误差。

二、Probit 计量模型的边际估计与结果讨论

Probit 模型估计的结果由表 16-13 给出。表 16-13 最后一列反映了各影响变量的边际变化对大学生选择创业决策边际概率的影响。从表 16-13 中我们可以发现，该模型总体模拟效度较好，拟合优度 R^2 为 0.6486，似然比统计量为 −280.78857，且在 1% 的水平上显著。

表 16-13　大学生未来创业意愿决策：Probit 模型估计结果

变量	回归系数	标准误	z	P>|z|	边际效应
AGE	−0.0047	0.0452	−0.10	0.917	0.0019
GENDER	0.2923	0.1445	2.02	0.043**	0.1165
POSITION	0.1110	0.1378	0.81	0.420	0.0442
PART_JOB	0.3236	0.1490	2.17	0.030**	0.1290

续表

变量	回归系数	标准误	z	P>|z|	边际效应
HOME	0.0311	0.1431	0.22	0.828	0.0124
MAJOR	−0.0989	0.0646	−1.53	0.126	−0.0394
EDUYEARS	0.05357	0.0588	0.91	0.362	0.0213
UNIVERSITY	0.1578	0.1407	1.12	0.262	0.0629
PAR_EDUYEARS	−0.0352	0.01778	−1.98	0.048**	0.0140
PAR_JOBTYPES	0.3118	0.1641	1.90	0.058*	0.1243
PAR_INCOME	20.6663	9.3040	1.74	0.081*	0.4628
PAR_ENTRE	−0.1390	0.1532	−0.91	0.364	−0.0554
ENTRKONW	0.0953	0.0662	−1.44	0.049**	0.0182
ENTRPRAC	0.0605	0.0278	0.30	0.076*	0.0380
ENTRCUL	0.0874	0.0632	1.38	0.016**	0.0349
PROPER	0.0243	0.0631	0.39	0.700	0.0097
RISK	0.1222	0.0639	1.91	0.056*	0.0487
NEEDACHI	0.0077	0.0656	0.12	0.907	0.0031
ATTENTR	0.3472	0.0661	5.25	0.000***	0.1384
SUBNORM	0.0550	0.0631	0.87	0.383	0.0219
SELFEF	0.2476	0.0663	3.74	0.000***	0.0987
常数项	−0.9445	0.8355	−1.13	0.258	—
LR chi2(21)=98.00			Prob>chi2=0.0000		
Pseudo=0.6486			Log likelihood=−280.78857		
Number of obs=476					

注：(1) *、**、*** 分别表示在10%、5%及1%统计水平上显著；(2)—表示无；虚拟变量的边际效应反映该变量从0到1的离散变化，其他数值型变量的边际效应在该变量的均值处计算。

回归结果表明，性别、在学期间是否曾到新创企业兼职、父母受教育年限、父母工作性质、父母月收入合计、创业知识教育、创业实践教育、创业文化教育、冒险性倾向、创业态度和创业自我效能感对大学生将来是否有创业意愿具有很强的统计显著性影响，各因素对大学生创业意愿影响的具体情况和边际效应如下：

(一)高校创业教育对大学生创业意愿影响情况

本书最关心的是高校创业教育关键变量对大学生创业意愿的影响作用。与本书的预期假说相符的是,高校创业教育因素对大学生创业意愿具有显著的影响。创业知识教育变量的估计系数在5%的水平上显著。通过显著性检验,且系数符号为正,表明大学生如果在大学里选修过创业相关课程,比如高级商务创新、小微企业管理、创业实践指导等课程,或者参加过创业培训、创业知识讲座,以及了解创办公司相关流程,那么其创业意愿则会增强,大学毕业后更有可能选择创业。边际效应结果显示,在其他变量保持不变的条件下,没有参加过创业知识教育的学生,其未来选择创业的概率比参加过创业教育的学生低1.82%。对于高校而言,如果经常开展创业实践活动,即经常邀请专家开展创业讲座、建立大学孵化基地、设立创业基地支持大学生创业、利用宣传阵地宣传创业典范和创业政策、配备专业化师资队伍、组织学生开展创业大赛等,那么会大大鼓励大学生创业,提升大学生创业能力和素质。回归结果显示,创业实践教育因素的估计系数在10%的水平上显著。通过显著性检验,在其他变量保持不变的条件下,与没有开展创业教育实践活动的高校相比,开展创业教育实践活动的高校,其学生的创业意愿会增加3.8%。创业文化培育因素也具有正向的显著性影响,其系数估计在5%的水平上显著。通过显著性检验,系数符号为正,说明高校对大学创业文化培育,增进校园创业文化氛围,有助于提高创业精神和创业意识,并最终提高大学生创业意愿。同样,在其他变量保持不变的条件下,如果高校培育创业文化,大学生的创业意愿也会增加3.8%。以上分析研究表明,作为本研究的关键解释变量,高校创业教育因素对大学生创业意愿作用具有正向显著性作用,这一研究结果与Fayolle、Wilson等人研究一致。

(二)人格特质对大学生创业意愿影响情况

不同的大学生人格特质是否影响大学生创业意愿也是本研究关心的问题。回归结果显示,不同的创业人格特质确实会对大学生未来的创业决策产生影响。冒险性倾向特质对学生将来选择创业的概率产生显著的正向影响,并在10%的统计水平上显著。这说明,具有冒险性倾向的学生具有很强的挑战精神和创业精神。众所周知,创业是一个充满不确定性和挑战性的活动,没有一定冒险精神的个体,是不可能会选择创业的。边际效用结果表明,具有冒险性倾向的学生比没有冒险特质的学生在未来选择创业的概率高4.87%。前瞻性人格变量和成就需求变量在10%的水平上并不显著,但二者的系数符号为正,说明前瞻性人格和成就需求变量对大学生创业意愿具有正向的影响,这一研究结论与陈巍和Rita Remeikiene的研究一致。

(三)计划行为理论中的三个关键因素对大学生创业意愿影响情况

基于计划行为理论,本研究也把创业态度、主观规范和创业自我效能三个变量也纳入模型中进行研究,旨在进一步验证TPB理论,因此这三个变量的研究也是我们十分关心的问题。从16-13回归结果中,我们可以发现,这三个变量在1%的水平上并没有出现一致的显著性,尽管如此,创业态度和创业自我效能感变量显示出来十分显著的影响,且在1%水平上显著,系数符号为正,而主观规范在10%统计水平上也不显著,但是对大学生创业意愿还是产生了正向的影响。以上数据表明,大学生对创业的态度越积极,其创业意愿就越强烈;同样,对自我创业能力的感知越好,其将来选择创业的意愿也越高。而父母、亲戚、朋友、师长等对创业的态度和看法对大学生自主创业的影响虽然不是很明显,但是也可以间接地改变学生对创业的态度,并改变大学生的创业意愿。

(四)大学生个体人口学特征变量对其创业意愿影响情况

除专业和父母创业经历外,性别、在学期间是否曾到新创企业兼职、父母受教育年限、父母工作性质、父母月收入合计等个体人口学特征变量对大学生的创业意愿具有较强的统计性显著。实证结果显示,性别变量在5%水平上显著,对大学生创业意愿具有正向的作用。通过边际效应结果,在其他变量保持不变的情况下,在被试调查的大学生中,男性比女性的创业意愿平均高出了11.7%,这与许多学者研究结果比较吻合。在我国大学生中,男生的创业意愿比女生高。如果学生在学期间曾到新创企业工作过,那么这对其创业意愿,也具有正向的显著性影响,该变量的估计系数在5%水平上显著,系数符号为正。边际效应结果也显示,在学期间曾到新创企业工作的学生比没有到新创企业工作过的学生毕业选择创业的概率多12.9%。因此,高校在开展高校创业教育的同时,要加强同企业建立合作关系,鼓励学生到小微企业实习,这有助于提高学生的创业倾向。表16-8回归结果显示,年龄变量在10%水平上不显著,其系数为负,说明年龄变量对大学生的创业意愿有负向的影响。就一般情况而言,大学生毕业后年龄就已经24岁左右,这时候大部分学生都面临各种压力,如结婚、买房、打拼事业等,所以时间对他们非常宝贵。创业不仅需要时间,更需要承担风险,因此随着年龄的增长,他们更倾向于找份稳定的工作,而没有时间和精力来创业。与我们原先的预测相似,年龄变量对大学生创业意愿具有负向的影响。同样,专业变量也对大学生创业意愿具有负向的影响作用,说明大部分学生更倾向于找与自己专业相关的工作,而不是首先考虑创业。此外,大学期间是否担任班干部、受教育年限、高校就读类型、家庭所在地等也会对大学生将来选择创业的概率产生正向的影响,其边际效应分别为0.0442、0.0213、0.0629、0.0124,表明其他变量保持不变的条件下,这些变量每增加一个单位,大学生选择创业概率就相应地增加4.42%、2.13%、6.29%、1.24%。

(五)家庭背景因素对大学生创业意愿影响情况

家庭背景因素对大学生的未来创业意愿和支持具有什么样的影响?其作用程度如何?本研究发现,父母工作性质变量的系数估计为0.3118,且在10%水平上具有显著的正向作用。如果父母之中有一位是企业家或自我雇佣,则其孩子的创业意愿会提高12.4%,这也进一步验证了伯鲁斯(Burrous)提出的创业意愿具有代际相传的假设,这说明在我国创业意愿具有很强的代际传递性。如果家庭父母有一位是企业家或自我雇佣,家庭具有一定的创业文化氛围,就会渐渐对孩子产生潜移默化的作用,提升子女的创业意愿。父母的受教育年限也会对大学生创业意愿产生影响,研究发现,其系数估计在5%水平上显著,系数符号为负,这说明父母受教育程度越高,其越希望子女能进入单位稳定工作,而不是首选创业。在保持其他变量不变下,父母的受教育年限每增加1年,其子女选择创业的意愿平均减少1.4%。父母月收入也会对子女的创业意愿产生正向的影响,其系数估计在10%水平上具有显著性,边际效应结果显示,父母月收入合计每增加1000元,其子女将来选择创业的概率就会增加0.4628。显然,如果家庭条件比较好,大学生就能够获得更大的创业支持,有实力和意愿选择创业。

第十七章

研究结论与对策建议

本章对本研究的内容进行整体性的总结,归纳实证研究得出的主要结论。从第十六章实证结果我们看到,高校创业教育、创业文化和大学生创业心理品质对大学生创业意愿具有正向的显著性影响。本研究的落脚点主要在于开展高校创业教育,提升大学生创业意愿,而并非要求大学生毕业后就直接从事某项创业活动。因此,本研究结合福建省实际情况和实证研究结论,从创业文化、创业教育、创业心理三个层面,为大学生创业工作的蓬勃开展和提升大学生创业意愿提供实践性的参考和借鉴;最后,提出此次研究中发现的问题,对未来可进行的深入研究和改进方向进行了探讨与展望。

一、研究结论

本研究将创业教育关键变量纳入实证模型,同时把人格特质、创业自我效能感、创业态度等也加入模型中,主要分析高校创业教育因素对大学生创业意愿的影响作用。通过第四章的模型理论设定,我们发现大学生创业意愿的主要影响因素中,关键解释变量和人口特征变量共有 21 个假设和预期作用方向,其中有 12 个假设通过验证,9 个假设没有通过验证,3 个假设与原先预测方向相反,主要研究发现如表 17-1 所示。

表 17-1 各解释变量及人口特征变量对大学生创业意愿的影响研究验证结果

假设内容	验证通过情况	系数符号	与预期假设
创业知识教育对大学生创业意愿具有正向影响	5%水平上显著通过	正	一致
创业实践教育对大学生创业意愿具有正向影响	10%水平上显著通过	正	一致
创业文化培育对大学生创业意愿具有正向影响	5%水平上显著通过	正	一致

续表

假设内容	验证通过情况	系数符号	与预期假设
前瞻性人格对大学生创业意愿具有正向影响	10%水平上不显著通过	正	一致
冒险性倾向对大学生创业意愿具有正向影响	10%水平上显著通过	正	一致
成就需求对大学生创业意愿具有正向影响	10%水平上显著通过	正	一致
创业态度对大学生创业意愿具有正向影响	1%水平上显著通过	正	一致
主观规范对大学生创业意愿具有正向影响	10%水平上不显著通过	正	一致
创业自我效能感对大学生创业意愿有正向影响	1%水平上显著通过	正	一致
年龄是否对大学生创业意愿具有负向影响	10%水平上不显著通过	负	一致
性别是否对大学生创业意愿具有正向影响	5%水平上显著通过	正	一致
学生干部是否对大学生创业意愿具有正向影响	10%水平上不显著通过	正	一致
兼职经历是否对大学生创业意愿具有正向影响	5%水平上显著通过	正	一致
生源地是否对大学生创业意愿具有正向影响	10%水平上不显著通过	正	一致
专业不同是否对大学生创业意愿具有正向影响	10%水平上不显著通过	负	不一致
受教育年限对大学生创业意愿有负向影响	10%水平上不显著通过	正	不一致
不同高校类型对大学生创业意愿有正向影响	10%水平上不显著通过	正	一致
父母受教育年限对大学生创业意愿有负向影响	5%水平上显著通过	负	一致
父母工作性质对大学生创业意愿具有正向影响	10%水平上显著通过	正	一致
父母收入对大学生创业意愿具有正向影响	10%水平上显著通过	正	一致

综合以上实证研究结果表明，性别、在学期间是否曾到新创企业兼职、父母受教育年限、父母工作性质、父母月收入合计、创业知识教育、创业实践教育、创业文化教育、冒险性倾向、创业态度、创业自我效能感等解释变量对大学生创业意愿具有很强的统计显著性影响；前瞻性人格、成就需求、主观规范、年龄、是否是主要学生干部、家庭居住地、所就读高校类型等变量，虽然验证结果不显著通过，但是其对大学生创业意愿也具有正向影响；专业、学生受教育年限不但没有显著通过验证，而且对大学生创业意愿具有负向影响，与原先预测作用方向相反。

研究发现,高校创业教育因素对提升大学生创业意愿具有显著的影响,但是不同的创业教育因素对大学生创业意愿的影响是不一样的。创业知识教育和创业文化培育对提升大学生创业意愿的统计显著性明显高于创业实践教育,这一研究结果对高校具有重要意义。当前高校创业教育过分地强调创业竞赛、创业计划大赛等活动,对这些活动感兴趣的仅仅是少数学生,而大部分学生并没有真正参与。根据研究结论,我国高校创业教育应该以重视师资培养和引进、加强创业课程教育、培养校园创业文化氛围为着眼点,开展专业化、大众化、精英化相结合的创业教育模式,探索创业型大学建设,不要仅仅停留在追求表面上的创业活动荣誉和个别化的创业项目指导。要说明的一点是,创业实践教育并不是不重要,而是高校应该抓住重点,点面结合,全方位地开展创业教育。研究还发现,在开展创业教育时,必须贯彻"因材施教"的创业教育理念,针对不同学生类型实施创业教育。实证结果表明,不同人格特质类型对大学生创业意愿具有不同的影响:冒险性倾向对大学生创业意愿具有显著的正向影响;成就需求特质虽然通过了验证,但是显著性不高,说明其对大学生创业意愿的作用不是很明显;而前瞻性人格特质对大学生创业意愿的作用并不明显,验证没有通过。显然,高校在开展创业教育时应该因材施教,这样才能有明显的创业教育成效。

实证结果发现,创业态度和创业自我效能感对大学生创业意愿具有非常显著的影响,二者属于创业心理研究范畴,对提升大学生创业意愿具有十分重要的意义,回归结果表明大学生的创业自我效能感和积极的创业态度将会大大提高其未来选择创业的概率。在其他变量保持不变的情况下,持积极创业态度的学生将来选择创业的概率比持消极创业态度的学生高13.8%;具有较高创业效能感的学生,其将来选择创业的概率也将提高9.9%,这表明,高校除了开展创业教育教学和实践外,还必须培育创业文化,培育学生的创业精神,提高其创业意愿和创业意识。此外,本研究也证明:男生的创业意愿比女生高,平均高出了11.7%;学生在学期间曾到新创企业工作过,对其创业意愿也具有正向的显著性影响;年龄变量和专业变量对大学生的创业意愿是有负向影响的;大学期间是否担任班干部、受教育年限、高校就读类型、家庭所在地等也会对大学生将来选择创业的概率产生正向的影响;创业意愿具有很强的代际传递性;父母的受教育年限对大学生创业意愿产生负向影响。最后,家庭经济条件对大学生创业意愿也具有正向影响,表明经济条件较差的学生,由于资金问题,更多的是先选择就业以积累创业资金。

二、对策建议

(一)加强创业教育顶层设计,致力于创业型大学建设

与素质教育和职业教育一样,高校创业教育是通过教育制度安排的一种学校教育形式,其主要目标在于培养大学生的创新精神、创业意识、创业思维和创业能力。而这些目标的达成需要一套规范的创业教育制度将其固化,以便在具体运作过程中形成稳固的创业教育运行机制。因此,高校必须着力创业教育制度的顶层设计,努力形成具有创业型大学特征的大学发展运行机制。

首先,将创业教育理念和工作机制纳入大学章程中,这样才能为高校开展创业教育提供法律依据和自主性。让学生成为高校创业教育的重要主体之一,这样才能够更加充分地激发学生的创业热情,提高校园创业文化氛围。此外,高校应该把建设创业型大学纳入学校发展规划中,尤其是对于地方院校来说,要想获得更多自主性,就应该向创业型大学转型。创业型大学将是未来大学发展的范式。

其次,在创业教育制度设计时,应该实行分层设计、分类实施、因材施教。分层是要求从宏观、中观、微观不同层次规范创业教育工作;分类是将所有制度分成"教学、实践、指导、运行、保障"等类别;因材是根据不同学生人格特质实施不一样的创业教育方案,以提升创业教育质量和成效。总而言之,创业教育顶层设计主要包括以下环节:(1)制定创业教育指导性意见,明确指导思想、整体目标、实施原则和实施内容;(2)制定创业教育的人才培养方案,把创业教育融入专业培养计划,形成合理有效的创业教育课程体系;(3)制定鼓励大学生创业实践的相关政策,设立创业基金,助推大学生成功创业;(4)制定创新创业教育各项工作管理文件,形成能够使各项工作稳定开展的运行机制。学校应该结合本校实际情况,制定实施学生创新创业引领计划,引导创业教育有效开展。

最后,将"融入式"创业教育理念贯彻到专业教育中。此举在作为全国创业教育试点高校之一的黑龙江大学获得巨大成功,该校取得的成绩主要得益于将创业教育融入各个学科中,并设立别具特色的创业教育课程,激发了学生创业兴趣和热情。此外,高校还应制定鼓励创业科学研究的制度,鼓励师生组建科研创新学术团队,把科研成果转化,实现科技有效转移,这也是教师科研引导学生创业实践的表现。

(二)优化创业教育课程体系,健全学生创业知识结构

创业教育课程是高校实施创新创业教育的有效实施载体。目前,高校迫切需要以高等教育理念为指导,从高等学校课程基本理论着手,探讨创业教育课程建设,以期构建一个目标明确、体系完备、内容丰富、形式多样、保障有力的全方位创业教育课程体系,促进创业课程与专业课程深度融合,推动高校向创业型大学转型,培养更多服务经济社会的创新创业人才。本研究证明,创业知识对大学生创业意愿的提升具有显著性影响,因此,高校应该始终以大学生创业意识和能力的提升为核心,建立适合福建省实际情况和我国国情的创业教育课程体系。

首先,必须明确大学生创业教育课程构建的目标和原则。创业教育课程体系建设目标应为:以创业教育理念为指导,在原有课程体系基础上,大力改革课程内容,改革授课方式与方法,实现创业教育课程与专业课程融合;引进西方发达国家先进创业教育经验,并结合本省和本校实际情况,设计适合不同人格特质学生的教学方案;培养学生创业意识和品质;使学生掌握必备的创业知识,提升创业意愿和创业能力;实现自主创业和岗位创业的目标。课程体系构建原则应该坚持关注课程教学主渠道、注重资源整合与拓展、突出个性化人才培养原则,提高学生基于专业的创业能力,增强学生就业竞争力。

其次,构建与专业课程相融合的多层次、立体化、全方位的创业教育课程体系,即设置创业教育通识课程、创业教育专业课程与创业教育跨学科专业课程。高校创业教育应该根据不同学生的人格特质和不同学科特点,设置各类创业教育课程的学时与学分,因为大学生群体的个性、兴趣、爱好等都有差异性,对于成功的界定也是不一样,因此创业教育必须尊重每个学生的特质,挖掘每个学生的潜能,开展形式多样的创业教育活动。在课程设置中,通识课程模块设置主要分为理论类和实务类,主要包括创造学、创新思维训练、系统开发、调查研究、人力资源管理认证培训等,同时辅之职业生涯规划、就业指导必修课程,提升学生创业能力,夯实创业知识;专业课程模块设置应该开发创业教育专业选修课、专业创业管理必修课以及专业读书必修等课程,健全学生全面的创业知识结构,在"因材施教"理念下大力推进创业教育在专业分类培养中的有效实施;而创业教育跨学科课程模块,主要是围绕复合型人才培养,设置全日制本科辅修专业课程与专业认证培训选修课程,使学生获得其他学科思维方式,实现知识交叉融合。此外,实践是大学生创业教育不可缺少的重要环节,在构建创业教育教学体系时要加大实践课程的比重,丰富实践教学内

容,激励学生参与创业实践。

(三)增设创业教育实践平台,提高学生核心创业能力

高校在注重学生知识、能力、素质协调发展的同时,更要加强学生研究创新能力与实践操作能力的培养,强调专业知识的学以致用。实践教学也是培养学生创业精神,提升学生创业能力的重要途径。为此,高校应该构建多元化的创业教育实践平台,将课堂教学融入实践教学中,以提高学生学以致用能力和创业能力。平台建设可以通过以下主要途径搭建:

第一,设立创业教育机构,如 KAB 创业教育指导中心、创业教育指导委员会、创业孵化机构与平台(创业园与科技园),并确定构建创业教育实践平台的具体目标。平台搭建应该以培养学生创业意识与创业能力为宗旨,以社会需求为导向,发挥科技文化创业项目优势,打造基于专业的多元创业教育实践教学平台,加强学生创业实践训练,实行导师制,营造良好的创业文化氛围。同时,高校还应坚持与专业相结合的创业实践、坚持研究创新实践能力与自主创业实践能力提高并重、坚持紧密围绕区域经济社会发展等原则来构建创业教育实践平台。

第二,通过各种创业教育组织形式,如创业服务网、创业论坛、企业支持项目、政府支持项目、创业节目、创业大赛等来推进创业教育的有效实施,为学生创业提供更多的创业实践平台。同时,构建创业研究中心、学术创新创业项目、创新实验室、创业孵化实验室等创业教育实践教学研究式平台,加强研究室、实验室、创业基地的联系与合作,发挥创业者组织和创业社团的积极作用,通过非正式组织活动来促使创业活动在更大范围产生影响。

第三,定期举办校园创业文化节,开展多元化的创业活动,增加学生创业实践机会。创业文化节应该包括创业讲堂、创业榜样宣传、创业计划大赛、创业竞赛、十佳创业项目评选、优秀大学生创业表彰等各种活动,丰富学生创业实践活动。高校创业指导中心应该为大学生优秀创业项目提供创业实践体验平台。通过开展一系列的第二课堂活动,提高学生的创业能力和创业热情。而对于在创业大赛中获奖的创业项目,学校应该高度重视,可以形成导师小组对其进行专业指导,帮助吸引投资,这样不仅能够提高学生的创业自信,更能促进创业教育质量提升。

第四,走政产学研协同创新创业实践道路。以大学生创业能力提升为基础,构建大学生科技文化创业园训练项目、创新创业实践基地训练项目、志愿服务训练项目的创业教育实践教学实战式平台。当前高校开展创业教育不能

闭门造车,而是要加强同企业和政府的联系与合作,通过校内外创业实践基地、创业孵化中心和创业园区,为好的创业项目提供孵化机会和各项支持,对不同人格特质的学生,采取因材施教的教育方法,提高创业教育的成效,激发学生创业的热情,提升大学生创业的意愿。

(四)提高创业教育心理素养,塑造学生积极创业人格

创业意愿、创业态度、创业自我效能感、创业人格特质等都属于创业心理研究的重要范畴,也是本研究的重点。本研究发现,创业态度和创业自我效能感在1%水平上显著影响大学生创业意愿,冒险性人格特质也对大学生创业意愿提升具有重要影响。为此,在开展创业教育过程中,高校应该引导学生塑造积极的创业人格,针对不同人格特质的大学生进行分类指导,加强大学生创业心理引导和咨询,引导学生树立积极的创业态度,提高创业自我效能感。

首先,高校应针对有创业意愿的大学生和已创业的大学生进行分类式创业心理指导。对于有创业意愿的学生,应该加强人文关怀,提高心理支持。创业之路是一条充满荆棘的艰难之路。大学生面临巨大的就业压力和学业重负,在他们创业遇到困难时,除了给予物质上的支持之外,还应该加强人文关怀。通过设立专门的创业心理咨询室,聘请专业的创业心理辅导老师,定期对有创业意愿的大学生进行深入沟通,及时了解大学生创业心理思想,对学生进行创业心理辅导,给予精神上的鼓励和支持,引导大学生树立积极的创业态度和创业自信心。创业心理指导可以通过创业心理沙龙、心理工作坊、团体创业心理辅导、个别心理辅导、朋辈心理互助、榜样引导等多样化创业心理辅导形式,对大学生进行人际交往沟通能力辅导、意志品质训练、心理适应能力辅导、自我效能感和领导力培养,让大学生在未来创业道路上更加自信,少走弯路。

其次,领导应高度重视高校创业教育工作,充分利用各种宣传媒介,在全校范围内倡导创业精神,转变传统偏差的创业教育观念,建立良好的创业氛围。对于已创业学生,学校应该加强创业教育,提供创业教育优惠,如可以免费选修与创业相关课程,提升大学生专业知识和创业心理素质,培养积极创业人格。成功的创业大学生一般都具有以下性格:外向、乐观、宽容、理性、冒险、前瞻洞察力、高成就需求等,这些性格都可以通过后天的实践不断塑造和完善,因此,在创业教育中,应对能够提升大学生创业意愿的创业心理品质加以重视,因材施教,引导支持,为他们今后自主创业打下坚实的心理基础。

总之,创业之路不可能一帆风顺,在创业过程中会遇到许多意想不到的困难和阻力,如创业资金不足、市场定位模糊、机会识别偏差、不确定性、人脉资

源不够、抗压能力较低等,这些因素使大学生容易出现创业精神不足、热情不高、盲目乐观、眼高手低、认知偏差和情绪化等心理问题。因此,高校创业心理教育非常重要。锻炼坚持、冒险、果断、耐心等品质,纠正不良的创业认知偏差,形成完善的创业知识能力,对大学生成功创业具有十分重要的影响。

(五)强化创业教育师资建设,提升高校创业教育成效

近年来,高校创业教育蓬勃发展,对高校创业教育师资队伍提出了新的要求,目前亟待建设一支专业基础理论与创新实践能力较强的"双师型"创业师资队伍。加强创业师资队伍建设,可以主要从以下几个方面进行:

第一,明确高校创业教育师资培养的目标,构建一支综合素质高、创新能力强、具有扎实创业管理理论和实际创业经验的师资队伍,为大学生创业孵化项目提供创业咨询和服务。

第二,建设专兼相结合的创业教育师资队伍。创业师资队伍务必要有一批具有与创业相关专业背景的教师,创业教育教师可以是相关领域的校内专业师资和开展学生工作的相关老师,也可以是校外相关领域有创业经验的专家和资深人士。在实际创业教育过程中,应该让那些经过专业培训的专职教师来从事创业教育的基础教学、实践指导以及科学研究,成立专业的创业咨询团队和机构。

第三,开展大学生创业教育共同授课模式,提高教师创业教育教学水平。让校内外创业教师组建创业教学团队,共同研讨、优势互补,使学生获得多元化的知识和技能。加大资金、设备投入和政策支持,鼓励教师开展创业教育教学和科学研究,加强高校创业教育培训体系建设,提升教师创业素养。教师只有树立了创新创业意识,才能更好地引导大学生创业。作为创业教师,必须增强教书育人意识、因材施教意识、学习意识、团队意识和打破常规意识。只有形成创业教育意识,不断地去思考如何培养创新创业型人才,发挥教师的创新意识,才能使学生的创新创业意识也得到加强。

第四,鼓励大学生创业教育教师进行创业实践,让教师参与企业创业、企业管理与咨询活动,建设创业教育实践基地,为教师开展创业教育提供实践支持。

第五,完善教师激励机制,通过培训、晋升、奖金、课题政策倾斜等各种形式鼓励和支持创业师资队伍的壮大。

第六,建设导师制队伍,搭建学业导师制网络工作平台,建立导师带动学生科研机制,建立创业导师师生交流平台,为学生创业提供专家指导意见,从

而提高大学生创业的存活率。

(六)培育创业教育精神文化,营造浓厚创业文化氛围

大学创业文化是指在全校师生范围内形成敢于开创事业的创新创业精神,它对大学生的创业意愿具有引导作用,影响着高校创业教育的开展和大学生创业意识的培养。活跃的创业文化氛围能够引导学生树立正确的创业态度,提高大学生创业自我效能感。根据前文的分析,高校创业文化的系数估计在5%水平上对大学生创业意愿具有显著影响。为了解决福建省高校创业文化存在的问题,高校应该从以下四个方面着手:

第一,开展创业教育思想大讨论,提高师生的创业教育思想认识。当前师生对创新创业教育的认识还存在一定的偏差,简单认为创业仅仅是一项提升高校就业率的实践活动。为统一思想认识,可以通过教育思想观念大讨论、开展各类创业教育讲座和沙龙、加强创业教育学科建设以及注重校园网络媒体的创业宣传等形式,使广大师生明确创业教育对提升人才培养质量和高校发展创业型大学的重要性。2008年,福州大学提出了建设创业型大学的办学理念,坚持走区域特色创业型强校之路,在全校范围内开展"创业型大学"教育思想大讨论,统一师生的思想认识,把学生创新创业教育作为学生培养的一种特有模式,并将之融入学校的人才培养机制。2014年,福州大学被中央电视台财经频道独家专访,学校多次获教育部邀请参加创业教育经验交流,设置创业管理专业硕士点,这些成绩的取得主要得益于师生高度统一的创业教育认识。

第二,加强产学研协调创新创业合作,营造有利于创业的浓厚学术氛围。为培养创新创业型人才,高校注重引导学生创业,对进行创业活动的大学生给予肯定,提供创业所需的物质和制度保障,并开展各种形式的创新创业实践活动,提升校园创业文化氛围。高校创业教育的有效开展还需依托科研平台和教学改革研究平台,成立专门的创业教育研究机构,整合省内外高校、企业、研究机构等资源,开展理论研究、学术研讨会与经验总结,其中应重点加强创业教育基本理论研究和应用研究,在校园里形成浓厚的创业文化氛围。因此,成立创业研究中心,加强创业管理学科建设,设置专门的创业教育管理部门是创业文化培育的主要载体。2006年,厦门大学建立埃塞克斯创业教育中心,依托国家级高等教育研究所,开展家族企业、创业教育、高科技创业、社会创业、创业财务、公司内部创业等学术研究,形成浓郁的创业文化氛围,创业教育成效显著。

第三,大力加强高校创业文化宣传,打造有影响力的创业教育品牌。高校

依托校内外媒体平台,宣传创业教育理念、成功案例、创业典型人物和榜样等,宣传创业型人才培养模式,打造创业教育品牌。在校园内,开展创业文化节活动,对学校创业教育改革、创业先锋、学生创业园、导师制、创业成果等主题进行宣传,评选"创业之星"、"创新之星"、"创业示范团队"等,这有助于培养大学生自主创业意识,激发大学生创业热情。此外,学校还可以通过创业教育政策规划、主题报告、与大学生面对面交谈等形式,使创业文化更加形象化、具体化。在打造品牌方面,福州大学做得有声有色,每年一度的创业文化节和中央财经频道独家专访,已经渐渐把福州大学的创业品牌推向全国。

第四,加强创业教育国际合作,吸收世界成功创业文化建设方案。通过与不同国家,特别是美、英、日、德、澳等创业教育发达国家的培训交流机制,积极搭建国内外创业实践与文化交流平台,实现思想碰撞与经验交流。组织大学生参加国际各种类型创新创业竞赛和创业学术交流,争取国际创业资金与技术支持,充分利用国家资源为大学生创业和创业教育服务。清华大学成立的中国创业研究中心,在建立国家创业教育合作机制、国际创业竞赛、国际学术创业交流等方面取得了很多成效,其做法值得各高校效仿。

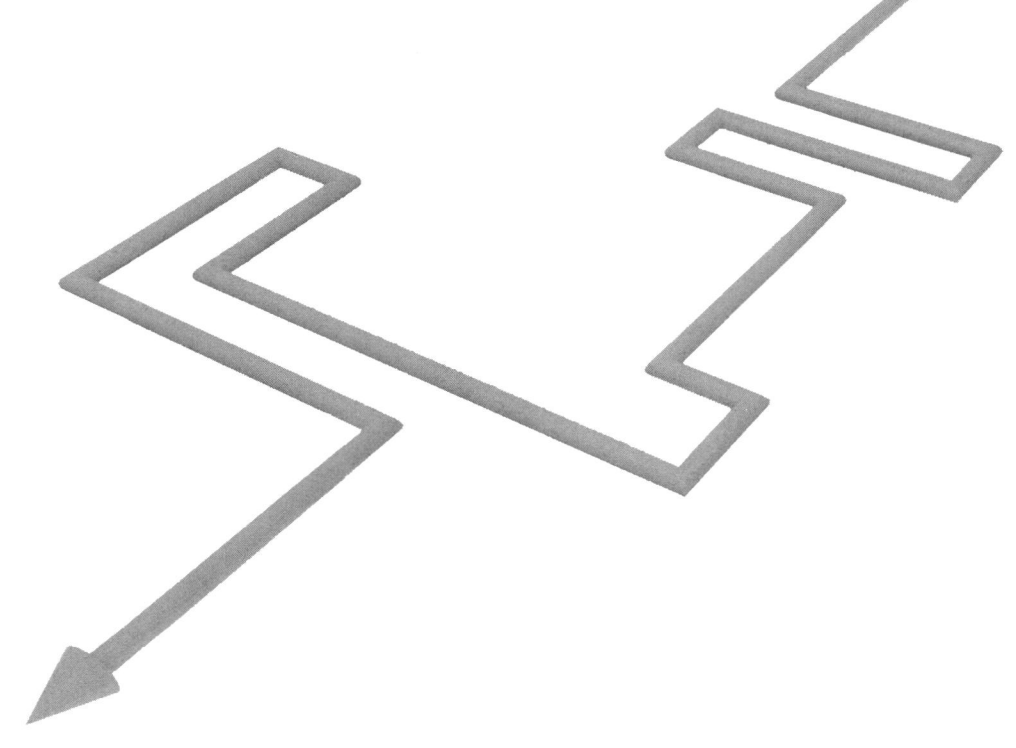

第四篇

大学的创业文化
——建设具有区域特色的创业文化

第十八章

大学创业文化建设的指导思想和原则

一、大学创业文化建设的指导思想

大学是社会主义文明建设的重要阵地,因此大学创业文化建设必须与社会总体文化建设目标相一致,确立科学的指导思想。大学创业文化建设应该以邓小平理论、"三个代表"重要思想和科学发展观为指导,坚持先进文化的前进方向,以社会主义核心价值体系为导向,围绕创新创业人才培养这个中心,遵循大学文化的发展规律,结合文化的继承性、时代性、科学性、开放性特点,深入挖掘创业文化资源,弘扬优良办学传统,提炼大学创业文化精神,培育、弘扬"开拓创新、勇于拼搏、和谐包容、服务社会"的大学创业文化。

二、大学创业文化建设的原则

(一)科学精神与人文精神统一原则

大学创业文化建设应该是科学精神与人文精神的统一,所谓的统一并不是简单的相加,而是一种相互渗透、结合和统一,就是交融。我们提倡的人文精神应当是具有现代科学意识的人文精神,科学精神应当是充满高度人文关怀的科学精神。要适应现代社会形势的发展,愈来愈需要培养文理交融的创业型人才,努力做到两者的统一与共存,是推进大学创业文化建设的重要环节。

(二)理想主义与现实主义统一原则

在大学创业文化建设中,有可能会遇到理想主义与现实主义发生分离的情况，大学生年轻气盛、怀抱梦想，希望闯出自己的一片天，但是他们涉世未深，缺乏必要的创业基础，常常失败收场。大学更不能为提高就业率而不负责任地鼓励学生创业，一定要把握好理想主义与现实主义的统一原则，一方面现实目标的实现需要理想主义精神的支撑，另一方面理想主义更是要在有现实依托的理性理想中前行，二者相辅相成，因此，在大学创业文化建设中，应实现二者有机结合，以理想引导现实，为理想把握现实。

<< 第十九章 国内外大学创业文化建设的实践与启示

第十九章

国内外大学创业文化建设的实践与启示

我国大学创业文化建设目前还没有既定的模式,尚处在摸着石头过河的探索阶段,总结现有国内外大学创业文化建设的基本经验,从中提炼出对我们有用的启示,对于研究加快福建省大学创业文化的建设具有极其重要的借鉴意义。为此,本书选取斯坦福大学、南洋理工大学、沃里克大学以及我国的清华大学、宁波大学、五邑大学作为研究对象,试图从它们的主要做法中归纳出对我们研究福建省大学创业文化建设有益的启示。

第一节 国外大学创业文化建设的实践

一、斯坦福大学:创业网络的实施

斯坦福大学是美国著名的私立大学,被公认为世界上最杰出的大学之一,迄今为止培养了1位美国总统、25位诺贝尔奖获得者、142位美国艺术科学院院士、84位国家科学院院士和14位国家科学奖得主及数不胜数的企业家。斯坦福大学不仅是世界著名的学术研究型大学,而且是孕育国际著名高技术企业与经营人才的孵化器,素有硅谷"心脏"的美誉,由斯坦福师生创办的惠普、思科、雅虎、谷歌等高科技企业享誉世界,其中最负盛名的,当属世界电子工业中心——硅谷,是斯坦福大学科技创业最成功的典范。一位美国科学家曾说"硅谷之于美国,正如美国之于世界",而斯坦福大学的一位前校长说"斯坦福大学之于硅谷,正如硅谷之于美国"。① 可见斯坦福对于硅谷、对于美国,甚至对于世界的重大意义。

斯坦福的创业行为始于1938年,"硅谷之父"特尔曼教授建议两名研究生休伊特与帕卡德把他们在毕业论文中研究的技术转化为商品,并借给他们538美元去创业,而且还帮助他们向银行借贷1 000美元作为必要的实验和发展资金,这就是现在还叱咤风云的HP公司。查阅相关资料后,可以发现,斯坦福大学的成功主要有以下两个特点:

(一)创新创业的理念和教育

创业,理念尤为重要。在斯坦福大学的师生中,已经形成了一套完善的自主创新创业理念。斯坦福大学认为,创业是科学知识价值的终极体现,发展和提高生产力才是科学知识的最终价值表现。从这样的办学目标出发,斯坦福大学在新生入校时就会开设创业相关的课程,一方面培育学生的创业的价值观,让学生认识到冒险是光荣的,失败也被社会所接受,也不必感到尴尬和惭愧,"不怕说错,就怕不说"和"不怕敢做,就怕光说";另一方面开设的课程让学生学习创业计划的制定、创业风险的评估,积累学生的创业知识。创业精神已成为斯坦福大学文化中的一个核心要素。据统计,硅谷60%~70%的企业是斯坦福大学的学生和教师创办的。正是斯坦福大学的科技创新精神与创业文化氛围和先进的理念,造就了硅谷的神话。

(二)"斯坦福创业网络"

2007年10月10日,斯坦福创业网络(Stanford Entrepreneurship Network,简称SEN)正式启动,它结合学校的实际情况,把学生创业组织、创业学科及其他技术类学科的高水平研究以及相关的学术交流活动和资金等资源整合在一起。斯坦福创业网络是斯坦福校内16个创业相关组织的联合,旨在为斯坦福的各种创业项目提供一个共同的平台组织,它不仅仅服务斯坦福师生、斯坦福社区和硅谷,也包括世界范围内与斯坦福创业有关的人员和组织。同时,它也是一个成员组织之间交流和合作的论坛。SEN的主要职责有4个:为斯坦福的创业有关的活动提供网络门户;组织整个创业社区的教育和网络活动;组织每年在斯坦福大学的创业周庆祝活动;组织"创业教练热线"(Coa-

---

① 刘得扬,赵林.论大学生自主创新与创业的促进因素——从"挑战杯"创业竞赛到"斯坦福硅谷"之路[J].中国地质教育,2006(3).

ches-On-Call)办公室,使学生可以与行业专业人士交流。这些任务为斯坦福构建了一个绝好的平台,可以通过这个网络,促进各组织之间的交流与合作,互相共享资源,形成了一个开放、互动的良性的系统。

斯坦福网络的作用,从学生、员工、校友和所有创业社区成员的角度来说,一是作为所有企业家精神与斯坦福的连接点,二是帮助学生和其他人员找到适合的创业资源,三是在斯坦福的内外部推进多学科的方法来进行创业教育、创业研究和扩展。从组织成员和他们的支持者的角度来说,可以使他们了解校园创业活动,帮助他们互相沟通关于企业的项目,使合作者能互相交流,共享资源,通过学校达成协同作用,促进特定项目的合作和互相鼓励 SEN 的所有成员。

在斯坦福创业网络中有一点值得关注,就是学生社团的自主性。在斯坦福的创业网络中,学生社团的作用大大增强,他们拥有更多的自主权,可以直接与学校外部的企业建立联系,进行咨询和商谈活动,有的甚至还可以组织国际的创业实践与活动。

二、南洋理工大学:"教学工厂"的理念和"无界化"的校园文化

新加坡南洋理工大学是一所为新加坡培养应用型人才的高等学校,前身是 1981 年成立的南洋理工学院,更早的历史可追溯到 1955 年由东南亚民间发动筹款运动而创办起来的南洋大学。1991 年,南洋理工学院将国立教育学院纳入旗下,升格为南洋理工大学,开始向综合性大学方向发展。近年来,通过对内外部环境的把握和自身优劣势的分析,南洋理工大学逐渐摸索出适合自己的发展思路,选择"创业型大学"的发展模式,南洋理工大学可以说是亚太地区创业型大学的典范,在南洋理工大学中文版的主页上,清楚地写着南洋理工大学的办学理念、愿景与使命:创新高科技,奠定全球性卓越大学;全方位教育,培养跨学科博雅人才。在其文化建设方面主要有两个特点:

(一)"教学工厂"的办学理念

"教学工厂"是由新加坡南洋理工学院院长林靖东先生提出的一个先进的办学理念和模式。该模式以学院为本位,以现有的教学系统(包括理论课、辅导课、实验课和项目安排)为基础,全方位营造工厂生产环境,形成了"校园环境—企业环境—学院教学"紧密结合的办学模式,很好地解决了理论与实践结合的问题。学校有个微型化工厂,可以看到学生、教师身穿白大褂在里面忙碌

着,这种工厂不是以盈利为目的,它是为教学服务的,①让学生能把自己平时在学校学到的理论知识应用到实践中去,通过真实的环境,让学生深刻地体会到知行合一。经过教学工厂学习培训的学生,不仅专业基础扎实,而且具有实践经历,能更好地将所学知识和技能灵活地应用于实际工作环境,所以深受企业的欢迎。

为配合"教学工厂"的实行,南洋理工大学采用双轨制的教学计划,主要指学校根据"教学工厂"所开展的项目进行教学:第一学年和第二学年,把开设的课程分成两个相互独立的课程组,学生被分为相应的两个组开展课程和项目教学,一个学期后两组学生交换课程组合;第三学年,学生也被分为两部分,第五学期一部分学生进行专向学习,另一部分学生开展校内实训项目和校外顶岗实习,第六学期对调。这样的安排让学生第一学年、第二学年在学校进行广泛和扎实的基础能力和小项目开发培训,第三学年重点开展专向培训、工程项目开发和企业实习。双轨制教学计划的实施使学生在三年的学习过程中,能及时地把理论贯穿到项目和技能训练中,是"教学工厂"的重要组成部分。

(二)"无界化"的校园文化

南洋理工大学文化建设的第二个特点,就是"无界化"校园文化。南洋理工大学的"无界化"理念主要体现在校园环境无界化、校校(系)合作无界化、校企合作无界化、技术无界化、人才无界化等方面,在这些基础上逐步形成了南洋理工大学的校园文化。正如罗伯特·伯恩鲍姆所说,"它是一种边界灵活,没有局限性,能够使信息、资源、观念和思维自由而快速流动穿行的组织形态。其特征表现为采用大量项目团队、网络及其他类似的新的结构,对于传统的组织结构边界也做了淡化处理,从而真正打破传统官僚制及其他组织结构中存在的组织功能和层级隔离的壁垒界限,形成战略联盟"。② 这种"无界化"体现在校园环境上,学校将教学楼群建成为"无界化"的整体,将各个院系的教室与实验室组合在一起,便于教学与科研、项目研究融合在一起,形成一个多元化科技教学和项目开发的教学园,使教学资源共享最大化。体现在师生身上具体来说就是,学校的教师并不是固定属于哪一个院系的,而是通过项目进行联

---

① 巢雨苍.南洋理工学院的办学理念及其启示[J].常州信息职业技术学院学报,2007(1).

② 罗伯特·伯恩·鲍姆.大学运行模式[M].别敦荣,等,译.青岛:中国海洋大学出版社,2003:65.

合。学校申请到企业项目,由院系主任确定该项目负责人,再由项目责任人根据项目有关要求在全校挑选符合条件的教师一起参与,参与此项目开发的教师在项目进行阶段即属于项目组,由项目责任人管理。学校鼓励不同院系之间的学生与教师通过工程项目、商业项目以及各系之间的教学活动相互交流,实现资源共享。

南洋理工大学以其出色的办学特色、理念和文化,形成了其不可复制的核心竞争力,在短短18年的办学实践中,发展成为一所东南亚知名学府。在南洋理工大学,重视学习、崇尚学习、教学创新等意识深入人心,学校在《泰晤士高等教育增刊》2005年世界大学排名中位列第48位。

三、沃里克大学:企业家精神的推广

英国沃里克大学(University of Warwick)始建于1965年,是一所典型的新兴院校,是英国政府在二战之后为适应高等教育发展而建立起的"七姊妹大学"之一。短短的四十多年来,沃里克大学以其特有的办学之道,一跃而为知名大学,不仅大大超过同期成立的"七姊妹大学"中的其他六所大学,而且已经连续几年位居英国100多所大学的前10名,同时也是著名学者伯顿·克拉克笔下欧洲最早的五所创业型大学之一。沃里克大学成功的关键,在于敢于尝试新的办学模式,就是用经营的理念去办大学,也即是用企业的精神办大学。用经营的理念去办大学,是与当时的"多尼思想"(Donnish,即过分强调学院派的学术研究,鄙视工商业的需求)格格不入的,而且当初政府给"七姊妹大学"的定位是以教学为主,把学术放在不重要位置,在这样的环境下,沃里克大学的创始人,首任副校长巴特沃思(Jack Butterworth),仍然积极与工商业界建立联系,为学校的发展打开思路。

沃里克大学的校园文化不是一种软文化,而是一种渗透于管理制度之中同时又被管理制度所强化了的校园文化,其特质就是企业家精神。[①] 沃里克大学的企业家精神从吸引人才开始,把主要的精力放在研究和制定有利于学术自由、平等竞争、人尽其才、重在实绩的工作制度与政策上,全力打造新型的、良好的学术环境,积极为学者们提供一个具有充分的自由、充分的发展空间和展示才能的舞台。正是通过这种方式,沃里克大学吸引来了一批有思想的学者,为自己以后的发展打好了基础。正如首任哲学教授格里菲思在一篇

---

① 洪成文.企业家精神与沃里克大学的崛起[J].比较教育研究,2001(2):44-49.

回顾文章中说:"沃里克吸引我的地方不在于它具有一个更好和更吸引人的计划,而在于沃里克根本没有一个计划。"要想加盟沃里克大学,别的条件都可以放宽,唯一严格的是学术水平。

沃里克大学的企业家精神在实践中表现为敢于冒险、敢为人先、积极向上的信仰和追求卓越的理想。成果就是沃里克商学院和研究生院的成立。1967年,沃里克商学院成立,通过开设工商管理硕士和行政官员训练课程,在校外组建了八个或更多科研单位,创立了中小型公司,为自己的工作提供经费。沃里克大学也通过商学院收取外国学生的学费来为学校大量创收。研究生院于1991年成立,之前英国的研究生教育一直采用传统的师傅带徒弟的办法,沃里克大学从美国威斯康星大学的经验中进行改造,使学校的整体研究水平大大增强,使得英国其他学校也纷纷效仿。

第二节 国内大学创业文化建设的实践

一、清华大学:完善的创业体系

清华大学前身是成立于1911年的清华学堂,工学、理学、经济学、管理学、法学、医学、文学(含艺术学)、历史学等都是它的强项。清华大学是国家首批"211工程"和"985工程"的重点大学,是九校联盟(C9)的成员,各种排行榜上经常位居中国大陆高校第一位。[①] 清华大学可以说是我国智力和知识最密集、科技资源和科研成果最为丰富的地方,每年囊括的各地高考状元数量居我国各高校之首,具备了类似硅谷的"生命源"。现在,清华大学正致力于校园文化和正在形成的清华科技园"硅谷文化"的融合,我们相信,清华大学很可能将会成为"中国的斯坦福",清华科技园也很可能将会成为中国"×谷"。查阅相关资料后,可以总结出清华大学在营造创业文化方面的几个措施:

---

① 《泰晤士高等教育增刊》[EB/OL].[2011-01-25]. http://www.topuniversities.com/world-university-rankings.

（一）创业计划大赛

清华大学从 1998 年开始举办第一届清华创业计划大赛，首次将创业计划大赛引入了国内大学校园。大赛要求参赛者组成优势互补的竞赛小组，设计提出一个具有市场前景的技术产品或者服务创意，并围绕这一产品或创意完成一份完整、具体、深入的商业计划。1999 年清华大学第二届创业计划大赛举办之时，正巧是国内网络经济发展的火热期，"视美乐""易得方舟"等首批学生创业公司，通过比赛获得了巨额的风险投资，在清华内外引起不小的震动。崭露头角的冲动，实现自我的梦想，引发了众多在校学子的创业激情。

清华创业计划大赛架起了投资者、企业家与青年学生创业者之间的桥梁，极大推进了大学生创新与创业教育以及清华学子随后的一系列创业实践，激发了全国许多高校学子的创业热情。2000 年 1 月，首届中国大学生创业计划竞赛开始由清华大学承办。至今，清华创业计划大赛已经成功举办了 11 届，先后诞生了视美乐、fanso、慧点、瑞福科技、汗青环保、奇乐无限等数十家创业公司，同时更多的清华学子在创业计划大赛中提高了创业素质。

尽管直到今天，社会部分人对大学生创业仍持有异议，但清华园内的创业启蒙却已日渐深入人心。

（二）创新创业实践夏令营、创业沙龙

2009 年 7 月，清华大学与英特尔集团合作开展"英特尔杯"首届清华大学创新创业实践夏令营。来自清华及全国其他 10 所高校的 58 名夏令营成员参与进来，在为期 15 天的夏令营中进行创业知识和技能的培训。在团队训练和讨论中，营员开展创业活动，完成创业计划的编写，同时还有实地参观企业、创业见习活动，并有风险投资人指导。在夏令营中，同学们还可以和国内著名的风险投资人、科技企业创始人座谈交流，争取到风险投资等多项内容的全方位创业教育。清华大学经济管理学院教师高建认为，目前大学生创业最大的问题，并不是缺钱和环境不好，而是缺乏工作经验和资历，但是他们的优势是具有创新的技术。清华大学创新创业实践夏令营，正是给他们营造真实的创业感受，让他们少一些盲目的冲动，多一些理性的判断。

另外，清华还会定期举办创业沙龙，给同学提供与大师和其他有创业意愿的同学交流的机会。

(三)清华科技园、创业园的建立

1993年,清华大学提出创建清华科技园的构想,并于次年开始建设。1998年夏,在清华科技园的起步区即将建成之际,为了完善园区功能,强化企业孵化能力,清华科技园领导又开办了园内的第一个孵化器——清华创业园,重点孵化以高校师生为主体的创业企业。1999年8月20日,清华创业园正式成立。如果说前面两项措施都是为学生的创业提供精神支柱的话,那么清华科技园的建立则真正为广大想创业的学子提供了物质上的保障。科技园加快了科研成果向生产力的转化,更好地实现大学服务社会的功能,作为清华大学社会服务功能的有机延伸,清华科技园为创业企业孵化、高新企业研发、创新人才培育、科技成果转化提供了发展空间和卓越的服务。

二、宁波大学:为地方服务的创业理念

宁波大学是一所在改革开放中创立并崛起的地方综合性大学,由浙江省和宁波市共建共管。作为一所由城市名称直接命名的大学,学校牢固确立了为地方服务的理念,以地方经济社会发展需求为重点,建立了"平台·模块·窗口"的培养体系,为学校的创业文化中创业服务工作提供了系统的架构。具体措施如下:

一是平台。首先,宁波大学面向所有年级开设了 KAB(Know About Business)课程。该课程主要是以国际劳工组织开发的教材为蓝本,同时加入了具有宁波特色的创业教育资源,具有很好的综合性。其次,为学生安排了系列精品讲座、论坛活动,包括"做人做事做学问"名家系列讲座、政府和企事业单位领导主讲的"地方社会经济发展论坛"和宁大师生"讲述宁大人自己的故事""百名优秀企业家、高级管理人才进宁大""企业家论坛""宁波帮人士系列讲座""宁波帮文化节"等一批精品活动,[①]让学生在学校里也可以和校外的成功人士及专家对话,可以从这些人的创业经历中感悟到机会的把握、项目的选择、创业能力的培养等问题,具有很好的宣传教育作用。

二是模块。模块主要指的是:为学生提供创业的奖励经费,针对学生的创业需求、创业项目等,建立相关的创业孵化基地,配备相关项目的创业导师等,

---

① 俞金波,皇甫晓宇.论高校创业服务体系的科学构建[J].中国大学生就业,2008(22).

属于创业文化的服务体系。让学生能够更深入、更详细地做出创业计划。

三是窗口。为学生提供向外界联系的窗口,把学生的创业计划推向社会。宁波大学每年会举办几十次小型的成果交流会,有数十次的专利申报、市场推广培训会,每年都会开展大学生科研创新计划、"挑战杯"大学生课外科技作品竞赛、大学生创业计划竞赛、创业金点子大赛等项目活动,一方面让学生的知识真正应用到实践中,另一方面,为学生在创业项目和企业之间搭建沟通的桥梁。

此外,宁波大学注重与校外企业合作,每年会有十几家企业将生产研发项目带到宁波大学,由学生负责设计、研发,并配备专门的技术员跟踪指导。据统计,每年有50%~60%的学生毕业论文通过该途径完成。[①]

三、五邑大学:学生团体的积极作用

五邑大学建于1985年,位于广东省江门市,是一所年轻且具有活力的学校。学校以培养品德高尚、视野开阔、具有较强实践能力和创新精神,适应地方经济社会发展的高素质应用型人才为目标,不断提高教学水平和人才培养质量。由于五邑大学地处广东江门,在校学生大多来自广东省内,因而无论从校园文化的主题还是从校园文化的特点来看,都深深反映了岭南文化的特征,比如岭南文化的重商性、开放性、远儒性、多元性、直观性和兼容性等等。

除了举办"赢在江门"五邑大学创业大赛、组织五邑大学"创业赢家系列论坛"、成立五邑大学学生创业孵化中心外,五邑大学的社团组织的创业活动很值得关注。

为了能更深程度、更大范围地推动五邑大学乃至江门投身于"全民创业"的热潮之中,著名财经学者,又称"江门创业之父"的李桂生老师于2007年创立了江门第一家,也是唯一一家为大学生创业提供专业指导与服务的机构——五邑大学创业社。李桂生老师一直致力于创业文化研究和创业实践,建立创业社是为了给精英学子提供提高创业与营销素质的机会,使成员能参与更多的社会活动,建立更广的社会人脉关系。

五邑大学创业社从创立开始就设定了"立足邑大,服务江门,影响广东"的目标。在校内,创业社的活动主要包括:为五邑大学的创业团队提供管理、政

---

① 俞金波,皇甫晓宇.论高校创业服务体系的科学构建[J].中国大学生就业,2008(22).

策、法律等各方面咨询,并为创业团队和个人提供必要的客户资源,解决一些实际的问题;为在校大学生提供多种兼职和公司实习的机会,对于优秀的同学还会有选择性地推荐给企事业单位的高层管理者;开展大型创业比赛——"赢在江门"和企业家的顶级论坛——"邑商峰会"等,积极推动五邑大学学子投身于全民创业的热潮中。在校外,创业社积极参与社会实践,通过李桂生老师的帮助,创业社已成功地获得了江门市委宣传部等单位的支持,举办了立足江门、面向广东、全民参与的大型创业活动——"赢在江门",在江门乃至全广东掀起一股全民创业的热潮。自成立以来,创业社成员积极投身于社会实践,并和中山非常小器有限公司、江门时代企管系统有限公司等多家知名企业形成产学合作关系,为创业社的成员提供了正式的培训和实际参与公司业务的机会,使创业社成员对社会有更深刻的认识,真正意义地迈出了校园,融入了社会。创业社已形成初步的影响力,与多个商户形成合作关系,实际参与商业活动。在合作的过程中已形成了特殊的数据库网络,能为更多的创业团体和个人提供客户资源和合作机会。

五邑大学创业社也被称为五邑大学的黄埔军校。它通过提高学生的创业能力,实现学生的自我价值,非常值得学习。

第三节 对福建省大学创业文化建设的启示

从这六所大学的大学创业文化建设实践中可以看出,国外的斯坦福大学、南洋理工大学和沃尔克大学三所大学在创业文化建设上比较重视办学理念和精神的培养,相比之下,国内的清华大学、宁波大学、五邑大学在创业的服务体系方面做得比较好。这六所大学有以下几点经验值得借鉴:

首先,重视创业精神和大学办学理念的结合。斯坦福大学创新创业的教育理念和敢做敢说不怕错的氛围,南洋理工大学的教学工厂理念,沃里克大学的企业家精神,都是大学重视创业精神的体现。福建自古以来就拥有一批特殊的人,他们走南闯北不畏艰辛打天下,被称为"闽商"。闽商拥有自强不息的奋斗精神、勇于拼搏的胆略、兼容并蓄的心态和报效桑梓的价值取向,符合我们创业文化建设的要求,因此可以合理地将闽商精神引入大学,在大学中培育敢于拼搏、开放进取、服务社会的创业理念,并体现在大学理念中。

其次,加大创业教育的力度。大学创业文化建设离不开创业教育。斯坦福大学从新生入校时就开设与创业相关的课程,南洋理工大学的"教学工厂",清华大学创业计划大赛、创新创业实践夏令营和创业沙龙,都是很好的方式。我省大学必须加大对创业教育的重视程度,尽快研究出适合自己学校的创业教育方案。

最后,完善创业服务体系。从这六所大学中都能看到他们为创业文化的培育做了很多工作,包括斯坦福大学创业网络对创业资源的整合,南洋理工大学的无界化校园和我国宁波大学"平台·模块·窗口"的培养体系,都发挥了十分重要的作用。因此,我省大学在进行创业文化建设中也要注意完善创业服务体系,整合创业资源,建设创业服务站,尽可能地为创业者提供帮助。

大学创业文化建设是一项庞大而复杂的系统工程,不仅要有精神的培育、制度的保障,也要有物质的保障,单靠任何一个主体的力量都是不行的,必须有领导的推动、教师的支持和学生的激情才能营造出多元的创业文化。

第二十章

福建省大学创业文化建设的现状分析

福建省在大学创业文化建设方面做得情况如何？本章将通过实证研究的方法来分析福建省大学创业文化建设的现状，包括存在的问题及原因。

第一节 福建省大学创业文化建设的实证研究

为了更清晰地了解福建省大学创业文化建设的情况，本书选取了福州大学、福建师范大学、福建农林大学、福建医科大学、福建工程学院和华侨大学六所大学为样本，对这六所大学进行了大学创业文化建设的问卷调查，了解目前福建省大学创业文化建设的现状以及存在的问题。

一、调查研究的目的

调查了解目前福建省大学创业文化建设的现状以及存在的问题，尝试通过调查问卷的分析，找出福建省大学创业文化建设所面临的障碍，有针对性地提出相应的政策建议，以达到加快推进福建省大学创业文化建设的目的。

二、调查研究的对象

本次问卷调查所选取的六所高校包括了以工科为主的福州大学、以文理科为主的福建师范大学、以农林学科为主的福建农林大学、以医科为主的福建医科大学、以本科生教育为主的福建工程学院和位于福建省最具活力城市泉

第二十章 福建省大学创业文化建设的现状分析

州的华侨大学,包括了文、理、工、农、林、医六个大类,覆盖面较广。其性别、年级和专业分布如下:

表20-1 调查对象性别、年级分布表

(单位:人)

年 级	性 别		合 计
	男	女	
大学一年级	394	229	623
大学二年级	393	422	815
大学三年级	390	183	573
大学四年级	3 320	177	497
硕士研究生一年级	4	4	8
硕士研究生二年级	2	2	4
合 计	1 503	1 017	2 520

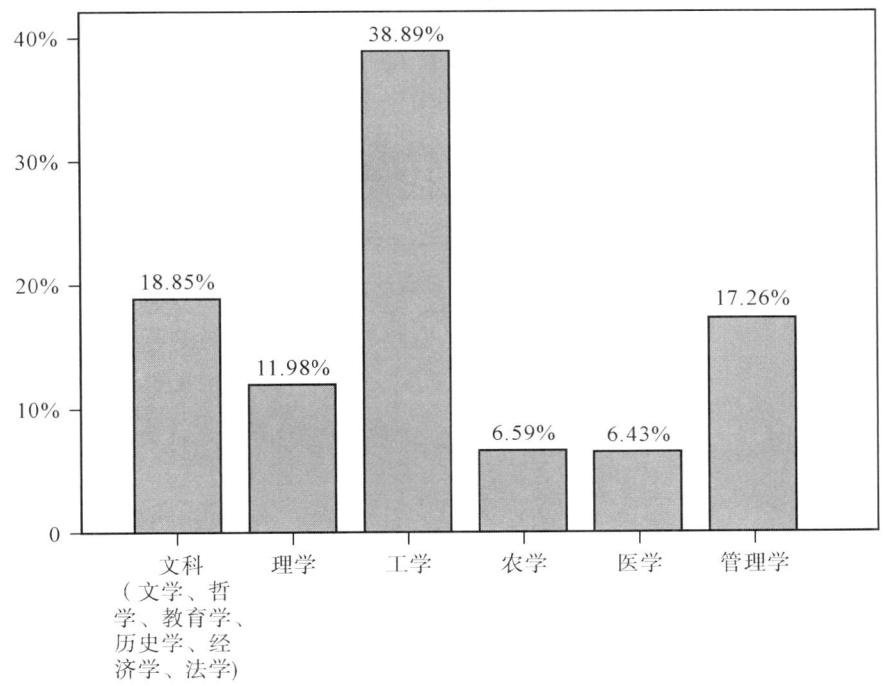

图20-1 调查对象专业分布情况图

三、调查研究的方案

因为本次调查问卷的样本容量较大,因此采取和笔者所在学校党委宣传部合作的方式,采用直接发放与委托发放的方法,共发放问卷 3 000 份,回收问卷 2 677 份,其中有效问卷 2 520 份。回收率为 84%。判断一份问卷无效的标准是:(1)有 3 题及以上没有作答;(2)同一题选择了两个答案;(3)所有的选项都选择了相同的答案。如果符合前面三种情况的任何一种情况,则认为此问卷失效。

回收的问卷主要通过 spss15.0 统计软件进行分析。

四、调查研究问卷的主要内容

本次问卷调查的主要内容是了解大学创业文化建设的现状、所呈现出的优点和存在的不足,找出存在问题的原因,并试图提出推进大学创业文化建设的建议。基于这个主要内容,笔者将大学创业文化建设相关的影响因素归类列举,得出问卷设计的基本方案。

主要从大学创业精神文化、大学创业制度文化和大学创业物质文化三个方面进行。大学创业精神文化主要包括大学的办学理念、大学师生的创业价值观、大学创业哲学等;大学创业制度文化主要包括学校创业教育模式、科研教育机制、创业指导机构、创业奖励制度等;大学创业物质文化主要包括学校创业景观、图书馆创业类图书藏书量和创业宣传等内容。(见表 20-2)

表 20-2　大学文化建设内容

大学创业 精神文化	办学理念	学校的办学理念体现理性创业的精神
	价值观	教师、管理者及学生对创业的态度、意愿
	创业哲学	创业需要具备哪些素质
大学创业 制度文化	教学制度	创业教育的开展模式及课程设置
	科研制度	合理的科研成果转化机制、创业奖励机制
	创业服务体系	创业指导机构、创业社团、创业实践基地及创业基金的设立
大学创业 物质文化	校园环境景观	体现学校创新精神和文化内涵的景观、雕塑
	宣教阵地	校报校刊、校园网络、校园广播对创业的宣传
	图书馆	创业相关类书籍的藏书量、相关电子资源的储备

第二节 福建省大学创业文化建设存在的问题

从问卷的情况看来,我省大学创业文化建设已经展开,并有良好的基础。首先,从图20-2我们可以看出,有69.5%的学生选择了考虑过创业,说明我省的大学生面对就业压力,愿意积极主动地寻找新的道路。

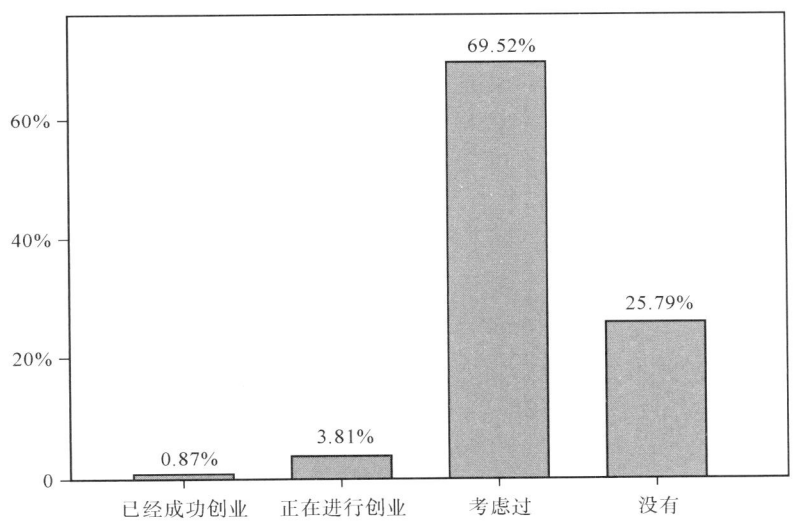

图20-2 调查对象是否有过创业打算统计图

在"创业需要具备的精神"一题中,排在前五位分别是:创新精神(81.4%)、合作精神(76.7%)、沟通及交际能力(63.4%)、诚信(61.3%)和市场应变能力(60.5%)。创业的关键在于创新,这说明我省的大学生对创业的理解比较到位;其次是诚信,说明我省大学生在创业这样一个极具市场性的活动面前,牢牢地守住诚信的价值观,这也是创业必需的素质。其他各项的选择率大部分都超过50%,说明我省大学生对于创业文化的核心部分——创业精神文化的理解比较到位。

选择创业的原因中排在前面的是最大限度地实现自我价值(53.5%),挑战自己的能力(52.3%)和为了赚很多钱(52.2%),而我们较为担心的寻求冒险刺激(11.4%)和有强烈的创业兴趣和欲望(18.0%)选择的人数则较少。这也可以说明我省大学生在选择创业的动机上较为理性。

表20-3 调查对象创业原因统计表

创业原因	样本情况		频数
	N	百分比	
为国家社会做贡献	612	7.3%	24.3%
为了赚很多钱	1 313	15.6%	52.2%
解决就业	1 032	12.3%	41.0%
提升自身的社会地位	793	9.4%	31.5%
成为主宰生活的强者	1 139	13.5%	45.3%
挑战自己的能力	1 315	15.6%	52.3%
最大限度地实现自我价值	1345	16.0%	53.5%
寻求冒险刺激	286	3.4%	11.4%
有强烈的创业兴趣和欲望	454	5.4%	5.4%
其他	123	1.5%	4.9%
合计	8 412	100.0%	2 520

但是,在问卷调查中我们发现我省大学创业文化建设是存在着很多问题的。主要表现在以下几点:

一、大学生创业存在非理性趋势

表20-4 接受创业培训次数与创业打算关系统计表

创业打算		接受创业培训的次数				合计
		5次以上	3~5次	1~2次	0次	
已经成功创业	人数	3	3	8	8	22
	占比	13.6%	13.6%	36.4%	36.4%	100.0%
正在进行创业	人数	4	16	30	46	96
	占比	4.2%	16.7%	31.3%	47.9%	100.0%
考虑过	人数	19	82	450	1201	1752
	占比	1.1%	4.7%	25.7%	68.6%	100.0%

续表

创业打算		接受创业培训的次数				合计
		5次以上	3~5次	1~2次	0次	
没有	人数	12	21	102	515	650
	占比	1.8%	3.2%	15.7%	79.2%	100.0%
合计	人数	38	122	590	1 770	2 520
	占比	1.5%	4.8%	23.4%	70.2%	100.0%

表20-5 接受创业培训次数与创业打算的相关性分析

变量		是否有过创业的打算	接受创业培训的次数
是否有过创业的打算	皮尔逊相关系数	1	.150**
	显著情况		.000
	N	2 520	2 520
接受创业培训的次数	皮尔逊相关系数	.150**	1
	显著情况	.000	
	N	2 520	2 520

注：** 表示在1%统计水平上显著。（双尾检验）

从表20-5中可以看到,"是否有过创业的打算"和"接受创业培训的次数"呈正相关,其相关系数为0.150,在总体中这个相关系数在0.01的水平上是显著的。从表20-4中可以看到,在考虑过创业的同学中,有高达68.6%的同学没有参加过任何创业培训,参加过1~2次的有25.7%,3~5次的有4.7%,参加过5次以上的仅有1.1%,同样在正在进行创业的同学中,也有47.9%是没有参加过创业培训的。没有参加过任何的创业培训,却有这么多的同学准备创业或者已经开始创业,我们不难想象这中间存在的不理性因素。而从已经成功创业的同学的选择来看,参加过培训的比例明显高于还没有开始创业的同学。

表20-6 参与实践活动经历与是否有创业打算的关系统计表

创业打算		您平时或者假期有参与过实践活动吗		合计
		有	没有	
已经成功创业	人数	11	11	22
	占比	50.0%	50.0%	100.0%

续表

创业打算		您平时或者假期有参与过实践活动吗		合计
		有	没有	
正在进行创业	人数	58	38	96
	占比	60.4%	39.6%	100.0%
考虑过	人数	1 162	590	1 752
	占比	66.3%	33.7%	100.0%
没有	人数	338	312	650
	占比	52.0%	48.0%	100.0%
合计	人数	1 569	951	2 520
	占比	62.3%	37.7%	100.0%

表 20-7 参与实践活动经历与创业打算的相关性分析

变量		您是否有过创业的打算	您平时或者假期参与过工作实践活动吗
您是否有过创业的打算	皮尔逊相关系数	1	.091**
	显著情况（双尾检验）		.000
	N	2 520	2 520
您平时或者假期有参与过实践活动吗	皮尔逊相关系数	.091**	1
	显著情况（双尾检验）	.000	
	N	2 520	2 520

注：** 表示在1%统计水平上显著。（双尾检验）

从表 20-7 中，可以看到，"是否有过创业的打算"和"平时或者假期参与过实践活动"呈正相关，其相关系数为 0.091，在总体中这个相关系数在 0.01 的水平上是显著的。从表 20-6 中可以看到，在考虑过创业的同学中，仍有 33.7% 的同学没有参加过实践活动，正在进行创业的同学中，也有 39.6% 没有参加过实践活动。这些没有参加过实践活动就选择创业的同学，也存在着一些不理性。

表 20-8 创业打算与创业计划大赛经历的关系统计表

创业打算		您有没有参加过创业计划大赛		合计
		有	没有	
已经成功创业	人数	10	12	22
	占比	45.5%	54.5%	100.0%
正在进行创业	人数	31	65	96
	占比	32.3%	67.7%	100.0%
考虑过	人数	287	1 465	1 752
	占比	16.4%	83.6%	100.0%
没有	人数	96	554	650
	占比	14.8%	85.2%	100.0%
合计	人数	424	2 096	2 520
	占比	16.8%	83.2%	100.0%

表 20-9 创业打算与创业计划大赛经历的相关性分析

变量		您是否有过创业的打算	您有没有参加过创业计划大赛
您是否有过创业的打算	皮尔逊相关系数	1	.080**
	显著情况(双尾检验)		.000
	N	2 520	2 520
您有没有参加过创业计划大赛	皮尔逊相关系数	.080**	1
	显著情况(双尾检验)	.000	
	N	2 520	2 520

注:** 表示在1%统计水平上显著。

从表 20-9 中,可以看到,"是否有过创业的打算"和"有没有参加过创业计划大赛"呈正相关,其相关系数为 0.080,在总体中这个相关系数在 0.01 的水平上是显著的。从表 20-8 中可以看出,考虑过创业的同学中,有 83.6% 是没有参加过创业计划大赛的,而正在进行创业的同学中也有 67.7% 是没有参加过创业计划大赛的。我们认为创业与大学生的社会实践是紧密结合在一起的,可以说创业计划大赛是一种很好的手段,可以让学生在学校与社会实践紧密地结合起来,这也是我们创业教育的一种形式。但是绝大多数同学都在没有过这样经历的情况下选择创业,存在不理性的因素。

从表 20-10 中可以看到,没有一位福建创业名人在调查对象中的被认知率高于 50%。说明我省大学生对于本省的这些创业成功人士都没有很好的了解,也从一定程度上体现出大学生选择创业的非理性。

表 20-10 调查对象对福建创业名人的了解情况统计

		样本情况		频数
		N	占比	
您是否了解以下福建省的一些创业名人事迹?	世茂集团许荣茂	553	9.7%	22.7%
	新华都陈发树	1 083	19.1%	44.5%
	安踏体育丁世忠	1 152	20.3%	47.3%
	明发集团黄焕明	267	4.7%	11.0%
	宝龙集团许健康	478	8.4%	19.6%
	银鹭集团陈清渊	456	8.0%	18.7%
	网龙 CEO 刘路远	462	8.1%	19.0%
	七匹狼周少雄	620	10.9%	25.5%
	公开打出"谁聘我,年薪十万"的杨少锋	263	4.6%	10.8%
	其他名人	351	6.2%	14.4%
合计		5 685	100.0%	233.6%

二、学校和教师对学生创业精神的培养有待加强

表 20-11 创业打算与所在学校的办学理念政策导向的关系统计表

创业打算		是否受学校的办学理念政策导向影响		合计
		是	否	
已经成功创业	人数	8	14	22
	占比	36.4%	63.6%	100.0%
正在进行创业	人数	38	58	96
	占比	39.6%	60.4%	100.0%
考虑过	人数	471	1 281	1 752
	占比	26.9%	73.1%	100.0%

续表

创业打算		是否受学校的办学理念政策导向影响		合计
		是	否	
没有	人数	210	440	650
	占比	32.3%	67.7%	100.0%
合计	人数	727	1 793	2 520
	占比	28.8%	71.2%	100.0%

表 20-12 创业打算与所在学校办学理念政策导向的相关性分析

变量		您是否有过创业的打算	学校的办学理念政策导向
您是否有过创业的打算	皮尔逊相关系数	1	.014**
	显著情况（双尾检验）		.469
	N	2 520	2 520
学校的办学理念政策导向	皮尔逊相关系数	.014**	1
	显著情况（双尾检验）	.469	
	N	2 520	2 520

** 表示在1%统计水平上显著。

从表 20-12 中可以看到,"是否有过创业的打算"和"学校的办学理念政策向导"呈正相关,其相关系数为 0.014,在总体中这个相关系数在 0.01 的水平上是显著的。从表 20-11 中可以看出,已经成功创业的同学中,受学校的办学理念政策引导的只有 36.4%;正在进行创业的同学中,受学校的办学理念政策引导的是 39.6%;而考虑过创业的同学中,也有 26.9%不是受到学校办学理念的引导。

表 20-13 创业打算与学校老师的引导带动的关系统计表

创业打算		是否受学校老师的引导和带动		合计
		是	否	
已经成功创业	人数	9	13	22
	占比	40.9%	59.1%	100.0%
正在进行创业	人数	34	62	96
	占比	35.4%	64.6%	100.0%

续表

创业打算		是否受学校老师的引导和带动		合计
		是	否	
考虑过	人数	506	1 246	1 752
	占比	28.9%	71.1%	100.0%
没有	人数	213	437	650
	占比	32.8%	67.2%	100.0%
合计	人数	762	1 758	2 520
	占比	30.2%	69.8%	100.0%

表 20-14　创业打算与学校老师的引导带动的相关性分析

变量		您是否有过创业的打算	学校老师的引导和带动
您是否有过创业的打算	皮尔逊相关系数	1	.011**
	显著情况		.585
	N	2 520	2 520
学校老师的引导和带动	皮尔逊相关系数	.011**	1
	显著情况	.585	
	N	2 520	2 520

注：** 表示在 1% 统计水平上显著。

从表 20-14 中可以看到，"是否有过创业的打算"和"学校老师的引导和带动"呈正相关，其相关系数为 0.011，在总体中这个相关系数在 0.01 的水平上是显著的。再看表 20-13，已经成功创业的同学中，受学校老师的引导和带动的占 40.9%；正在进行创业的同学中，受学校老师的引导和带动的占 35.4%；考虑过创业的同学中，受学校老师的引导和带动的仅占 28.9%。

表 20-15　创业的外在动因

如果您有创业的意愿，那么激发您创业愿望的外在动因是？	样本情况		频数
	N	占比	
学校的办学理念政策导向	727	15.9%	29.0%
社会成功人士的事迹	1 525	33.4%	60.9%
周围同学成功的创业经历	1 250	27.4%	49.9%

第二十章 福建省大学创业文化建设的现状分析

续表

如果您有创业的意愿,那么激发您创业愿望的外在动因是?	样本情况		频数
	N	占比	
学校老师的引导和带动	762	16.7%	30.4%
其 他	300	6.6%	12.0%
合 计	4 564	100.0%	182.3%

从表20-15可以看出,我省大学生创业的外在动机,依次是社会成功人士的事迹、周围同学成功的创业经历、学校的办学理念和老师的引导带动,后两者所占比例很低,说明我省大学在培养大学生创业精神上不够重视,教师对学生创业精神的引导和带动也不够积极,大学的创业文化建设成效不佳,所提倡的创业精神在学生中没有得到充分的贯彻。

另外,从图20-3、图20-4中可以看出,经常会给学生传授创业经验或者案例的教师只有10.87%,而没有的占40.79%,经常会给学生提供创业指导信息或帮助的教师只占8.89%。这个结果说明我省广大教师对学生创业的支持程度不高。

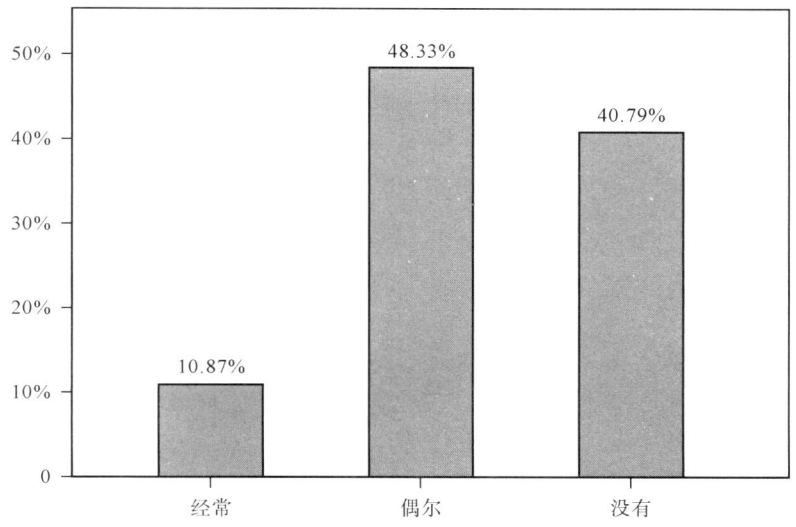

图20-3 老师给学生讲有关创业的经验或者案例的频率统计图

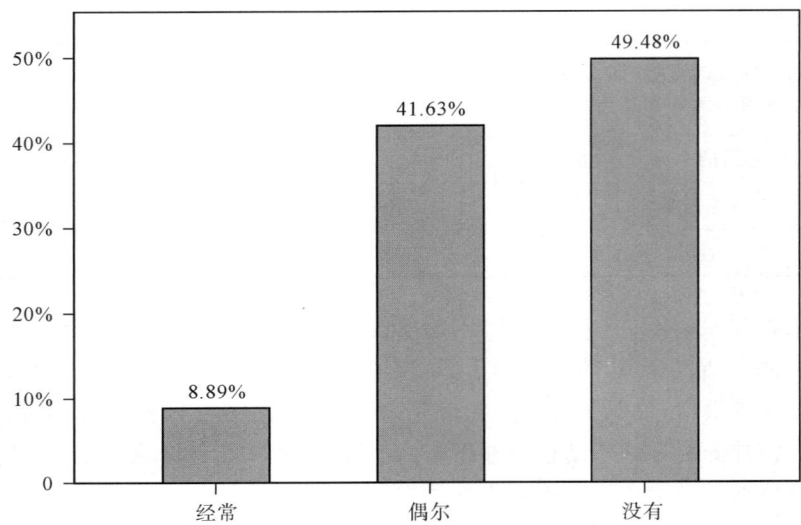

图 20-4　老师给学生提供创业的指导信息或帮助的频率统计图

三、创业教育处于初期阶段

(一)学生对创业教育需求大

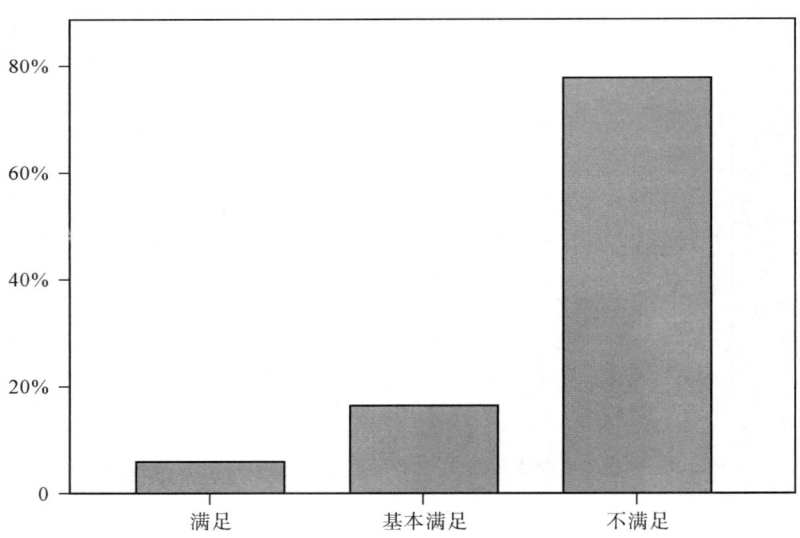

图 20-5　学生现有的创业知识和技能对创业要求的满足程度统计图

第二十章 福建省大学创业文化建设的现状分析

表 20-16 创业课程开设倾向性统计

如果开设创业课程,希望课程内容更注重哪些方面?	样本情况		频数
	N	占比	
市场营销方面	1 413	18.3%	56.3%
财务税收方面	647	8.4%	25.8%
因地制宜辅导	1 110	14.3%	44.3%
人际交流与沟通技巧	1 661	21.5%	66.2%
创业案例分析	1 241	16.0%	49.5%
创业机会和环境分析	1 526	19.7%	60.8%
其 他	144	1.9%	5.7%
合 计	7 742	100.0%	308.7%

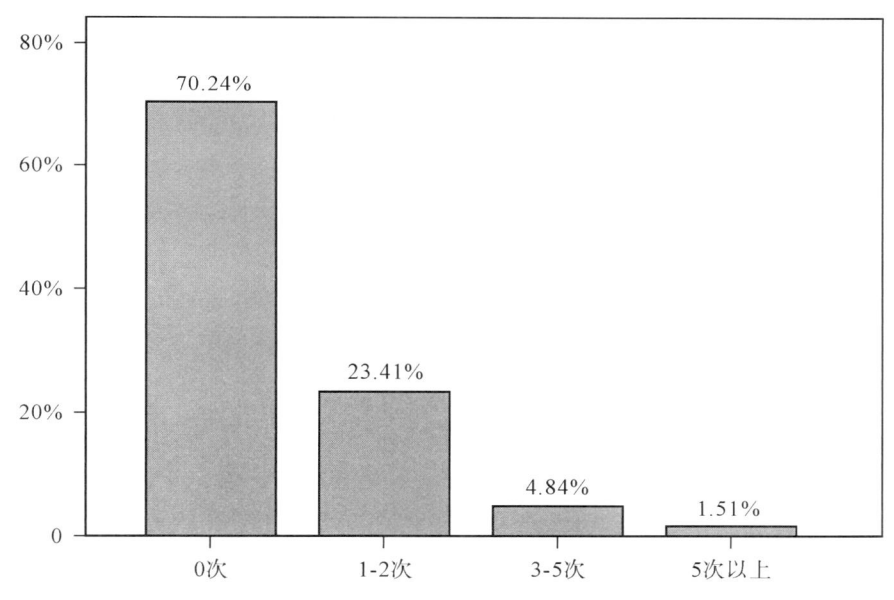

图 20-6 调查对象接受创业培训的次数统计图

从图 20-5 可以很清楚地看出我省大学生对创业知识和技能是十分渴望的,高达 77.62% 的学生选择了现有的创业知识和技能无法满足他们的需求,更加说明了高校创业文化建设和创业教育的紧迫性。

从表 20-16 中可以看出,学生选择最多的创业课程是人际交流与沟通技巧(66.2%),其次是创业机会和环境分析(60.8%),这说明在校大学生对于创业还是没有足够的自信,需要有人帮助他们分析清楚机会和环境。除此之外,选择市场营销、创业案例分析、因地制宜辅导的人数都很多,表明目前的状况是大学生很需要创业课程。

而回到现实中,图 20-6 中 70.24% 的学生表示从来没有接受过创业相关的培训。

(二)学校的创业教育处于初期阶段

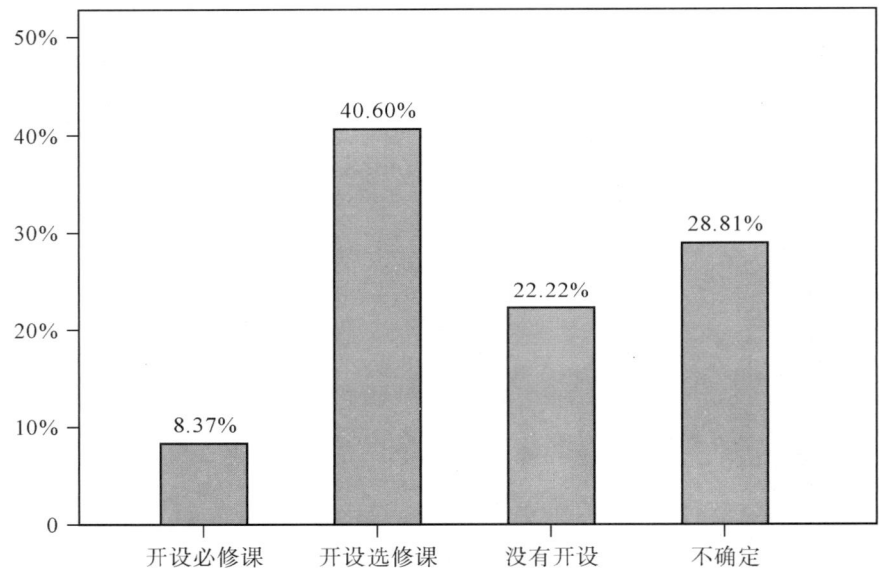

图 20-7　学校是否开设与创业相关的必修或选修课程统计图

从图 20-7 中可以看出,有 48.97% 的学生选择了所在学校开设了创业相关的必修或选修课,有 51.03% 的学生表示学校没有开设相关课程,或者是不确定是否开设。可见我省大学创业教育的开展仅限于少数学生。

表 20-17　创业打算与接受创业培训次数的关系统计表

创业打算		接受创业培训的次数				合计
		5 次以上	3～5 次	1～2 次	0 次	
已经成功创业	人数	3	3	8	8	22
	占比	13.6%	13.6%	36.4%	36.4%	100.0%
正在进行创业	人数	4	16	30	46	96
	占比	4.2%	16.7%	31.3%	47.9%	100.0%
考虑过	人数	19	82	450	1201	1 752
	占比	1.1%	4.7%	25.7%	68.6%	100.0%
没有	人数	12	21	102	515	650
	占比	1.8%	3.2%	15.7%	79.2%	100.0%
合计	人数	38	122	590	1 770	2 520
	占比	1.5%	4.8%	23.4%	70.2%	100.0%

从表 20-17 中可以看出，首先，考虑过毕业以后创业的学生中，有高达 68.6% 的人一次创业培训也没有参加过，参加过 5 次以上的只有 1.1%；其次，正在进行创业的学生中参加过 5 次以上创业培训的学生为 4.2%，已经成功创业的学生中有 13.6%。这是一个递增的趋势，可见创业培训对于学生的创业和学校的创业文化建设都是非常重要的。

目前我省大学的创业教育主要存在三个方面的问题：第一是许多大学开展创业教育主要通过开设选修课及为学生举行创业大赛等形式。活动多流于形式，为活动而活动，为大赛而大赛。课程开设数量非常少，各校基本上都只有一门。以福州大学为例，仅有一门"大学生 KAB 创业基础"，且没有规范统一的教材。第二个问题是创业教育与学科专业教育相分离。目前的创业教育，是在"正规教育"之外，利用课外时间进行的"业余教育"，没有融合于学校整体育人体系中，致使学生空有创业激情，而能力不足，想创业的人多，选创业的人少。第三是教授创业课程的教师缺乏实践经验。在开展创业教育的高校里，从事创业教育和培训的教师主要来自两个方面：一类是原先从事企业管理学科教学的教师，另一类则是负责学生就业工作的指导老师。这两类师资都有一个共同的弱点，即缺乏创业经历和实践能力，在为学生进行创业教育培训时，难免陷入"纸上谈兵"。第四是缺少推动力，没有学校领导或管理层的积极推动，创业课程及创业教育的开展步履维艰。

四、创业服务体系不完善

大学创业服务体系的构建是创业文化建设中的重要部分,主要包括了大学创业指导机构的设立、创业社团的组建、创业实践基地的开辟和创业资金的资助等。

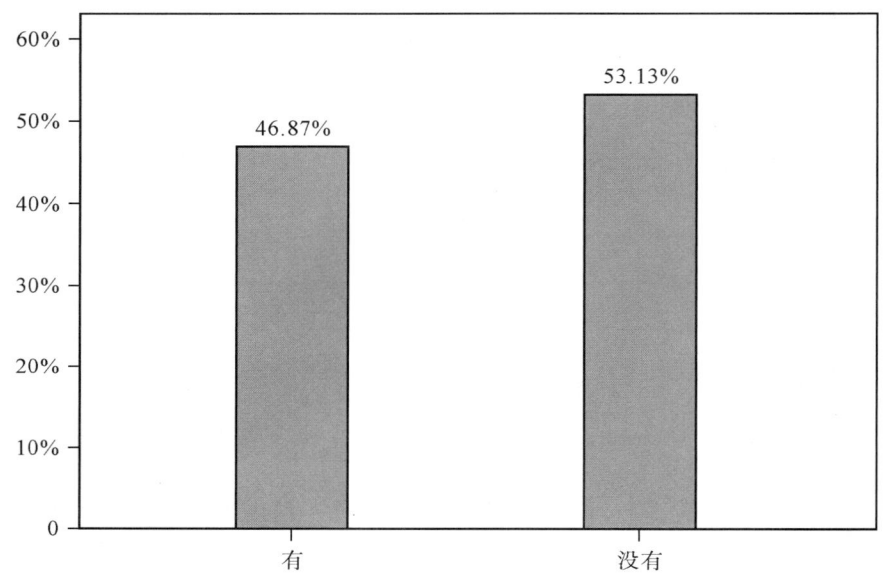

图 20-8　调查对象认为所在学校是否设立专门的创业指导机构统计图

从图 20-8 可以看出,有 53.13% 的学生指出学校还没有设立专门的创业指导机构,46.87% 的学生指出所在学校设有创业指导机构。当然在这 53.13% 当中,还有一部分是并不真正了解有没有设立,这也说明他们对创业指导机构的设立并不关注。

选择学校会经常邀请创业成功人士举办讲座的占 20.48%,选择偶尔的占 63.77%,说明很多学校都知道创业成功人士的真实经历是很好的教科书,但是现实情况是做得还是令学生不够满意。(图 20-9)

选择学校举行过创业计划大赛的学生占 88.7%,只有 16.83% 的学生表示自己曾经参加过创业计划大赛,这说明我省大学创业计划大赛的参与率很低。(图 20-10,20-11)

关于大学的创业实践基地(图 20-12),有 55.67% 的学生选择了学校没有

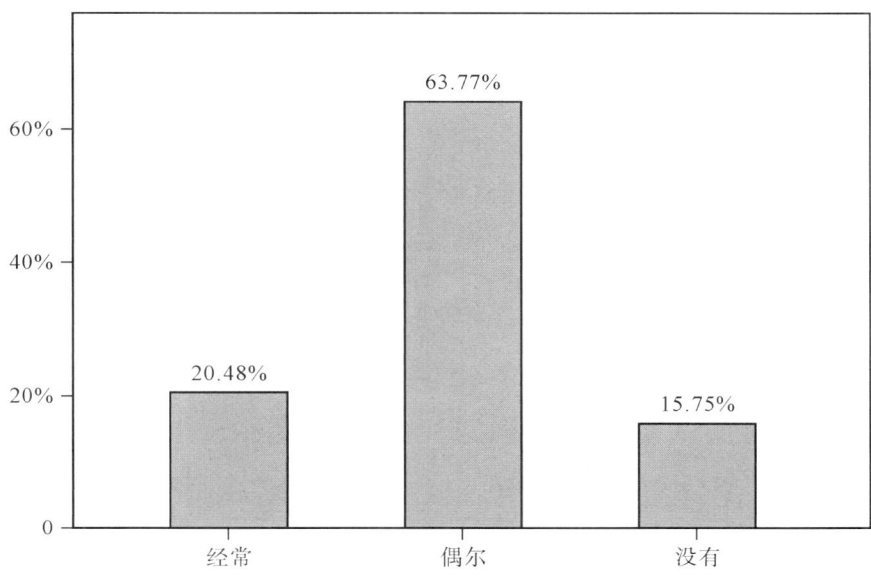

图 20-9 调查对象所在学校邀请创业成功人士进行创业讲座或培训的频率统计图

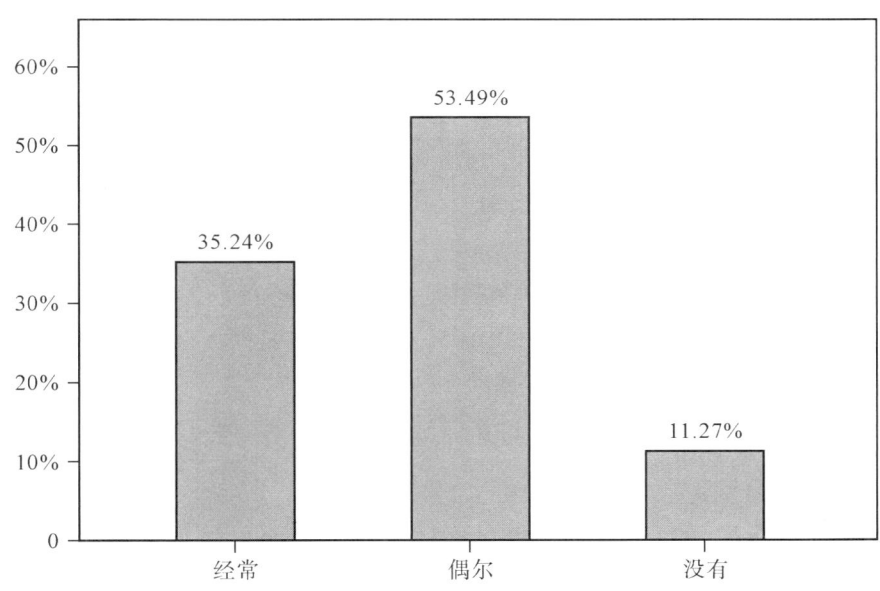

图 20-10 调查对象所在学校组织创业计划大赛的频率统计图

创业实践基地或者大学生科技园。而在学校设置创业资助方面,选择学校设立相关经费资助的只有 25.71%,58.1% 的学生选择了不清楚学校是否设置了

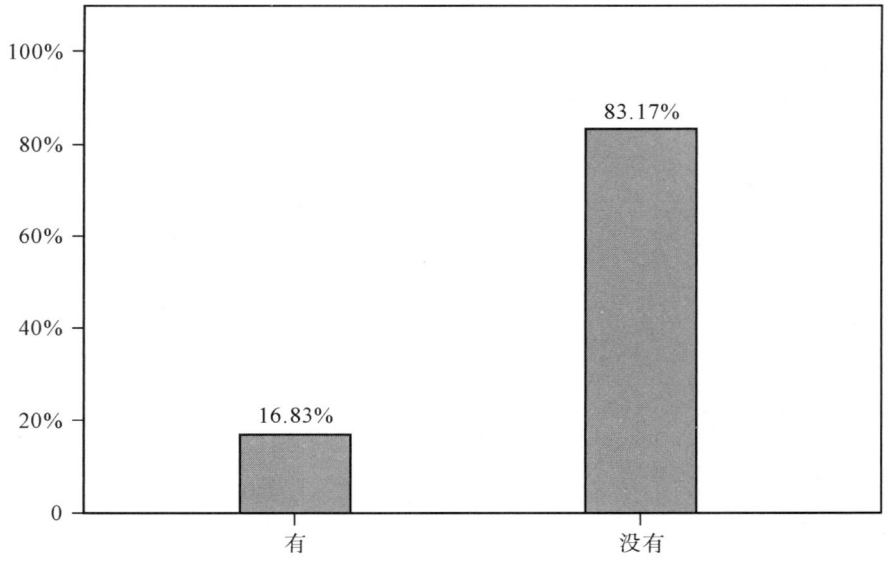

图 20-11 调查对象是否参加过创业计划大赛统计图

经费资助(图 20-13),这也从侧面说明了这 58.1% 的同学没有了解过学校对于创业的优惠政策,他们毕业时大部分不会选择创业。

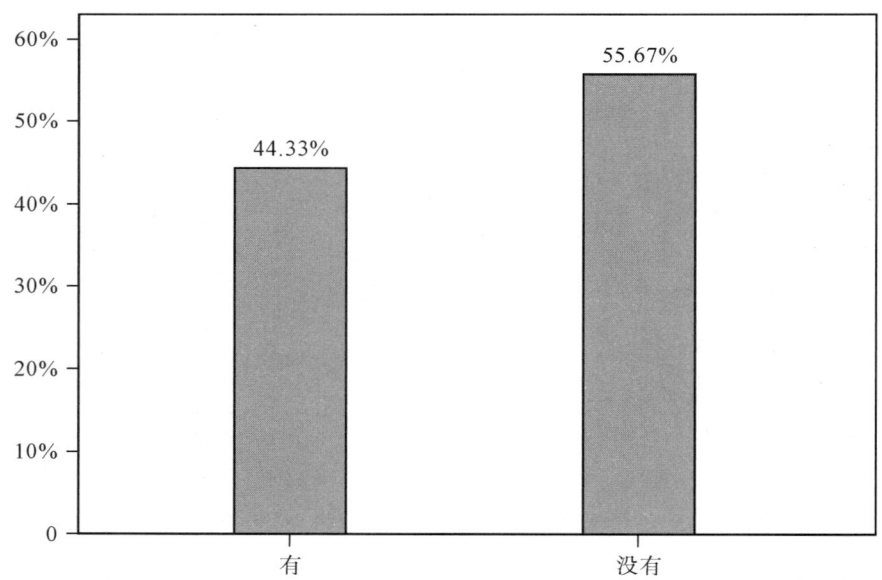

图 20-12 调查对象所在学校设立创业实践基地或者大学生科技园情况统计图

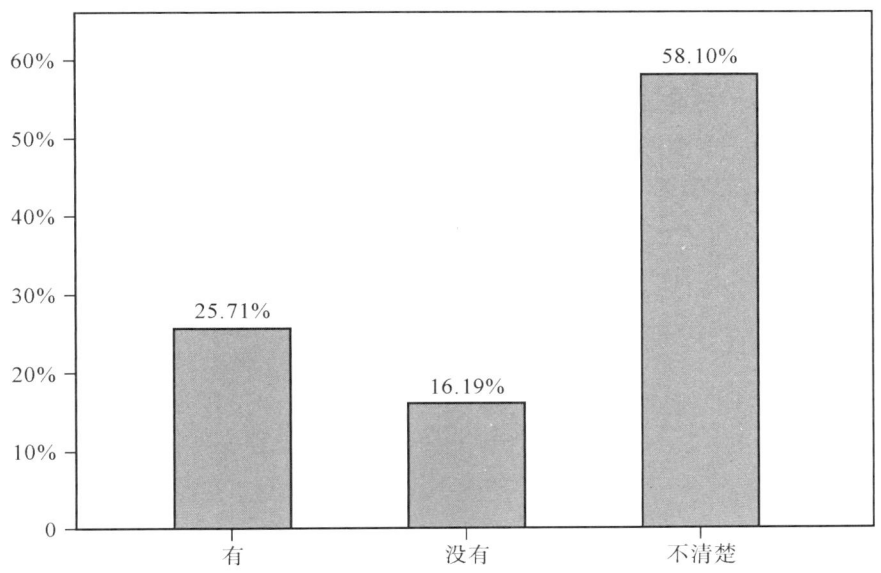

图 20-13 调查对象所在学校设置鼓励学生创业的相关经费资助情况统计图

总体来看我省的情况,首先是大多数学校没有自己的创业指导机构,关于创业这部分的工作主要是就业指导机构在做,提供的服务也仅限于职业生涯规划等,完全不能替代一个专业创业指导机构。其次是大学创业社团,根据笔者的调查,我省大学社团主要是文体类、学术类社团,鲜有创业类的社团。再次是创业基地的开辟,大学科技园是国家创新体系的重要构成和自主创新的重要基地,是中国高等教育体系的重要组成部分。以大学科技园为平台,开发大学生创新思维,进行大学生创业培训,可以促进产学研结合、为我国培养创新创业人才。目前我省仅有"北京航空航天大学国家大学科技园"福建分园、"华北电力大学国家大学科技园"福建分园、厦门大学国家大学科技园,满足不了需要。最后是资金,大学生创业者需要资金的支持,但大学生创业者资金积累不足,连筹集启动资金都比较困难,除了得到家庭的支持,政府和学校的支持也非常重要。

五、缺乏相关的物质基础设施

从问卷的调查情况看来,福建省在大学创业物质文化建设方面不尽人意,主要表现在以下三个方面。

(一)校园环境没有突出创业特色

人文景观是学校物质文化的一部分,28.7%的学生选择了学校没有与创业文化相关的景观。

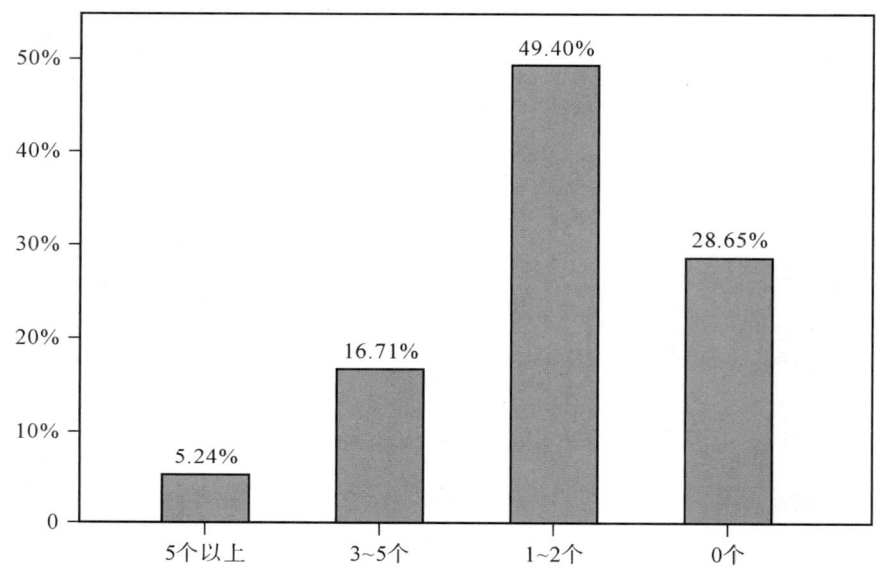

图 20-14 调查对象所在学校能体现创业文化精神的人文景观数量统计图

(二)图书馆提供的资源不符合建立创业型大学的战略路线

图书馆的资源方面,只有15.6%的同学认为所在学校图书馆的资源可以满足自己对创业知识的需要,32.6%的同学认为不能满足自己的需要,剩下51.7%的同学选择了基本满足。从福州大学的情况来看,在数据库输入关键词"创业",检索结果只有766条,而福州大学图书馆的总藏书量为197万册,按照这个数据,学校创业类书籍仅占总藏书的万分之四,这个比例显然不符合学校建立创业型大学的战略路线。

(三)宣传阵地作用未得到很好的发挥

大学的宣传阵地主要有校报、校广播台、校宣传栏和校园网。从调查的结果看,41%的同学选择了所在学校经常利用校报、校宣传栏等宣传阵地进行创业政策和内容的宣传,59%的同学则选择没有。另外26.7%的同学选择了所

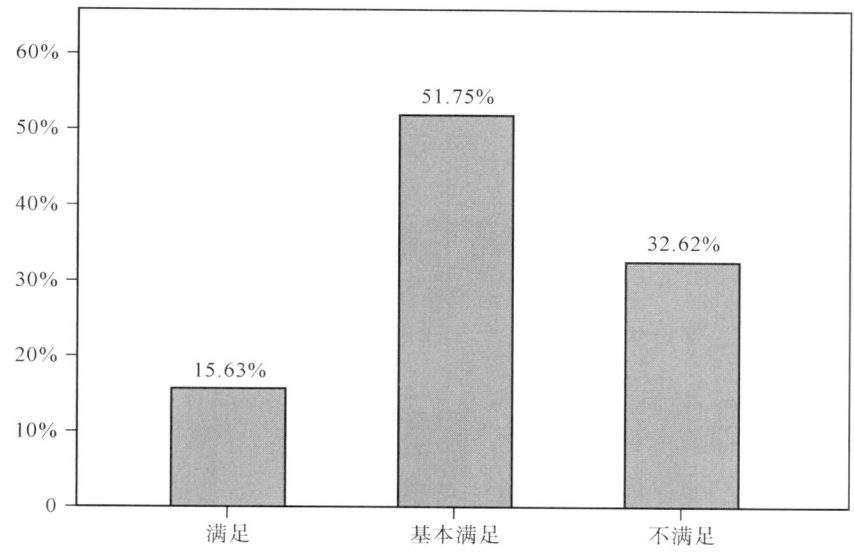

图 20-15　调查对象所在学校图书馆的图书数量对其创业知识需求的满足度调查统计图

在学校校园网有单独的创业相关板块,16.2%的同学认为没有,而有 57.1%的同学选择了不清楚,这也说明学校的校园网普及和使用率不高,有相当多的同学根本不了解学校的校园网。

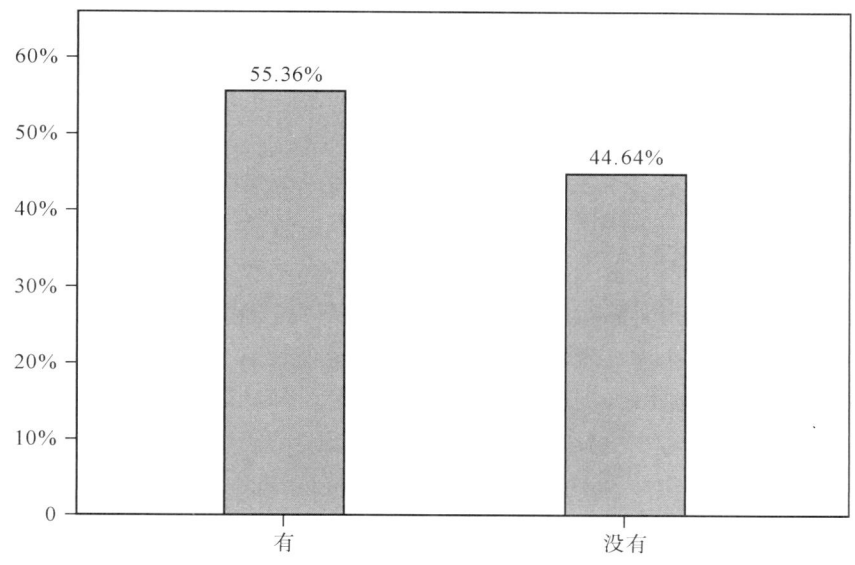

图 20-16　调查对象所在学校宣传相关创业政策和内容情况统计图

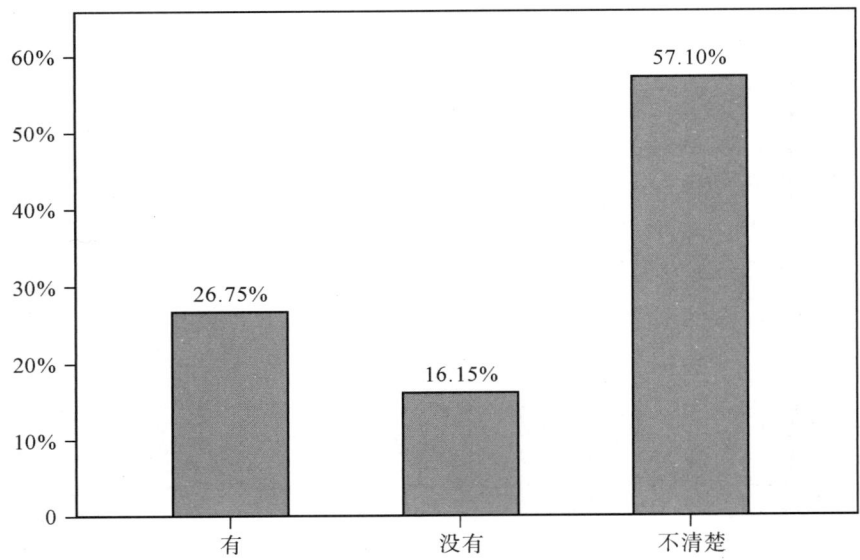

图 20-17　调查对象所在学校校园网络设置创业相关的版块情况统计图

第三节　福建省大学创业文化建设存在的问题的原因分析

一、中国传统文化中不利因素对大学创业文化的制约

众所周知,中国有着上下五千年的文明历史,与世界其他民族的文化相比,中国传统文化历史悠久、内涵博大精深,但是我们在弘扬中华民族传统文化的精华的同时,也应该看到它不适应现代社会发展的一面。

首先是社会文化的背景。我国传统文化重安稳轻发展,很少提倡竞争,更反对探索和冒险,传统的教育向来提倡"学而优则仕",有才华的人都选择了仕途,不仅阻碍了创新性人才的产生,更导致了严重的官本位思想和功利主义教育盛行。我国传统文化中,有"木秀于林,风必摧之""树大招风""枪打出头鸟"的说法,因为传统文化环境的求同,那些标新立异的人就必然被打压,这就严重挫伤了一个人的创造性、积极性,压抑了一代又一代学子。我省文化的特点是有闽商的敢打敢拼精神存在,可以说社会环境要好一点。但是目前而言,大学相对社会来说还是一个比较封闭的组织,闽商文化对大学文化的影响力有限,所以我省大学文化也是相对保守的。

其次是个人价值观。我国传统文化中对后世影响最大的当属儒家思想,儒家思想崇尚"中庸之道"。对于很多中国人来说,"中庸之道"经过数千年的历史积淀,已经内化成了自己的性格特征。在处世上"不喜欢做极端的事情""认为任何事物都存在着适度的合理性";在考虑问题的时候总是追求折中与和谐,反对竞争,注重求同性思维,拒绝求异思维。儒家还提倡一种明哲保身的人生观,以及未思进先思退、成事在天、不求甚解,这种处世哲学使我们过分强调和谐和稳定,害怕冲击,不求变通,抑制了人们的创造性和探索创新的活力。还有一点是闽商的不合作思想。闽人强悍拼搏的同时还有一种独立的、不合作的性格。闽商遍天下,但闽商多出"独行侠"。福建生意人的一个特别突出的特点是,生意再小也要自己当老板,而不大愿意与人合作,缺乏团结精神对创业是非常不利的。

最后是学校的教育之道。《师说》云:师者,传道、授业、解惑也。我国传统的师生观是以师道尊严、崇尚教师权威、唯"师"是从为核心的。教师就是天,教师负责教学目标的制定、教学内容的抉择、教学过程的组织,而学生只能受支配、受控制,被动地服从于老师的驾驭,承袭教师所授知识。这种教育教学观不注重唤醒学生创造的潜能,学生不能独立思考、不能自主探索,更不能发展创新能力,只强调继承而忽略学生对批判和超越的追求。长此以往,学生的潜力无从开发,主动性、独立性、自觉性和进取精神都减弱,缺乏强烈的创新欲望,一切创新进取行为也都被扼杀。

我国传统文化中的这些不利因素,直接影响了我国的创新之路、我省的大学创业文化建设之路,所以必须要摒弃那些不适宜的思想,在师生中树立敢于拼搏、勇于创新、不怕失败的价值观,树立科学观念和永不满足的创新精神,才能真正实现传统文化向新的创新创业文化的转变。

二、大学教育忽视人文精神和人文素养的培育

所谓人文精神,强调的是人的自由和全面的发展,它追求知识和道德的完

美、高尚的人格。① 而我国大学在人文精神和对大学生人文素养的培养方面，还存在很多问题。虽然我国大学强调了专业教育，但忽视了提高人的素质的人文教育，校园中的人文气息日益淡薄。我省大学生的现状是文科学生缺乏必要的科学素养，理科学生缺乏必需的人文底蕴，大学教育中人文精神和人文素养的培养往往被忽视。学生们认为自己最重要的课程应该是专业课，专业学好了就是成功的人才，对马克思主义哲学、政治经济学、思想道德修养、法律基础等"修身"的公共课不重视，而大学创业文化恰恰需要的是一种跨专业跨学科融合的学习氛围。美国的麻省理工学院以理工命名，专于培养理工人才，却极为注重学生的人文素质教育。它对全体本科生提出"人文、艺术、社科"教育，要求学生用一半时间学习科学和基础工程学，用另一半时间学习人文和社会科学，鼓励学生发展对人文、艺术、社科中某一领域的更成熟的理解，以提供对自然科学和工程学之外的学科问题与方法论的理解，体现了知识融合的大教育观。

三、学校制度文化中的不完善

为了营造良好的大学文化氛围，我省一部分大学逐步采取学分制、本科导师制、科研计划等促进创新能力培养的制度，以期优化我省大学生创新素质的培养环境。但现实中大部分高校在对借鉴制度的落实与执行上没有突破。

学分制是国外大学针对学生的个体特点，以弹性的教学计划和学制代替刚性的教学计划和学制，使学生在自身能力范围内不受学年限制地学完课程，开发自身创新潜力的一种制度。它充分体现了"以人为本"的教育思想，有利于激发学生的学习积极性、主动性和独立性，有利于因材施教，有效地开发学生的潜能。但由于受计划经济的影响和大学管理者对创新人才培养理念的认识不足，我省许多大学虽然引入了学分制，但是实行的是学年学分制，并不是真正意义上的弹性学分制。

本科导师制的初衷是鼓励高水平的教师走近学生，让本科生充分接触高层次、高水平的教师，增强师生面对面的交流机会，创造集专业教育、思想引导、专业辅导和生活指导于一体的教育机制，更加关注本科生个性化的成才环境。而我省的实际情况依然是有制度没执行，导师不仅要教课、科研，

---

① 叶华松.论当代大学生科学精神和人文精神相结合的文化教育[J].黑龙江高教研究，2005(2):101.

还要带研究生,能给本科生的时间少之又少,很多学生抱怨与导师一学期只能见一面。本科生导师制是与学分制相适应的一种学生培养模式,按照规定,本科生导师的职责不仅是在学生学术和学业方面给以指导,而且要指导学生的学习、生活、修养、成长,还要负责学生的就业指导,是学生全面性的导师。而要完成这种全面性的指导,导师却一学期只和学生见一面,这些目标显然难以实现。

四、创业教育专业人士少

营造大学创业文化少不了创业教育,我省目前创业教育方面的专业人员匮乏,直接导致了创业文化建设速度的减慢。创业教育成功与否与教师的素质息息相关。笔者认为开展创业教育的教师除了要有较高的理论水平外,更重要的是应具备丰富的创业实践经验或企业实践经验。国外大学教授创业教育课程的教师大多有创业或投资的经历,不仅熟悉企业的运营,且具有较高水平的创业实践能力。而目前我省很多大学从事创业教育的教师大多缺乏实践经验,没有自身创业的经历,开设的创业课程也仅限于理论方面,我们非常需要有一定企业经验或者创业成功经验的人。拥有理论和实践能力兼备的创业导师才能进一步开展创业教育,这是创业文化建设推向深入的动力源泉。

五、基础教育中素质教育不足

"应试教育"可以说是我国基础教育的代名词,主要表现是"分数至上",一切都是考试答案规定,学生缺少自主思考,失去学习的兴趣,甚至视学习为畏途;文体活动和课外时间被严重挤占,学生缺乏朝气和活力,可谓"小学而大遗"。在这样环境下成长起来的学生,升入大学后,大学校园又是一个相对封闭的环境,他们缺乏充分的创业文化的熏陶,更缺乏创业实践的机会,对市场规则、组织管理等方面的了解和把握远不及社会创业人士,创业计划盲目性大,可操作性差,导致创业失败或创业计划流产。

第二十一章

福建省大学创业文化建设的对策研究

第一节 推进福建省大学创业精神文化建设的建议

大学创业精神文化是大学创业文化的核心,它是大学创业文化主体在长期实践经历中积淀、选择、发展而成的。它虽然不像制度文化、物质文化那样直接地呈现出来,但是它已经渗透在校内各种文化载体的行为中。大学创业精神文化的建设,主要通过学校的办学理念、价值观和校风建设来入手。

一、将创业精神融入办学理念

正确的先进办学理念是大学精神文化的灵魂。学校领导要有先进的办学理念,有了理念才有追求,有了追求才有成功。大学创业文化建设需要新的办学理念和办学思想。办学理念的主要要素有大学的理想、定位和办学方略。

首先是大学的理想。大学的理想,通俗地讲就是要搞清楚为什么要办大学。在纽曼时代,大学是为了培养神学家,所以强调人文教育。在弗莱克斯纳时代,大学的任务有保存知识和观念、解释知识和观念、追求真理、训练学生以"继承事业",因此大学应尽可能地深入研究各种现象,坚持不懈地去发现相关事物的关系。而当社会发展到现代的今天,大学的理念、大学应该培养什么样的人都有了更广阔的含义。现代社会需要的是一批拥有理性思维、勇于尝试、敢于挑战的实践者,因此现代的大学理想必须要相应地融入这种创新创业的精神。其次是大学的定位。定位是一所大学发展的起点,是制定发展战略的出发点和前提,只有明确了学校的定位,学校才能制定科学的发展战略,确定战略目标,才能创出品牌,办出特色。比如普林斯顿大学,这所有250多年历史的名校,至今没有自己的法学院、医学院和商学院,坚持自身优势——基础研究,不贪大求全,迄今仍保持着世界"数学之都"这一名望。最后是办学方略。办学方略事实上是一个怎样办大学的问题,如何让大学在竞争中脱颖而出,笔者认为培养创业精神这一点非常重要,它能激发一所大学的内在动力。

将创业精神融入办学理念,首先,必须加强理念的灌输。通过广泛宣传、开展创业精神的大讨论、召开创业精神研讨会等方式,提升师生员工对创业精神的认识,从而使创业精神成为师生员工共同的价值追求和行动导向,成为办学理念的一部分。其次,还要将包含创业精神的办学理念落实在学校各部门、各学院以及全体教职员的工作实际中,积极探索,大胆尝试,全面激活学校办学活力,提高学校办学水平。最后,在办学资源有限的情况下,可以将创业前景较好的学科专业进行试点,通过重大项目带动,汇聚校内外资源,重点扶持服务国家和区域支柱产业的优势特色学科,提升整体建设水平。比如剑桥大学的办学理念是"通过追求国际最高水准的教育、学习与研究,从面对社会做出贡献"和维护"思想和表达的自由,避免歧视"。1969年,为响应英国政府关于大学和工业界联合的呼吁,剑桥大学开始筹备建立剑桥科技园。2000年,剑桥地区约有1200家高技术公司,就业数为35000人,年贸易额达40亿英镑。科技园区的经济发展创下了英国有史以来最强劲的记录,被誉为"欧洲硅谷"。剑桥大学做到了办学理念与社会实践的完美统一。2009年5月,国务院总理温家宝主持召开国务院常务会议,讨论并原则通过《关于支持福建省加快建设海峡西岸经济区的若干意见》,标志着海峡西岸建设成为国家的决策。在这样的背景下,我省省属院校的使命就是为海峡西岸经济区的建设服务,努力培养出具有创新能力和具有优秀创业能力的人才,使福建省真正发挥海西建设主力军的作用,同时打造海西特色大学创业文化品牌,为福建省建设文化强省出力,努力成为海峡两岸文化交流的重要基地。

笔者所在的福州大学主动适应建设高等教育强国的新形势和建设海峡西岸经济区的新需求,认真研究和借鉴国内外大学从转型走向成功的办学理念和发展方式,结合福建省的实际情况,在2008年确立了建设创业型大学的办学理念,立志在海西建设的浪潮中为自己写下浓墨重彩的一笔。这是将创业精神融入学校办学理念的典型案例。

二、将创业精神融入正确价值观的培养

克拉克洪(Kluckhohn)于1951年对价值观做出了经典性定义:"价值观是一种外显的或内隐的,有关什么是'值得的'的看法,它是个人或群体的特征,它影响人们对行为方式、手段和目的的选择。在一个个有关'值得的'看法的背后,是一整套具有普遍性的、有组织的观念系统,这套观念系统是有关对大自然的看法、对人在大自然的位置的看法、人与人的关系的看法以及在处理人与人、人与环境关系时对值得做和不值得做的看法。"[1]

大学价值观,是对大学本身的存在意义和行为的合理性及其善恶优劣加以评价的观念体系,是大学师生在长期实践中逐渐建立起来的一种共同的价值取向、心理趋向和文化定势,是全体师生或多数师生一致赞同的关于大学意义的终极判断。大学价值观是大学文化问题的核心,大学文化的所有内容都是在大学价值观的基础上产生的。因此,大学价值观建设是事关大学发展方向、战略决策、理想实现手段等的大事,对大学师生个人的发展走向、大学自身的发展趋向具有决定性的作用。

几十年来,中国社会的价值观念的巨大变化,不可避免地对大学价值观产生重大影响,使得大学价值观乃至大学师生的价值观念发生了巨大变化,出现了从工具价值观向主体价值观转变的趋势。这种转型也给大学价值观带来了一些消极的因素,如:大学的理想有所淡化,一些优良传统如甘于清贫、甘于寂寞、奋发图强的精神因为受到社会价值观念的冲击而有所失落,急功近利、人文精神失落的思想有所抬头。再如,大学自身面向社会、面向国际争取资源的主动性、积极性尚未充分发挥,因循守旧、抱残守缺的思想还比较严重,创新进取精神不足,这些都不利于正确创业价值观的形成。

大学创业价值观建设同样也是大学创业文化建设的灵魂。研究应从主体(学校、教师、学生)与客体(经济发展与社会进步的需要)相互作用的角度进行分析。首先是学校的价值观。一所大学的价值观反映了大学和社会的关系。创业文化背景下的大学价值观要求大学打破原有的象牙塔发展模式,积极为地方经济发展与社会进步做贡献,除了承担传统大学教学科研的任务外,还必须承担起服务社会的功能。譬如国外的威斯康星大学、普林斯顿大学,都是这样的典范。其次是教师的价值观。教师是大学的重要主体,教师的价值观不

---

[1] 石伟.组织文化[M].上海:复旦大学出版社,2004.

仅仅是学校价值观的体现,更是学生价值观的直接引导者。创业文化背景下的教师价值观要求大学教师正确看待学生创业,不是冷嘲热讽而是积极帮助。最后是学生的价值观,这是最重要的。与传统的大学生价值观内容相比,创造与创业是创业文化对于大学生价值观提出的新内涵。创造是一种内在本质和思维能力,是人的综合素质在行为上的外化表现。而创业则既是一种价值观又是一种实践活动。市场经济极大地解放了人的能力、激发了个体的创造性和积极性,它要求人们具有在顺境中求得发展、在逆境中寻找生机的"个人创业"的价值观,将自我价值在社会实践与社会价值的创造过程中体现出来。但是这种价值的创造是建立在大学的价值观基础上的,不是和大学价值观相冲突的。大学生创业价值观的引导要促进大学生充分认识自我需求和社会期待,把他们对自我需求和社会期待的认知结果积极地应用到具体创业实践中,这是使大学生的创业价值观得到展现并受到检验的重要环节。

三、将创业精神融入良好校风的建设

科学的教育理念是办学特色的灵魂,独特的优良校风也是办学特色的重要特征,校风是校园文化的集中反映,是学校精神的凝聚。一般来说,校风包含领导作风、教风和学风三个方面。领导作风指学校各级领导的事业心、管理风格和服务态度。教风指学校教师教学态度、敬业精神和职业道德。学风一方面指教师的治学精神、治学态度,另一方面指学生的学习态度、学习习惯和道德风貌。领导作风促进教风,教风带动学风,学风集中体现校风。"三风"相互影响、相辅相成,共同凝聚为校风。[①] 校风可以通过校训来体现,比如普林斯顿大学的校训"普林斯顿——为国家服务,为世界服务",就有"严谨认真"之风;南开大学校训"允公允能,日新月异",就有"开拓活泼"之风;武汉大学的校训"自强、弘毅、求是、拓新",就有"拼搏创新"之风,从中我们都可以很清楚地读到一所学校的文化。

大学创业文化倡导的是创新、拼搏、开拓的精神,要将创业精神融入校风,首先从领导者的作风入手,这里主要指思想作风。领导者要赞成支持创新创业精神在学校的发扬,并主动地推进创业精神在教师学生中的培养。生活作风中,领导者更应该发扬艰苦奋斗精神,廉洁从政,例如福州大学党委书记陈

---

① 张昌波,章瑜.新建本科院校校风建设的机制与途径[J].常州工学院学报(社科版),2009(6).

笃彬经常骑自行车出行,与同学们一同在食堂就餐,因其亲民的形象被学生们亲切地称为"福大低碳生活第一人",发挥好了带头和示范作用,树立了良好的领导风范。其次是教风,要求教师本着严谨治学的态度来创新,严惩学术不端行为。一方面,教师在教学中可以从精神的层面激励和劝勉学生们注意培养自身的创新能力和创业精神;另一方面,可以在科研中加快研究成果的转化,用自身的成功实践来激励其他的教师,形成良好的教风。最后是学风。一方面要加强学生自身创业技能和创业意愿的培养,让学生认识到创业精神的重要性,比学赶帮的补充创业精神的内涵;另一方面要为学生提供各种平台和途径,使学生的好的想法能够转化为现实,更有创新和创业的动力。

包含创业精神的校风建设最终要形成一种创业文明,这种创业文明包括鼓励创新和宽容失败两个方面。有人做过研究,如果把"创业频数"或者"全员创业活动指数"(可以用每百人中创业者人数来计量)作为一个考察指标的话,当每百人中创业者人数达到一定高度,也就是达到创业氛围形成的"阀值"时,全社会就产生良好的创业氛围,此时,创业型企业家就会如雨后春笋一样不断地冒出来。① 大学创业文化风气同样也适用这个研究结果。如果一所大学中创业的人数多了,到达一个"阀值",就会有更多的人投入到创业中。百度创始人李彦宏先生在一次访谈中谈到他当初回国创业的原因。他说,自己当年在硅谷工作的时候,发现周围有很多人都在自己创业,而且有不少成功的。他觉得自己拥有的技术可以使自己比别人做得更好,于是便回国创业。他认为,硅谷文化深深影响了他,硅谷不仅鼓励创新创业,而且给每一个创业者一个十分宽容的环境,在那里不论是媒体的报道、合作者的评价还是风险投资家的判断都不会以一个人创业的成功与失败来判断他的能力。这样就会不断地鼓励更多的人去创业,并在失败后能再次创业。

将创业精神融入校风建设既不能完全依靠学校领导"自上而下"创造而成,也不能由一个学生或者教师的创业自发形成。只有通过学生和教师以及大学的其他参与者的共同努力才能形成,进而营造出适合大学创业的良好环境。随着学生和教师创业行为的增加,这种群体效应致使更多人的创业热情逐步高涨、创业意愿日益强化,最终凝聚为一种文化,即大学创业文化。

---

① 江三良.论创业氛围的形成与传导机制[J].安徽大学学报(哲学社会科学版),2006(6):122.

第二节　推进福建省大学创业制度文化建设的建议

创业制度文化建设为大学创业文化建设提供相关的制度保障,这里主要研究为创业服务的教学制度、科研制度和创业服务体系的建设。

一、推进教育改革,加强创业教育

创业教育是创业的启蒙教育,是素质教育的拓展,它的目的是激发学生的创新和创业意识,使他们的创新思维在创业过程中得以发展实现,它并不要求学生的每次创业实践都以成功作为圆满的结束。笔者从以下三个方面来论述创业教育:

(一)加强创业课程设计

要有效地开展创业教育,首先就要进行课程改革。作为创业教育系统工程的枢纽和核心,课程改革在一定程度上决定培养目标的达成程度。我们首先来看一下美国大学创业教育的课程设置。美国高校创业教育的课程已经系统化,涵盖了创业构思、融资、设立、管理等方方面面。有调查显示,美国排名前50名大学设置的创业课程中,最多的是新创企业财务、商业计划书的撰写、创业概要、中小企业管理、新企业成长战略、中小企业顾问等,这些被作为创业教学计划的核心课程。在课程设置上,美国大学还十分重视通识课程的作用,注重科学教育与人文教育的统一。譬如,斯坦福大学要求所有本科生都要学习一年的人文学科导论课程。人文教育不是科技教育的配角,它有自己的独特功能。其主要作用是充实精神、完善人格,追求的是给人以美的熏陶、善的教化、情感的撞击等。它通过影响人的世界观来调整人对生活的态度,通过改变人的内在心理结构来塑造作为精神主体的人。我省大学在进行创业课程设计时应借鉴国内外成功的经验,抓住以下几点:一是加强人文课程建设,培养理工科学生的人文素养。比如开设"领导学""人际关系""演讲与口才""大学生心理健康""自我心理能力训练"等课程。二是注意学科渗透,把专业教育和创业教育相结合,以现有学科课程为载体进行创业教育,即以文科类学科为载体进行创业意识教育,以理科类学科为载体进行创业知识教育,以技能训练类课程为载体进行创业技能教育。三是引入专业创业教育课程体系。国际劳工组织为培养大学生的创业意识和创业能力专门开发了一项教育项目,名为Know About Business(以下简称KAB)。该项目通过教授有关企业和创业的基本知识和技能,帮助学生对创业树立全面的认识,普及创业意识和创业知识,培养有创新精神和创业能力的青年人才。KAB项目一般以选修课形式在大学开展,学生通过选修该课程可以获得相应的学分。我省大学可以引进KAB的创业教育课程体系。KAB课程有一个很明显的特点就是先让学员去体验,体验之后再回来讨论,而不是先学习若干理论知识。这样帮助学生启发创业意识、体验创业过程、提升创业技能。如福州大学从2009年起编写了新的本科生教学计划,为所有本科生开设"大学生职业生涯规划与管理""大学生就业指导"两门必修课,各占1个学分,在全校范围开设了"大学生KAB基础"的选修课,占2个学分。另外还有"专利与合同技术""商业计划书的编写与应用"等选修课供学生选择。这些都是加强创业课程设计的尝试。

(二)构建科学的创业教育模式

构建科学的创业教育教学模式是十分重要的。采取灵活多样的教学和实践方式,可以提高学生的参与度和竞争意识。

1.创业理论教学

一般来讲,理论教学都比较枯燥,但是理论教学的重要性依然不容忽视,没有理论,实践便无从谈起,因此创业教育首先要重视理论教学。创业理论教学可以分为创业必修课和创业选修课,通过理论教学这个基本环节,可以把创业的基本理论和基本方法教给学生。必修课程是创业教育的基础课程,包括"创业学""大学生职业生涯规划"等。选修课则是可以让学生根据自己的兴趣爱好去选择的课程,如"创业心理学""创业管理学""创业营销学""创业道德学""商务礼仪"等。

2.创业实践教学

实践教学是创业教育中十分重要的一个环节,它可以为学生提供平台,让学生把学到的理论知识用于实践中,提升创业教育的效果。首先,要提倡高校为学生在校内外建立创业实践基地,让学生在校学习期间就能够得到创业的实践和锻炼。福州大学在2009年就率先在旗山校区素质拓展中心建立了大学生创业孵化基地,目前已有6个项目入驻该实践基地;其次,应该加大实践课在课程体系中的比重,理论说到底是为实践服务的。福州大学为了加强学生实践能力的培养采取了一项改革措施,即实践学期制,从 2009 级学生开始实行,每学年的上学期结束前两周和下学期开学后的三周为实践期,各学院可以根据学院的实际情况,自主安排本院学生实践教学活动的时间和内容,要求各学院在 2009 级培养方案的基础上,开设认识实习、工程实践等实践教学环节和部分选修课程,学校提供二十多门与实践有关的校选课供学生选修。这种方式可以改变以前创业教育一直重理论轻实践、重知识轻能力培养的问题。

3.第二课堂活动开展

第二课堂活动的开展有利于培养学生接受创业教育的主动性和自觉性,是创业理论教育很好的补充。目前我国第二课堂活动开展的主要形式包括创业计划大赛、创业论坛、创业讲座等。我国的创业大赛起步相对较晚,前面提到过,1998 年清华科技创业者协会受到美国商业计划竞赛的启发,创办了首届清华创业计划大赛,由此拉开了创业大赛在我国发展的序幕。目前,创业大赛已经受到社会各界的重视,在我国已经形成了以"创业计划竞赛"为模式的国家、省(市)、高校三级大学生创业活动体系,我省创业计划大赛的热潮也正在兴起,引起了学生的广泛关注。通过开展创业大赛,可以检验学生学习、掌握创业知识和创业技能的情况,进一步培养学生的团队精神,提高学生的创业素质和实践能力。

创业论坛和创业讲座,主要是邀请企业家、创业者、职业生涯规划专家等人士与大学生一起交流创业心得,进行案例教学。从我省的情况来看,福州大学创业论坛已经成功举办 18 期,邀请了一些创业成功者和同学们畅谈创业的苦与乐,把自己创业的案例完整地介绍给想创业的大学生,取得了较好的反响。"案例研究是创业教育的一个巩固过程,是理论教学的延伸和具体化。案例教学对创业企业成长过程中的典型问题进行剖析,培养学生对管理创业企业或自己创业过程中对实际问题的解决能力,提高学生的素质和技能。"[①]这些案例一般都来自于现实生活,来自于身边,具有很强的说服力,因此,对创业案例的研究和分析,有助于学生良好创业心理素质的形成,增强学生开拓创业的信心。

此外,作为对本科教学第一课堂内容的补充,福州大学为有创业意向的同学提供了一个多方位、多形式的学习实践第二课堂——大学生第二课堂创业实践课。通过校社团联合会的企业经营模拟沙盘协会、学生职业发展协会、四海营销协会、心理学社、KAB 创业俱乐部和见习协会等协会承办,由专业的师

---

① 陈文华,邱贵明.社会生态系统中的大学生创业教育[J].江苏高教,2007(5):57.

资指导,通过实践活动、沙龙等多种形式进行教学,以提高学生应对问题的能力、合理运用竞争策略的能力、评估控制风险的能力以及妥善处理团队关系的能力,考核合格者给予两个校级选修课学分。

(三)挖掘专业化的师资力量

师资是提高创业教育质量的保障,"师资力量薄弱影响了创业教育的开展。高校创业课教师大多缺乏创业经验或体验,在教学中很难做到理论联系实际,师资水平不高严重影响了创业教育的质量"。[①] 针对目前我省的情况,可以从两个方面完善师资。一方面是培养自己校内的教师,在目前经济管理教师中分批选拔部分教师,进行系统的创业知识培训,或者到企业挂职锻炼,积累实践的经验。可以组织他们参加 KAB 项目培训的相关课程,鼓励他们取得"KAB 项目讲师""KAB 项目培训师"以及"KAB 项目高级培训师"等一些资质。另一方面是外聘,可以聘请创业教育专家、企业家为学校的名誉教授或特聘教师,成功的创业者大都走过了一条坎坷不平的创业之路,他们的宝贵经验和教训对于创业者而言具有激励和借鉴作用,可以弥补大学教师这方面的不足。

目前福州大学的创业导师有:福建省高新技术大学生创业孵化基地专家倪维庆,YBC 福建省服务站干事林杰鑫,预创业辅导导师章先彪,预创业辅导导师徐红梅,闽侯县大学城金融街负责人张玮,金山中小企业创业基地、创业办公室主管龙清玉,创业培训主管雷振乾,项目审核助理薛聪敏,YBC 服务站福州大学负责人、KAB 项目讲师林航,KAB 项目讲师黄寿泰。他们会定期通过创业论坛和创业讲座的形式给同学们教授创业的知识和技能。

(四)建立创业教育相关机构

在美国,大学都拥有自己的创业教育组织机构,比如创业教育中心、创业研究中心、创业中心、创业家学会、智囊团、创业研究会等等。这些创业教育相关机构主要开设创业教学课程,制定教学计划。创业家学会一般由比较杰出的企业家组成,例如,百森商学院的创业家学会请到了麦当劳的总裁等人。我省的大学也应该成立创业教育中心,可以由专职教师与兼职教师组成,根据教学需要确定教师的数量。专职教师可以由校内的优秀创业导师担任,兼职教师可以聘请福建本地的优秀企业家担任,分享他们创业的经验,激发学生的创

---

① 侯宝贵.创业教育存在的问题与发展策略[J].教育与职业,2004(2):16.

业激情。

二、建立高校科研评价机制和创业奖励制度

服务地方经济社会是现代大学的基本职能,新时期的大学不仅仅要输送人才和创造知识,还要把知识转化为生产力,于是大学科研成果转化的重要性凸现出来,在大学创业文化建设的前提下,本书认为大学创业制度文化建设应注意以下几点:

(一)建立科学合理的评价机制

加强大学科研评价,不断提高教师科研水平,既是高校科研管理的重要内容,也是大学创业制度文化建设的重要内容。

第一,要根据不同的科研类型和表现形式,制定相应的评价体系。就科研类型而言,基础学科和应用型学科之间存在明显的不同,社会科学与自然科学学科之间也有很大差异。由于理科属于基础研究,工科属于技术开发与应用研究。工科其技术转让、专利相对比论文著作重要,而理科的侧重点在于论文、著作与获奖。人文学科的考核指标更应该侧重观点的创新性、体系的完整性、论证逻辑的严密性等指标。

第二,根据大学科研工作特点,实施多元评价。针对高校教师职业的学术特点,博耶提出了四种既有区别又有联系的学术形式——发现的学术、综合的学术、应用的学术和教学的学术。[①] 科研评价中不仅要有发现的学术,更要有综合、应用和教学的学术。要强调培养学生的科研素质,强调教师在教学中讲授新的研究成果,这也是大学教学与科研相结合的要求。另外在学术论文、学术著作、奖励和鉴定、专利、成果转化、人才培养、学术活动和科研项目等评价指标中,要注重成果转化的情况,这是大学创业文化建设的一个重点,要树立成果转化先行的理念,鼓励研究人员从事创新性、原创性的研究,尽量杜绝低水平的重复研究。

建立合理的科研评价机制,让教师们了解到成果转化和创业的重要性,能对他们产生激励作用,推进大学创业活动的进行。

---

① 王明明,戴鸿轶.我国科研课题管理的制度建设——现状、问题及对策[J].科研管理,2006(8):196.

(二)创业奖励制度

目前我国已经建立了首个大学生社会创业奖励计划,是由中国富强基金会(香港)与北京师范大学—香港浸会大学联合国际学院(UIC)携手推出,并在珠海正式启动,将面向中国内地及港澳台地区大学生提供100万元人民币的"创业种子基金"。

我省也应该建立自己的创业奖励制度,鼓励大学生走进社会,了解社会的需要,并利用当地的特色进行创业,回馈社会。筛选创业奖励对象的过程,可以使学生提高表达能力、分析能力、沟通能力,增强团队精神和自信心,开拓视野和思维,启发创业思路。

学校也要建立奖励制度,对自主创业的学生办理个体工商营业执照、税务登记,并正常经营半年以上的,学校应根据其所创设的企业性质和规模给予奖励。

三、健全大学创业服务体系

大学创业服务体系的建设包括了创业指导机构的设立、大学创业社团的组建、创业实践基地的准备和创业经费的设置。

(一)创业指导机构

学校要有自己的创业指导机构,负责学生创业活动的各项事务。据了解,目前我省没有一所大学设有专门的创业指导机构。一些和创业相关的工作多是由学生工作处、校团委和就业指导中心三个部门承担。这三个部门平时还有其负责的工作,把创业这部分工作交给它们无形中加重了负担,效果不好。所以应该成立创业指导中心,把负责学生的创业潜力测试、创业项目筛选、创业咨询、创业导师的配备等工作具体化,全面负责学校的创业活动。

(二)大学创业社团

高校学生社团是大学文化建设的重要载体,是在校大学生根据自身兴趣和爱好,按照一定的章程自发组织起来的,以丰富课余生活、增长知识、陶冶情操为目的的,进行自我管理、自我教育和自我服务的群众性团体,属于非正式组织。非正式组织有几个特点:一是群体形成的自发性。一个大学生社团的产生,主要是以大学生共同的兴趣爱好为基础,以自发自愿为原则。二是群体目标的一致性。大学生社团都有自己活动的宗旨和目标,一个大学生社团中,往往有能让参与学生认可的鲜明标识和口号。三是群体活动内容的现实性。大学生社团的活动主题常常反映了现实生活中的敏感问题和社会的热点问题,这也反映出大学生对社会的关注和强烈的参与愿望。四是群体规范的自律性。社团有章程对群体成员的行为进行规范、引导、制约、协调,实现群体目标。五是群体成员交往的直接性。依据社团的这些特点,可以以学生社团为载体,在学生中进行大学创业文化建设。2008年4月24日由团中央、全国青联发起的帮助中国青年创业的国际合作项目YBC已经落户福建,YBC项目参考总部在英国的青年创业国际计划(Youth Business International)扶助青年创业的模式,动员社会各界特别是工商界的力量为青年创业提供咨询以及资金、技术、网络支持,以帮助青年成功创业。福建YBC服务站在福州大学、福建师范大学、福建农林大学、福建工程学院、闽江学院5所高校正式挂牌成立。在这个服务站的带动下,福州大学第一批通过了审批,成立了KAB创业俱乐部,可以获得资金支持并参与KAB项目的国内外交流活动,并凭借"心梦缘"项目获得2009年度十佳创业俱乐部称号。福州大学也鼓励成立市场营销、职业发展、心理学社等相关的社团。作为非正式群体的学生社团,成员组成打破了正式群体的传统构成模式,成员之间志趣相投,群体之间氛围和谐,有利于大学创业理念的传播和创业教育目标的有效实现。学校要充分发掘社团作为非正式群体的优势,并充分发挥其在大学创业文化建设和创业教育中的积极作用。

(三)创业实践基地

创业实践基地是大学创业文化建设的载体,可分为创业实习基地和创业园等。创业实习基地是指学校组织学生结合所学专业在实践中的实际训练,把所学知识运用于实际工作之中,以全面提高创业素质,有利于今后的求职创业的校内外活动场所。创业园则是帮助大学生自主创业的专门活动场所,又称为"孵化器"。创业园具有高新技术性和创新性等特征,通过提供基本的商务服务、中介增值服务和资本运作服务等营造良好的创业环境,以吸引高校中具有技术创新能力和科研成果的师生开拓创业。斯坦福大学所在的"硅谷"就是典型的创业园,硅谷中60%~70%的企业是斯坦福大学的学生和教授创办的。目前我国已有很多高校设立大学科技园,如清华科技园、武汉大学科技园等,我省也有厦门大学国家大学科技创业园基地。大学科技园作为高新技术企业的孵化基地、创新创业人才的培养基地、高等学校服务经济建设的窗口和技术创新的示范基地,为发展我国高新技术产业、推动地方经济建设和社会发展做出了积极贡献。

建议我省的大学在建设创业实践基地的时候可联合形成网络体系,不同层次、不同类型的高校可以自主地建设自己的创业实践基地。研究型大学应该建立创业园。高职高专则应侧重创业见习和实习基地的建设,通过产学研相结合的道路,主动与企业联姻,走校企联合的模式。

(四)创业基金

最后是创业基金的设立。大学生创业是一项系统工程,涉及政府、高校、社会和千万个家庭。成功创业需要资金、人才、管理技术等多方面的支持,其中资金的支持尤为重要。在校大学生要想筹集创业所需资金只能靠个人和外力两个途径。个人,包括家庭的支持,很难能达到创业的需求,因此学校和政府应该承担起这个责任,设立大学生创业基金。对于学校来说,一方面可以划拨出一定的经费来建立创业基金,另一方面可以和企业合作,设立专项创业基金。比如,欧莱雅公司就和上海的大学合作设立了"欧莱雅大学生就业创业基金",采取"资金扶植+经验传承"的资助模式,高校的创业团队不但能获得1万~10万元不等的创业资金,同时还将获得欧莱雅创业导师的全面帮助。比如福州大学自己设立了创业基金,校友陈新楚也出资1 000万元设立了"福州大学新楚大学生创业基金",为有创业意愿、创业潜力和创业计划,但缺乏资金的本校应届毕业生提供创业资金支持、贷款贴息、创业培训和辅导支持。其中《福州大学创业基金管理暂行条例》详细规定了基金的申请和使用说明:学校每年安排5万元启动资金,给予10个优秀创业项目各5 000元的资金支持;学校每年另外给予本校应届毕业生优秀创业项目3万~5万元的贷款贴息,贷款期限为1~3年不等。成立由共青团福州大学委员会、福州大学教务处、福州大学学生处(部)和福州大学计财处等单位有关领导组成的福州大学创业基金管理委员会,负责制订创业基金的年度使用计划、贷款审核及创业基金的使用监督管理等有关重大事项。创业资金支持和贷款贴息扶持的审批程序有资格初审、面试评审、实地考察、确定贷款金额与年限、项目公示、发放资金或贷款金额等程序,以确保基金的合理使用。

第三节 推进福建省大学创业物质文化建设的建议

大学的物质文化承载于大学的物质基础,内化于校园的每一个物质存在,它既是现代大学精神文化的物质基础,也是现代大学综合实力的一个重要标志。大学创业物质文化也是这样,我们主要从宣传阵地、图书馆和校园环境来研究如何推进我省大学创业物质文化建设。

一、充分利用高校的宣传阵地

营造浓郁的大学创业文化氛围,首先要占领舆论阵地,进行广泛宣传,将创业文化渗透到大学文化建设的各个方面。大学中的宣传阵地主要包括校园网络和校园媒体,如广播、电视、校报、宣传栏等。

1.要利用广播、校报、校刊、宣传栏等多种宣传工具开展创业文化建设。可以在校报中开辟专栏,介绍政府和学校的创业扶持政策、创业优惠条件,为校刊设立创业专刊,对创业者(包括教师和学生)进行访谈,了解他们的创业心路。校广播电台可以定期宣传大学生创业的信息,校宣传栏和各学院的宣传栏也应定期进行创业宣传,使学校培养创业人才的思想深入人心。争取把创业文化建设的内容形象化、具体化,渗透到校园的每一个角落。

2.网络文化。校园网络文化是大学文化在网络环节下的一种新的文化形态,是与社会网络文化相结合而产生的一种亚文化,具有信息容量大、传播速度快、获取信息及时开放、自主方便等特点,实现了文化传播方式的深刻变革,已经逐步成为校园主流文化形态。因此大学创业文化建设必须要注意对网络文化的引导,利用网络环境进行创业教育,形成校园正确的创业舆论导向。具体的做法包括在学校及学院网站上开辟创业专版、在校园 BBS 上设立创业版块、在论坛上发起关于创业的网络辩论赛以及重点规划建设有特色、有吸引力和影响力的创业网站以及咨询平台等。

二、提升图书馆服务能力,为创业储备更多知识资源

  大学图书馆是文献信息中心,是为教学和科研提供服务的机构。大学图书馆功能发挥如何,将直接影响到科研、教学和文化的传承与建设。创业文化环境下的图书馆应该发挥其应有的作用。一是增加馆藏创业类图书的数量。通过前面的调查可以知道,我省大学图书馆的创业类图书十分匮乏,在书籍的选择上应该加大创业类图书的比例,购置创业心理、创业测试、创业者自传、企业发展史、市场营销等系列的书籍,以服务创业文化建设的需要。如条件允许,大学应在图书馆的整体规划中开辟单独的创业书斋,可以将创业相关的书籍、期刊、报纸等资源放置于创业书斋,提供宽松和谐的环境,供教师和学生查阅参考。二是创业类电子资源的积累。创业类电子资源应包括:大学生礼仪讲座、创业讲座,可以是创业成功者访谈,也可以是电视节目,比如由中央电视台举办的大型励志创业电视活动——"赢在中国""青年创业中国强"等。电子类的资源可以生动形象地显示出创业者的激情和理性、成功与经验,可以更好地激发起学生心中的理想与追求,使他们追随创业成功者的脚步,走向成功。

  为促进大学城新校区图书文献信息资源共享,建立全方位的大学新校区图书文献信息资源保障体系,我省福州地区大学城将在福州大学、福建师范大学、福建农林大学、福建医科大学、福建中医学院、福建工程学院、江夏学院(筹)和闽江学院等8所高校中实现各图书馆之间的读者开放借阅,资源共享。目前,福州大学与福建师范大学的纸质图书互借已经开通,这个项目可以很好地弥补院校之间因为专业偏向不同而造成的书籍类型差异,更好地实现图书馆的功能。

三、在校园景观中突出创业的主题

  一所大学的校园环境可以体现整个大学的文化。比如提起"红屋顶、斜屋面、罗马柱、大连廊、大台阶、大拱门",大家都会想到这是"嘉庚风格"建筑的厦门大学老校区。干净、整洁、文明的校园,可以内化参与者的文明修养;激情而富有挑战精神的校园景观,可以启迪大家的创造性思维和创业激情,激发求知欲望。这种环境对人的影响作用丝毫不比课堂上教授所授内容差。

  要在大学校园环境中突出创业的主题,一是要从校园规划入手,统筹考虑学校长远发展空间、优化设施布局、提升设施品位。要以创业为主题在全校范

围内广泛征集学校里道路、景点、设施的名字,让更多的师生员工参与,增强师生员工对创业文化环境的认同感。二是赋予校园丰富的创业文化内涵,让校园的一草一木都隐含和记载着大学的创新、创业精神,显示出大学的灵性,比如营造"创业林"活动,让每一个从学校走出去创业的师生都在这片土地上挥洒下自己的汗水,让这一棵棵树木见证他们的成功。校园环境建设是一项长期复杂的系统性工程,需要每一位大学师生的努力。

参考文献

[1]胡锦涛.在中国共产党第十八次全国代表大会上的报告[N].人民日报,2012-11-9(13).

[2]亨利·埃兹科维茨,雷德斯道夫.大学与全球知识经济:大学—产业—政府关系的三重螺旋[M].夏道源,译.北京:清华大学出版社,1999.

[3]亨利·埃兹科维茨.第二次学术革命:MIT和创业型科学的兴起[M].王孙禺,袁本涛,译.北京:清华大学出版社,2007.

[4]亨利·埃茨科维茨.三螺旋:大学、产业、政府三元一体的创新模式[M].周春彦,译.北京:东方出版社,2005.

[5]伯顿·克拉克.建立创业型大学:组织上转型的途径[M].王承绪,译.北京:人民教育出版社,2003.

[6]伯顿·克拉克.大学持续的变革:案例研究及概念的延续[M].王承绪,译.北京:人民教育出版社,2008.

[7]希拉·斯劳特,拉里·莱斯利.学术资本主义:政治、政策和创业型大学[M].梁骁,黎丽,译.北京:北京大学出版社,2008.

[8]Slaughter & Rhoades. Academic capitalism in the new economy[M]. Baltimore, Md.: The Johns Hopkins University Press, 2004.

[9]德里克·博克.走出象牙塔——现代大学的社会责任[M].徐小洲,陈军,译.杭州:浙江教育出版社,2001.

[10]Peter Jarvis. University and corporate university: the higher learning industry in global society[M]. Kogan Page Limited, 2001.

[11]刘易斯·布兰斯科姆.知识产业化——美日两国大学与产业界之间的纽带[M].引宏毅,苏峻,译.北京:新华出版社,2003.

[12]埃里克·古尔德.公司文化中的大学[M].吕博,等,译.北京:北京大学出版社,2005.

[13]Peter Schulte. The entrepreneurial university: a strategy for institutional development[J]. Higher Education in Europe, 2004(2).

[14]Risto Rinne, Jenni Koivula. The changing place of the university and a clash of values:the entrepreneurial university in the european knowledge society a review of the literature[J]. Higher Education Management and Policy, OECD 2005, 17(3).

[15]温正胞.创业型大学:比较与启示[R].上海:华东师范大学,2008.

[16]陈汉聪,邹晓东.发展中的创业型大学:国际视野与实施策略[J].比较教育研究,2011(9).

[17]马志强.西方创业型大学的兴起和发展[D].开封:河南大学,2006.

[18]刘兴国.现代大学的学术变革与创业型大学建设——基于大学—产业—政府三重螺旋合作理论的分析[J].河北科技大学学报(社会科学版),2009,9(3).

[19]甘永涛.论创业型大学研究的理论架构[J].科学学研究,2011,29(11).

[20]王雁.创业型大学:美国研究型大学模式变革的研究[D].杭州:浙江大学,2005.

[21]彭绪梅.创业型大学的兴起与发展研究[D].大连:大连理工大学,2008.

[22]张金萍.国外创业型大学的理论研究[D].北京:首都师范大学,2008.

[23]黄英杰.走向创业型大学:中国的应对与挑战[J].清华大学教育研究,2012,33(2).

[24]董泽芳.现代高校办学模式的基本特征分析[J].高等教育研究,2002(3).

[25]易高峰.崛起中的创业型大学——基于研究型大学模式变革的视角[M].上海:上海交通大学出版社,2011.

[26]温正胞.大学创业与创业型大学的兴起[M].浙江:浙江大学出版社,2011.

[27]王晓阳.自主创新型大学的可持续性变革——以英国华威大学为例[J].临沂师范学院学报,2005,27(4).

[28]王雁,孔寒冰,王沛民.世界一流大学的现代学术职能——英国剑桥大学案例[J].清华大学教育研究,2002(1).

[29]刘力.产学研合作的沃里克模式和教学公司模式——英国的经验[J].

外国教育研究,2005(2).

[30]王成军.三螺旋:官产学伙伴关系研究[M].杭州:浙江大学出版社,2005.

[31]西蒙·马杰森,马克·康纳斯.澳大利亚企业型大学的权力结构:管理模式与再创造方式[M].周心红,译.杭州:浙江大学出版社,2007.

[32]Okpara, Friday O.. Building an entrepreneurial university for the challenges of the 21st century: the ethiopian perspective[M]. Washington: ICSB, 2008.

[33]Sorin E. Zaharia, Ernest Gibert. The entrepreneurial university in the knowledge society[J]. Higher Education in Europe, 2005, 30(1).

[34]安文旭.澳大利亚创业型大学发展策略研究——以莫纳什大学为个案[D].沈阳:沈阳师范大学,2011.

[35]任之光,张之旻.创业型大学发展范式:阿尔托的实践与启示[J].高等教育研究,2012,33(6).

[36]Mei-Chin Hu. Developing entrepreneurial universities in Taiwan: the effects of research funding sources[J]. Science, Technology & Society, 2009, 14(1).

[37]王梅.创业型大学——一个新的大学理念之践履[D].兰州:兰州大学,2011.

[38]陈霞玲,马陆亭.MIT与沃里克大学:创业型大学运行模式的比较与启示[J].高等工程教育研究,2012(2).

[39]计斌,李炎生,燕红波.新公共管理运动对学校教育的影响及对策[J].教育理论与实践,2007(2).

[40]Keiko Yokoyama. Entrepreneurialism in Japanese and UK universities: governance, management, leadership and funding[J]. Higher Education, 2006(52).

[41]潘懋元.潘懋元文集[M].广州:广东高等教育出版社,2010.

[42]Sergio R. Yates. Accelerating technology-Based ventures in a university business incubator in Brazil — a view on methodologies and processes[R]. the 9th Triple Helix International Scientific and Organizing Committees, 2011.

[43]王正青.高等教育国际化:巴西的因应策略与存在的问题.复旦教育论坛,2008,6(3).

[44]福州大学网站,http://www.fzu.edu.cn/html/index.shtml.

[45]宁波诺丁汉大学网站,http://edu.163.com/10/1022/00/6JIFMP1300294IMN.html.

[46]高等教育发展的趋势及现代大学制度的建构.2010.12.31.http://www.hie.edu.cn/zhuanti(xin)/20110527/6/4.html.

[47]MetcalfeJ. S. Technological system and technology policy in an evolutionary framework[J].Cambridge Journal of Economics,1995(19).

[48]汤易兵.区域创新视角的政府—产业—大学关系研究[D].浙江:浙江大学,2007.

[49]Leydesdorff,Loet.The Measurement and Evaluation of Triple Helix Relations among Universities,Industries,and Governments[R].Paper to be Presented at the Fourth International Triple Helix Conference.Copenhagen,November 2002.

[50]方卫华.创新研究的三螺旋模型:概念、结构和公共政策含义[J].自然辩证法研究,2003(11).

[51]王成军.基于TH的大学、产业、政府关系研究[D].浙江:浙江大学,2003.

[52]吴敏.基于三螺旋模型理论的区域创新系统研究[J].中国科技论坛,2006(1).

[53]刘则渊,陈悦.新巴斯德象限:高科技政策的新范式[J].管理学报,2007(5).

[54]苏竣,姚志峰.孵化器的孵化——三螺旋理论的解释[J].科技进步与对策,2007(3).

[55]齐善鸿,吴思.中国创新战略演进及其趋势分析——基于三螺旋创新模型的架构[J].中国科技论坛,2007(7).

[56]刘建华,姜照华.我国区域创新效率评价及其三螺旋解释[J].河南社会科学,2007(11).

[57]王如东.基于三螺旋的创意城市研究——以苏州工业园区为例[J].上海管理科学,2008(5).

[58]陈静,林晓言.基于三螺旋理论的我国技术转移新途径分析[J].技术经济,2008(7).

[59]栾春娟,陈悦,刘则渊.三螺旋创新模式下的全球学术界专利竞争[J].情报杂志,2008(4).

[60]资武成,罗新星,陆小成.基于三螺旋理论的产学研创新集群模式研究[J].科技进步与对策,2009(3).

[61]陈红喜.基于三螺旋理论的政产学研合作模式与机制研究[J].科技进步与对策,2009(12).

[62]边伟军,罗公利.基于三螺旋模型的官产学合作创新机制与模式[J].科技管理研究,2009(2).

[63]邹波,于渤.试论三螺旋创新模式[J].黑龙江社会科学,2010(5).

[64]张秀萍,迟景明,胡晓丽.基于三螺旋理论的创业型大学管理模式创新[J].大学教育科学,2010(5).

[65]柳岸.我国科技成果转化的三螺旋模式研究——以中国科学院为例[J].科学学研究,2011(8).

[66]王勇.海峡西岸经济区区域三螺旋合作深化发展路径探讨[J].台湾研究集刊,2011(3).

[67]Cooke P. Regional Innovation System:Competitive Regulation in the new Europe[J].Geoforum,1992(23).

[68]于美霞.基于行政区划的省级创新系统研究[D].天津:天津大学,2009.

[69]张艳.区域创新系统内部机制研究[D].西安:西北工业大学,2005.

[70]冯之浚.国家创新系统的理论与政策[M].北京:经济科学出版社,1999.

[71]胡志坚,苏靖.区域创新系统理论的提出与发展[J].中国科技论坛,1999(6).

[72]黄鲁成.宏观区域创新体系的理论模式研究[J].中国软科学,2002(1).

[73]潘德均.西部地区区域创新系统建设[J].科学学与科学技术管理,2001(1).

[74]刘友金.基于行政区划的区域创新体系研究[J].企业经济,2001(3).

[75]柳卸林.区域创新体系成立的条件和建设的关键因素[J].中国科技论坛,2003(1).

[76]娄东明.基于循环经济的区域创新体系研究[D].青岛:中国海洋大学,2008.

[77]陈国宏.区域自主创新能力评价及相关研究[M].北京:经济科学出版社,2008.

[78]刘斌.构建区域创新系统的难点与对策[J].中国科技论坛,2003(2).

[79]刘曙光,刘佳.区域创新系统研究的国内进展综述[J].经济师,2005(1).

[80]周柏翔,凌丹.长春区域创新体系构建的基本模式分析[J].工业技术经济,2005(8).

[81]任胜钢,陈凤梅.国内外区域创新系统的发展模式研究[J].研究与发展管理,2007(5).

[82]杨志江.区域创新绩效评价研究方法及其应用研究[D].桂林:广西师范大学,2007.

[83]Soo Young Par,Woobae Lee.Regional Innovation System Built by Local Agencies:an Alternative Model of Regional Development[R].Paper Presented at the ICGG Taegu 2000 Conference,2000.

[84]周春彦,亨利·埃茨科威兹.三螺旋创新模式的理论探讨[J].东北大学学报(社会科学版),2008(7).

[85]张卫国.三螺旋理论下欧洲创业型大学的组织转型及其启示[J].外国教育研究,2010(3).

[86]周浩波.高等教育与区域发展良性互动的思考[J].辽宁教育研究,2008(1).

[87]何爽.国家创新系统国际化研究[D].上海:上海交通大学,2011.

[88]张伟.区域创新体系中产学研合作行为与微观机制研究[D].武汉:武汉理工大学,2009.

[89]程广文.创业型大学:走出象牙塔后的范式[J].泉州师范学院学报(社会科学),2010(5).

[90]施晓光.大学:三种意义上的释读[J].北京大学教育评论,2006(3).

[91]林学军.基于三重螺旋创新理论模型的创新体系研究[D].广州:暨南大学,2010.

[92]陈和平.创业型大学与区域经济发展.吉林省教育学院学报,2011(6).

[93]陈静.基于三螺旋理论的区域创新体系研究——兼论创业型大学的建设意义与途径[D].北京:北京交通大学,2008.

[94]Henry Etzkowita,Chunyan Zhou.Regional Innovation Initiator:The Entrepreneurial University in Various Triple Helix Models[R].Singapore Triple Helix Conference Theme Paper,Singapore,2007(5).

[95]萨日娜."四位一体"建设视阈下的教育方式研究[D].青岛:中国石油

大学(华东),2011.

[96]赵雷康.高校融入区域科技创新体系建设探析[J].华中农业大学学报(社会科学版),2009(3).

[97]万钢.提高自主创新能力,建设创新型国家[J].求是,2007(23).

[98]周少南.斯坦福大学[M].长沙:湖南教育出版社,1991.

[99]李国.产学研合作办学对高等学校的意义[J].西北师范大学学报,2006(2).

[100]肖元真.全球科技创新发展大趋势[M].北京:科学出版社,2000.

[101]刘彦.日本以企业为创新主体的产学研制度研究[J].科技政策与管理,2007(2).

[102]夏仕武.学术研究与创收经营两位一体的大学发展研究——来自沃里克大学的成功实践[J].辽宁教育研究,2006(1).

[103]冯学华.国内外产学研合作动力机制面面观[J].科技导报,1997(2).

[104]王玲、张义芳等.日本官产学合作经验之探究[J].世界科技研究与发展,2006(2).

[105]福建省教育厅网站,http://www.fjedu.gov.cn/html/links_fjgx.html.

[106]郑佳.福建创新平台建设现状及对策措施[J].海峡科学,2012(2).

[107]张志群.基于高校闽台合作办学的若干思考[J].赤峰学院学报,2011(12).

[108]Paul D. Reynolds, William D. Bygrave, et al. Global entrepreneurship monitor-2012 executive report[R]. Global Entrepreneurship Research Association, 2002.

[109]Niels Bosma, Sander Wennekers, Jose Ernesto Amoros. Global entrepreneurship monitor 2011 extended report: entrepreneurs and entrepreneurial employees across the globe[R]. Global Entrepreneurship Research Association, 2011.

[110]陈腊文.高校的创新教育与创业教育[J].改革与战略,2006(6).

[111]麦可思研究院.2011年中国大学生就业报告[M].北京:社会科学文献出版社,2011.

[112]王革,刘乔斐.高等学校的一种新教育理念——《中国大学生创新创业教育发展报告》评[J].中国高教研究,2009(6).

[113]张昊民,马君.高校创业教育研究——全球视角与本土实践[M].北

京:中国人民大学出版社,2012.

[114]闫广芬.大学生就业、创业教育研究的逻辑起点[J].南开大学学报(哲学社会科学版),2013(3).

[115]Bechard J. P., Gregoire. Entrepreneurship education research revisited: the case of higher education[J]. Academy of Management Learning & Education,2005,4(1).

[116]杰弗里·蒂蒙斯.创业者[M].周伟民,译.北京:华夏出版社,2002.

[117]张玉利.创新时代的创业研究与教育[N].中国教育报,2006-05-08.

[118]郁义鸿,李志能.创业学[M].上海:复旦大学出版社,2000.

[119]唐平.大学生创业教育研究[M].北京:清华大学出版社,2014.

[120]李会峰.我国大学生创业教育研究[D].兰州:兰州大学,2010.

[121]Jones C., English J.. A contemporary approach to entrepreneurship education[J].Education & Training,2004,46(8).

[122]Linan F.. Intention-based models of entrepreneurship education[D]. Spain: University of Seville,2004.

[123]彭云飞,徐循.高校创新创业教育需要认识的几个问题[J].湖南师范大学教育科学学报,2014,3(5).

[124]陈笃彬,李坤皇.三螺旋视角下的创业型大学发展范式——以莫纳什大学为例[J].科技管理研究,2014(4).

[125]候慧君,林光彬,等.中国大学创业教育蓝皮书——大学生创业教育实践研究[M].北京:经济科学出版社,2011.

[126]Robinson P.B., Sexton E.A. The effect of education and experience on self-employment success[J]. Journal of Business Venturing,2004,9(2).

[127]Kruegel N.F., Brazeal D.V. Entrepreneurial potential and potential entrepreneurs[J].Entrepreneurship: Theory & Practice,1994,18(3).

[128]Gorman G., Hanlon D. Some research perspectives on entrepreneurship education, enterprises education and education for small business management: a ten year review[J]. International Small Business Journal,1997,15(3).

[129]Garavan T.N., et al. Entrepreneurship education and training programs: a review and evaluation[J]. Journal of European Industrial Training,1994,18(8).

[130]Vesper K.H., et al. Measuring progress in entrepreneurship edu-

cation[J]. Journal of Business Venturing,1997,12(5).

[131]Fayolle A.,et al. Assessing the impact of entrepreneurship education programs: a new methodology[J]. Journal of European Industrial Training,2006,30(9).

[132]Rita Remeikiene,Grazina Startiene. Explaining entrepreneurial intention of university students: the role of entrepreneurial education[J]. Knowledge Management & Innovation,2013(6).

[133]Carla S. Maeques,et al. Entrepreneurship education: how psychological,demographic and behavioral factors predict the entrepreneurial intention[J]. Journal of Education and Training,2012, 54(8).

[134]Lorz M.,Muller S.,Volery T. Entrepreneurship education: a meta-analysis of impact studies and applied methodologies[R]. Zurich: Proceedings of the FGF G-Forum, 2011.

[135]Bird B. J. Learning entrepreneurship competencies: the self-directed learning approach[J]. International Journal of Entrepreneurship Education, 2003(2).

[136]Ajzen I. The theory of planned behavior[J]. Organizational Behavior & Human Decision Processes, 1991, 50(2).

[137]Kruegel N. The impact of prior entrepreneurial exposure on perceptions of new venture feasibility and desirability[J]. Entrepreneurship Theory & Practice, 1993, 18(1).

[138]Bird B. Implementing entrepreneurial ideas: the case for intention[J]. Academy of Management Review, 1998, 13(3).

[139]范巍,王重鸣.创业意向维度结构的验证性因素分析[J].人类工效学,2006(1).

[140]Katz J.,Gartner W. Properties of emerging organizations[J]. Academy of Management Review, 1998, 13.

[141]游振声.美国高等学校创业教育研究[M].四川:四川大学出版社,2012.

[142]Brockhaus R. H. The psychology of the entrepreneur[J]. Encyclopedia of Entrepreneurship, 1982.

[143]冯缙.大学生前瞻性人格与时间洞察力的相关研究[D].重庆:西南大学,2008.

[144]陈巍.创业者个体因素对创业倾向的影响[D].长春:吉林大学管理学院,2010.

[145]陈苏彰,宋明鸿.大学生人格特质与创业意向关联性之研究以创业精神为中介变数[G].第13届科际整合管理研究会论文集.台北:东吴大学企业管理系,2010.

[146]Su-Chang Chen, Ling-Ling Jing. University students' personality traits and entrepreneurial intention: using entrepreneurship and entrepreneurial attitude as mediating variable[J].Journal of Economics and Research,2012.

[147]胡梦蕾.我国技专院校餐旅管理科系学生人格特质、创业环境与创业态度之研究[J].餐旅暨家政学刊,2008,5(5).

[148]Crant J., Michael. The proactive personality scale as a predictor of entrepreneurial intentions[J].Journal of Small Business Management,1996,7.

[149]康荔.大学生创业人格比较研究——以厦门地区为例[D].厦门:厦门大学,2006.

[150]Akhtar A., Keith J. Topping, Riaz H. Tariq. Michael. Entrepreneurial attitudes among potential entrepreneurs[J]. Journal of Commerce, Society and Science,2011,5(1).

[151]Luthje C., Franke N. The making of an entrepreneur: testing a model of entrepreneurial intent among engineering students at MIT[J].Research and Development Management,2003(33).

[152]Fitzsimmons J.R., Douglas E.J. Entrepreneurial Attitudes and entrepre-neurial intentions: A cross-cultural study of potential entrepreneurs in India, China, Thailand and Australia[R]. Babson-Kauffman Entrepreneurial Research Conference. Wellesley, MA. June 2005.

[153]郭洪,毛雨,白璇,曾峥.大学创业教育对学生创业意愿的影响研究[J].软科学,2009(9).

[154]贺丹.大学生创业倾向的影响因素分析[D].杭州:浙江大学,2006.

[155]Shapero A., Sokol L. The Social dimensions of entrepreneurship[J]. Encyclopedia of Entrepreneurship,1982:72-90.

[156]Robinson B., David V. An attitude approach to the prediction of entrepreneurship[J]. Entrepreneurship Theory and Practice,1991,15.

[157]Chen C.C., Greene P.G., Crick A. Do entrepreneurial self-efficacy

distinguish entrepreneurs from managers? [J]. Journal of Business Venturing, 1998, 13(4).

[158] Edgar Izquierdo, Marc Buelens. Competing models of entrepreneurialintentions: the influence of entrepreneurial self-efficacy and attitudes [R]. In the Entrepreneurship 2008 Conference. Oxford, Ohio: Internationalizing Entrepreneurship Education and Training, 2008.

[159] Autio E., Keeley R.H., Klofsten M., Ulfstedt T. Entrepreneurial intent among students: Testing and intent model in Asia, Scandinavia, and USA[R]. Paper presented at the Frontiers of Entrepreneurship Research, Wellesley MA, Babson College, 1997.

[160] 张志芸. 我国大学生创业教育对创业意向的影响研究[D]. 厦门: 厦门大学, 2012.

[161] Ajzen I., Cote N.G. Attitudes and the prediction of behavior. In Crano W.D., Prislin R. Attitudes and Attitude Change[M]. New York: Psychology Press, 2009.

[162] Diaz-Garcia M.C., Jimenez J. Entrepreneurial intention: The role of gender[J]. Journal of International entrepreneurship and Management, 2010, 6(3).

[163] Brenner R. National policy and entrepreneurship: The statesman's dilemma[J]. Journal of Business Venturing, 1987, 2(2).

[164] 彭正霞, 陆根书. 大学创业意向的性别差异: 多群组结构方程模型分析[J]. 高等工程教育, 2013(5).

[165] Nicole E. P., Jessica K. Enterprise education: influencing students' perception of entrepreneurship[J]. Theory and Practice, 2003, 28(2).

[166] Duygu Turker, Senem S. Selcuk. Which factors affect entrepreneurialintention of university students[J]. Journal of European Industrial Training, 2009, 33(3).

[167] 李俊. 大学生创业意愿的调查与分析——以上海1256名大学生为样本[J]. 现代大学教育, 2008(6).

[168] 王雨, 王建中. 大学生创业意愿影响因素研究——基于社会网络关系视角[J]. 经济与管理, 2013(3).

[169] 王满四, 李楚英. 基于6因素模型的大学生创业意愿影响因素分

析——来自广州的调查[J].广州大学学报(自然科学版),2011(2).

[170]陈文娟,姚冠新,徐占东.大学生创业意愿影响因素实证研究[J].中国高教研究,2012(9).

[171]Joao J. Ferreira, et al. A model of entrepreneurial intention: An application of the psychological and behavioral approaches[J]. Journal of Small Business and Enterprise Development,2012,19(3).

[172]Jerome A., Katz A. A psychosocial cognitive model of employment status choice[J].Entrepreneurship Theory & Practice,1992,17(1).

[173]Alain Fayolle. The future of research on entrepreneurial intentions [J].Journal of Business Research, 2013(4).

[174]Ajzen I. Perceived behavioral control, self-efficacy, locus of control, and the theory of planned behavior[J].Journal of Applied Psychology, 2002,32(4).

[175]Ajzen I., Fishbein M. The influence of attitudes on behavior [M]// Albarracin D., Johnson B.T., Zanna M. P. The Handbook of Attitudes. 2005.

[176]Ajzen I. Attitudes, personality and behavior (second edition)[M]. Berkshire, England: Open University Press, 2005.

[177]Krueger N. F., Reilly M. D., Carsrud A. L. Competing models of entrepreneurial intentions[J]. Journal of Business Venturing, 2002, 15.

[178]Fayolle A. Evaluation of entrepreneurship education: behavior performing or intention increasing? [J]. International Journal of Entrepreneurship and Small Business, 2005, 2(1).

[179]Fitzsimmons J. R., Douglas E. J. Entrepreneurial attitudes and entrepreneurial intentions: A cross-cultural study of potential entrepreneurs in India, China, Thailand and Australia[R]. Proceedings of the Babson-Kauffman Entrepreneurial Research Conference, 2005-06.

[180]Bandura A. The social foundations of thought and action[M]. Englewood Cliffs: Prentice-Hall, 1986.

[181]Allport G. W. Personality: A psychological interpretation[M]. New York: Holt Rinehart & Winston, 1937.

[182]Goldberg L. R. The structure of phenotypic personality traits[J]. American Psychologist, 1993, 48(1).

[183]Riemann R., Angleitner A., Strelau J. Genetic and environmental influences on personality: A study of twins reared together using the self- and-peer report NEO-FFI scales[J]. Journal of Personality,1997,65.

[184]McCrae R. R., Costa P. T. Jr. Toward a new generation of personality theories: theoretical contexts for the five-factor model[M]. New York: Holt Rinehart & Winston,1937// J. S. Wiggins, Ed., The Five Factor Model of Personality. New York: The Guilford Press, 1996.

[185]Cattell R.B. Personality structure and the new fifth edition of the 16PF[J]. Educational & Psychological Measurement,1995,55.

[186]Eysenck H. J., Eysenck S. B. G. Manual for the Eysenck Personality Questionnaire[M]. London: Hodder and Stoughton,1975.

[187]熊素兰.创业教育对大学生创业的影响研究:意愿与能力[D].南京:南京农业大学,2010.

[188]福建省大中专毕业生就业工作领导小组办公室.关于进一步扶持高校毕业生自主创业的意见[EB/OL].http://www.fjbys.gov.cn/jxjb/bysgzjb/201111/t20111128_18119.htm.

[189]我省构建大学生创业绿色通道(福建日报)[EB/OL]. 2014-5-23. http://www.clssn.com/html/Home/report/99743-1.htm.

[190]木志荣.中国大学生创业研究[D].厦门:厦门大学,2006.

[191]中国创业榜样——走进福州大学[EB/OL].2014-05-09. http://jingji.cntv.cn/2014/05/09/VIDE1399638601086808.shtml.

[192]何文婷.福建省大学创业文化建设研究[D].福州:福州大学,2011.

[193]Greene W. H. Econometric analysis[M]. Englewood Cliffs, NJ: Prentice Hall,1993.

[194]Bateman T. S., Crant J. M. The proactive component of organizational behavior: A measure and correlates[J]. Journal of Organizational Behavior,1993,14.

[195]Sexton D. L., Bowman N. The entrepreneur: A capable executive and more[J]. Journal of Business Venturing, 1985,1(1).

[196]李洪成,姜宏华.SPSS数据分析教程[M].北京:人民邮电出版社,2012.

[197]Guilford J. P. Psychometric Methods[M]. New York: McGraw-Hill,1954.

[198]Wilson F.,Kickul J.,Marlino D. Gender,Entrepreneurial self-efficacy and entrepreneurial career intentions:Implications for entrepreneurial education[J]. Entrepreneurship theory and practice,2007(5).

[199]Curran,Burrows. Enterprise in Britain,a national profile of small business owners and self-employed[M]. London:Small Business Research Trust,1989.

[200]王雁,孔寒冰,王沛民.创业型大学:研究型大学的挑战和机遇[J].高等教育研究,2003(3).

[201]Burton R. Clark. Delineating the Character of the Entrepreneurial University[J]. Higher Education Policy,2004,17.

[202]http://www.most.gov.cn/ztzl/gjzcqgy/zcqgygynr/2.html.

[203]University Culture:Planning And Change. A Strategic Focus Report as Part of the Institutional Self-Study[R]. Commission on Colleges of the Southern Association of Colleges and Schools,January 17,2003.

[204]AB Khan. Muslims and the University Culture. http://www.islaam.com/Article.aspx? id=222.

[205]赵存生.先进文化建设中的大学文化建设[J].中国高等教育,2003(24).

[206]廖鸿灵.试论大学与文化的关系及大学文化建设的定位[J].西北医学教育,2005(8).

[207]王冀生.大学文化的科学内涵[J].高等教育研究,2005(10).

[208]袁贵仁.加强大学文化研究推进大学文化建设[J].中国大学教学,2002(10).

[209]段溢波,舒国燕.大学文化建设的现实价值、现状分析与指导思想[J].法制与社会,2008(12).

[210]李鸿飞.大学文化建设的路径思考[J].文化学刊,2009(9).

[211]余常德.论大学与大学文化建设[J]. 理论界,2005(1).

[212]冒澄.创业型大学研究文献综述[J].理工高教研究,2008(2).

[213]于长江.谈创业文化的 ABC[J].理论科学,2008(3).

[214]刘亚军.应积极培育创业文化[J].党政干部学刊,2007(4).

[215]经社言.创业文化——全民创业的强大发动机——六论开展全民创业行动[J].全民创业,2008(9).

[216]卢彩晨.大学转型:从"守业型"到"创业型"[J].辽宁师专学报(社会科

学版),2006(4).

[217]邓志革,华金科.创业型大学及其对高职院校的启示[J].当代教育论坛,2008(12).

[218]段文星.大力营造创业文化_缓解就业矛盾之我见[J].甘肃农业,2006(4).

[219]谢飞.基于三螺旋理论的创业型大学建设理论与实践之探讨[J].研究与探讨,2007(7).

[220]肖红伟,姜敏,廖翔.对我国大学生创业政策的思考[J].当代教育论坛,2005(12).

[221]游敏惠.创新创业造就全新的大学模式_创业型大学评介[J].重庆邮电学院学报(社会科学版),2005(5).

[222]陈敏.构建大学创业文化[J].宁波广播电视大学学报,2008(4).

[223]周学宝.创业文化的内涵及其在高校的培育[J].发展论坛,2002(1).

[224]陈笃彬.处理八个关系,建设创业型大学[J].福州大学学报(哲学社会科学版),2009(4).

[225]韩明涛.大学文化建设[M].济南:山东人民出版社,2006.

[226]赵修渝,王庆,汤洪棉.大学文化在学科建设中的重要作用[M].改革,2006增刊.

[227]睦依凡.关于大学文化建设的理性思考[J].清华大学教育研究,2004(2).

[228]张智,宗明华.大学文化及其基本价值观[J].昆明理工大学学报(社会科学版),2004(2).

[229]刘得扬,赵林.论大学生自主创新与创业的促进因素——从"挑战杯"创业竞赛到"斯坦福硅谷"之路[J].中国地质教育,2006(3).

[230]巢雨苍.南洋理工学院的办学理念及其启示[J].常州信息职业技术学院学报,2007(1).

[231]罗伯特·伯恩·鲍姆.大学运行模式[M].别敦荣,等,译.青岛:中国海洋大学出版社,2003.

[232]洪成文.企业家精神与沃里克大学的崛起[J].比较教育研究,2001(2).

[233]《泰晤士高等教育增刊》[EB/OL].http://www.topuniversities.com/world-university-rankings.

[234]阿玛尔,毕海德等.创业精神[M].北京:中国人民大学出版社,1999.

［235］俞金波,皇甫晓宇.论高校创业服务体系的科学构建[J].中国大学生就业,2008(22).

［236］叶华松.论当代大学生科学精神和人文精神相结合的文化教育[J].黑龙江高教研究,2005(2).

［237］石伟.组织文化[M].上海:复旦大学出版社,2004.

［238］张昌波,章瑜.新建本科院校校风建设的机制与途径[J].常州工学院学报(社科版),2009(6).

［239］江三良.论创业氛围的形成与传导机制[J].安徽大学学报(哲学社会科学版),2006(6).

［240］陈文华,邱贵明.社会生态系统中的大学生创业教育[J].江苏高教,2007(5).

［241］侯宝贵.创业教育存在的问题与发展策略[J].教育与职业,2004(2).

［242］王明明,戴鸿轶.我国科研课题管理的制度建设——现状、问题及对策[J].科研管理,2006(8).

后　记

在导师陈笃彬研究员的启发下,我们四位学生对"三螺旋理论"、"创业型大学"等新鲜词汇产生了浓厚兴趣,并开始了创业教育的相关研究。通过学习研究,我们对"什么是三螺旋理论"、"为什么走创业型大学之路"以及"如何开展创业教育,如何营造创业文化"有了全新的认识。我们非常荣幸能够参与导师陈笃彬研究员主持的国家自然科学基金项目"三螺旋创新视角下创业型大学运行机制及对策研究"(项目编号:71173040)的研究工作。在研究过程中,课题组先后参加了在北京、南京、西安等地召开的有关创业型大学、创业教育的专题研讨会,到北京、浙江、江苏等地以及福建省各地市开展了实际调研工作。这些都为本书的编写和出版提供了大量翔实的案例、资料和数据。

本书是四位作者潜心研究、共同努力的成果。全书由李坤皇负责统稿。参与本书各章编写的主要人员如下:导论,邱俊珲、邓雪、李坤皇、何文婷;第一篇,邱俊珲;第二篇,邓雪;第三篇,李坤皇;第四篇,何文婷。此外,郑旭辉、邵东升、张海斌、刘有升等对本书编写悉心指导,在此表示衷心的感谢!

本书得以出版,包含着多方的支持。首先要感谢的是我们的导师陈笃彬研究员。我们攻读硕士学位期间,陈老师给予了细心的指导、热忱的关怀与教诲。他严谨的治学态度、宽阔的学术视野、务实的工作作风,使我们受益匪浅。我们还要感谢福州大学原公共管理学院的各位任课老师,尤其是宁满秀老师、李会欣老师、高明老师、石火学老师、何郁冰老师,感谢他们在我们读研期间的培养、教诲,我们的每一次进步都凝聚着他们辛勤的汗水。在此,向各位老师表示我们最诚挚的谢意!

十分感谢厦门大学出版社对本书出版的大力协助!感谢福州大学、福建师范大学、华侨大学、福建农林大学、福建工程学院、泉州师范学院、泉州信息工程学院等高校的校办和就业指导中心老师,他们为本书提供了丰富的案例材料和数据资料,并对我们的实地调研工作给予了大力支持。

本书是大型课题多项研究成果的结晶,各文章写作体例风格不尽相同;另外,由于时间仓促,水平有限,撰写过程中错误和疏漏在所难免,敬请读者不吝赐教。

作者

2018 年 04 月 30 日